국익의 길

국익의 길

1판 1쇄 인쇄 2022년 8월 3일
1판 1쇄 발행 2022년 8월 10일

지은이 박승찬
발행인 김형준

편집 황남상
마케팅 김수정
디자인 프롬디자인

발행처 체인지업북스
출판등록 2021년 1월 5일 제2021-000003호
주소 서울특별시 은평구 수색로 217-1, 410호
전화 02-6956-8977 **팩스** 02-6499-8977
이메일 change-up20@naver.com
홈페이지 www.changeuplibro.com

2022 ⓒ 박승찬

ISBN 979-11-91378-17-7 (03300)

체인지업북스는 내 삶을 변화시키는 책을 펴냅니다.

국익의 길

미중 패권 경쟁에 맞서는
대한민국의 미래 지도

THE FUTURE INSIGHT OF
NATIONAL INTEREST

박승찬 지음

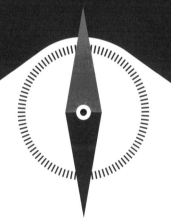

체인지업
CHANGEUP

미중 신냉전 시대,
우리는 전략적 균형자가 되어야 한다

미중 충돌이 전략 경쟁을 넘어 신냉전 국면으로 접어들고 있다. 미중 신냉전의 구도는 무역전쟁에서 시작되어 경제 안보, 정치이념 및 가치, 기술 패권 등 전방위로 확산되며 전 세계 국가들을 미중 선택의 양분 구도로 몰아가고 있다. 세계 1위의 경제 대국인 미국과 그 뒤를 바짝 뒤쫓는 중국과의 글로벌 패권을 두고 벌이는 신냉전이 1~2년 단기간에 끝나지 않고 향후 오랫동안 진행될 것으로 전망된다. 미중 신냉전 국면은 이제 변수가 아니라 상수로 자리 잡으며 향후 글로벌 정치경제 리스크의 트리거가 될 수도 있다. 2022년 3월 조 바이든 미국 대통령이 집권 후 첫 국정연설에서 시진핑 주석에게 미국인에게 맞서는 것은 좋은 선택이 아니라고 경고하며 중국과의 경쟁에서 이기겠다는 강력한 의지를 밝힌 바 있다. 한편, 2021년 7월 공산당 창당 100주년 기념사에서 시진핑 주석은 중국은 어떤 외세의 괴롭힘이나 압박도 용납하지 않을 것이고, 만약 그럴 경우 반드시 14억 중국 인민이 피와 살로 쌓아올린 강철의 만리장성 벽에 머리가 부딪쳐 피를 흘릴 것이라고 강변한 바 있다.

따라서 향후 다양하게 펼쳐질 미중 신냉전에 대한 대비와 준비를 미리 하지 않으면 양대 강국에 끼여 매우 힘든 시간을 보내야 할 수도 있다. 특히 우리나라는 전통적인 안미경중安美經中의 프레임에 갇혀 급변하는 미중 충돌의 수렁 속으로 급속히 빨려 들어갈 가능성이 크다는 것이다. 우리 스스로가 만든 잘못된 프레임에 갇혀 자칫 잘못된 선택을 하게 되면 향후 큰 혼란을 겪게 될지도 모른다. 결국 한쪽을 선택한다는 것은 그쪽에 더 의존하게 된다는 것을 의미하기 때문이다.

역사적으로 신냉전은 반드시 승자와 패자가 있었고, 따라서 승자가 되는 편에 서야 국익을 도모할 수 있었다. 그러나 지금의 미중 관계는 매우 복잡하게 얽혀 있고, 자국의 이해관계에 따라 매우 유동적으로 변화될 수 있다. 과거의 미국이 아니고 과거의 중국이 아닌 것을 인정해야 하고, 우리나라 또한 과거의 우리가 아니다. 한국은 2021년 기준 이미 세계 10위의 경제 대국이자, 세계 8위의 무역 대국이다. 또한 세계 6위의 군사 대국, 세계 4위의 항공우주 생산거점 국가로 성장했다. 미국 US 뉴스&월드리포트U.S. News & World Report가 발표한 '2021년 세계 국력 순위'에서도 한국은 세계 8위 강대국으로 자리매김하고 있다.

그러니 지금의 위치에서 좀 더 냉철하게 작금의 미중 신냉전 대결과 공존 사이를 짚어 보아야 한다. 미중 관계는 수많은 주변국들의 이해 당사자들이 함께 엮여 있다. 미중 신냉전을 제로섬 게임으로 보고, 그 프레임에 매몰되어서는 안 된다. 장기간 벌어질 미중 양국의 신냉전 구도에서 우리는 균형자가 되는 노력을 해야 한다. 전략적 균형자는 결국 우리가 강해져야 한다는 것을 의미한다.

이 책은 2018년 미중 무역전쟁이 본격화된 후 국익을 위한 올바른 선택이 무엇인지, 지난 5년 동안 고민과 번뇌한 결과를 정리한 책이다. 4개의 장으로 총 36개의 카테고리로 구성된 미중 신냉전의 과거, 현재 및 미래의 스토리 역사서이자 국익을 위한 미래 지도라고 볼 수 있다. Part 1은 미중 신냉전을 어떻게 볼 것인가? 패권국(미국)과 도전국(중국)의 충돌을 다양한 시각과 관점에서 들여다보았고, 그에 따른 미중 간 무력 충돌이 일어날 것인가?에 대한 나의 생각을 서술해보았다. Part 2는 미국과 중국, 누가 이길까? 최근 핵심 키워드로 등장한 경제 안보를 두고 벌이는 미중 패권 전쟁 주요 영역을 중심으로 미래 변화를 전망해보았다. Part 3은 기술 표준, 우주산업, 첨단 인재, 중국의 대만 침공설 등 최근 핫한 이슈로 부각된 내용을 중심으로 현장감 있게 담았다. 마지막 Part 4는 향후 지속될 미중 신냉전의 심화에 따른 정부와 산업계가 어떻게 대응하고 준비해야 하는지에 대한 생각과 미래 방향성을 제시하였다. 이 책은 국익을 위해 과연 우리가 어떤 입장과 정책을 펼쳐나가야 하는지에 대한 지난 5년간 조사하고 연구한 땀의 산물이라고 볼 수 있다.

책 집필 작업이 마무리되기까지 매우 힘들고 고통스러운 과정이었고, 나의 모든 열정과 에너지를 쏟아부으며 집필한 듯하다. 비록 TV 방송 및 라디오 출연, 각종 신문 칼럼, 외부 강연, 대학 강의 및 연구소 업무까지 겹치면서 숱한 밤을 지새우며 진행한 고된 작업이었지만 가족과 주변 지인분들의 도움으로 무사히 마무리될 수 있었다. 항상 힘들 때마다 용기와 격려를 북돋아주신 조환복 대사님, 안현호 차관님, 김병유 상무님, 힘들지만 끝까지 나를 믿고 따라와준 ㈜중국경영연구소 조병욱 사무국장과 연구소의 성장과 발전을 위해 많은 도움을 주고 계시는 연구소 이사님들에게도 고마움을 전한다.

사랑하는 가족과 항상 막내아들의 건강과 행복을 위해 기도해주시는 어머님께 이 책을 바친다.

2022년 7월
연구소에서 박승찬

PART 2 미중 경제 안보 전쟁의 미래는?

PART 3 미중 신냉전 현장을 가다!

PART 4 국익의 길을 찾아서

미중 신냉전,
어떻게 볼 것인가?

THE FUTURE INSIGHT OF NATIONAL INTEREST

1
패권국과 도전국의
스토리텔링

패권국과 신흥 강국이 부딪칠 경우 전쟁 확률은 75%
2018년 8월 《Destined For War(예정된 전쟁)》, 그레이엄 앨리슨

신냉전은 냉전의 새로운 형태다. 냉전이 뭔가? 바로 이념 대결이다.
2020년 7월 폼페이오 국무장관의 닉슨기념관 연설

미중 충돌은 이제 기존의 전략 경쟁에서 신냉전으로 전이되면서 전세계를 더욱더 깊은 수렁으로 밀어내고 있다. 그리고 러시아의 우크라이나 침공으로 인해 세계의 패권 지형이 새롭게 형성되고 있다. 우크라이나 사태로 인해 국제 정세가 점차 미국과 EU 주도의 서방 자유 진영과 중국 및 러시아 주도의 사회주의 진영이 점차 고착화되어가면, 결국 3차 세계대전*의 가능성도 배제할 수 없다는 이야기도 적지 않다. 특히 한미일의 자유 진영과 북중러의 사회주의 진영으로 대

---

* 제1차 세계대전은 연합국(영국, 프랑스, 러시아)과 동맹국(독일, 오스트리아, 헝가리 제국, 오스만, 불가리아)간 전쟁, 제2차 세계대전은 영국, 프랑스, 소련, 미국의 연합군과 일본, 독일, 이탈리아의 추축국 간 일어난 전쟁이다.

변되는 새로운 패권 구도가 형성됨으로써 향후 한반도 미래에 대한 우려와 걱정의 목소리가 커져가고 있다. 과연 미중 양국의 신냉전이 새로운 진영논리로 양분될 것인가? 또한 강대국 사이에 끼인 우리로서는 어떻게 이 상황을 극복할 수 있을까?

헤게모니 전쟁

2018년 미중 무역전쟁으로 시작된 미중 전략 경쟁 그리고 신냉전을 두고 국내외 많은 학자들의 의견이 분분하다. 역사 속 패권국과 도전국과의 전쟁을 지금의 미중 신냉전에 대입시켜 1등 국가와 2등 국가 간의 전쟁은 필연적이라는 주장과, 그때와 지금의 미중 신냉전은 상황이 다르다는 논리다. 이에 대해 나는 미중 충돌은 향후 장기간 지속되겠지만, 역사 속 패권국과 도전국과의 전쟁으로 갈 가능성은 낮다고 보고 있다.

전 세계의 주목을 받았던 베스트셀러 《예정된 전쟁Destined For War》* 에서 투키디데스의 함정Thucydides Trap**을 예를 들면 미중 양국이 서로 원치는 않지만 전쟁으로 다가가고 있는 상황이라고 설명하고 있다.

---

* 　그레이엄 앨리슨(Graham Allison), 하버드대학 교수이자 국가 안보 전문가
** 　역사가 투키디데스의 저서 《펠로폰네소스 전쟁사》에서 주장한 것으로, 투키디데스는 기존 맹주국인 스파르타가 신흥 강대국인 아테네에 대해 두려움과 불안감을 느끼게 되고 결국 두 나라는 지중해의 주도권을 쥐기 위해 전쟁을 벌이게 된다. '투키디데스의 함정'은 자연스럽게 신흥 강국이 기존 구도를 흔들면 기존 강국과 신흥 강국 간에 무력 충돌이 발생한다는 뜻으로 사용되고 있다

그 이유는 역사 속에서 신흥 국가가 패권 국가를 위협할 때 가장 치닫기 쉬운 결과가 바로 전쟁이기 때문이다. 투키디데스의 함정은 신흥 강국이 부상하면 기존의 강대국이 이를 견제하는 과정에서 전쟁이 발생한다는 뜻이다. 그는 지난 500년 동안 이런 비슷한 상황이 16번 발생*했는데 그중 12번이 결국 전쟁으로 귀결되었고, 따라서 17번째에 해당되는 미중 양국의 신냉전이 전쟁으로 일어날 가능성이 높다고 경고하고 있다. 기존의 강대국과 신흥 강국과의 전쟁 횟수 데이터는 패권 전쟁을 연구하는 시기와 전쟁 성격에 따라 서방 학자들마다 약간의 견해와 차이가 있다. 앨리슨 교수는 1990년대 유럽의 정치적 영향력을 두고 영국, 프랑스, 독일 사이에 진행된 충돌도 하나의 사례로 포함시켰다. 만약 영국, 프랑스, 독일의 일시 충돌을 제외하면 15번의 충돌 중에 12번이 모두 전쟁으로 귀결되었다는 것이다. 그러나 미중 충돌은 기존의 패권국과 신흥 강국과의 충돌 사례와는 성격이 다르다.

첫째, 당면한 시대 상황이 다르고 둘째, 미중 양국 모두 전쟁이라는 최악의 시나리오를 원치 않고 셋째, 핵이라는 강력한 살상 무기가 존재하기 때문에 전면전 전쟁으로 치달을 확률은 높지 않다. 그러나 지난 1947~1991년간 진행된 미국과 소련과의 총성 없는 전쟁이었던 냉전 시대와 같이 향후 오랜 시간 미중 냉전 시대가 지속된다는 것이다. 2007년 글로벌 금융 위기를 맞춘 인물로 유명한 미국 기업가이

---

* 그레이엄 앨리슨 교수는 《예정된 전쟁》에서 15세기 말 지배 세력인 포르투갈과 신흥 세력인 에스파냐 간의 충돌에서부터 1990년대 영국, 프랑스와 독일 간 충돌까지 16차례 패권을 둘러싼 충돌이 있었다고 설명하고 있다.

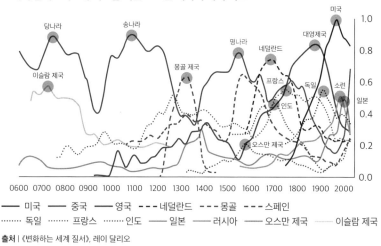

:: 레이 달리오의 8개 지표를 기준으로 본 역사적 국력 지표

미국 중국 영국 ---네덜란드 ---몽골 ---스페인
......독일 ......프랑스 ......인도 일본 러시아 오스만 제국 이슬람 제국

출처 |《변화하는 세계 질서》, 레이 달리오

자 투자자인 레이 달리오Ray Dalio는 2021년 11월 출간(국내 출간, 2022년 6월)된 그의 저서《변화하는 세계 질서Principle for Dealing with Changing world order》에서 제국의 힘을 측정하는 교육, 창의성과 기술, 세계시장 경쟁력, 경제 생산량, 무역 점유율, 군사력, 자본시장의 금융 경쟁력 등 8개 지표를 제시했다.

그는 역사 속에서 제국의 역사를 돌이켜보면 미국의 슈퍼 파워는 지속될 수 없다고 설명하고 있다. 도전국인 중국이 패권국에 비해 아직 부족하지만 결국 미중 충돌은 투키디데스의 함정처럼 전쟁이 불가피하다는 것이다. 레이 달리오의 시각이 신선한 것은 패권국과 도전국이 바뀌는 과정을 군사력뿐만 아니라 금융적 관점에서 분석하고 있다는 점이다. 그는 미국이 달러라는 막강한 기축통화를 가지고 중국을 견제하겠지만, 만약 미국이 낮은 금리로 과도하게 달러를 찍

어낸다면 달러의 파워는 약화될 가능성이 높다고 말한다. 반면 중국은 아직 위안화의 국제화가 달러보다 뒤떨어지지만, 정부 주도로 위안화 가치를 올리고 있고, 중국의 AI 굴기 등 첨단 기술의 성장과 테크기업의 약진으로 미래의 어느 시점에서는 미국 달러에 맞먹는 힘을 키우게 될 것이라고 주장하고 있다. 즉, 힘의 단층이 변하면 커다란 지진이 오기 마련이라는 것이다.

학자마다 냉전Cold War에 대한 의견이 다르기는 하지만, 일반적으로 미소 양국 간 34년 동안 진행된 미국 자본주의와 소련 사회주의의 충돌 시기를 냉전이라고 부른다. 미소 냉전이 종식된 이후 중국의 부상에 따른 미중 충돌이 있기 전까지를 '탈냉전 시기'라고 지칭한다. 그리고 미중 충돌이 본격화되면서 신냉전이라는 용어가 자주 등장하기 시작했다. 탈냉전 종식 시기에 대해서도 학자마다 다른 의견이 존재한다. 통상적으로 2008년 베이징 올림픽과 남오세티야 전쟁* 혹은 미중 무역전쟁이 본격화되기 전 2018년까지로 보는 시각도 있다. 나는 2018년 무역전쟁을 기점으로 탈냉전 종식과 함께 미중 신냉전이 시작되었다고 보는 학자 중 한 명이다. 또한 사실 미중 충돌을 두고 '전략 경쟁', '패권 전쟁', '신냉전'이라는 학자마다 다양한 시각과 견해도 존재한다. 나는 미중 간 펼쳐지는 경제, 안보, 군사, 가치 이념 등의 충돌은 결국 신냉전으로 가는 형국으로 보고 있다. 미국 외교가의 전설이라고 불리는 헨리 키신저Henry Kissinger 전 국무장관도 미

---

* 2008년 8월에 발발한 조지아군과 친러시아 성향의 남오세티야 분리주의자들 사이의 전쟁으로, 2008년 8월 조지아군이 분리 지역인 남오세티야의 수도 츠힌발리에 진군하여 군사작전을 하면서 본격적으로 전쟁이 시작되었다.

중 충돌을 신냉전으로 보고 있다.

신냉전을 바라보는 미중의 속내

미국은 패권에 대한 중국의 도전에 절대로 가만히 있지 않을 것이다. 미소 냉전이 종식된 지난 34년간 미국은 세계 최고 패권 국가로서 군사, 경제, 금융, 기술의 우월한 지위를 바탕으로 세계 최대 강국의 위치를 유지하고 있다. 미국은 2000년대 중국의 급격한 경제 성장과 빠른 기술의 캐치업을 지켜보고 어떻게 중국을 견제해야 할지 고민하기 시작했다. 미국 주도의 정치, 외교, 안보, 경제 질서의 패권 구도 속에서 중국이 순응하며 성장하기를 바랄 뿐 중국 경제가 붕괴되거나 산업화가 중단되는 것은 원하지 않았다. 미국의 경제 성장에 중국이라는 큰 시장이 필요했고 저렴한 메이드 인 차이나made in china 제품을 미국에 제공하는, 그냥 덩치 큰 개도국 정도로 남길 바랐던 것이다.

그렇다면 중국은 신냉전을 어떻게 바라볼 것인가? 중국은 성장한 경제 규모와 글로벌 파워 만큼의 힘의 공간을 얻으려고 한다. 중국 스스로도 단시간 내 미국을 추월해 패권의 지위를 가질 수 없다는 것을 잘 알고 있기 때문이다. 따라서 미국을 추월하는 국력을 키우기 전까지 중국의 전략은 힘의 균형에 맞게 중국의 존재를 인정해주고 그에 맞는 균형 패권을 함께 공유하자는 것이지만, 당연히 미국은 받아들일 수 없을 것이다. 지난 역사 속에서의 패권국과 도전국의 충돌을 보았을 때 중국은 생존의 법칙을 습득하며 약점을 보완하려고 하는 것을 알 수 있다. 가장 대표적인 것이 주변국과의 충돌 조정, 해양 굴기, 금융 굴기를 통한 힘의 비축이다. 중국이 어떻게 패권의 발톱을 숨기고 힘을 비축하는지 그 배경을 알기 위해서는 '모델스키의 패권 사이클과 100년 주기론'을 이해할 필요가 있다. 모델스키의 패권 사이클 100년 주기론에 따르면, 역사 속에서 세계 패권국인 네덜란드, 영국, 미국을 보면 세 가지 공통점이 있다고 주장한다.

첫째, 기존의 패권 국가와 큰 충돌이 없는 우호국이었거나 전쟁이나 갈등이 있어도 그 패권 지위를 물려주고 일어났다. 둘째, 접경한 주변국과의 충돌이 별로 없거나 우호국 또는 평정된 상황이었다. 셋째, 금융 및 해양 권력의 중심에 있었다.

반대로 도전국이던 프랑스, 독일, 소련도 세 가지 특징을 지닌다.

첫째, 기존 패권국에 도전하며 계속 마찰을 일으켰다. 둘째, 접경한 주변국과의 충돌이 매우 잦으며 그러다 보니 국가 자원을 계속 주변국에 소모해야 했다. 셋째, 대륙 국가이며 금융에 상대적으로 약했다. 흥미로운 것은 중국이 이 도전국들의 세 가지 특징을 비슷하게 가지고 있다는 것이다. 물론 상황이 조금 다를 수 있지만 세 가지로 정리해보자. 첫째, 중국은 급격한 경제 성장에 힘입어 미국과 신형 대국 관계를 원하며 힘의 균형을 요구하고 있다. 둘째, 인도와 필리핀, 일본 등 주변국과의 영토 분쟁이 매우 잦다. 셋째, 중국은 러시아와 비슷한 대륙 국가이고 아직 금융 부분이 취약하다.

힘의 이동과 한반도의 운명

주변국 세력의 힘이 기존 강대국에서 새로운 도전국으로 전이될 때마다 한반도는 크고 작은 위험을 경험했다. 과거 16세기 후반 일본이 명나라에 대항하면서 일본은 명을 치기 위해 임진왜란을 일으켜 조선을 피폐화시켰고, 이를 계기로 만주가 명나라에 대항하면서 병자호란을 일으키며 한반도를 전쟁터로 만들었다. 또한 19세기 후반 일본은 패권의 야망으로 아시아 패권국인 청나라에 대항하며 청일전쟁을 일으켰고, 그로 인해 일본은 동아시아의 패권국이 되었다. 이처럼 우리는 지정학적으로 중국과 일본이라는 강대국의 틈 사이에서 균형과 편승 외교를 통해 생존해왔다. 이는 부정할 수 없는 현실이다. 이처럼 한반도는 지정학적으로 세력 전이가 일어나거나 그런 조짐이 있을 때마다 요동쳐왔다. 우리 선조들의 탁월한 지혜와 외교 전략을 통해 무사히 국가 존망의 위기 속에서 지금의 글로벌 중추 국가인 대한민국을 만들 수 있었다.

21세기는 미중 신냉전이 본격화되면서 한반도에 새로운 지정학·지경학적 위기를 몰고 오고 있다. 또한 센카쿠열도(중국명 댜오위다오釣魚島)를 둘러싼 중일 갈등, 우크라이나 사태로 형성된 친러와 반러 세력의 갈등 심화 등 세계가 힘의 논리와 그에 대한 반작용으로 점철되며 더욱 암울해지고 혼란스러워지고 있다. 중일 갈등과 러시아·우크라이나 갈등이 단순히 양국만의 문제가 아니라 국제정치와 경제 측면에서 매우 복잡하게 얽혀 있다. 무엇보다 세계 1위와 2위인 미중 양국의 이권과 힘의 논리에 따라 한반도의 정세가 매우 유동적으로 변할 수 있고, 그에 대한 대응 시나리오가 준비되어 있지 않으면 우리는 매우 힘든 시기를 겪을 수도 있다.

미중 패권 스토리텔링

1959년 미시간대학 오간스키A. F. K. Organski 교수가 역설한 '세력 전이 이론Power Transition Theory'에서 그는 패권국은 자기의 힘을 지키기 위해 다른 나라들에 비해 더 많은 일을 하게 되고, 그럴 경우 결국 힘이 분산될 수밖에 없다고 이야기하고 있다. 분산된 힘의 상황에서 2등과 3등을 하는 도전국이 성장하게 되고 결국 패권국과 도전국의 힘이 어느 정도 균형점에 왔을 때 도전국이 패권국을 선제공격하는 일이 자주 일어났다고 설명한다. 오간스키 교수는 강대국들의 세력 변이가 세계 정치에 미치는 영향을 체계적으로 설명한 대표적인 국제정치학자다. 그렇다면 그의 세력 전이 이론이 지금의 미중 신냉전에 적용될 수 있을까? 당연히 지금은 힘들다. 그 이유는 다음과 같다.

첫째, 도전국 중국의 힘이 미국에 근접하기 위해서는 많은 시간이 소요된다. 미국은 중국을 따돌리기 위해 주변 동맹국과 함께 외교, 군사, 경제적 측면에서 중국 견제를 지속하게 되면 중국이 미국에 근접하는 시간은 더욱 길어질 수밖에 없다. 둘째, 미중 충돌은 단순히 양국 간의 대립이 아니라 전 세계가 양분되어 벌이는 제3차 세계대전의 성격을 띨 수 있다. 핵확산금지조약NPT에서 인정하는 핵무기 보유국은 미국, 중국, 영국, 러시아, 프랑스 등 5개국뿐이지만 북한, 파키스탄*, 인도, 이스라엘 등도 비공식 핵을 보유하고 있어 미국 진영(영국, 프랑스, 인도, 이스라엘)과 중국 진영(러시아, 북한, 파키스탄)으로 양분된다. 결국 미중 간 전면전은 전 세계를 전쟁으로 몰아넣는 결과로 귀결된 것이다. 핵전쟁은 아무도 이길 수 없는 전쟁이고 미중 양국이 모두 패하는 전쟁이다. 만약 미국 진영이 이긴다고 해도 감내해야 할 정치, 경제, 사회적 피해가 너무 커 미국은 득보다 실이 더 클 수 있는 무모한 전쟁을 원치 않는다. 이는 중국도 마찬가지다.

미국은 중국의 굴기를 막아야 미국 주도의 패권 지형을 지속적으로 유지할 수 있고 많은 국익을 창출할 수 있다. 하지만 그러한 패권 지형을 유지하기 위해서는 많은 대가와 신경을 써야 한다. 세계의 큰형답게 그만큼 많은 일을 해야 한다는 것을 의미한다. 미국은 미국 주도의 국제 질서를 유지하고 그 질서를 따르는 많은 동맹 국가의 국가 안보를 지켜주고 공공재를 제공함으로써 패권의 권리와 경제적 국익을 얻는다. 미국이 어마어마한 규모의 비용을 국방비 예산에 투입하는 것도 바로 그러한 이유 때문이다. 영국 국제문제전략연구소IISS 자료에 의하면, 2020년 기준 전 세계 국방비 증가액의 52.1%인 7,387억 달러가 미국에 의해 투입되었다. 지난 시기 중국, 일본, 독일이 경제 발전에 자본을 집중하는 사이 미국은 패권 지형 유지를 위한 군비 증강에 국력을 집중했다. 그러나 최근 국방비 지출이 늘어나면서 미국과 국제사회의 우려가 증폭되기 시작했다.

---

* 중국과 파키스탄은 동맹에 준하는 군사 협력 관계를 맺고 있다.

미중 신냉전을 바라보는
세 가지 시각과 함의

잠자는 사자 중국을 깨우지 말라.
중국이 깨어나는 순간 온 세상이 뒤흔들릴 것이다.
19세기 초 프랑스 나폴레옹 1세의 경고

미국은 이제 더 이상 중국의 경제 스승이 아니다.
2009년 왕치산 부총리

미국 외교가의 전설이자, 미중 외교 관계의 산증인인 헨리 키신저 전 국무장관은 '미중 간 펼쳐지고 있는 신냉전이 단순히 양국을 넘어 전 세계에 엄청난 영향을 미칠 것'이라고 경고한 바 있다. 그는 "양국의 경제력, 기술력, 군사력을 비교해보면 과거 미소 냉전의 시대와 전혀 다른 더 위험한 상황이 일어날 가능성이 있다."라고 진단했다. 상황이 심상치 않아 보인다. 2018년부터 본격화된 미중 충돌은 경제, 안보, 외교, 이념 등 모든 영역으로 확산되면서 점차 새로운 국면으로 접어들고 있다. 무엇보다 미중 신냉전의 싸늘한 먹구름의 무게 중심이 주변국으로 확대되는 모양새다. 특히 미국 경제의 심각한 인플레이션으로 바이든 행정부의 지지율이 떨어지고, 러시아 제재에 동참하고 있지 않은 중국에 대한 불만은 전 세계적으로 반중 전선으로 확대되고 있다. 미국과 중국은 역사 속에서의 패권 전쟁처럼 결국 전쟁으로 귀결될 것인가? 전쟁하게 된다면 누가 이길 것인가? 이에 대한 관심이 증폭되고 있다. 지금 우리가 목도하고 있는 미중 신냉전을 어떠한 시각과 관점에서 바라보아야 하는 것일까?

미중 신냉전 이해의 핵심은 양국 간 성장 속도의 차이 때문에 도전국(중국)의 국력이 패권국(미국)의 국력보다 강해지는 세력 전이 이론에 비추어볼 수 있다. 패권국 미국이 이익이나 규범에 기초한 질서를 만들고 유지해왔지만, 그 질서에 대항하는 도전국 중국의 힘이 커지면서 힘의 균열이 생기기 시작했다. 다시 말해 중국의 영향력이 미국에 얼마나 근접했느냐에 따라 미중 양국 간의 경쟁과 갈등 정도가 결정될 것이다. 국가 간 힘의 관계를 어떤 형식과 방식으로 설정하느냐에 따라 향후 미중 신냉전을 예측하고 분석할 수 있다.

미국과 중국, 누가 이길까?

과거 미소 양국이 핵무기를 둘러싼 준비 경쟁이라는 측면에서의 일차원적인 냉전이었다면, 미중 충돌과 격돌은 경제력, 기술력, 군사력, 민주가치 등 다양한 영역을 두고 벌이는 다차원적인 신냉전이다. 따라서 과거 미소 냉전과는 매우 다층적인 구조 속에서 진행되고 확산되며 주변국들을 더욱 힘들고 곤란하게 할 가능성이 매우 높다. 그런데 우리는 아직 그에 대한 준비가 미흡하고 혼란스러워하고 있는 형국이다. 2022년 대한민국의 새로운 대통령이 선출되었지만, 아직 미중 신냉전 시대에 대한 정확한 입장과 대안이 없어 보인다. 좀 더 냉철하게 현시점을 바라보고 편견과 오해의 굴곡을 바로잡지 않으면 우리의 삶과 생활이 힘들어질 수도 있다. 그렇다면 우리는 어떻게 미중 신냉전을 바라보고 이해해야 하는가? 우선 국내 언론 및 전문가들 사이에 미중 신냉전에 대한 서로 다른 세 가지 시각을 이해하는 것이 중요하다.

첫째, 미국이 중국의 추격을 따돌리고 글로벌 패권을 유지할 것이라는 시각이다. 과거 구소련과 일본처럼 미국은 중국을 따돌리고 글로벌 패권을 지키며 세계 제1의 강대국으로 남을 것이다. 미국의 막강한 군사력과 달러 패권으로 절대로 패권국의 지위를 중국에 넘기지 않을 것이다. 회고해보면 지난 1940년대는 사회주의와 자본주의의 대립과 핵무기 개발을 둘러싼 권력 투쟁인 '미소 냉전'이 본격화한 시기였다. 특히 구소련이 1953년 인공위성을 최초로 발사하면서 1950~1980년대까지 거의 30년 동안 구소련이 미국을 제치고 패권국이 될 것이라는 주장도 적지 않았다.

그러나 소련과 45년간의 패권 경쟁에서 결국 미국이 승리하면서 글로벌 패권을 차지하게 되었다. 소련과의 패권 경쟁이 끝나자마자 미국은 일본이라는 아시아 패권국의 부상에 당면하게 되는데, 일본은 막강한 경제력을 바탕으로 미국의 패권에 도전했다. 일본의 GDP가 소련을 넘어 세계 2위에 올랐고, 곧 미국을 추월할 것이라는 전망이 쏟아졌다. 미국의 사회학자 에즈라 보겔Ezra Feivel Vogel 하버드대학 교수가 쓴 《1등 국가 일본Japan as Number one》이라는 책 제목처럼 일본의 성장은 무서웠다. 그 당시 미국이 몰락하고 일본이 미국을 대체할 것이라고 주장하는 자국 내 학자들도 적지 않았다. 당시 미국은 재정 적자와 무역적자를 만회하고 일본의 성장을 견제하기 위한 엔화 평가절상을 요구한 플라자 합의*를 진행했다. 이른바 미국의 외교 특징인 '40% 법칙'에 걸린 것이다. 예를 들어 패권국인 미국이 1945년 이후 G2의 경제 규모가 미국 GDP의 40%를 넘어서면 군사 및 달러 패권의 지위를 이용해 도전국이 따라오지 못하도록 하는 암묵적인 룰인 셈이다. 결국 엔화 가치가 상승하면서 일본 수출 기업의 몰락과 버블 경제가 형성되기 시작했다. '도쿄의 부동산을 팔면 미국을 살 수 있다'는 이야기가 나올 정도였다.

그러나 이러한 일본의 성장은 오래가지 못했다. 기다렸다는 듯이 국제결제은행**의 자기자본비율BIS***을 8%대로 올리자 일본중앙은행은 금리를 두 배 이상 올리면서 일본 자산 가격이 폭락하고 기업들의 파산과 실업자들이 넘쳐났다. 미국의 패권 지위를 넘보고 있던 일본의 참혹한 패배였고, 그로 인해 일본은 잃어버린 20년의 고통을 경험해야 했다. 그다음은 미국 GDP의 40%를 이미 넘어선 중국 차례다. 미국은 이를 결코 좌시하지 않을 것이고 미국의 막강한 군사력과 달러 패권에 중국도 결국 무너질 것이라는 견해다.

---

* 1985년 9월 22일 미국 뉴욕에 위치한 플라자 호텔에서 프랑스, 독일, 일본, 미국, 영국으로 구성된 G5의 재무장관들이 외환시장의 개입으로 인하여 발생한 달러화 강세를 시정하기로 결의한 조치이다.
** 국제결제은행은 국제금융 안정을 목적으로 각 나라 중앙은행의 관계를 조율하는 국제협력 기구다.
*** 국제결제은행(BIS)이 정하는 은행의 자기자본비율을 말한다.

둘째, 중국이 미국을 추월해 새로운 패권자로 등극할 가능성을 배제할 수 없다는 시각이다. 정치력과 경제력, 4차 산업혁명 기술 굴기 등의 경제력 규모로 곧 미국을 추월할 것이며 결국 1당 독재 정책의 지속성이 존재하는 중국공산당의 일관된 정책 지속성이 중국을 더욱 강하게 만들게 된다는 것이다. 미국의 암묵적인 룰인 '40%의 법칙'은 2008년 미국발 리먼 브라더스 사태로 인해 흐지부지되었다. 2008년 글로벌 금융 위기로 내 코가 석 자인 미국이 중국을 견제할 여력이 없었기 때문이다. 미국이 경제 위기로 허덕이는 사이 2010년 중국은 일본을 제치고 GDP 규모 세계 2위에 올라서면서 G2(주요 2개국) 시대가 열리게 되었다. 2030년대를 기점으로 중국의 경제 규모가 미국을 추월해 경제 패권을 기반으로 한 중국의 영향력이 더욱 커질 것이라는 전망이다.

또한 국제통화기금IMF, 세계은행World Bank 등의 글로벌 기관과 영국, 일본 내 주요 연구소는 2021년 기준 중국은 미국 GDP의 73%를 넘어서면서 향후 7~8년 내 중국의 경제 규모가 미국을 추월할 것이라는 전망을 쏟아내고 있다. 그리고 미국 최고의 싱크탱크 기관인 브루킹 연구소는 코로나19로 인해 중국 GDP가 과거 예측 전망치인 2030년보다 2년 빠른 2028년이면 미국을 추월할 수 있다고 전망한 바 있다.

IMF 자료에 의하면 2021년 중국 GDP 규모가 18.86조 달러로 미국(22.94조 달러)의 73.5%로 점차 미국 경제를 따라잡는 형국이다. 4차 산업혁명 분야의 첨단 기술 영역에서 중국의 성장은 더욱 가파르다. 반도체를 제외한 AI, 빅데이터, 드론, 사물인터넷IoT 등 분야의 세계 특허 및 논문 인용 지수는 이미 미국을 추월했다. 세계지식재산권기구WIPO가 발표한 2021년 글로벌 혁신 지수에서 중국은 전년 대비 2단계 상승하며 12위를 기록했다. 특히 국제 특허 분야의 경우 2019년 미국을 추월한 이후 지금까지 세계 1위를 유지해오고 있다. 2020년 기준 중국의 특허 신청이 6만 8,720건으로 전년 대비 16.1% 성장하며 미국(5만 9,230건)을 훨씬 앞서가는 형국이다.

셋째, 미국 양국의 제로섬 게임이 아니라 경쟁과 충돌, 협력을 동시에 진행하는 경쟁적 협력사 관계로 보는 시각이다. 즉, 향후 오랜 기간 미중 신냉전은 지속되며 글로벌 정치 및 경제 구도에 큰 변화를 가져오게 될 가능성이 높다는 것이다. 과거 스파르타와 아테네의 전쟁에 비유한 투키디데스의 함정이 미중 신냉전에서는 일어나지 않을 것이라는 논리다. 그만큼 국제사회가 연결되어 있고 이해당사자가 복합적으로 얽혀 있는 상황에서 미중 양국에 모두 좋지 않은 결과를 초래할 전쟁을 할 필요가 없다는 것이다. 글로벌 경제가 미중 양국을 넘어 촘촘히 연결되어 있는 구조로 인해 미국 주도의 공급망 재편으로 미국이 승리하는 제로섬 게임은 결코 쉽지 않다. 또한 만약 미중 양국이 무력충돌 같은 치킨게임을 진행할 경우 득보다 실이 더 크다는 것을 잘 알고 있기 때문이다. 그만큼 중국은 군사력도 성장시켜 몸집을 키워오고 있다.

미중 양국의 이분법적 사고를 버려라!

키신저 전 국무장관은 2021년 11월 미국 CNN과의 인터뷰에서 "미중이 서로 경쟁하지만 중국과의 파국은 피해야 한다."라고 언급한 바 있다. 한편 호주의 중국 전문가 휴 화이트Hugh White(호주국립대학 교수)는 제2차 세계대전 이후 세계 패권을 가진 미국이 중국의 부상에 흔들리고 있으며, 향후 그는 미국이 미중 전략 경쟁에서 세 가지 선택에 직면해 있을 수 있다고 말했다.

첫째, 아시아 리더십을 두고 중국과 경합을 지속하는 선택 둘째, 자발적으로 아시아의 주도권을 양보하고 글로벌 리더십을 지키는 방법 셋째, 아시아 체제Concert of Asia를 구성하여 미중 양국이 함께 협력하는 메커니즘이다. 휴 화이트 교수는 두 번째와 세 번째 선택을 조합한 아시아에서 전략적 동격strategic equal in Asia으로 갈 가능성을 높게 보고 있다.

토니 블링컨Antony John Blinken 미국 국무장관은 바이든 행정부의 대중 정책은 '3C'라고 말한 바 있는데, 바로 중국과 협력Cooperation, 경쟁Competition, 대결Confrontation의 세 가지 국면을 동시에 추구하겠다는 것을 의미한다.

첫째, 협력은 코로나19 팬데믹, 기후 변화 및 환경 문제, 대량 살상 무기 확산 방지, 북한과 이란 핵 문제와 관련해서는 중국과 협력한다. 둘째, 경쟁은 경제와 무역, 첨단 기술 분야, 공급망, 동맹 및 파트너 전략, 개발 협력에서는 중국과 치열하게 경쟁한다. 셋째, 대결은 홍콩 민주주의와 대만의 자유, 티베트 및 신장 위구르의 인권 문제 등 민주주의의 보편적 가치를 두고는 절대로 중국에 양보하지 않겠다는 것이다. 또한 동중국해와 남중국해의 분쟁 등 지정학적으로 아시아·태평양 지역의 패권을 잡으려고 하는 중국의 야심에도 철저하게 대응해나가겠다는 의미다. 결국 바이든 행정부는 경쟁은 하되 대결을 최소화하고 협력의 범위를 확대하려고 하지만 결코 쉽지 않아 보인다.

이것은 중국의 입장도 마찬가지일 수 있다. 단, 조건이 붙는다. 미국이 말하는 대결국면에서 홍콩, 대만, 티베트 및 신장 위구르 자치구 문제는 모두 중국 정부가 전쟁을 불사하더라도 지켜야 할 핵심 이익으로 보고 있기 때문이다. 결국 대결 국면이 협력 국면을 덮어버려 미중 양국의 관계는 지속적인 신냉전 시대로 갈 가능성이 높다. 양국은 협력적 경쟁자로 계속 신경전을 벌이며 국제 정세와 주변국들로 하여금 더욱 불확실성의 시대로 몰아갈 가능성이 높다. 그런데 우리 대부분의 언론과 여론은 이분법적인 사고로 미중 신냉전을 바라보고 있다. '미국의 반중 연합 전선에 한국이 더욱 적극적으로 참여해야 한다.' '미국이 승리할 게 뻔한데 당연히 승자 옆에 붙어 있어야 한다.' 등의 논리로 각종 매체와 유튜브를 도배할 정도다.

그럴 수 있다. 역사적으로 신냉전은 반드시 승자와 패자가 있었기 때문이다. 그러나 지금의 미중 관계는 매우 복잡하게 얽혀 있고, 자국의 이해관계에 따라 매우 유동적으로 변화될 수 있다. 과거의 미국이 아니고 과거의 중국이 아닌 것을 우리는 잠시 착각하고 있는 듯하다. 좀 더 냉철히 지금의 미중 양국의 대결과 공존 사이를 짚어보아야 한다. 미중 관계는 수많은 주변국의 이해 당사자들이 함께하는 구조다. 미중 신냉전을 제로섬 게임으로 보고 그 프레임에 매몰되어서는 안 된다. 장기간 벌어질 미중 양국의 신냉전 구도에서 우리는 패권적 균형자가 되기 위해 노력해야 한다. 마치 1815년 나폴레옹이 전쟁이 끝난 후 패권국으로 등장한 영국이 프랑스와 독일 등 대륙 국가들과의 전쟁을 말린 것처럼 패권적 균형자로서 역량을 키우는 것이 가장 중요하다. 패권적 균형자는 결국 우리가 강해져야 한다는 것을 의미한다. 지금의 자주 역량을 미중 간 충돌의 지렛대로 최적화시키는 노력을 해야 한다.

— 3 —
미국이 지금의 중국을
만들었다

중국의 WTO 가입이 미국 국익에도 도움이 될 것이다.
2000년 3월 빌 클린턴 대통령, 존스 홉킨스대학 국제관계대학원 연설

중국은 WTO에서 개발도상국으로서 특혜를 누리고 있다.
이게 공평한가? WTO는 오랫동안 미국을 부당하게 대우했다.
2018년 4월 도널드 트럼프 전 대통령 트위터

1971년 리처드 닉슨 대통령의 중국 방문을 통해 이른바 핑퐁 외교로 시작된 미중 관계는 과거 대립적 관계를 청산하고 1979년 1월 1일 미중 양국은 정식 수교를 했다. 소련과 냉전 중이던 미국은 소련과 적대적인 관계에 있는 중국과의 관계 개선을 통해 미국의 영향력을 키우고자 하는 전략으로 적의 적을 내 편으로 만들어 전쟁에서 승리하겠다는 것이었다. 그렇게 시작된 미중 관계는 적과의 동침이라는 명분 아래 전략적 협력 관계를 지속했고, 50년이 지난 지금 양국 관계는 무역 통상 관계를 넘어 이념과 가치 대립을 벌이며 최악의 적으로 만나 대결하고 있다.

중국의 WTO* 가입을 막아라

중국이 G2로 성장할 수 있었던 것은 눈부신 경제 성장이 있었기 때문이다. 저렴한 메이드 인 차이나를 배경으로 엄청난 부를 축적한 중국의 경제 성장은 크게 두 개의 전환점이 있었다.

먼저 1978년 4대 경제특구(선전, 주하이, 산토우, 샤먼)의 대외 개방으로 시작된 덩샤오핑鄭小平(등소평)의 개혁 개방이었다. 1978년 덩샤오핑의 개혁 개방은 미중 수교의 단초가 될 만했다. 미국 역시 중국이라는 엄청난 인구의 시장이 세계 경제에 편입하는 것이 미국의 장기적인 국익에 도움이 될 것이라고 믿었으며, 경제 개방을 통해서 사회주의 국가인 중국의 정치 체제도 변화될 수 있을 것으로 보았다. 또한 미국은 1991년 소련이 붕괴되어 자본주의와 사회주의의 냉전이 종식되면서, 중국 혼자만 사회주의의 길을 가기는 어려울 것이니 곧 중국 체제의 변화도 일어날 것이라고 믿었다. 그러나 중국의 생각은 달랐다. 동서 냉전의 한 축이었던 소련의 붕괴를 옆에서 지켜본 중국은 경제 개방의 중요성을 체감했다. 또 1997년 아시아 금융 위기를 경험하면서, 자본 자유화의 성급한 추진 등의 급격한 변화는 결국 중국 체제의 위협으로 다가올 수 있다는 교훈을 얻게 해준 기회였던 셈이다.

두 번째 전환점은 2001년 11월 10일 중국의 WTO 가입이었는데, 이는 중국이 G2로 성장할 수 있었던 결정적 계기가 되었다. 중국이

---

* 세계무역기구로 무역 자유화를 통한 전 세계적인 경제 발전을 목적으로 하는 국제기구로, 1995년 1월 1일 정식으로 출범하였다.

WTO 가입을 할 수 있도록 결정적인 역할을 한 나라가 바로 미국이다. 비록 그 과정은 힘들었지만 결국 중국도 원했고 미국도 원해서 이루어진 합작품이었다.

사실 중국의 WTO 가입은 매우 긴 여정이었다. 중국은 1986년 7월 관세와 무역에 관한 일반 협정GATT에 재가입 신청* 이후 15년간 미국과 일본, 유럽연합EU 등 약 40여 개 국가와 양자 회담을 진행했다. 1995년 11월 중국은 WTO에 다시 가입 신청서를 제출했고, 그에 따라 일본은 1996년 중국의 WTO 가입을 지지했다. 결국 2000년 5월 유럽연합은 중국과의 5년여의 회담 끝에 양자 무역협정에 합의했다. 이제 칼자루는 미국이 가지게 되었고 미국과의 협상이 중국에 가장 큰 걸림돌이 되었다. 중국의 개방을 더 이끌어내려는 미국과 최대한 개방의 폭을 줄이려는 중국과의 치열한 수 싸움이 진행된 것이다. 또한 중국의 인권 문제와 대만 이슈 등의 정치 문제, 지식재산권 보호, 미국의 대중 무역적자 등 경제 현안도 미중 협상의 중요한 의제로 자리 잡아 조율이 쉽지 않았다.

이러한 중국의 WTO 가입을 둘러싼 미중 양국의 신경전에 결정적인 역할을 한 사람이 바로 '주룽지朱鎔基' 전 총리다. 1999년 3월 주룽지 총리는 WTO 가입을 위해 미국에 더 많은 양보를 할 준비가 되어 있다고 발표하면서 미국과의 WTO 가입 협상을 마무리하려고 애썼다. 그의 전략은 양보하는 대신에 가입 후 개방 시간을 유예해달라

---

* 중국은 1947년에 출범한 GATT의 창립 회원국이었으나 1949년 국공 내전에 패한 국민당이 대만으로 퇴각한 후 1950년 탈퇴하였고, 1986년 중화인민공화국이 중국의 유일한 합법 정부임을 주장하며 재가입 신청했다.

는 것으로, 중국은 아직 개발도상국이니 WTO에 개도국 지위로 가입해 미국에 요구하는 관세 및 서비스 영역을 개방하겠다는 것이었다. 만약 개도국 지위를 얻게 되면 바로 개방하는 것이 아니라 약속한 양허 유예 기간에 따라 점차적으로 개방하게 되는 것이다.

그리고 1999년 9월 장쩌민江澤民 국가주석과 빌 클린턴 미 대통령의 뉴질랜드 정상회담 이후 WTO 가입 협상은 급물살을 탔는데, 이는 빌 클린턴 대통령 입장에서도 모험을 건 승부수였다. 미국 내부 여론은 중국의 WTO 가입에 대한 부정적인 시각이 많았기 때문이다. 중국은 결코 체제 및 구조적인 변화를 하지 않을 것이라는 주장이 팽배했다. 그러나 클린턴 전 대통령은 중국 시장에서 미국 기업의 막대한 자본과 강력한 기술 경쟁력을 내세워 실질적인 국익이 창출될 것이고, 이로 인해 중국 국영기업들이 시장에서 퇴출될 것으로 믿었다. 또한 이러한 시장경제의 장점을 통해 중국은 사회주의 체제의 위협을 느끼게 될 것이고, 향후 미국을 위협하는 일이 없도록 하겠다는 것이 클린턴 대통령의 전략적인 속셈이었다.

결국 2001년 6월 미국이 양보하며 중국과 WTO 가입 세부 조건에 합의하면서 WTO 협상이 타결되었고, 9월에 주요 무역상대국들과 WTO 가입에 관한 공식합의에 도달했다. WTO 142개 회원국에 11월 카타르 도하에서 열릴 WTO 각료회의에서 중국의 가입을 환영할 것을 권고하면서 중국의 WTO 가입이 사실상 확정되었다. 그리고 마침내 11월 10일, 카타르 도하 각료회의에서 중국을 WTO 143번째 회원국으로 승인하게 되었다. 2002년 1월, 중국은 전국인민대표대회의 비준을 거쳐 정식 회원국으로 가입되었다.

늑대와 함께 춤을 与狼共舞

나는 1999년부터 대한민국 주중국 대사관 경제통상관으로 근무하며 당시 중국의 WTO 가입 관련 중국의 변화를 현장에서 경험했다. 1999~2001년 중국의 WTO 가입이 본격화되던 시기에 중국 내 학계 및 여론에서는 걱정과 우려도 만만치 않았다. WTO 가입에 따른 득보다 실이 더 클 수도 있다는 것이었다. 당시 중국의 금융 전문 일간지인 금융시보는 'WTO 가입은 곧 외국의 늑대를 불러들이는 꼴'이라고 표현하며, 중국이 WTO에 가입하면 중국의 금융산업이 모두 무너질 것이라는 기사를 싣기까지 했다. 이러한 반대 내부 국면을 과감히 타파하고 나간 사람도 바로 주룽지 전 총리였다. 주룽지 총리는 중국이 경제 발전을 이루기 위해서는 더 큰 무대가 필요하고, 그러기 위해서는 WTO 가입을 통해 무대를 넓혀야 한다는 생각이었다. 얼마 되지 않아 중국 여론도 논조가 바뀌기 시작했다. "어떻게 늑대와 함께 춤을 춰야 하는가?", "늑대가 왔다고 크게 소리치지 말고 늑대와 함께 춤출 수 있는 능력을 길러야 한다."는 등 WTO 가입을 기정 사실화하고 늑대와 싸울 준비를 하는 식의 방향으로 전환되었다.

중국 내 각 언론들은 WTO 가입이 중국 각 산업 별로 미치는 영향을 분석한 기사들을 쏟아내기 시작했다. 그 중심에서 있는 핵심 키워드는 '늑대와 함께 춤을与狼共舞'이었는데 그 시기 중국 내 매체에서 가장 많이 언급된 유행어 중 하나였다. 중국이 WTO에 가입하게 되면 이제 늑대들(글로벌 자본과 기업)이 중국 시장에 몰려들 테니 개방영역에 해당되는 산업과 기업들은 마음의 준비를 하라는 것이었다. 글로벌 스탠더드한 무역 규칙을 알아야 한다고 하면서 'WTO 규범 및 국제무역 공부하기'가 한참 붐을 이루던 시기였다. 중국의 국제무역사 자격증 시험에 엄청난 인원이 지원했고, 'WTO'라는 단어는 방송과 신문 매체에서 거의 매일 빠지는 날이 없을 정도였다.

미국이 만든 G2 시대

중국은 실제 WTO 가입을 준비하면서 총 2,700여 건의 경제 관계 법령을 제정하고 개정해나갔다. 그 당시 새로 나온 경제 관련 법규 및 법령을 정리 분석해 우리 기업들에게 열심히 알렸던 기억이 지금도 생생하다. 중앙정부의 법규 제정이 있으며 바로 지방정부 차원의 법 제도화도 가속화되기 시작했다. 단기적으로 늑대들이 중국 시장에 진입해 자국 시장 및 기업의 피해가 있을 수 있지만, 지속적인 개혁 개방을 통해 점차 중국 경제의 체질과 경쟁력을 강화하기 위해서 WTO 가입은 피할 수 없는 현실적인 대안이자 선택이라고 중국 지도부는 생각했다.

실제로 중국은 WTO 가입 후 대형 국영기업들의 구조조정과 부실기업 및 금융기관 파산이 본격화되었고, 그에 따른 정리해고 노동자들이 많아지면서 사회적 혼란을 겪기도 했다. 다행히 WTO 가입과 동시에 바로 개방하는 것이 아니라 5년 이상의 유예 기간이 있었기 때문에 자국 내 피해를 최소화할 수 있었고, 중국 시장을 선점하기 위해 들어오는 외국 기업과 싸울 수 있는 전략적 준비 시간을 확보할 수 있었던 것은 중국에게 엄청난 운이었다. 반대로 미국 입장에서는 중국에 개도국 신분의 유예 기간 양보는 큰 실수였다고 볼 수 있다. 만약 그때 중국이 WTO 가입을 하지 않았거나 혹은 양허 유예 기간이 없었다면 경제 대국 중국으로 이렇게 빨리 성장할 수는 없었을 것이다. 아마도 여전히 죽의 장막이라는 성에 갇혀 덩치만 큰 개도국으로 남아 있었을 가능성도 배제할 수 없다.

중국은 WTO 가입을 계기로 매년 8~10%의 고속 성장을 하며 글로벌 시장에 주력군으로 부상했다. WTO 가입 당시 세계 8대 무역국이었던 중국이 6년 만인 2008년 독일을 추월하고 세계 3위로 올라섰고, 2010년에는 일본을 제치고 세계 2위의 경제 대국으로 자리 잡았다. 이때부터 이른바 G2라는 미국과 중국의 시대가 열리게 된 것이다. 지금의 중국은 결국 미국이 만든 결과라고 볼 수 있다. 만약 당시 클린턴 대통령이 중국은 WTO 가입을 해도 시장과 체제의 구조적 변화는 없을 거라는 미국 내 강경파의 의견을 들었더라면 지금의 미중 간 신냉전 구도는 아마 20년 후에나 가능했을 수도 있다.

중국 포용론에서 강경론으로

지난 2018년 10월 마이크 펜스Mike Pence 부통령은 워싱턴의 싱크탱크인 허드슨 연구소 연설에서 40년간 미국의 대중국 포용정책은 실패했다고 이야기한 바 있다. 여기에는 중국이 세계 G2로 등장하게 만든 게 바로 미국이라는 의미도 묻어 있으며 트럼프 대통령의 중국에 대한 생각을 그대로 반영하고 있는 것이기도 하다. 중국의 WTO 가입은 중국이 글로벌 경제 무대에서 성장할 수 있는 계기가 되었다. 결국 클린턴 대통령에서 오마바 전 대통령까지 중국을 포용해서 '실익 챙기기와 패권 유지'를 하자는 계획은 아무 의미가 없다는 것이었다. 트럼프 전 대통령은 중국의 WTO 가입이 결국 미국 경제를 더 위협하게 만든 단초가 되었다고 생각했고, 기존 중국 포용론에서 강경론으로 전환했다. 그 핵심은 바로 미중 무역적자다. 중국이 WTO 가입을 하면 미중 무역 격차가 더 줄어들고 미국 경제가 더 성장할 것이라는 게 착각이었다는 것이다. 미중 무역적자는 결국 미국의 일자리를 중국이 뺏어가고 있다는 논리다. 미국 상무부의 통계에 의하면, 2013~2016년 사이 미국의 전 세계 대상 연간 무역수지 적자 규모는 약 6,880~7,370억 달러로 그중 가장 많은 비중을 차지하고 있는 것이 중국이다. 예를 들어 2016년 미국의 무역수지 적자 중 47.2%가 중국이 차지하고 있다. 오바마 행정부 시기에 연간 3,200~3,700억 달러였던 미국의 무역적자 규모가 트럼프 행정부 시절에는 그 적자 폭이 더욱 커지기 시작했다.

트럼프 행정부 시절 대중 적자 현황을 살펴보면 2017년 3,752억 달러, 2018년 4,176억 달러로 지속적으로 늘어가고 있었다. 트럼프는 그 이유를 중국의 WTO 가입이 미중 간 무역수지 적자를 더욱 키웠고, 그로 인해 미국 내 일자리가 줄어들었다는 것이다. 실제 관련 자료를 보면, 미국 내 일자리가 중국이 개혁 개방을 시작한 1979년 1,900만 개에서 트럼프 전 대통령이 취임한 2016년에는 1,200만 개로 줄었고, 무엇보다 중국이 WTO에 가입한 2001년부터 미국의 일자리는 급감하기 시작했다. 실제로 중국의 WTO 가입 이후 10년 동안 미국의 약 560만 개의 일자리가 사라졌다. 중국의 저렴한 철강 및 자동차 수출로 인해 미국 제조 기업의 몰락이 가시화되었다. 그것을 적나라하게 이야기한 책이 바로 트럼프 행정부 시절 대중 강경파인 피터 나바로 교수가 쓴 《중국이 세상을 지배하는 그날Death by China》이다. 결국 트럼프 대통령이 대중국 제품에 대한 고율 관세를 부과하면서 미중 간 무역전쟁이 본격화된 것이다.

한편, 중국의 WTO 가입으로 가장 많은 혜택을 본 나라는 바로 한국이다. 중국의 WTO 가입에 따른 해외 수출 확대와 시장개방으로 한국의 대중국 수출과 투자가 확대되었다. 우리가 10위권 경제 대국으로 성장할 수 있었던 배경에 바로 중국이 있었다는 것은 부인할 수 없는 사실이다. 한국과 중국 경제가 커플링(동조화) 되어 있다는 의미는 중국의 경제 성장과 함께 우리의 경제도 성장해왔다는 것을 의미한다. 중국 경제의 급부상과 국제적 영향력이 점차 확대되면서 이제 미국 민주당과 공화당 모두 같은 목소리를 내기 시작했다. 중국을 국제통상질서를 위반하고 미국의 국익을 침해하는 불량 국가로 정의하고, 중국을 적극적으로 견제하지 않으면 안 된다는 불안감과 우려에 대한 인식이 백악관과 의회에 팽배해지기 시작한 것이다.

—4—

미국의 창과 중국의 방패,
누가 이길까?

전국시대 초나라 시기 창(矛)과 방패(盾)를 파는 상인이 말하기를
'내 방패는 아주 견고하여 어떤 무기도 막아낼 수 있습니다.'
그리고 '내 창은 매우 날카로워 꿰뚫지 못하는 물건이 없습니다.'
그러자 어떤 이가 묻기를 '그럼 당신의 그 예리한 창으로
당신의 견고한 방패를 찌르면 어떻게 됩니까?'
그 상인은 대답하지 못하고 달아나버렸다.

중국 춘추시대 말기에 한비가 지은 《한비자(韓非子)》 중에서

미중 신냉전은 마치 한비자에 나오는 '모순矛盾'의 고사를 연상시킨
다. 미국이 적극적으로 중국을 공격하고 있으니 당연히 미국을 '창'에
비유하고 중국은 방어를 하고 있으니 '방패'에 비유한다. 그리고 우리
는 당연히 창(미국)이 방패(중국)를 무찌르고 이길 것이라고 생각한다.
그러나 모순의 고사처럼 방패도 결코 만만치 않다. 그 상인이 질문에
대답을 못하고 달아난 것처럼 사실 미중 신냉전은 누가 이길지 알 수
없기 때문이다. 그런데 우리는 창(미국)이 반드시 방패(중국)를 이길
것이라는 자기모순에 빠져 있을 수도 있다. 안보의 창(미국)과 경제의
방패(중국)에 끼어 있는 우리로서는 그 어떤 선택을 하기가 쉽지 않
고, 또한 잘못된 선택을 할 경우 매우 위험한 상황에 처하게 될 수 있

다. 무엇보다 민주주의 국가인 미국보다 권위주의 국가인 중국이 끝까지 버틸 가능성이 크기 때문이다.

미중 간 '워게임' 누가 이기나?

2009년 4월 미국의 정치 전문 매체인 폴리티코Politico에 소개된 미중 가상 워게임에서 중국이 승리한다는 가상 시나리오가 게재되면서 미국 사회를 충격에 빠뜨린 적이 있다. 승리의 요인은 미국이 중국과의 전쟁에서 최대 경제 대국으로서 면모를 유지했지만, 러시아 견제에 너무 많은 힘을 소진하면서 그 영향력을 잃게 된다는 것이다. 중국은 막대한 중국 자체의 경제 역량뿐 아니라 미국과 러시아 간 다툼과 전 세계의 경찰관 역할을 하는 미국의 힘이 저하됨에 따라 패권을 잡으며 자연스럽게 미국을 이긴다는 스토리다.

가상 시나리오는 미국 국방부와 존스홉킨스대학 전략분석연구소가 실시한 가상 워게임 내용이다. 미중 신냉전이 더욱 심화되면서 최근 들어 미국의 패권적 지위가 더 이상 유지되기 어려울 것이라는 미국 내 지적도 계속 흘러나오고 있고, 미국의 국력이 예전 같지 않은 상태에서 이를 단시일 내에 회복하기 쉽지 않다는 것도 미국 스스로 인정하는 분위기다. 그런 상황에서 2020년 미국 내 출간된 2권의 책이 더욱 파장을 불러일으키고 있다.

첫 번째 책은 크리스챤 브로스Christian Brose가 쓴 《킬체인The Kill Chain》이다. 그는 미국 상원에서 군사위원회를 이끌었던 매케인의 수

석보좌관으로, 국방 문제에 관한 미국 의회 내 최고 전문가로 손꼽힌다. 2020년 4월에 출간된 이 책에서 그는 중국과의 전쟁에서 미국이 질 것이라고 언급하면서, 지난 10년간 미국 스스로 진행한 중국과의 워게임 시뮬레이션에서 미국이 한 번도 이긴 적이 없다는 사실도 쓰고 있다.

두 번째 책은 데이비드 킬쿨런David Kilcullen이 쓴 《더 드래곤스 앤더 스네이크스The Dragons and the Snakes》다. 그는 과거 호주 보병 지휘관 출신으로 테러리스트를 진압하기 위한 작전인 대반란전Counter-Insurgency; COIN에 대한 저술로 유명해진 인물이다. 킬쿨런은 이 책에서 미국이 전력 구조나 전력 방식을 바꾸지 않는 이상 중국을 이길 수 없다고 분석하고 있다.

핵심은 미국이 아프간과 이라크 등 대반란전에 몰두하는 사이 러시아와 중국이 미국과 싸워 이기는 방법을 터득했다는 점이고, 그에 맞게 중국이 미국의 약점을 기반으로 착실히 전력을 구축해왔다는 것이다. 그는 중국의 극초음속 미사일이 가장 대표적이라고 이야기하고 있다. 음속의 5배 이상 속도로 날아가는 극초음속 미사일이 수십 발씩 발사될 경우 기존 방어 체계로는 완벽히 막아내기 어렵고, 천하무적의 이지스 체계로 무장하고 있다고 해도 한두 발만 방어망을 통과하여 미국 항공모함을 타격할 경우 수십억 달러의 전략 자산이 순식간에 수장될 수 있다고 설명한다. 공격을 너무 많이 한 창(미국)이 어려움에 직면한 사이, 방어만 하는 방패(중국)가 힘을 모아 역으로 창(중국)이 되어 방패(미국)를 이길 수 있다는 것을 의미하는 것이다.

트럼프식 최적 관세 이론의 실패

미중 무역전쟁이 한참이던 2019년 연방준비제도이사회^{FRB}* 와 프린스턴대학, 컬럼비아대학의 공동 연구보고서에 의하면 '미중 무역전쟁의 결과로 미국보다 중국의 피해가 클 것으로 예상되지만, 최종 승리는 결국 중국이 될 수 있다'고 한다. 그 이유는 무역전쟁은 단순히 경제 파워가 아니라 결국 미중 양국의 정치 시스템 차이에서 승패가 결정된다는 분석이다. 동 보고서에 참여한 예일대학 폴 브라켄 Paul Bracken 교수는 미국이 두 가지 시사점을 잊지 말아야 한다고 강조했다.

첫째, 금융의 창과 군사의 창에 대한 미국의 새로운 전략 수립이 필요하다는 것이다. 둘째, 경제전쟁에서 중국이 대응 전략으로 미국의 국채를 팔지 못할 것이라는 인식에 대한 의문이다. 미국이 중국을 무찌를 수 있는 비장의 창은 결국 군사의 창과 경제의 창, 그리고 달러에 기반한 금융의 창이 될 것이다.

사실 미중 무역전쟁의 결과는 공동보고서에서 예측한 대로 중국이 승리를 잡은 것처럼 보인다. 중국의 피해가 크지만 무역전쟁 본질적으로 중국에 유리하게 작용하고 있기 때문이다. 이것은 트럼프 대통령의 잘못된 판단과 생각 때문이었다. 트럼프 전 대통령은 미중 무역전쟁을 시작하면서 "무역전쟁은 좋은 것이고 이기기도 쉽다."라고 말하며 수천억 달러 규모의 중국산 제품에 고율의 관세를 부과함

---

* 미국의 중앙은행 역할을 하는 기구로 1913년 12월 도입된 연방준비제도(FRS: Federal Reserve System)이다.

으로써 무역전쟁이 일어난 것이다. 미국의 과감한 창의 공격에 중국은 보복관세라는 방패로 미국에 대응했다. 트럼프 대통령은 비즈니스맨 혹은 관세맨답게 엄청난 무역흑자를 보고 있는 중국 입장에서 고율의 관세 부과는 중국 경제를 힘들게 할 것이라고 믿었다. 미국에 무역흑자를 보고 있는 대부분의 무역 상대국이 미국을 등쳐먹고 있다고 자주 비난했던 트럼프 대통령의 이런 자신감은 바로 그가 맹신하고 있는 '최적 관세 이론optimum Tariff Theory' 때문이었다.

'최적 관세 이론'은 거대 수입국이 자국의 부담을 상대 국가에 넘길 경우 이익을 볼 수 있다는 논리이다. '최적 관세 이론'의 이론적 배경은 1840년대 정립되었고 해리 존슨의 1954년 논문인 〈최적의 관세 및 보복Optimum Tariffs and Retaliation〉이 〈Review of Economic Studies 21〉에 재인용되어 소개된 바 있다. 즉, 자유무역 이론과 달리 관세 부과가 자국에 유리하게 작용한다는 이유에서다. 또한 1980년대까지 '양국 관세 게임two-country tariff game' 이론이 등장하며 대체로 관세를

:: **미중 무역전쟁 일지**(1년 6개월, 단위: 달러)

미국 → 중국 관세 부과 일지				중국 → 미국 보복관세 부과 일지			
시기	규모	품목수	추가 관세	시기	규모	품목수	보복관세
18.07.06(1차)	340억	818	25%	18.07.06	340억	545	25%
18.08.23(2차)	160억	279	25%	18.08.23	160억	333	25%
18.09.24(3차)	2,000억	5,745	10%	18.09.24	600억	5,207	5-10%
19.05.10(4차)	2,000억	5,745	10% → 25% 인상	19.06.21	600억	5.140	5-10% → 5-25% 인상
19.09.01(5차)	1,120억	3,229	15%	19.09.01	300억	1,717	5-10%

자료 | 중국경영연구소 관련 내용 정리

부과하는 큰 나라는 이익을, 작은 나라는 손실을 보게 된다는 것이다. 문제는 이러한 '최적 관세 이론'이 약소국에는 효과가 있지만 중국에는 먹히지 않는다는 것이다. 트럼트 대통령은 큰 나라(중국)가 미국에 보복관세를 똑같이 부과하게 되면 관세 부과가 미국에 이익을 가져다주지 못한다는 것을 인식하지 못했을 수도 있다. 중국처럼 큰 나라가 보복관세를 부과하기 시작하면서 미국 기업들도 시장점유율을 지키기 위해 가격을 낮출 수밖에 없는 구조이기 때문에 결국 미국도 손해를 보는 게임이론인 것이다. 그러므로 미중 무역전쟁은 양국의 정치적 이슈에 따라 봉합과 타협 그리고 전쟁의 반복된 신경전의 연속일 뿐이다.

트럼프 대통령은 관세를 높여 대중국 무역 의존도를 낮추려고 했지만, 바이든 대통령은 관세를 올려서 중국산 수입을 줄이고 다른 나라로부터 수입을 늘려도 여전히 중국의 영향력에서 벗어나지 못한다는 공급망 문제를 알게 되었다. 그는 트럼프식 '최적 관세 이론' 적용은 실패한 것이라고 생각했다. 트럼프식 무역전쟁과 같은 방법으로는 중국의 방패를 뚫지 못한다는 것을 알게 해준 중요한 계기가 된 것이다.

미중 간 팽팽한 기 싸움, 양국의 속내는?

바이든 대통령은 무역 관세의 창이 아니라 안보와 체제의 창으로 중국을 겨누기 시작했다. 미국의 체제에 도전하는 적대 국가로 보고 있다는 것이다. 2021년 3월 바이든 행정부 출범 이후 처음으로 개최된 미중 고위급 회담 내용에 대해서 당시 매우 다양한 시각이 존재했다. 별도의 성과가 없으리라는 것은 이미 예견되었지만, 양국 간 주고받은 공방의 수위가 기존과는 다른 무게감이 느껴지기 때문이다. 취재가 허용된 모두발언은 각각 5분 내로 진행될 회담의 방향성과 희망 사항에 대해 간단히 언급하고, 구체적인 사항은 비공개 회담에서 진행되는 것이 일반적인 관례이다. 그러나 회담은 1시간에 걸쳐 공개 모두발언에서부터 치열한 기싸움이 벌어졌다. 제이크 설리번^{Jake Sullivan} 백악관 국가 안보보좌관은 "우리는 양국 간 갈등을 추구하지도 않지만, 힘든 경쟁도 환영한다."라고 말했고 왕이 외교부장은 "미국 패권주의의 고질병을 고쳐야 한다."라며 강력한 어조로 되받아쳤다. 전반적인 논조와 어투를 보면 중국이 좀 더 강력하게 대응한 듯하다. 특히 왕 부장이 표현한 '고질병, 나쁜 버릇'이라는 뜻의 '라오마오빙^{老毛病}'이라는 중국어 표현을 면대면의 고위급 회담에서 쓰는 것은 매우 이례적이라고 볼 수 있다. 그만큼 미중 고위급 회담은 출발부터 설전을 주고받는 팽팽한 신경전의 양상이었다. 상황이 이렇다 보니 국내외 매체에서는 분명한 입장 및 인식의 차이만 확인하는 회담이었다고 보도했다.

과연 그럴까? 결코 그렇지 않다. 바이든 행정부가 들어서고 처음 하는 고위급 회담을 통해 미중 양국은 나름대로 소기의 성과와 과제를 안게 되었는데, 우선 그 속내를 들여다볼 필요가 있다. 나는 크게 정치 및 경제적 관점에서 살펴보고자 한다.

첫째, 정치적 관점에서 미중 양국 모두 자국 내 지지율 상승에 어느 정도 성과가 있었다고 볼 수 있다. 표면적이지만 양국의 대중 및 대미 정책의 기본 입장을 강하게 전달했고, 무엇보다 자국민에게 속이 시원할 정도의 강렬한 인상을 남겼다. 바이든 대통령은 고위급 회담을 통해 그동안 끊임없이 따라다닌 친중 성향의 미국 정치가라는 꼬리표를 뗄 수 있는 계기를 마련한 셈이다. 직설적으로 중국의 약점인 홍콩, 신장 위구르 자치구 문제 등 민감 이슈를 던진 토니 블링컨 국무장관에게 자랑스럽다고 극찬했던 이유도 바로 여기에 있다. 중국 입장에서도 회담은 결코 나쁘지 않은 결과였다. 어차피 미국이 인권 이슈를 들고 중국을 공격할 것이라는 사실을 알고 있었고, 그에 대해 확고한 중국의 입장 표명을 하는 게 중국 14억 인민들을 결집시키는 효과가 있기 때문이다. 그러한 정치공학적 효과는 확실히 나타났다. 회담에서 언급된 양제츠 외교담당 정치국 위원과 왕이 외교부장의 말이 중국 내 SNS를 통해 급속히 퍼져나갔다.

"미국은 거만한 태도로 군림하면서 중국인에게 그런 말을 할 자격이 없고, 중국인에게 이런 수법은 더 이상 먹히지 않는다." "미국은 미국식의 민주가 있고, 중국에는 중국식의 민주가 있다." "중국 내정에 간섭하지 말라." 등의 표현이 중국인들의 애국심을 더욱 자극하는 계기를 만든 것이었다. 나아가 이런 표현들이 적힌 붉은색 티셔츠와 가방, 스마트폰 케이스, 우산, 라이터 등 갖가지 상품들이 타오바오를 통해 판매되기 시작했다. 중국 공산당이 두려워하는 가장 큰 적은 미국이 아니라 중국 내 분열과 자국민의 공산당에 대한 불신이다. 그런 차원에서 첫 번째 고위급 회담은 중국 공산당에게 의미 있는 결과였다.

둘째, 경제적 관점에서 보더라도 회담을 실패라고 볼 수 없다. 우선 당시 무역협상 세부 논의 방향 및 글로벌 환경 문제 등 이슈의 경우는 양국이 어느 정도 접점을 맞춰갈 확률이 높았다. 정면충돌을 불사하는 것처럼 보이지만 미중 양국은 관계 개선과 협력해야 하는 유인들도 함께 존재한다. 미중 양국 고위급 회담도 총론이 아닌 각론적인 측면에서 양국은 어느 정도 교감이 있었을 것이다. 그러한 기본적인 교감 없이 단순히 상호 비방과 설전을 하기 위해 중국이 알래스카로 가지는 않았을 것이다. 예를 들어 트럼프 대통령 시절 중국에 대한 경제적 파상공세를 벌였지만, 오히려 미중 양국 간 2020년 무역 규모는 전년 대비 8.8% 증가했다. 이는 전통적 글로벌 밸류 체인(GVC) 구조에서 아직도 미중 양국이 공생하는 관계 속에 있다는 것을 반증하기 때문이다. 또한 북한 비핵화 관련 이슈에서도 미국은 중국의 도움이 필요할 수밖에 없는 상황이다. 회담 직후 소감을 묻는 기자들의 질문에 블링컨 국무장관은 "It's not a surprise!(놀랍지도 않습니다)"라고 답했다. 중국의 인권 이슈에 대한 미국의 공격에 중국이 강력히 대응할 것이라는 점을 이미 알고 있었고, 향후에도 바뀌지 않을 것으로 보고 있었던 것이다.

미국은 중국의 약점이자 레드라인이라고 볼 수 있는 홍콩, 대만, 신장 위구르 자치구 등 인권 및 영토 이슈를 지속적으로 공격하면서 다른 협상 카드를 던진 것이다. 또한 국영기업 보조금 지원, 기술이전, 지식재산권 등 일련의 경제적 이슈를 적절히 활용하면서 중국으로 하여금 다른 양보와 협력을 요구하고자 했을 것이다. 중국 또한 마찬가지다. 우선 양보할 수 있는 것과 양보할 수 없는 것을 명확히 하는 듯하다. 중국이 '핵심 이익'이라고 강조하는 이슈는 양보할 수 없는 확고한 방침이지만, 양보할 수 있는 것은 전략적 협상을 통해 중국의 이익을 극대화하겠다는 것이다. 북한 비핵화 문제의 경우도 중국은 다양한 고민을 할 것이다. 북한은 중국에 있어 미국에 대응할 중요한 지렛대 중 하나이다. 어떠한 접근과 방식이 중국에 도움이 될 것인가에 따라 북한 이슈는 변화될 수밖에 없다.

3종 세트로 공격하는 바이든의 창과 시진핑의 방패

중국 고전에 '의무분양, 도양자수강필육義武奮扬, 跳梁者虽强必戮'이라는 표현이 있다. '분발하여 위세를 떨쳐야 한다. 소란을 피우는 소인배가 비록 강하다고 할지라도 반드시 죽일 것이다.'라는 뜻이다. 조선 선조 25년 일본에 의해 임진왜란이 발발했을 당시 명나라 13대 황제인 신종 주익균神宗 朱翊钧이 군대를 파병하며 반포한 '왜구를 토벌하라'는 조서平倭詔에 나오는 문장이다. 미국 주도의 2022년 2월 베이징 동계올림픽 외교 보이콧을 하자 중국 내에서 이 표현이 자주 등장하기 시작했다. 미국을 '도양소추跳梁小丑'에 비유해 맹비난하며 반격의 칼을 갈고 있는 모양새다. '도양소추'는 '이리저리 소란을 피우며 돌아다니는 소인배 혹은 어릿광대'를 비유하는 중국어 표현이다.

2022년 베이징 동계올림픽이 가지는 의미는 매우 특별한데, 크게 세 가지로 요약할 수 있다. 첫째, 변화된 중국의 모습을 보여줄 수 있는 좋은 기회였다. 베이징 동계올림픽은 2013년 시진핑 주석 집권 이래 가장 큰 스포츠 국제 행사였다. 2015년 7월 30일 베이징이 동계올림픽 개최 도시로 확정된 이후 지난 6년 5개월 동안 중국 정부는 여러 방면에서 공을 들였다. 2022년 베이징 동계올림픽을 통해 중국의 변화된 모습과 앞선 4차 산업혁명 기술을 동원한 운영 시스템을 선보일 수 있는 좋은 기회라고 판단했던 것이다. 둘째, 시진핑 주석 3연임을 결정하는 20차 당대회 축제를 앞둔 사전 축제 분위기 조성과 글로벌 리더로서의 이미지 메이킹 역할을 할 수 있는 기회로 보았다. 셋째, 더욱 심화되고 있는 글로벌 반중 정서 분위기를 완화시키는 계기로 만들겠다는 것이었다. 중국은 많은 국제사회와 국가들의 동참을 통해 새로운 국제 관계 개선을 타진할 수 있다고 믿었다. 그러나 미국은 보란 듯이 14억 중국인들의 축제인 베이징 동계올림픽이 한창일 때 중국 기업 제재, 중국 견제 법안 발의, 중국을 제외한 글로벌 동맹 구축의 3종 선물 세트로 중국을 공격했다. 그 세부 내용을 살펴보자.

첫째, 중국 기업 제재의 범위를 지속적으로 확대하고 있다. 미국 상무부 산하 산업안보국BIS은 국가 및 산업 안보 차원에서 2021년 12월, 34개 중국 기업 제재 리스트를 발표했다. 그 후 2022년 2월 7일, 소위 '미검증 리스트unverified list' 명분으로 중국 최대의 바이오 위탁생산 기업인 우시바이오 및 중국산 반도체 노광장비 1위 기업인 상하이 마이크로 일렉트로닉 이퀴먼트SMEE 등 중국 기관 33곳을 수출 통제 리스트에 포함시켰다. 둘째, 대중국 견제 법안 발의가 지속되고 있다. 한편 2022년 2월 8일 미국 민주당과 공화당 상원의원이 이른바 '노예 없는 사업인증 법안'을 발의했다. 동 법안은 '위구르족 강제 노동 금지법(2021년 12월 23일 바이든 대통령이 서명한 신장 위구르 지역에서 생산된 제품의 수입을 원칙적으로 금지하는 법안)' 후속 성격의 법안으로, 연간 매출 5억 달러 이상인 기업이 원료, 제품 생산 등의 공급 과정에서 강제 노동이 동원되지 않았음을 입증하는 정기 감사를 요구하는 법안이다. 감사 결과 미국 노동부에 제출되고 노동부는 이를 준수하지 않은 기업을 의회에 보고하도록 의무화하고 있다. 직접 언급하지는 않았지만, 이 법안은 결국 신장 위구르 자치구 지역의 기업들을 겨냥하기 위한 것이다.

셋째, 글로벌 동맹을 통한 중국 압박을 더욱 강화시키고 있다. 2022년 3월 11일 바이든 행정부는 인도·태평양 전략 보고서를 발표하며 중국 견제를 위해 한미일 3각 협력과 사드 협력 강화를 구체적인 핵심 액션 플랜으로 제시했다. 또한 12일 하와이에서 개최된 한미일 외교장관 회담에서도 직접적인 언급은 보도되지 않았지만 결국 중국 견제를 위한 한미일 협력을 강조했다. 이처럼 미국은 재무부, 상무부, 노동부, 법무부, 무역대표부, 연방통신위원회 등 거의 모든 정부기관들이 학익진 형태로 중국을 포위하며 견제하는 형국이다.

이러한 중국 견제의 3종 세트 공격에 중국은 강하게 반박하고 나섰다. 세계인의 스포츠 축제인 올림픽 보이콧에 이어 기업 제재와 중국 견제 목적의 법안 발의에 강력히 반대한다는 입장문을 발표했다. 미국이 '대중 수출 규제를 정치적 탄압과 경제 침탈의 도구로 삼고 있고, 미중 기업 간의 정상적인 경제무역 협력을 방해하고 국제무역 질서와 자유무역 규칙을 심각하게 훼손하고 있다.'고 비판했지만, 실제로 중국은 즉각적으로 반격에 나서지는 않았다. 이는 전형적인 창과 방패의 싸움이다. 중국은 긴 호흡으로 수동적인 방어를 하지만 반격의 기회를 계속 엿보고 있다. 결국 공격하는 미국의 창과 방어하는 중국의 방패는 승부 없이 지속될 것이다.

각기 다른 시각,
팍스 아메리카 vs 팍스 시니카

바이든 대통령은 G7이 중국에 더욱 강경한 노선을 요청하지만,
모든 동맹이 열광하는 것은 아니다.

2021년 6월 워싱턴포스트(WP)

10년 동안 단 하나의 칼을 갈아왔으나^{十年磨一劍},

서릿발처럼 시퍼런 칼날은 아직 써보지 못했네^{霜刃未曾試},

오늘에야 이 칼을 들고 세상에 나가니^{今日把示君},

억울한 일 당한 사람 어디 없는가?^{誰有不平事}

과거 당나라 시인 가도^{賈島}가 지은 '검객^{劍客}'이라는 오언고시다. 서릿발처럼 시퍼런 칼 한 자루를 만들기 위해 10년 동안 보검을 갈았고, 누가 억울한 사람이 있으면 내가 해결해주겠다는 의로운 협객의 마음을 담은 당시다. 이 당시의 첫 구절인 '십년마일검^{十年磨一劍}'이 중국 최고 지도부에 다시 회자되고 있다. 첫 출발은 중국공산당 창당 100

주년 및 향후 5년의 마스터플랜을 제시하는 14·5규획(2021~2025)의 첫 해가 되는 2021년 3월 양회 때 리커창 총리의 정부 업무보고에서 시작되었다. '십년마일검'은 반도체를 포함한 핵심 과학기술 영역에서 미국과 서방 선진국을 따라잡겠다는 의미다. 리커창 총리의 1시간가량 진행된 정부 업무보고 발표의 핵심은 경제 성장률이나 취업률 목표치가 아니라 중국의 기술 자립에 대한 정책 방향이었다. 리 총리는 "핵심 기술 난관 돌파 프로젝트를 차질 없이 진행하고, 10년 동안 칼을 가는 정신으로 핵심 영역 기술에서 중대한 돌파를 이루어내겠다." 라고 말했다. 비록 미국을 의식하여 미중 관계를 직접 언급하지는 않았지만 내부 결속을 다지며 미국과의 기술 패권에 당당히 맞서겠다는 것이다. 여기서 '핵심 기술 난관 돌파 프로젝트'와 '10년 동안 칼을 가는 정신'이 무엇인지 알아야 내포된 함의를 이해할 수 있다. 핵심 기술 난관 돌파 프로젝트关键核心技术攻关工程'에는 중국이 뒤처져 있는 반도체, 엔진 등 핵심 기술 영역의 난관을 돌파하기 위해 향후 10년간 집중적으로 육성할 세부 리스트와 그 시기를 명확히 명시하고 있다. 과거 영국이 증기기관, 미국과 독일이 내연기관, 한미일 3국이 반도체를 통해 국가 경제가 성장한 것처럼 중국도 핵심 기술의 중대 성과를 통해 기술 강국이 되겠다는 야심이다. 그렇다면 '10년 동안 칼을 가는 정신十年磨一劍'은 무엇인가?

중국 지도자들은 이처럼 역사 속 인문학적 관점에서 현 상황을 비유하고, 그에 대한 우회적 방향을 제시하는 특징이 있다. 그만큼 중국의 속내를 알기가 쉽지 않다는 것이다. 보검을 만들기 위해 10년의 칼을 간다는 의미는 작금의 미중 기술 패권에 갇혀 있는 어려움과 그에 따른 미래 방향성을 우회적으로 내포하는 것이다. 여기서 10년의 의미도 막연한 긴 시간을 의미하는 것이 아니다. 정확한 KPI 목표가 설정되어 있다. 10년의 칼은 중국 정부 주도하에 진행되고 있는 '과학기술 혁신 2030 중대 항목'을 관통하는 핵심이다. 2030 중대 항목은 2016년 13·5규획(2016~2020)을 시작하며 국가 과학기술 혁신 규획에서 처음 언급된 정책이다.

전투에서 지고, 전쟁에서 이기면 된다

반도체, 항공기 엔진, 신소재, 스마트 전력, 빅데이터, AI 등 분야에서 10년 내 미국, 독일 등 선진국이 주도하는 핵심 기술 영역에서 중대한 성과를 만들겠다는 것이다. 그러나 미중 마찰이 본격화되고, 중국기술 혁신에 대한 미국의 견제가 더욱 강화되면서 상황이 녹록지 않다. 10년의 칼을 가는 정신이지만 사실상 5년 안에 기술적 성과를 만들겠다는 것이다. 향후 5년간 진행될 14·5규획에서 희토류 첨단소재, 고속철도 중대기술장비산업, 스마트 제조 및 로봇 기술, 항공기 엔진, 위성통신, 신에너지, 첨단 의료장비 및 첨단 농업기계 등 8대 분야부터 기술 자립을 위한 보검을 만들겠다는 것이다. 이를 위해 중국은 크게 세 가지 세부적인 접근 전략을 제시하고 있다.

첫째, '게방괘수揭榜挂帅(개방형 경쟁)' 전략으로 '방문榜文을 붙여 전쟁터에 나갈 장수를 뽑겠다'는 것으로 이른바 '과학기술 포상금 제도'의 확대다. 과학 연구성과 실현을 위해 과학연구경비 지원 체제 및 인적 자원 구축을 각 영역별로 세분화한다는 것이다. 둘째, 기초연구가 과학기술 혁신의 원천이 되도록 비용을 더욱 확대하겠다는 것이다. 2021년 전인대에서 중국 기초연구 투자 비용을 전년 대비 10.6% 증가시키고 국내총생산GDP 중 R&D 비율을 2025년까지 2.8% 수준으로 확대한다는 내용이 바로 그런 맥락이다. 셋째, 제조 기업들의 R&D 투자 비용에 대한 추가 세제 혜택을 주겠다는 것이다. 제조 기업의 R&D 비용의 추가 공제비율을 기존의 75%에서 100%로 인상시켜 기업들의 R&D 투자를 더욱 장려하겠다는 것이다.

트럼프 전 대통령의 단기전과 달리 바이든 대통령은 미중 신냉전이 장기전으로 갈 것으로 정확히 보고 있는 듯하다. 결국 양국 모두 장기전에 대비해 자신의 역량과 내구력을 강화하는 방향으로 선회하고 있다. 중국은 막대한 자국 시장을 기반으로 버티기 전략에 들어갔지만, 미국은 러시아 제재 및 북한 핵 문제 등 챙길 게 많은 상황에서도 중국 견제 및 억제에 모든 초점을 맞출 것이다.

중국은 미국의 적극적인 방어에 대해서는 수비적인 태세를 취하며 대내적 이슈에 더 초점을 맞추고 있다. 중국 주나라 강태공이 위수渭水에서 낚시를 하며 오랜 세월 기다린 것은 물고기가 아니라 때(기회)인 것처럼 중국은 조용히 반격의 때를 기다리는 것이다. 미중 신냉전은 긴 호흡으로 지켜보아야 한다. 중국은 단기적인 전투에서 지는 것에 연연하지 않겠다는 의도다. 미국 역사상 최고의 중국통으로 꼽히는 헨리 키신저는 "체스가 결정적인 전투의 게임이라면, 바둑은 쉽사리 끝나지 않는 작전의 게임이다. 체스를 두는 사람은 완전한 승리를 겨냥한다. 바둑을 두는 사람은 비교 우위를 추구한다."라고 언급한 바 있다.

중국은 지금 하나씩 비교 우위를 만들어가며 장기전인 전쟁을 준비하고 있는 것으로 향후 10년, 20년, 30년간 이어질 전쟁에서 이기면 된다는 심산이다. 10년의 검객과 강태공의 모습이 어떤 식으로 변화될지는 아무도 예측하기 힘들다. 중요한 것은 그 중심에 한국도 포함되어 있다는 것이다.

팍스 아메리카 vs 팍스 시니카의 상반된 시각

몇 년 전 미국 내에서 미국인이 성조기에 그려 넣은 중국 오성홍기 삽화가 화제가 되면서 미국 사회를 충격으로 몰아넣었다. 메이드 인 차이나로 인해 미국 사회가 물들어가고 점점 경제적으로 종속될 수 있다는 우려로 팍스 아메리카나Pax Americana 미국인의 자존심에 상처를 남긴 사건이었다.

1991년 소련이 붕괴한 이후 국제 정치의 세력 균형이 붕괴되고 미국이 가장 강력한 초강대국이 되었다. 그러한 미국 주도의 세계 평화를 '팍스 아메리카'라고 부른다. 그런데 중국의 등장과 국제 질서의 급변화를 겪으며 미국 내부에서도 '팍스 아메리카의 침묵' 혹은 '팍스 아메리카의 석양' 등에 대한 논쟁도 적지 않게 나오고 있다. 그와 함께 등장한 것이 바로 중국이 주도하는 세계 평화를 의미하는 팍스 시니카Pax Sinica다. 팍스 시니카는 대중화大中華 제국의 회귀를 일컫는 말로 일부 국제정치학자와 경제학자들은 중국이 미국을 제치고 세계

출처 | 더 이코노미스트

최대의 경제 대국이 되면 중국 고유의 사상 체계인 중화사상을 앞세
워 동아시아는 물론 세계 질서까지 재편하려고 시도할 것으로 보고
있다. 여기서 대중화 제국의 회귀는 과거 중국 역사상 가장 번성했던
시기인 청대의 강희제康熙帝 때부터 건륭제乾隆帝에 이르기까지의 130
여 년을 의미한다. 그리고 팍스 시니카의 중심에 바로 시진핑이 있다
고 보는 것이다.

그렇다면 시 주석이 꿈꾸는 팍스 시니카는 무엇일까? 시진핑 주
석이 1기 집권을 시작한 2013년은 이미 일본을 추월하고 세계 2위의
경제 대국이었고, 국제사회에서는 미국과 함께 G2 국가로 자리매김
한 중요한 해다. G2의 바통을 이어받은 5세대 지도자인 시 주석에게
는 선택의 여지가 없다. 세계 1위의 경제 강국 건설과 국제사회에서
의 영향력을 더욱 확대해야 하는 것이다. 시진핑 주석이 청나라 황제
의 옷을 입고 샴페인을 들고 있는 합성사진이 2013년 5월 영국 시사

주간지 더 이코노미스트 표지로 등장한 적이 있다. 그것보다 더 흥미로운 것은 'Let's party like it's 1793(1793년처럼 파티하자)'라는 표지 타이틀이다. 무엇을 의미하는 걸까? 크게 두 가지의 상징적 의미를 내포하고 있다.

첫째, 과거 청나라 시대 세계 1위 경제 대국의 번영을 다시 부활시키겠다는 속내다. 청나라 말기인 1700~1820년까지 중국은 세계 GDP의 32.9%를 차지할 정도로 대국의 번성기를 누렸다. 시 주석의 캐치프레이즈인 중화민족의 위대한 부흥인 중국몽과 그 궤를 같이하는 것이다. 둘째, 자칫 잘못하면 과거 청나라의 실패를 답습할 수도 있다는 것을 의미한다. 표지 제목 속의 1793년은 영국의 메카트니 사절단이 청나라 건륭 황제를 알현하고 통상 개방을 건의한 해다. 그리고 47년이 지난 1840년에 아편전쟁이 일어났고, 그 후 청나라는 급속히 몰락의 길을 걸었다. 샴페인을 들고 있는 시 주석의 모습이 과거 청나라 때의 번성함을 거쳐 몰락의 길을 걸었던 것처럼 지금의 중국도 그렇게 될 수 있다는 사실을 의미하는 것이다.

반대로 중국 내 반향을 불러일으켰던 흥미로운 삽화 하나를 보자. 2021년 6월 영국에서 개최된 주요 7개국(G7) 정상회의에서 반중 전선을 명확히 하자, 중국 SNS를 통해 G7 정상회의를 패러디한 삽화가 급격히 퍼져나가면서 화제가 된 적이 있었다. 중국 디지털 아티스트 반통라오아탕半桶老阿汤(필명)이 그린 '최후의 G7'이라는 제목의 삽화는 레오나르도 다 빈치Leonardo Da Vinci가 그린 '최후의 만찬'을 패러디한 삽화로, 미국과 관련 동맹국들을 바라보는 중국의 속내가 그대로 드러나 있다.

:: '최후의 G7' 패러디 삽화

출처 | 중앙일보, 디지털 아티스트 '반통라오아탕'이 그린 〈최후의 G7〉. 동물을 국가에 비유했으며, 맨 왼쪽부터 검은 독수리(독일), 캥거루(호주), 시바견(일본), 늑대(이탈리아), 흰독수리(미국), 사자(영국), 비버(캐나다), 수탉(프랑스)이 나온다. 탁자 아래 코끼리는 인도를 상징한다.

　사진 속 'Through this we can still rule the world(이것으로 우리는 여전히 세계를 지배할 수 있다).'라는 타이틀이 매우 인상적이다. '최후의 G7' 삽화는 예수와 제자 대신 모자를 쓴 동물들을 G7 국가에 비유해 중국에 대한 입장을 간접적으로 비꼬고 있다. 핵심은 탁자에 놓여 있는 중국 오성홍기가 그려져 있는 케이크를 두고 미국을 중심으로 G7 국가가 어떻게 먹을지를 상의하고 있는 모습을 그렸다. 패러디 삽화를 좀 더 구체적으로 살펴보자.

　예수 자리에 해당되는 중앙에는 흰머리 독수리(미국)가 있고, 맨 왼쪽부터 검은 독수리(독일), 캥거루(호주), 시바견(일본), 늑대(이탈리아)이고 오른쪽부터 사자(영국), 비버(캐나다), 수탉(프랑스) 그리고 탁자 아래에 코끼리(인도), 청개구리(대만)가 있다. 흰 독수리(미국)가 휴지를 원료로 달러를 마구 찍어내고 있는 모습이다. 흰 독수리 옆에 있는 늑대(이탈리아)는 두 손을 흔들면서 '아니오'라는 제스처를 취하고 있는데, 이는 G7 국가 중 유일하게 중국의 일대일로에 적극적으로 참여하고 있는 이탈리아가 '나는 미국의 배신자'가 아니라고 강조하는 것이다. 일본의 토종견인 시바견은 방사능 표시가 그려진 주전자에 초록색 음료를 따르고 있다. 이는 후쿠시마 원전 오염수를 의미한다. 캥거루(호주)는 중국 오성홍기가 그려진 영양제를 맞으며 한 손은 달러 쪽으로 뻗고 다른 한 손은 돈 자루를 움켜쥐고 있는 모습이다. 이는 동맹인 미국과 경제 교역국인 중국 사이에서 고민하는 모습을 의미한다. 오른쪽의 사자(영국)는 방관자적인 입장에서 흰 독수리(미국)를 쳐다보고 있고, 한편 흰 독수리(미국) 눈치를 보고 있는 비버(캐나다)의 손에 든 여자 인형은 당시 캐나다에 억류된 화웨이의 멍완저우 회장을 의미하는 것이다. 그리고 탁자 밑에 두 마리의 동물이 있다. 코끼리(인도)는 바닥에 무릎을 꿇고 '도와달라'고 호소하며 소의 오줌을 마시고 있다. 이는 당시 인도에서 소의 분뇨를 먹으면 코로나19에 걸리지 않는다는 것을 조롱한 것이다. 마지막으로 청개구리(대만)가 한 손에 대만 달러를 들고 탁자 위로 뛰는 모습은 흰 독수리(미국)에게 지속적으로 무기를 구입하고 있는 대만을 조롱한 것이다.

시 주석은 과거 덩샤오핑의 대외 마찰을 피하고 몸을 낮추어 힘을 기르라는 '도광양회韜光養晦' 정책 대신 해야 할 일은 주도적으로 해야 한다는 '주동작위主動作爲'의 정책으로 더욱 가속화할 것이다. 이제 중국은 외교, 군사, 경제 등 분야에서 세계적으로 숨길 수 없을 정도로 몸집이 커진 상태다. 시 주석의 중국은 세계 규칙 추종자에서 세계 규칙 제정자로서 미국을 향해 더욱 신형대국관계를 요구할 것이다. 결국 미중 양국의 승자 없는 신냉전이 지속될 수밖에 없다.

— 6 —

어공과 늘공의 싸움

소련보다 훨씬 더 강력한 경쟁자, 바로 중국이다.
그렇다고 소련에게 했던 것처럼 봉쇄 전략을 쓸 수도 없다.
트럼프식 압박도 통하지 않을 것이다.
우리는 이제 전혀 다른 방식을 써야 한다.
미국 외교전문지 포린폴리시(2020년 5월) 제이크 설리번 기고문

미국은 중국과 갈등을 추구하지 않겠지만,
중국과의 경쟁도 환영한다.
2021년 3월 알래스카 미중 고위급 회담, 제이크 설리번 국가 안보보좌관

2020년 11월 3일 치러진 제46대 미국 대통령 선거를 앞두고 트럼프
와 바이든 간 치열한 각축전이 벌어지고 있을 때 중국의 시진핑 주석
은 속으로 누구를 응원하고 있었을까? 나는 이때 '미국 대선을 바라
보는 중국의 속내'라는 신문 칼럼을 쓴 적이 있다. 트럼프든 바이든
이든 누가 대통령이 되든 2년 넘게 진행되고 있는 미중 충돌은 지속
될 것이라는 점이다. 그 이유는 매우 간단하다. 미국 경제회복의 실
마리를 대중국 무역협상을 통해 얻을 수 있기 때문이다. 코로나19 여
파로 인한 경기 침체가 미국 경제 전반으로 확산되고 있고, 그로 인
한 실업자가 지속적으로 증가하는 추세였다. 또한 미국 내 팽배해져
있는 반중국 정서를 감안하면 누가 대통령이 되든 대중국 압박정책

PART 1 · 미중 신냉전, 어떻게 볼 것인가?

기조는 지속될 수밖에 없다는 것이다.

2020년 10월, 미국 퓨리서치센터가 진행한 여론조사 결과에 의하면 미국 응답자의 73%가 '중국을 호의적으로 생각하지 않는다'고 답한 결과만 보더라도 충분히 예측 가능했다. 정치인은 표를 먹고 살 수밖에 없다. 중국의 부상이 글로벌 내 미국의 존재감을 훼손시켰고, 중국발 코로나로 인한 미국의 피해가 막대하다는 사실 앞에 민주당과 공화당이 따로 없었다. 그렇다면 트럼프와 바이든의 중국을 바라보는 서로 다른 시각은 무엇일까? 당시 나는 다음과 같이 전망했다.

첫째, 중국을 공격하는 방식의 차이다. 트럼프가 미국 우선주의에 입각해 독자적으로 중국을 집중 공격했다면, 바이든은 주변 동맹국들과의 연합전선을 통해 중국을 압박할 가능성이 크다.

둘째, 외교적 접근 방식의 차이다. 트럼프가 지난 4년간 세계 무역질서를 뒤흔들고 기후협약, 핵확산 억제, 감염병 대응 등 대다수의 국제 다자 기구에서 탈퇴했고 동맹국들에게 더 많은 군사비 청구서를 요구했다면, 바이든은 국제기구로 다시 회귀하면서 중국과의 협력 확대를 통해 미국의 글로벌 리더십을 더욱 키워나가려고 할 것이다. 그는 트럼프와는 다른 경제외교 정책 노선을 추구하면서 글로벌 리더로서 명분과 논리에 의한 대중국 연합노선을 형성할 것이다.

셋째, 대중국 통상외교 협상 방식의 차이다. 트럼프는 코로나로 인해 무너진 자존심 회복을 위해 관세 부과, 환율 압박, 기술 및 기업 제재 등 더욱 강력하게 대응할 가능성이 높고, 바이든은 협력과 경쟁, 대결 구도의 강온 전략을 적절히 사용하며 중국을 압박할 것이다.

내 전망이 크게 틀리지는 않았지만 바이든의 대중 압박은 생각보다 훨씬 강력했다.

바이든을 믿었건만!

당시 국내외 매체 및 전문가들은 시진핑 주석이 트럼프 대통령의 재선을 원한다거나 혹은 친중 성향의 바이든을 원할 것이라는 분석 등 매우 다양한 의견을 내놓았다. 트럼프의 재선을 원할 것이라는 전문가들은 비록 미중 관계는 더욱 악화되겠지만, 시 주석에게는 정치적 선물이 될 수 있다는 논리였다. 그 이유는 크게 세 가지로 정리된다.

첫째, 중국 내부 결속력을 다지는 데는 트럼프가 바이든보다 더 도움이 된다는 것이다. 즉, 트럼프 대통령의 강력한 중국 제재는 공산당으로 하여금 14억 명을 똘똘 뭉치게 하는 계기를 마련했다고 보는 시각이다. 둘째, 미국 우선주의의 트럼프 정책으로 인해 미국과 서방 주요 국가들 사이에 관계의 틈이 생겨났고 그 틈을 중국이 비집고 들어갈 수 있다는 논리이다. 셋째, 트럼프는 비즈니스 대통령이기 때문에 중국이 경제적 이익만 주면 협상하기 수월하다는 것이다. 사실 미중 무역전쟁 초기인 1~2년 전만 해도 시 주석은 트럼프가 미국 대선에 재선되기를 원했을 수도 있다.

반대로 시 주석이 바이든이 당선되길 원한다고 보는 시각도 적지 않았다. 그 이유는 크게 두 가지로 설명할 수 있다. 첫째, 트럼프의 대중국 압박이 중국공산당의 근본 핵심 사안을 건들기 시작했다는 것이다. 미중 관계가 초기 무역금융 전쟁에서 기술 패권-영토분쟁-홍콩, 대만 및 신장 위구르 소수민족의 인권 이슈로 확전되면서 중국 공산당의 뿌리까지 흔들었기 때문이다. 중국은 과거 역사 속에서 숱한 분리와 독립을 통해 왕조가 붕괴되었다는 것을 알고 있다. 강력한 공산당 리더십을 내세우는 시 주석 입장에서는 결코 받아들일 수 없는 협상의 선을 넘은 것이다. 이른바 중국공산당이 그어놓은 레드라인을 트럼프가 넘어서기 시작한 순간부터 바이든이 되길 원했을 가능성이 높다. 둘째, 민주당 바이든 주변에는 뼛속까지 대중 강경론자가 아직 잘 보이지 않는다. 피터 나바로 백악관 무역제조업정책국장, 라이트 하이저 미국 무역대표부USTR 대표, 로저 스톤 등과 같은 트럼프의 대중 강경파인 책사들이 바이든 후보 진영에는 드러나지 않는다는 것이다.

피터 나바로Peter Navarro 국장은 미국의 제조업이 중국에 의해 망했다는 《데스 바이 차이나Death by China》*'를 저술한 대표적 미국 내 반중 학자로, 그는 미중 관계를 선과 악으로 구분하고 공산주의 중국과 자유주의 미국은 근본적으로 공존할 수 없다고 강변했다. 트럼프 대통령은 기존 백악관에 없었던 국가무역위원회를 신설해 그를 수장으로 임명하는 등 대중국 압박에 최선봉에 서게 했다.

로버트 라이트하이저Robert Lighthizer 미국 무역대표부USTR 대표는 오하이오주 북동부에 있는 항구도시 애슈터뷸라Ashtabula 출신이다. 미국산 철강 수출항으로 번창했던 애슈터뷸라는 자유무역이 본격화하

---

* 2011년 피터 나바로 교수와 그렉 오트리가 집필한 책으로 한국에는 《중국이 세상을 지배하는 그날》로 번역되어 출간되었다.

며 내리막길을 걸었다. 그는 과거 미국 철강 수출 항구로 번창했다가 중국의 성장으로 고향이 몰락하는 모습을 지켜보며 중국에 강한 불만을 품고 있는, 트럼프의 매파 책사였다. 정치 컨설턴트인 로저 스톤Roger Stone도 대중 강경파로 미국 휴스턴Houston 중국영사관 철수도 그의 작품이다. 그러나 바이든 역시 대통령에 당선된 후 트럼트 대통령 못지않게 중국의 레드라인을 직접적으로 언급하며 공격하고 있다. 물론 바이든의 아들 헌터 바이든과 중국의 커넥션도 배제할 수 없었겠지만 어쩔 수 없는 선택이었다.

중국 견제를 둘러싼 매파와 비둘기파

트럼프 대통령 집권 시절 중국 견제에 대해서는 공통된 강력한 목소리를 내고 있는 것처럼 보였지만, 엄밀히 말해 매파와 비둘기파가 존재했다. 매파와 비둘기파는 흔히 강경파와 온건파를 대변하는 용어로 사용된다. 매파라는 표현이 본격화된 것은 1960년대 베트남전쟁 시기 전쟁을 계속해야 한다는 매파와 외교적 수단을 병행해 싸워야 한다는 비둘기파로 나누어지면서 미국 내 정치, 경제, 외교 등 여러 분야에서 사용되었다. 매파와 비둘기파는 같은 편 내에서도 서로 충돌하는 의견을 내놓는 둘로 나누기도 한다.

심리학에서는 매파가 상대를 향한 증오의 강도가 더 세기 때문에 비둘기파를 이긴다고 한다. 정치 노선이 약간 다르지만, 큰 틀에서는 같은 그룹으로 묶일 수 있는 정치 집단에서 매파가 비둘기파를 더 확실하게 싫어하는 것으로 나타난다는 개념이다. 트럼프 대통령 시절 매파는 당연히 피터 나바로 국장과 라이트하이저 대표였고, 므누신 재무부장관과 커들로 국가경제위원장이 비둘기파에 해당된다. 예를 들어 피터 나바로 국장은 2018년 9월 왕치산 부주석이 월가의 주요 인사들을 베이징에 초청하여 진행한 세미나에서 미중 간 타협을 위해 노력해달라는 것을 맹렬히 비난했다. 그는 "월가의 금융자본이 중국과의 결탁을 통해 대통령을 압박하고 있다."라고 강하게 비판했고, 커들로 위원장은 곧바로 기자들과의 인터뷰에서 "나바로 국장은 말실수를 했다. 본인 개인의 생각으로 궤도에서 벗어났고 대통령의 입장과도 다르다."라고 해명하면서 붉어졌던 매파와 비둘기파의 싸움은 매우 유명하다.

트럼프 시절 미중 충돌이 심화되던 2018~2019년 2년 동안 이들 4명(매파 2명과 비둘기파 2명)의 중국 견제 혹은 중국 압박에 대한 대외적 발언을 두고 빅데이터를 검색해본 결과, 매파인 피터 나바로 국장과 라이트하이저 대표가 중국 관련 인터뷰나 연설을 훨씬 많이 했고, 그것을 매체에서 집중 보도한 것으로 조사되었다.

아시아 차르를 주목해야 하는 이유

그럼 바이든 대통령의 안보, 경제 참모진은 어떻게 구성되어 있을까? 트럼프 전 대통령의 참모들은 비둘기파와 매파가 어느 정도 골고루 섞여 있었지만 현재 바이든 행정부 참모진들의 면면을 보면 대부분 대중 강경파로 분류되고 있다. 하지만 피터 나바로 전 국장과 라이트하이저 전 대표처럼 초강경 매파로 분류되는 인물들이라고 보기는 어렵다. 토니 블링컨Tony Blinken*과 제이크 설리번Jake Sullivan** 국가 안보보좌관, 브라이언 디스Brian Deese*** 국가경제위원장 등 오마바 대통령 행정부 시절 당시 바이든 부통령과 함께 일한 사람들이 대부분이다. 또한 중국보다는 중동과 유럽, 북한 전문가 중심으로 바이든 행정부의 외교 안보 라인이 구축되었다고 볼 수 있다. 예를 들어 토니 블링컨 장관의 경우도 오마바 행정부 시절인 1993~1994년까지 미국 국무부 유럽국 특별보좌역을 맡은 바 있다. 물론 '중국의 부상을 억제하지 않으면 미국의 리더십이 흔들릴 수 있다.'라는 바이든 행정부의 정치외교 방향성과 일치하지만, 대중 압박의 추동력이 분산될 수 있다는 것이다. 중국을 포함하여 러시아, 이란, 북한 등 미국이 챙겨야 할 국제적 이슈와 분쟁이 너무 많기 때문이다. 그리고 또하나 관심을 가지고 보아야 할 부분은 바이든 행정부에서 기존의 트럼프 대통령과 다른 백악관 국가안보회의NSC 내 '차르Tsar'라는 직책을 새로 신설해 중국을 포함 아시아·태평양 지역을 관리하고 있다는 것이다.

차르는 원래 '러시아 황제'를 가리키는 뜻으로 정책을 조율하는

---

* 미국 국무부장관. 2008년 바이든 부통령실 국가안보담당 보좌관, 국무부 부장관을 역임했고 주로 아프가니스탄과 파키스탄 관련 문제를 다루었으며, 오바마 행정부 시절 이란 핵 협상을 주도했다.
** 클린턴 국무장관 부비서실장으로 오마바 행정부 시절 이란 핵 협상을 주도했다.
*** 오마바 대통령 경제정책특별 보좌관, 백악관 관리예산국 부국장으로 오마바 행정부 시절 파리기후변화 협상을 주도했다.

백악관 특별고문 같은 역할이라고 볼 수 있다. 우리 식으로 보면 일종의 '조정관'으로 이해하면 쉬울 듯하다. 바이든 행정부 내 '기후 차르', '코로나19 차르' 그리고 '아시아 차르' 등을 보면 바이든 대통령의 글로벌 정책 방향성을 짐작할 수 있다. 무엇보다 아시아 차르는 아시아태평양 지역을 집중해서 관리하겠다는 차원에서 더욱 주목된다. 바이든 대통령이 아시아·태평양 지역은 엄청난 기회의 지역이고, 미국의 이익과 가치에 도전받고 있는 지역이라고 강조한 만큼 아시아 차르의 역할이 매우 중요해진 것이다. 이것은 과거 버락 오바마 대통령의 '아시아 중시' 정책과 그 맥을 같이하는 것으로 미국 대외정책의 중심을 유럽과 중동에서 아시아로 이동시킨다는 것을 의미한다.

아시아 차르는 제이크 설리번 국가 안보보좌관이 제안한 것으로 알려져 있어 설리번 국가 안보보좌관의 역량을 다시 한번 느낄 수 있는 부분이기도 하다. 아시아 차르 산하에는 3개의 국을 두고 운영되는데, 중국과 인도를 관할하는 각각의 국이 있고 나머지 하나는 한국과 일본, 호주 등 나머지 아시아·태평양 지역 국가를 관리하는 역할을 하게 된다. 특히 중국을 담당하고 있는 러시 도시^{Rush Doshi} 선임국장은 그가 2021년 6월 출간한 저서에서 중국은 드러내지 않지만 향후 미국에 맞서는 패권 전략을 구상하고 있다고 언급한 바 있다.

한편, 초대 아시아 차르(인도·태평양 조정관)에 임명된 인물은 '커트 캠벨^{Kurt Campbell}'로 오바마 행정부 시절 동아시아 태평양 담당 차관보다. 캠벨 아시아 차르는 바이든 행정부 내 다른 참모진에 비해 중국에 대한 이해도가 매우 높은 인물로, 중국 견제를 위한 한미일 반도체 동맹 등에 있어 그의 역할이 매우 크게 작용한 것으로 알려져 있다. 캠벨 차르는 중국의 글로벌 외교 전략이 점차 능동적으로 변해가고 있으며 향후 미중 관계는 협력보다는 더욱 심한 경쟁 구도로 확대될 것으로 보고 있다.

재무부장관인 재닛 옐런Janet Yellen 전 미국 연방준비제도이사회 의장의 경우는 므누신 장관처럼 비둘기파에 속하는 인물이라고 볼 수 있다. 그녀 또한 미국 상원 금융위원회 장관 인준청문회에서 중국의 불법 보조금, 불공정 무역, 전략적 경쟁국 등을 강력히 언급하며 대중 강경론적인 입장을 밝혔다. 그러나 그 정도의 표현은 이미 미국 정가에서는 누구나 쓰는 표현 정도라고 볼 수 있다. 또한 과거 몇 년 동안 월가의 주요 은행과 기업들에게 강의하며 받은 강사료가 약 700만 달러(약 75억 원)라는 사실이 보도되면서 한때 논쟁이 된 적이 있다. 결국 월가 자본과 재닛 옐런 장관이 깊숙이 연관되어 있다는 것을 이야기하는 것이다. 첫 흑인 재무부 부장관인 월리 아데예모도 세계 최대 자산운용사인 블랙록에서 선임고문을 역임한 바 있다.

국가경제위원회 위원장을 맡고 있는 브라이언 디스는 제이크 설리번 보좌관과 함께 중국의 경제 성장과 기술 굴기에 대항해 미국 주도의 기술력 부상을 외치는 인물이다. 미국 주도의 반도체 공급망 구축을 위해 삼성전자, TSMC 등 글로벌 반도체 기업들을 백악관에 불러 반도체 대책회의를 진행한 것도 바로 설리번 보좌관과 디스 위원장의 합작품이었다. 나는 향후 미중 신냉전에 있어 이 두 사람을 주목하는 편이다. 이들은 세 가지 공통점이 있다.

첫째, 예일대 로스쿨을 졸업했다는 것. 둘째, 매우 젊다는 것으로 설리번 보좌관이 46세, 브라이언 디스 위원장이 44세다. 설리번 보좌관은 미국 대통령 국가 안보보좌관 직책이 생긴 이래 최연소 국가 안보보좌관이다. 물론 브라이언 디스 위원장도 역대 국가경제위원장 중에서 매우 젊은 나이로 지난 트럼프 행정부 래리 커들러Larry Kudlow 위원장과 비교해보면 무려 32세나 차이 난다. 셋째, 중국의 성장과 기술 굴기를 인정하고 중국이 가장 불편해하는 점을 찾아서 공격한다는 것이다. 이들은 단순히 중국의 문제점만 지적하는 기존 접근법과 달리, 지금의 중국을 정확히 이해해야 그에 맞는 중국 견제와 대응을 할 수 있다고 바라보고 있다. 특히 설리번 보좌관이 미국 외교 전문지 포린 폴리시Foreign Policy(2020년 5월)와 포린 어페어스Foreign Affairs(2019년 9월)에 실은 글을 보면 그의 대중 접근법을 대충 이해할 수 있다.

> "미중 경쟁은 종종 미소 냉전과 비교되곤 하지만 그때와는 여러 가지로 다르다."
> "오늘날의 중국은 냉전 시기 소련보다 경제적으로 훨씬 더 강력하고 외교적으로는 더 정교한 전략을 추구하며 이데올로기적으로는 더 유연하기 때문이다."

어공과 늘공의 전쟁

"중국이 자멸한다고? 중국은 망하지 않는다. 봉쇄 전략으로 절대로 중국을 이길 수 없다." 제이크 설리번 보좌관의 말이다. 그는 또한 중국은 미국 경제와 떼려야 뗄 수 없는 사이라는 것을 인정한다. 설리번 보좌관과 디스 위원장의 대중국 정책 방향은 중국의 성장을 인정하고 중국의 약점을 찾아 공격하되 반드시 동맹 국가들과 함께해야 한다는 것이다. 이는 정확한 사고와 올바른 대중 접근법이다. 중국 견제를 위해서는 지금의 중국을 이해하는 것이 우선이다. 미국 GDP의 73%에 이른 중국 경제를 인정하고, 중국의 기술 굴기를 인정해야 정확히 중국에 대응할 수 있다. 더 나아가 시진핑 주석이 무엇을 보고 있는지, 중국의 속내와 방향성을 알고 있어야 한다.

그런데 문제는 이러한 설리번과 디스와 같은 젊고 유능한 미국 인재들이 계속 중요한 직책에 있으면서 중국에 대응해나갈 수 있느냐다. 미중 신냉전은 결국 어공(어쩌다 공무원)과 늘공(늘 공무원)의 싸움인 것이다. 단기적으로는 미국이 이길 수도 있지만 중장기적으로는 결코 승패를 장담할 수 없기 때문이다. 민주당이나 공화당이나 똘똘 뭉쳐서 중국 견제에 적극적으로 동참하고 있으나 민주당과 공화당 간 정치 역학 구도 속에서는 미묘한 차이가 존재할 수밖에 없다. 결국 정치는 정치인 것이다.

또한 바이든 대통령이 2024년 재선한다는 보장도 없다. 새로운 미국 대통령이 바뀔 때마다 새로운 참모들이 들어오게 되고 정책의 연관성은 자연스럽게 떨어질 수밖에 없다. 거시적인 틀에서 중국 견제 및 봉쇄정책은 유지하겠지만, 미시적인 접근 방법에서는 달라질 수밖에 없기 때문이다. 그러나 중국은 늘 공무원이다. 시 주석은 3연임을 거의 확정 지었고, 그가 목표한 2035년까지 연장해서 집권하지 말라는 보장도 없는 상태다. 우리가 믿고 있는 세계 최강국인 미국이 영원히 승리할 것이라는 막연한 믿음에도 변화가 필요한 것이다.

트럼프 대통령 시절 백악관 국가 안보보좌관이었던 허버트 맥매스터는 그의 책 《배틀그라운드》에서 '미국이 냉전 종식 후 유일한 초강대국 지위에 올라서면서 자아도취에 빠진 것이 오히려 국력을 약화시키는 결과로 이어졌다.'라고 분석했다. 미국은 9·11 테러가 있기까지 고공 성장했지만, 그 이후 점차 동력이 상실되어 가는 사이 중국은 반대로 경제 및 기술력을 키우며 국제 무대에서 존재감을 키워왔다. 맥매스터 전 보좌관이 그의 책에서 '미국은 너무 낮거나 높게 날지 말라는 아버지의 경고를 무시하고 태양에 너무 가까이 다가가다가 밀랍 날개가 녹아 추락한 그리스 신화 속 이카로스와 너무 닮아있다.'라고 쓴 것은 매우 의미심장하다.

유럽 시각으로 본 미중 신냉전

중국의 성장은 비민주 국가도 경제적으로
성공할 수 있다는 점을 보여준다.
자유민주주의에 중대한 도전.

앙겔라 메르켈 전 독일 총리

미국인은 화성에서, 유럽인은 금성에서 왔다.

미국 브루킹스연구소 선임연구원, 로버트 케이건(Robert Kagan)

• 중국은 라이벌인 동시에 파트너다.

- 앙겔라 메르켈(Angela Merkel) 전 독일 총리

• G7은 중국에 적대적 클럽이 아니다.

- 에마뉘엘 마크롱(Emmanuel Macron) 프랑스 대통령

• 중국과 신냉전에 빠지는 것을 원하지 않는다.

- 보리스 존슨(Boris Johnson) 영국 총리

• 중국이 서방과 다르다는 점을 인정해야 한다.

- 마리오 드라기(Mario Draghi) 이탈리아 총리

미중 신냉전을 바라보는 유럽 핵심 국가 지도부들이 공개적으로

언급한 입장이다. 미중 간 충돌이 격화되자 또 하나의 세계 핵심축인 유럽이 과연 어느 편을 들 것인지에 대한 관심이 높다. 미국과 유럽은 글로벌 리더십의 양대 축으로 유럽이 미중 신냉전을 어떻게 바라보느냐를 이해하는 것은 매우 중요하다.

복잡한 유럽의 속내

'유럽 내 편 만들기'를 위한 미중 양국의 줄다리기가 가열되고 있다. 보편적 가치와 자유 민주주의 기치를 걸고 국제 질서를 유지해온 미국과 유럽은 이념적, 역사적 관점에서 매우 밀접한 관계이다. 과거 제2차 세계대전으로 분산되고 무너진 유럽을 미국의 대규모 대외원조 사업인 마셜플랜을 계기로 유럽이 다시 일어설 수 있었기 때문이다. 또한 1949년 소련 및 동유럽의 사회주의 진영에 맞서고 자본주의 옹호를 위한 군사 협의체인 나토NATO*로 뭉쳐진 안보 동맹이다. 그만큼 유럽도 세계 최고의 군사 강국인 미국 의존도가 매우 높다. 무엇보다 미국은 나토 본부 유지, 공동안보 투자, 연합 군사작전 등에 소요되는 예산의 약 22%를 분담한다. 그러나 기타 나토 회원국들은 방위비를 각국 국내총생산GPD의 2% 수준으로 늘리기로 약속했지만, 이 기준을 충족하는 국가는 10개국 정도에 불과하다. 그러나 최근에

---

* 서유럽과 미국 사이에 체결된 북대서양 조약에 바탕을 둔 지역적 집단 안전보장기구, 북대서양 조약 기구라고도 부른다. NATO는 'North Atlantic Treaty Organization'의 약자로 현재 미국과 캐나다 및 유럽 28개국을 품은 세계 최대 군사 동맹이다.

는 러시아의 우크라이나 침공 이후 독일을 중심으로 국방비 증가를 거부해온 국가들이 미국을 도와 나토 분담금에 참여해야 한다는 분위기도 감지된다. 미국이 유럽의 민주적 가치 수호와 군사 안보적인 측면에서 매우 중요한 우군이자 동맹 국가임에는 틀림없다.

그와 반대로 유럽과 중국은 경제적인 연결 고리로 묶여 있다. 어떻게 보면 우리나라와 매우 비슷한 상황이다. 유럽은 지난 30년간 전 세계 경제에서 차지하는 비중이 지속적으로 하락해왔다. 1990년 전 세계에서 차지하는 비중이 32%에서 2020년은 21% 하락했다. 만약 영국을 제외할 경우 약 18% 정도 수준에 이른다. 반면 중국은 17.4%로 급등했다. 유럽의 각 국가들은 2008년 미국발 금융 위기와 2010년대 재정 위기와 유로존 위기를 겪었지만, 중국의 대유럽 투자가 확대되고 교역량이 늘어나면서 위기에서 탈출할 수 있었다. 만약 중국이라는 경제 대국이 없었다면 유럽의 경제 성장은 결코 쉽지 않았을 것이다. 그만큼 유럽 경제와 중국은 매우 밀착되어 있다고 볼 수 있다.

유럽 내 중국 경제의 영향력은 엄청나다. 2020년 중국과 EU의 교역량은 5,860억 유로(약 782조 원)에 달해 사상 처음으로 미국(5,550억 유로)을 제쳤다. 2021년 유럽의 대중국 수출은 3,099억 달러로 전년 대비 약 20% 증가했다. 유럽 주요 국가들의 중국과 경제무역 관계를 보면, 영국의 2021년 1분기 대중 수입액은 169억 파운드로 중국이 독일을 제치고 최대 수입국에 올랐다. 독일은 2021년 기준 중국이 2위의 수출 대상 국가이자 1위의 수입 국가다. 이탈리아는 2020년 기준 중국 기업 400곳 이상이 이탈리아 기업 760곳의 지분을 소유하고 있을 만큼 중국과 투자로 얽혀 있다.

2019년 G7 국가 중 처음으로 이탈리아가 중국의 일대일로One belt, One road 사업*에 참여했고, 중국 내 이탈리아 명품 시장 규모는 연 130억 유로로 집계되지만, 실제로 중국인들이 제3국 면세점을 통해 구입하는 것까지 포함하면 시장 규모는 3배 이상 클 것으로 전망하고 있다. 이것은 프랑스도 거의 마찬가지다.

결론적으로 유럽 또한 한국처럼 안보는 미국, 경제는 중국이라는 '안미경중'의 프레임에 빠진 것이다. 2018년 미중 무역전쟁이 본격화되고 점차 기술 패권으로 확산될 때도 유럽은 대내외적인 미국과 중국에 대한 스탠스를 정확히 지켜왔다. 홍콩 민주화 시위, 신장 위구르 인권 문제가 대두되었을 때는 미국과 함께 인권, 민주 등 보편적 가치의 통일된 목소리를 냈다. 유럽은 신장 위구르 자치구 소수민족 탄압을 이유로 1989년 천안문 사태 이후 30년 만에 처음으로 중국에 인권 관련 제재를 했다. 그러나 미국의 중국 견제를 위한 경제적 압박과 제재의 경우는 국가마다 서로 다른 조심스러운 행보를 보여왔다.

앙겔라 메르켈 전 독일 총리는 "중국의 성장은 비민주 국가도 경제적으로 성공할 수 있다는 점을 보여준다. 자유민주주의에 대한 중대한 도전"이라고 말했다. 그러면서도 "중국은 이제 글로벌 행위자다. 우리는 경제 협력과 기후 변화 대응을 위한 파트너지만 매우 다른 정치 체계를 가진 경쟁자다. 서로 대화하지 않는다는 건 나쁜

---

* 2013년 시진핑 주석의 제안으로 시작된 '신 실크로드 전략 구상'으로 내륙과 해상의 실크로드 경제 벨트를 지칭한다. 중국과 주변 국가의 경제·무역 합작 확대의 길을 연다는 대규모 프로젝트로 2021년 현재 140여개 국가 및 국제기구가 참여하고 있으며 내륙 3개, 해상 2개 등 총 5개의 노선으로 추진되고 있다.

생각"이라고 언급한 바 있다. 또한 "미중 양국 사이에서 선택을 강요하는 것에 동의하지 않는다. 글로벌 시대는 다자주의로 가야 한다."고도 밝혔다. 이는 유럽이 미국과 중국 사이에서 나름의 중간적 입장을 대변하는 말이라고 볼 수 있다. 그러던 유럽이 중국에 대한 생각이 조금씩 변화되고 있는 것이 감지된다.

중국의 굴기가 유럽의 위기로

2016년 4월 25~29일간 개최된 독일 하노버 산업박람회 개막식에 버락 오바마 대통령과 앙겔라 메르켈 총리가 함께 참석했다. 오바마 대통령의 참석은 처음으로 미국이 하노버 산업박람회의 동반 국가로 선정되어 축하 인사와 함께 향후 미국의 첨단 제조업 부활을 위해 독일과의 하이테크 산업 기술 협력을 논의하기 위해서였다. 하노버 산업박람회는 매월 4월 독일 니더작센주州의 주도州都 하노버에 개최되는 세계 최대의 산업기술 박람회다. 일반적으로 전 세계 70개국 이상 5,000개가 넘는 첨단 제조 기업들이 참여하는 행사로, 독일의 인더스트리 4.0Industry 4.0*과 우수한 제조업의 디지털 시스템을 알리고자 하는 목적도 있다.

메르켈 총리는 독일의 첨단 제조 기술 역량과 우수성을 세계 최강국인 미국 대통령에게 자랑하고 싶었다. 박람회 산업자동화Industrial

---

* 독일 정부가 제시한 정책의 하나로, 사물인터넷(IoT)을 통해 생산기기와 생산품 간 상호 소통 체계를 구축하고 전체 생산 과정을 최적화하는 '4차 산업혁명'을 의미한다.

:: 메이디의 쿠카 인수

출처 · 구글 및 판달리(Pandaily)

Automation 및 디지털 공장Digital Factory 전시회를 돌던 중 두 사람은 독일 첨단 제조업의 자존심이라고 불리는 '쿠카KuKA' 전시관을 보게 되었다. 메르켈 총리는 오바마 대통령에게 "독일 첨단 제조의 대표기업인 쿠카입니다. 세계 4대 산업용 로봇* 중 하나로 세계 제조 혁신의 중심에 설 기업이 될 겁니다."라고 자랑스럽게 말했다. 오바마 전 대통령도 쿠카가 새롭게 개발한 산업용 로봇 시연을 보고 극찬을 아끼지 않았다.

그리고 두 달도 채 지나지 않은 2016년 6월, 중국 종합가전기업인 메이디Midea, 美的가 독일 첨단 제조의 자존심인 쿠카 인수 계획을 발표했다. 인수 대금은 주당 115유로(14만 6,000원)로 메이디가 쿠카 지분의 거의 대부분인 94.55%를 가지게 되는 것이다. 메르켈 총리를 포함, 독일 정부에 큰 충격을 준 사건인 셈이다. 독일 정부는 메이디의 쿠카 인수에 우려를 표시하고 이를 막기 위해 반독점 규정에 위반되지 않는지 조사 착수 등 다방면으로 노력했다. 그러나 2016년 12월 30일, 독일 정부의 반발에도 불구하고 메이디가 세계 4대 산업용

---

* 　일본 화낙과 야스카와 전기, 스위스 ABB, 독일의 KUKA

로봇 기업인 쿠카를 인수하는 데 성공했다.*

 메르켈 전 총리가 대외적으로 중국과의 협력과 경쟁적 관계 구축을 이야기했지만, 속내는 중국의 기술 굴기에 대한 강한 반발과 우려였고 그것은 독일 전체 분위기로 확산되었다. 그러나 메르켈 총리는 경제적 국익을 최우선시하며 정치·외교적 문제와 관련해 가능한 중국을 직접 견제하는 것을 회피해왔다. 2015년 중국이 독일의 '인더스트리 4.0'을 모방해 만든 '중국 제조 2025'를 발표했을 당시 독일은 강한 불만을 갖고 있었다. 유럽은 중국이 기술 통제력과 검열권을 강화하는 '중국 제조 2025' 전략을 포기하고, 자유 민주주의 규범을 존중하며 유럽의 첨단산업을 공평하게 대하는 행동의 변화가 있어야 한다고 주장해왔다. 쿠카 인수를 시작으로 차이나 머니의 에너지, 항공, 미디어, 인프라 투자가 확대되면서 중국으로 국가 안보 및 기술이 유출될 수 있다는 정서가 유럽 각 국가별로 확산되기 시작했다. 2019년 3월 유럽은 '외국인투자심사규정Investment Screening Regulation'을 입안해 2020년 10월부터 본격적으로 시행하고 있다. 중국을 지정하지는 않았지만, 차이나 머니의 유럽 핵심 기술과 인프라에 대한 투자를 제한하겠다는 의미이다.

 이런 분위기를 감지한 중국 정부의 대유럽 접근도 매우 조심스러워졌다. 우선 그동안 지속적으로 '중국 제조 2025'를 외쳤던 중국이 어느 날 갑자기 '중국 제조 2025' 용어를 쓰지 않게 된 것도 미국의 강력한 견제뿐 아니라 유럽이라는 전략적 협력자의 신경을 건드리지

---

* 메이디는 30일 발표 직전, 마지막 규제 장벽인 미국 외국인투자심의위원회(CFIUS)와 국무부 방위무역통제국(DDTC)의 승인을 획득한 것으로 알려졌다.

않기 위한 조치로 볼 수 있다. 유럽은 중국에 있어 외교 안보 및 경제적인 측면에서 매우 중요하고 전략적인 지역이므로 중국 입장에서는 조심스럽게 접근할 수밖에 없다.

유럽은 중국의 기술 굴기를 견제하기 위해 2021년 9월 29일 미국·유럽 간 제1차 무역기술위원회TTC를 정식 출범시켰다. TTC는 기술 및 무역 이슈에 대한 해결책을 모색하고, 디지털 기술에 대한 공통의 규제 방안 마련 및 중국 견제를 목적으로 하는 협의체로 2020년 유럽이 미국에 주동적으로 제안해서 출범한 것이다. 미국 입장에서는 트럼프 전 대통령 시절 소원해진 미국과 유럽 관계를 복원하고 중국에 대한 포위망에 유럽을 동참시킬 수 있어 당연히 싫어할 이유가 없었다. 문제는 EU 28개 회원국마다 입장차가 있고 미국·EU 간 무역 제도의 차이도 존재하기에 TTC가 향후 미국이 생각하는 중국의 기술 굴기를 견제하는 역할을 할 수 있을지도 의문이 간다. 이는 27개 EU 회원국 내부의 중국 견제에 입장차가 적지 않은 데다 미국과 EU 간 무역 관련 제도의 차이도 크기 때문이다. EU 핵심 회원국인 프랑스는 미국, 영국, 호주의 오커스AUKUS 동맹 출범을 계기로 호주에 대한 잠수함 수출 계약을 날려버린 데 분노해 TTC 출범식 연기를 주장하는 등 불협화음이 지속되고 있다.

유럽이 너무 순진했다

유럽과 중국의 관계는 2003년 수립된 포괄적 전략적 동반자 관계를 기반으로 전략적 파트너로서 협력을 강화해왔다. 그러나 2013년 시진핑 주석의 등장과 2015년 '중국 제조 2025'에 따른 산업의 고도화에 따라 경쟁적 협력 관계로 전환되었다. 그리고 홍콩보안법, 신장 위구르족 인권 등의 이슈가 본격화되면서 중국을 체제적 라이벌로 인식하기 시작했다. 2019년 EU 집행위원회가 작성한 중국 전략 문서[*]를 보면 중국에 대한 인식 변화가 잘 나타나 있다. 중국의 성장과 굴기가 가져올 유럽의 위기와 그에 대한 경쟁 관계 설정과 유럽의 가치적 기준에 맞지 않는 부분에 대해 강력한 어조로 공개적으로 비판하고 있다.

유럽에 있어 중국은 복잡하고 다층적인 국가라고 볼 수 있다. 유럽의 관심 분야에서는 협력 파트너이고, 이익 균형을 위한 협상 상대자, 핵심 기술 분야의 경제적 경쟁자, 거버넌스의 대안적 모델에 관한 체제적 라이벌이 상존하는 관계라고 볼 수 있다.[**] 2019년까지 유럽은 중국을 긍정과 부정의 이중잣대 속에서 위의 네 가지 복합적인 역할을 하는 국가로 보고 경쟁과 협력을 추구해왔다. 그러나 결정적으로 유럽이 중국을 다시 보는 계기가 있었다.

첫째, 2020년 중국발 코로나19가 유럽에 확산되면서 반중 정서가 확대되었고 세계보건기구[WHO]의 친중적인 접근에 대해 유럽은 더욱 비판적인 입장을 취했다. 사실 코로나19는 유럽뿐만 아니라 전 세계적으로 중국에 대한 이미지를 추락시켰다. 이유야 어쨌든 중국 우

---

[*] 〈유럽·중국의 전략적 전망〉 유럽 의회와 이사회에 대한 공동 통신, JOIN(2019)5 파이널. 2019. 12. 3. 유럽위원회와 외교안보정책연합의 최고 대표.

[*] 〈유럽이 본 중국: 전략적 동반자에서 체제적 라이벌로〉, (2020. 10, 전혜원, 국립외교원)

한에서 시작된 코로나19는 세계경제를 추락시키는 결정적인 원인이 되었고, 반복된 이동 통제와 제한으로 인해 유럽의 젊은이들에게 반중 정서를 가중시키는 결과를 낳은 것이다.

둘째, 러시아의 우크라이나 침공에 따른 중국의 친러시아 입장을 보며 유럽은 '우리는 중국을 너무 쉽게 보았고 유럽이 그동안 순진했다'는 인식이 팽배해졌다. 우크라이나 사태는 미국과 유럽의 결속을 강화시키는 결정적인 계기가 되었다고 볼 수 있다. 2022년 4월 1일 화상으로 진행된 제23차 중국·EU 정상회의의 핵심은 중국이 러시아 제재를 방해해서는 안 되고 만약 중국이 러시아를 도와줄 경우 유럽 내 중국에 대한 적대심은 더욱 심화될 것이라는 내용이다. EU가 우크라이나 사태를 보는 인식은 단순히 민주주의, 법치, 인권, 시장경제의 기본 가치 준수를 넘어 천연가스라는 실질적인 이슈가 러시아와 연결되어 있는 데다, 유럽은 대륙을 나눠 쓰고 있는 러시아로부터 정치적·군사적 위협이 있다고 생각하고 있다. 2014년 러시아의 크림반도 강제 병합 시 EU는 러시아에 대한 제재를 했고, 러시아는 유럽산 농수산물 수입을 금지하는 보복 조치로 EU 회원국들이 큰 피해를 경험한 바 있다. 따라서 EU 입장에서 우크라이나 사태가 가지는 의미는 남다를 수밖에 없다. 이런 러시아를 중국이 끝까지 두둔하는 모습을 보면서 유럽은 큰 실망을 하게 되었다. 결국 우크라이나 사태가 그동안 미온적인 태도를 보였던 유럽 입장에서는 확실히 중국을 이해하는 계기가 되었고, 함께할 수 없다는 인식이 매우 팽배해지고 있다.

2003년 11월에 협상이 시작된 중국·EU 투자협정CAI이 미국의 보이지 않는 반대에도 불구하고 경제적 실익을 위해 2020년 12월 타결되었지만 인권 이슈로 인해 유럽의회에서 통과되지 못하고 있다. 2021년 5월 유럽의회는 위구르족 인권 탄압 문제를 제기한 유럽의회의원 및 인사, 단체에 대해 중국이 행한 제재를 해제하지 않으면 비준하지 않겠다는 결의안을 압도적 표차(찬성 599, 반대 30)로 통과시켰다. 그리고 우크라이나 사태로 인해 중국에 대한 부정적 인식이 확산되면서 중국에도 상당한 부담으로 작용하고 있는 것이다.

EU가 미국의 손을 들어줄 것인가?

현재 EU는 미중 간 양자택일에서 미국에 가까이 가 있는 것은 확실하다. 그러나 중국을 적대시하는 입장으로 급선회하기는 쉽지 않다. 중국의 지식재산권 침해, 산업보조금 등 불공정 무역 행위 비판과 사이버 및 기술 안보 측면에서 유럽은 중국 견제의 수위를 조절하며 중국에 대한 경제 의존도를 줄여가며 적과의 동침을 지속할 가능성이 크다. 원론적으로 중국에 대한 미국과 유럽의 전략적 경제적 우선순위가 다르다는 것이다. 미중 신냉전이 본격화되고 있는 2022년 1분기 중국과 EU 간 교역 규모는 전년 동기 대비 12.2% 증가했다. 2021년 6월 유럽상공회의소 설문조사 내용을 보면 585개 기업 중 약 60% 기업이 향후 지속적으로 중국 사업을 확대할 것이라고 응답했다. 이는 유럽이 일방적으로 미국의 손을 들어주기는 쉽지 않다는 것을 의미한다.

무엇보다 외교 안보적인 측면에서 EU 이사회나 정상회의에서 대중 견제 안건을 채택하기 위해서는 회원국의 만장일치가 필요한데, 그것이 쉽지가 않다. 한 개 회원국만 반대 입장을 표명해도 EU 전체의 입장 채택이 어렵기 때문이다. 그리스, 헝가리, 세르비아, 크로아티아 등과 같은 중국과 경제적으로 매우 깊게 연결되어 있는 국가들의 경우 중국 견제 안건에 반대의 목소리를 낼 가능성이 높다. 2017년 9월 UN에서 EU가 중국의 인권 문제를 비판하는 성명을 발표하려고 할 때도 그리스가 반대한 사례가 있다. 따라서 유럽이 미국 편에 확실히 서서 중국 봉쇄에 동참하기 위해서는 EU 내부 단결이 우선시 되어야 하는데, 국가별로 입장 차가 있기 때문에 결코 쉽지 않다는 것이다. 중국 경제 의존도가 큰 국가와 차이나 머니가 필요한 유럽 국가 간에 입장차가 클 수밖에 없다. 그리고 최근 유럽 내 미국과 유럽 간 동맹 체제인 이른바 '대서양 동맹'에서 벗어나 독자적인 유럽 체제 혹은 다자 체제로 확대해야 한다는 목소리가 힘을 얻고 있는 것도 미국에는 매우 불리한 상황이다. 미국, 영국, 호주의 안보 협력체 오커스 출범과 미국의 아프가니스탄 철군 등 자국 중심인 미국만 의지할 수 없기 때문에 중국을 지렛대로 적절히 활용할 필요성이 있다는 것이다. "유럽은 미국 리더십에 중독되어 있었다."라고 말한 야프 데 후프 셰퍼Jaap de Hoop Scheffer 전 나토 사무총장의 말이 의미심장한 이유다.

2001년 9·11 테러가 일어났을 당시 미국은 군사행동을 통해 이라크를 제재해야 한다고 주장했고 EU는 무기 사찰과 같은 외교적 제재를 주장하며 충돌했지만, 결국 미국이 독단적으로 이라크 전쟁을 일으켰고 EU는 그때부터 미국에 대한 불만이 싹트기 시작했을 수도 있다. 미국과 EU는 70년을 함께한 동맹인데 어떻게 보면 애증의 동맹 관계로 변한 것, 즉 중국을 강하게 견제해야 하는데 EU가 발만 들여놓고 직접적인 행동을 하지 않는 것이다. 로버트 케이건 미국 브루킹스연구소 선임연구원의 "미국인은 화성에서 유럽인은 금성에서 왔다."라는 표현이 미국과 EU 관계를 가장 쉽게 보여주고 있는 듯하다.

워싱턴 컨센서스 vs 베이징 컨센서스의 충돌

중국의 행동은 글로벌 안정성을 유지하는
민주주의의 규범 및 기반을 위협합니다.
2021년 3월 알래스카 미중 고위급 회담, 토니블링컨(Tony Blinken)

미국이 국제 여론을 대변하는 것은 아니잖아요!
2021년 3월 알래스카 미중 고위급 회담, 양제츠(Yang Jiechi) 정치국 상무위원

바이든 대통령이 취임 전부터 약속한 첫 민주주의 정상회의를 2021
년 12월 9~10일 이틀 간 진행했다. 전통 동맹국을 포함한 대만 등
108여 개국이 참여한 민주주의를 위한 정상회의는 중국과 러시아 등
비민주적인 권위주의 국가를 대응해 권위주의 방어, 부패 퇴치, 인권
존중의 세 가지 주제로 진행했다. 중국은 바로 반응했다. 시진핑 주
석은 대만을 초청한 것에 대한 불만으로 "불장난을 한 사람은 반드시
불에 타 죽을 것."이라며 강한 어조로 대응했다.

사실 바이든의 민주주의 정상회의는 엄격히 말해 '민주주의를 위
한 정상회의'라고 볼 수 있다. 왜냐하면 참여한 108여 개의 국가 중
비민주국가의 정상들도 많이 참석했기 때문이다. 이들 참여국 중 폴

란드와 필리핀, 파키스탄 등의 나라가 과연 민주주의 국가인지, 그리고 민주주의의 증진을 위한 실제적 합의가 가능한지 등에 대한 다양한 논란이 촉발되고 있는 것도 사실이다. 여기서 우리가 주목해야 할 부분은 바로 108여 개의 참여 국가들이다. 과연 이 모든 국가들이 바이든 대통령이 원하는 대로 비민주적이고 권위주의 국가인 중국과 러시아 견제에 적극적으로 동참하고 미국 편에 서줄 나라들이냐는 것이다. 미국이 안보와 경제를 총동원하여 중국을 견제하고 있는 시점에서 미국처럼 안보와 경제 등 모든 영역에서 중국을 견제할 수 있느냐 하는 질문에 봉착하게 된다. 그에 대한 답은 '아니다'이다.

제3지역 국가들의 양다리 걸치기

재미있는 것은 민주주의를 위한 정상회의가 개최되기 5일 전인 12월 4~5일 중국 베이징에서 '만주, 전 인류의 공동 기회'라는 주제*로 국제포럼이 개최되었다. 중국 국무원과 공산당 선전부 주최로 개최된 국제포럼에 120여 개 국가 및 지역, 20여 개 국제기구 인사 500여 명이 참석했다. 그리고 바이든 대통령의 민주주의를 위한 정상포럼이 개최되기 하루 전인 12월 8일, 베이징에서는 중국 주도의 제3회 남남인권포럼South-South Human Rights Forum이 온·오프라인으로 동시에 개최되었다. 100여 개 국가와 국제기구의 고위 관계자 및 전문가, 외교사절

---

* 구체적인 주제는 '사람을 최우선으로 하는 글로벌 인권 거버넌스(Putting People First and Global Human Rights Governance)'이다.

등 400여 명의 대표들이 참석한 모임이었다.

남남인권포럼은 개발도상국들의 인권을 보호하기 위해 중국 주도로 만들어진 포럼으로, 2017년 12월 제1회를 시작으로 2년에 한 번씩 진행되고 있다. 남남협력은 정치적 이슈 대화 및 재정적 협력과 동시에 개도국과 저개발도상국가들의 특정 문제 해결을 위한 성격을 띠고 있다. 다시 말해 미국의 일부 동맹을 제외한 대부분의 제3지대 국가들은 미국과 중국에 양다리를 걸치고 있는 셈이다. 이는 어느하나 선택하기 쉽지 않은 약소국들의 현실이고 실용 외교, 즉 자국을 위해 양쪽을 왔다갔다하는 것이라고 볼 수 있다. 바이든 대통령이 주변국을 결집해 중국의 약점인 인권과 민주주의 이슈를 부각시키고 있는 반면, 중국은 막강한 경제력을 바탕으로 개도국을 중심으로 중국 편으로 끌어들이고 있다.

2017년 개최된 제1회 남남인권포럼에도 전 세계 70여 개 국가와 국제기구 대표, 학자 등 300여 명이 참석했고, 매년 참여 국가도 증가하는 추세다. 남남인권포럼 설립은 2017년 미국의 국가별 인권보고서에서 중국 시민사회단체 억압, 홍콩 인권침해 등 이슈와 중국을 인신매매 국가로 재지정한 것에 대한 중국의 대응이라고 볼 수 있다. 서방국 주도의 국제 인권 거버넌스와 개혁에 개발도상국도 적극 목소리를 내겠다는 의도이다. 또한 중국은 남남협력원조기금South-South Cooperation Assistance Fund을 통해 50여 개의 개도국 및 저개발도상국가 대상 100여 건의 생계 프로젝트를 지원하며 중국의 영향력을 확대해오고 있다. 시 주석은 2017년에 열린 제1회 포럼에서 "세계 인구의 80% 이상을 차지하는 개발도상국들의 공동 노력이 없이는 전 세계

인권 발전이 이루어질 수 없다."라고 강조한 바 있다. 결국 제3세계 국가들은 미국과 중국의 양쪽을 오가며 생존 외교를 하고 있고, 미중 양국 모두 자국 식의 성장 방식 모델을 내세워 그들의 세력 확장을 위해 제3세계 국가들을 이용하고 있다.

미국식 모델 vs 중국식 모델

전 세계는 미국식 발전 모델인 워싱턴 컨센서스Washington consensus와 중국식 발전 모델인 베이징 컨센서스Beijing consensus의 대립이 치열하게 진행되고 있다. 워싱턴 컨센서스는 1989년 미국 국제경제연구소의 정치경제학자인 존 윌리엄슨John Williamson이 제시한 개념으로, 당시 경제 위기를 겪고 있던 중남미 국가들의 어려움을 해결할 수 있는 방안으로 제시하였던 미국식 시장 경제 체제의 확산 전략을 의미한다. 간단히 말해 미국식 시장 경제 체제를 개발도상국들의 발전 모델로 삼아야 한다는 것이다. 1990년대 초 미국 재무부, 국제통화기금IMF, 세계은행World Bank 등 워싱턴 주요 기관들의 토론과 논의를 거치면서 그 개념이 정립되었다고 볼 수 있다.

워싱턴 컨센서스는 개발도상국 등 제3세계 국가들이 경제 성장과 발전을 위해 미국식 모델을 벤치마킹해 정부 예산 삭감, 자본시장 자유화, 외환시장 개방, 관세인하, 외국자본에 의한 국내 기업 인수합병M&A 허용, 국가 기간산업 민영화, 정부 규제 축소, 재산권 보호 등의 개혁을 해야 한다고 주장하고 있다. 1990년 10월 독일 통일과

1997년 아시아 금융 위기의 극복 과정을 거치면서 2000년대 초반까지 여러 나라들이 미국식 모델인 워싱턴 컨센서스를 채택하면서 개발도상국가들의 성장 모델로 자리매김했다. 그러나 1997년 아시아 금융 위기를 계기로 지나치게 시장 기능에 의존하는 것과 아직 정치·경제적으로 취약한 개발도상국가와 저개발국가에서는 이행하기 힘들다는 논쟁이 불붙기 시작했다.

워싱턴 컨센서스는 결국 세계 경제 시스템을 미국 주도로 만들기 위한 전략이고, 미국 자본과 기업들이 글로벌 시장에 진출해 결과적으로는 미국의 국익만 높여주는 것이라고 개도국을 중심으로 비판이 일어나기 시작했다. 그러한 상황에서 중국 경제는 평균 10% 경제 성장을 하며 세계 경제의 중심축으로 자리 잡기 시작했다. 이러한 흐름 속에서 2004년 개도국 각국의 특수성을 인정하고 시장 기능을 국가가 주도하는 경제 성장 모델인 베이징 컨센서스가 등장하게 되었다.

베이징 컨센서스는 워싱턴 컨센서스에 대비되는 개념이다. 당시 골드만삭스의 고문인 조슈아 쿠퍼 라모Joshua Cooper Ramo가 2004년 5월 영국 총리 산하 연구소인 외교정책센터에서 발표한 보고서로 개도국에 맞는 성장 모델로 처음 제시한 개념이다. 그는 베이징 컨센서스의 원칙으로 크게 세 가지를 강조했다.

첫째, 급진적 경제개혁이 아니라 국가 주도로 점진적이고 단계적인 혁신을 통해 산업의 고도화와 경제 성장을 해야 한다. 둘째, 단순히 소득증가 목표가 아닌 정부 주도의 지속 가능성과 평등을 최우선 정책으로 해야 한다. 중국은 덩샤오핑의 선부론을 기반으로 장쩌민·

후진타오 정부로 이어오면서 지속적인 경제 성장과 정책이 일관되게 진행되었다는 것을 의미한다고 볼 수 있다. 셋째, 각국의 독립성과 민족자결주의Self-Determination*를 확보해 자국 경제에 대한 통제권을 유지하고 패권 국가와의 관계를 조절해야 한다. 이 말에는 미국과 서방 국가들이 제3국에 정치적 민주화를 요구하지 않는다는 의미를 내포하고 있는데, 중국은 이러한 민족자결주의를 '타국의 주권 존중과 내정 불간섭'이라는 표현의 외교적 코스프레로 자주 사용하고 있다.

이처럼 중국식 발전 모델인 베이징 컨센서스가 저개발국가인 아프리카와 권위주의 국가들에게 매력적인 경제 성장 모델로 자리 잡으면서 중국의 존재감은 더욱 커져갔다. 그러나 문제는 중국식 발전 모델인 베이징 컨센서스도 결국 중국의 지속적인 경제 발전을 위해 개발도상국과 저개발국가에 있는 에너지와 광물 자원을 원활히 공급받기 위한 목적이 있다는 것이다. 또한 중국은 베이징 컨센서스를 통해 국제사회에서 중국의 리더십을 확보하고, 외교적 영향력을 더욱 확대해 나가려는 의도가 아니냐는 비판이 일고 있다. 중국의 경제력과 군사력의 강력한 하드 파워에 비해 부족한 소프트 파워를 메우기 위해 전 세계적으로 설립했던 공자학원 역시 문화와 인적 교류를 통해 중국의 영향력을 확대하기 위한 것임이 분명하다. 결국 워싱턴 컨센서스든 베이징 컨센서스든, 모두 미중 양국의 국익을 위한 도구로 사용되고 있는 것이다.

---

* 각 국가는 정치적 운명을 스스로 결정할 권리가 있으며, 다른 민족의 간섭을 받을 수 없다는 개념이다.

UN 분담금 2위 국가인 중국

중국은 미국만큼이나 강력한 동맹 국가가 없지만, 자원과 경제 외교를 통한 다자 외교를 지속적으로 진행해왔다. 1952년 제네바 회의, 1955년 아시아아프리카회의에 참석하는 등 마오쩌둥 시기 때부터 다자 외교를 시작한 것이다. 물론 공산권 국가와 아프리카 등 제3세계 국가라는 제한적 다자 외교를 진행하면서, 1971년 UN 가입과 1979년 미국과의 수교로 인해 그 폭을 조금씩 넓혀나갔다. 1978년 덩샤오핑의 개혁 개방과 함께 중국 경제는 급속도로 성장하게 되었지만, 1989년 천안문 사태와 1991년 소련이 붕괴하고 탈냉전 시대가 도래하면서 중국의 비민주와 인권 문제를 문제 삼아 전 세계가 중국에 비우호적으로 바뀌게 되었다. 이때 나온 것이 바로 덩샤오핑의 도광양회韜光養晦*다. 그리고 3세대 장쩌민과 4세대 후진타오 정부를 거치면서 조용히 경제 파워를 키워나갔다. 드디어 2010년 중국이 일본을 제치고 세계 2위의 경제 대국이 되었고 글로벌 다자 무대에서 조금씩 영향력을 키워나갔다. 가장 대표적인 것이 바로 UN 및 UN 산하 15개 기구에서의 가치, 규범 등 중국의 역할과 영향력을 지속적으로 키워오고 있다는 것이다.

UN 산하 15개 기구 중 식량농업기구, 국제민간항공기구, UN 공업개발기구 및 국제전기통신연합 등 4개 기구에서 중국인 사무총장이 취임했다. 중국 경제의 힘이 바탕이 된 것이다. 그 밖에도 유네스

---

* '자신의 재능이나 명성을 드러내지 않고 참고 기다린다.'라는 뜻으로, 1980년대 중국의 대외 정책을 일컫는 용어다.

코, 세계보건기구WHO 등 다양한 국제기구에 많은 예산과 지원을 통해 중국의 영향력을 키워왔다. 2020년 코로나19 사태 때 트럼프 대통령이 세계보건기구가 중국을 너무 감싸고 있다고 비평한 것도 바로 그러한 이유에서다. 중국의 UN 분담금 순위를 보면 더욱 확연히 알 수 있다. 2000년대만 해도 중국의 UN 분담금 수준은 상위 10위권에도 들지 않았다. 그러나 10년이 지난 2010년에 8위에 올랐고, 2013년 5세대 지도부인 시진핑 정권이 들어서면서 UN 분담률과 UN 산하기구에 대한 재정 지원을 더욱 확대했다. 2020년에는 UN에서 미국에 이어 두 번째로 가장 많은 분담금을 내고 있다. UN 분담금은 각국의 GDP 규모에 연동되어 있기 때문에 당연히 중국은 세계 경제 대국 2위로서 그만큼의 분담금을 내고 있는 상태다. 중국 입장에서는 돈을 많이 낸 만큼의 권한과 책임, 의무가 있고 그에 대한 역할을 하고자 하는 것이다.

미국식 vs 중국식 민주주의 논쟁

결국 미국과 중국은 UN이라는 다자무대를 넘어 다양한 국제기구에서 충돌하며 여러 국가들을 편 가르기 하는 방향으로 몰아가는 분위기다. 미국은 UN 헌장에서 추구하고 있는 인권과 민주의 보편적 가치를 중국이 지키지 않고 파괴하고 있다면서 지속적으로 중국을 압박하고 있다. 그러나 중국은 미국식 민주만 민주인가? 하고 물으면서 국가 특성에 따른 다양한 민주의 개념을 수용해야 한다는 입장이다. 미국식 민주주의가 세계적, 보편적 기준이 될 수는 없고 각국의 입장과 기준에 따라 민주에 대한 다양한 해석이 나올 수 있다는 것이 중국의 생각이다. 다시 말해 중국은 중국식 민주주의가 존재한다고 이야기하는 것이다.

중국은 미국이 1989년 천안문 사태 이후 거의 매년 중국의 인권 실태를 비난하는 결의안을 제출한 것에 대응해 2003년부터 중국《인권백서》를 발간해오고 있다. 2021년 중국 국무원이 발행한《인권백서》에 의하면, 1978년 개혁 개방 이후 중국 내 7억 7,000만 명의 농촌 빈곤 주민들이 빈곤에서 벗어났다고 주장하고 있다. 또한 중국은 유엔 지속 가능 발전 2030 의제의 빈곤 감소 목표를 예정보다 10년 앞서 실현함에 있어 중국식 민주도 존중받아야 한다고 말한다.

바이든 행정부가 중국의 인권 문제를 집중 공격 대상으로 삼자 중국은 2021년 9월 인권, 기본적인 생활 수준, 자율적 의사결정에 대한 대중 참여 의식, 소수 민족들의 권리 확대 등 약 200개의 의제와 목표를 담은 중국 인권행동계획Human Rights Action Plan of China, 2021~2025도 발표했다. 바이든 대통령이 주최한 민주주의를 위한 정상회담이 개최되기 전날 중국 외교부가 1만 5,000자 분량의 〈미국 민주 상황〉이라는 제목의 글을 관보인 인민일보에 게재했다. 핵심은 금권 정치, 엘리트 정치, 반대를 위한 반대, 신뢰의 위기, 국회 폭력, 인종차별, 방역 실패, 빈부 격차, 언론 자유의 허실, 색깔 혁명, 아프간 철군 등 다양한 미국식 민주주의가 가지고 있는 문제점을 사안 별로 예를 들어 설명하고 있다. 한국을 포함해 대부분의 자유 진영 국가들은 미국식 민주주의가 맞다고 주장하지만, 또 다른 많은 국가는 자국의 입장과 정치 환경 등을 고려한다면 다를 수 있다는 다양한 의견이 나오고 있는 현실이다. 이것은 자국의 이익을 위해 중국과의 경제 관계를 고려한 애매모호한 중립의 입장을 취하게 되는 원인이라고 볼 수 있다. 따라서 미국 주도의 유럽 등 서방 민주주의 국가들과 중국 주도의 러시아 등 권위주의 국가, 중국과 긴밀한 경제 관계를 맺고 있는 제3세계 국가들의 대립된 국면이 형성되고 있는 것이다. 또한 거기에 포함되지 않은 회색지대 국가들의 경우도 현안과 이슈에 따라 전략적 선택을 하고 있다고 볼 수 있다.

워싱턴 컨센서스와 베이징 컨센서스 간 충돌은 미중 신냉전 확대와 지속에 따라 끊임없는 논쟁과 편 가르기 식 대응이 더욱 확대될 수밖에 없다. 미중 신냉전은 지난 무역전쟁을 시작으로 기술 패권, 금융 패권, 군사 패권을 넘어 이제 이념 전쟁을 빌미로 제3세계 국가들과 회색지대 국가들에게 영향력을 확대해나가고 있다.

미중 무력 충돌
발생 가능성은?

실질 구매력 평가(PPP)로 계산한 2019년도 중국 국방비는
공개된 것보다 약 2~3배 이상 될 것이다.

2019년 호주 웨스턴오스트레일리아대학 피터 로버트슨(Peter Roberson) 교수

여러 군사력에서 미국과 중국이 대등해졌거나
일부 분야는 미국을 능가하고 있다.

미국 국방부 <2020 중국 군사력 보고서> 내용

미중 무역전쟁이 시작되던 2018년 바르샤바 안보 포럼에서 벤 호지
스Ben Hodges 전 미군 사령관은 "불가피한 것은 아니지만 향후 15년
내 주변 정세 상황과 국지전 마찰에 따른 미중 전쟁 가능성이 있다."
라고 말했다. 또한 러시아의 우크라이나 침공 사태에 따른 자본주의
진영과 사회주의 진영 간의 이념 논쟁으로 확대되면서 대부분의 국
가들은 자국의 국방력 향상에 매진하기 시작했다. 북한의 핵무기 강
화가 더욱 거세지면서 한반도 상황은 더욱 어려운 국면으로 치닫고
있다.

끝없는 미중 국방비 지출 경쟁

전 세계가 국방비 예산 확대 경쟁을 벌이고 있다. 세계 상위 10개국이 세계 방위비의 75%를 차지하고, 상위 5개국이 62%를 차지하고 있다.*

　미중 양국의 국방비는 세계 1, 2위를 차지한다. 미국이 최근 발표한 2023년 회계연도(2022. 10. 1.~2023. 09. 30.) 예산안을 보면, 국가 안보 예산으로 8,130억 달러로 이 중 국방부 배정 예산은 7,730억 달러로 전년 대비 8.1% 증가했다. 특히 극초음속 미사일 개발을 포함한 핵 전력 강화(344억 달러), 미사일 방어 프로그램 개발(247억 달러), 국방 분야 우위 유지를 위한 연구 개발(1,310억 달러) 등에 역대 최대 규모의 예산이 투입된다. 북한의 핵 도발과 무력 시위가 더욱 잦아지면서 미국 국방부는 고도 미사일 방어 체계인 사드THAAD에 3억 2,500만 달러, 패트리엇PAC-3에 10억 달러를 배정했고, 주한 미군을 관할하는 인도·태평양 사령부에는 북한에 대응한 괌 미사일 방어기지 관리 등 61억 달러를 책정했다.

　미국은 세계의 경찰국가답게 어마어마한 돈을 국방비에 쏟아붓고 있는데, 세계 2위부터 13위까지 국가의 국방비 지출을 모두 합친 규모이니 엄청나다고 할 수 있다. 무려 1,000조 원에 달하는 천문학적 국방비로 인해 '천조국千兆國'으로 불리는 미국이 국방비 예산을 더욱 확대하는 이유는 명백하다.

---

* SIPRI FACT SHEET(Apr 26 2021) 자료에 의하면 1위 미국, 2위 중국, 3위 인도, 4위 러시아, 5위 영국, 6위 사우디아라비아, 7위 독일, 8위 프랑스, 9위 일본, 10위 한국이다.

러시아 침공에 맞선 우크라이나에 대한 예산 10억 달러, 유럽 방위 구상과 나토(북대서양조약기구) 지원 등 관련 예산 69억 달러를 제외한 대부분의 금액은 미국의 전략적 경쟁자인 중국에 대한 억지력 강화와 북한과 이란의 지속적인 핵 위협을 겨냥한 포석일 가능성이 크다. 미국은 본토 방어의 가장 큰 적을 중국으로 규정하고 군비 확충에 더욱 집중하는 모양새다. 미국의 강력한 파워는 크게 군사력과 달러 패권, 기술 패권의 3대 역량으로 요약되는데, 무엇보다 군사력에 있어 강력한 힘의 논리에 의해 세계 리더십을 유지하는 것이다. 이에 대응해 중국도 바쁘게 움직이고 있다. 중국의 국방비 예산도 지속적으로 증가하고 있는 추세로, 지난 20년간 전 세계 국방비 예산을 비교해보면 미국 다음으로 중국의 증가가 눈에 띈다. 지난 28년간 꾸준히 증가하고 있는 상황이다. 현재 중국의 국방비는 주변국인 러시아, 일본, 한국, 북한, 대만, 인도 국방비의 총합보다 많다. 중국의 무력

:: **세계 국방비 지출 상위 6개국 순위** (단위: 달러)

순위	2000년	2005년	2010년	2015년	2020년
1	미국(3,201억)	미국(5,332억)	미국(7,380억)	미국(6,388억)	미국(7,782억)
2	일본(455억)	영국(617억)	중국(1,055억)	중국(1,965억)	중국(2,523억)
3	영국(393억)	프랑스(444억)	영국(640억)	사우디아라비아(872억)	인도(729억)
4	프랑스(284억)	일본(443억)	러시아(587억)	러시아(664억)	러시아(617억)
5	독일(265억)	중국(428억)	일본(547억)	영국(600억)	영국(592억)
6	중국(222억)	독일(303억)	프랑스(520억)	인도(513억)	사우디아라비아(575억)

자료 | SIPRI 자료 참조. 저자 재구성

역량이 더욱 강력해지고 있는 것이다. 2011~2020년까지 10년 사이 무려 76%나 국방비가 증가했다.

중국의 국방비 지출은 1992년 전까지 10위권 밑에 있는 국가로 한국보다 적은 규모였다. 그러나 1992년에 처음 10위권으로 진입하면서 한국과 비슷한 국방비를 지출했다. 1992년 중국은 123억 달러, 한국은 117억 달러로 거의 비슷했고, 1996년에도 한국과 중국의 국방비 지출은 비슷한 수준이었다. 그러나 1998년부터 중국의 국방비 지출이 급속히 늘어나기 시작했다. 이에 중국 국방부는 "국방비 증가는 국가 안보에 대한 패권 정치의 위협 때문이다."라고 강조하고 있다. 물론 미국과의 격차는 아직 하늘과 땅 차이였다. 2000년 6위, 2005년 5위 그리고 2008년 영국을 제치고 세계 2위의 국방비 지출국가에 올라섰고, 지금까지 줄곧 2위를 차지하고 있다. 중국 국방비는 군사 무기 현대화, 군인 복지 향상, 미국 및 나토 등 서방 국가의 안보에 대한 대비, 첨단 군사 장비 연구개발 향상을 위해 사용된다.

미국과 중국의 국방비 지출 격차는 2010년을 기점으로 점차 줄어들고 있는 추세다. 미국의 국방비 지출은 2020년 기준 GDP의 3.7%로 세계 국방비의 39%를 차지하고, 중국은 GDP 대비 1.7%로 전 세계 국방비의 13%를 차지하니 많은 차이를 보이고 있다. 물론 격차가 크지만, 중국군의 양적 성장과 방어용 무기 측면에서 중국 군사력은 빠르게 진화되고 있다는 것이 전문가들의 종합적인 판단이다.

2022년 중국 국방 예산은 전년 대비 7.1% 늘어난 1조 4,504억 5,000만 위안(약 280조 원)으로 최근 3년 만에 최고치다. 2016~2019년 중국의 국방비 증가율은 7%대를 유지했다가 지난 2020년 코로나로

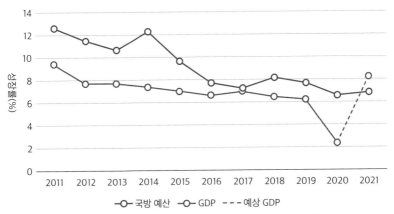

:: 중국 GDP 성장률과 알려진 국방비 예산 증가율

출처 | CSIS, 〈2021년 중국 국방비 예산 이해(Understanding China's 2021 Defense Budget)〉 재수정

인해 6.6%, 2021년 6.8%로 줄었다가 2022년 다시 증가세로 전환했다. 중국 국방비 증가에 대해 서방 언론의 우려에 대해 중국 정부는 중국군보다 양적 규모가 적은 미국이 2022년 국방비로 약 7,730억 달러로 지출한 것과 비교하면 중국 국방비는 여전히 낮은 수준이라고 주장한다. 또한 중국 국방비가 전체 GDP의 1.3% 수준으로 미국을 비롯한 세계 군사 대국의 경우 2% 수준으로 여전히 낮은 수준이어서 결코 위협이 되지 않는다고 주장하고 있다. 과연 그럴까?

중국 국방비의 함정

대외적으로 공개되는 미중 군사력 및 국방비의 단순 비교는 매우 큰 함정이 존재하고 있다. 미국은 자유 민주주의 국가로 국방비 사용 내역이 비교적 투명하게 공개되지만, 중국의 경우는 상황이 다르다. 물론 미국도 이른바 '블랙머니(공개되지 않는 국방비)'에 대한 논쟁이 뜨겁지만 민주당과 공화당 양당의 상호 견제와 감시의 민주주의 구조에서 전체적인 금액과 사용 용도에 대해서 어느 정도 투명성을 유지한다고 볼 수 있다. 그러나 중국의 국방비 지출에 대한 불투명성과 신뢰도 부족에 대한 이슈는 이미 오랫동안 논쟁의 중심에 서 있다. 중국은 국방비를 크게 국방 인력비, 훈련 유지 및 장비비 등 크게 세 가지 항목에서 발표하는 정도다. 공식 발표되는 국방비에 포함되지 않는 항목들이 매우 많다는 점에 주목해야 한다.

예를 들어 해외 첨단 무기 장비 도입 비용, 각종 연구 개발 비용, 무장경찰 및 해경국 예산, 우주 프로그램 비용, 국영 국방산업체 보조금, 국방 동원 자금, 허용된 군 영리 활동 수입 비용, 지방 군사기지 운용비, 군장학생 관리비 등 매우 많은 항목에 대한 비용이 공개되고 있지 않다는 것이다. 또한 실제 국방 비용이지만 과학기술부, 공업정보화부, 민정부*, 교육부 등 기타 부서 예산에 숨어 있는, 이른바 은닉 편성된 비용도 만만치 않다는 것이다. 당연히 미국도 중국의 블랙머니 문제를 잘 알고 있다. 이러한 숨어 있는 비용을 합칠 경우 중국이 공식적으로 발표하는 금액보다 70%가량 많을 것으로 미국은 추정하고 있다.

2010년 스웨덴 스톡홀롬국제평화연구원SIPRI**은 '중국 인민해방군

---

* 군정을 실시하는 지역에서 군사 정부의 지시를 받아 군정을 제외한 일체의 행정 사무를 관장하는 부서
** Stockholm Internationala Peace Research Institute

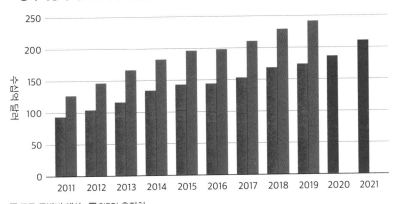

출처 | CSIS, 〈2021년 중국 국방비 예산 이해〉

국방비 책정이 불투명하고 기타 정부 부처 예산 항목에 숨어 있어 공개된 규모보다 2~3배 높을 것'으로 전망했고, 2019년 호주 웨스턴오스트레일리아대학 피터 로버트슨Peter Roberson 교수도 실질 구매력 평가PPP*로 계산한 2019년도 중국 국방비는 공개된 것보다 약 2~3배 이상 될 것이라고 이야기한 바 있다. 미국 국제전략문제연구소CSIS가 2021년 3월 발표한 〈2021년 중국 국방비 예산 이해〉라는 보고서에서도 국방비 예산이 공식적인 것보다 훨씬 많을 것으로 주장하고 있다.

　중국에 대해 매우 보수적인 시각을 가진 미국과 일본의 안보 및 군사 전문가들은 2015년에 이미 중국의 실질 국방비가 미국의 4분의 3까지 될 것으로 전망했다. 중국 정부 또한 미국이 공개되지 않은 국방비인 블랙머니가 많을 것으로 추정하고 있다. 따라서 중국 군사력

＊　Purchasing Power Party

에 대한 평가는 시각에 따라 다르지만, 미래 성장 잠재력과 4차 산업 혁명 기술에 따른 최첨단 무기로 비교해본다면 중국도 결코 만만치 않다는 것이 전문가들의 평가다. 한편, 군 인력의 차이로 지상군은 다르지만 뒤떨어진 공군력과 해군력에 집중해서 군사력을 키우는 중국의 모습에 주목할 필요가 있다. 특히 중국의 공군 군사력은 매우 빠르게 성장하고 있다.

공중전과 해전을 대비한 미중 간 군비 확장

2021년 10월 27일 미국 연방정부 산하 독립기구인 USAGM에서 운영하는 국제방송 미국의 소리Voice of America는 '미 합참의장 마크 밀리Mark A. Milley 육군 대장이 최근 중국이 신형 극초음속 미사일을 시험 발사했고, 이는 과거 미소 냉전 시대 때 소련이 미국보다 먼저 인공위성을 우주에 올려 미국을 충격에 빠뜨린 '스푸트니크 충격Sputnik Movement'*과 같은 영향을 주었다고 언급한 내용을 보도했다.** 중국의 최첨단 무기 발전이 생각보다 빠르게 진행되고 있다는 것에 미국도 놀랄 수밖에 없었다. J-20은 중국의 5세대 스텔스 전투기로 2011년 J-20의 첫 시험비행에 성공한 뒤 지속적 연구개발과 개량을 통해 2017년부터 양산에 들어갔다. 그리고 2021년 J-20에 자체 개발한 신

---

* 냉전 시대 소련이 미국보다 앞서 인공위성 발사에 성공함으로써 미국을 충격에 빠뜨린 것을 의미한다.
** 한국군사문제연구원 뉴스 레터, 2021. 11. 16, 제1123호

형 엔진 개발도 완료한 것으로 알려지면서 미중 간 군비 확장은 더욱 강하게 나타나고 있다.

2019년 10월 1일 중국 국경절 군사 열병식에서 DF-ZF 핵탄두를 탑재한 신형 DF-17 극초음속 중거리 탄도 미사일을 공개했을 때 이미 미국은 긴장하기 시작했다. 미국은 현재 국방성 산하 미사일 방어청US Mossile Defense Agency: MDA도 극초음속 탄도 미사일을 지속적으로 개발하고 있는 상황이다. 최근 군사전문가들은 중국과 러시아가 극초음속 미사일 영역에 있어 미국보다 앞설 수 있다는 평가가 나오면서 미국도 긴장하는 모습이 역력하다. 극초음속 미사일은 음속보다 5배 이상 빠른 데다 탄도 미사일보다 낮은 고도로 비행하고 핵탄두 장착도 가능해 요격이 쉽지 않아 흔히들 전쟁의 '게임 체인저'라고 불린다. 2022년 4월 중국은 해군 창설 73주년을 기념해 신형 구축함과 극초음속 미사일 발사 장면을 처음 공개하며 대외적으로 군사력을 과시하고 있다. 'YJ-21' 또는 '이글 스트라이크-21'로 불리는 첨단 극초음속 미사일은 항공모함 전단 전체를 타격할 수 있는 능력을 갖춘 것으로 알려져 있다.

극초음속 미사일의 기술력이 미국보다 러시아와 중국이 앞서가고 있다는 대외적인 평가는 의미하는 바가 크다. 미국은 호주와 함께 사이파이어SciFire라는 극초음속 무기 프로그램이 있지만, 중국과 러시아의 극초음속 미사일 진화는 부담스러울 수밖에 없다. 다급해진 미국은 영국, 호주의 안보 동맹인 오커스 정상들과 함께 핵잠수함에 이어 극초음속 미사일 분야 협력을 확장하며 군사적 공조를 더욱 강화하고 있는 추세다. 오커스가 중국 견제를 위해 구성된 인도·태평양

:: 미중 군용기 비교

연도	미중 비교	전투기	공군 훈련기	무장 헬기	수송기	특수 군용기	주유기	합계
2020년	중국	1,603	366	903	224	111	3	3,210
	미국	2,657	2,835	5,471	945	744	614	13,266
	미국 대비 중국 비중	60%	13%	17%	24%	15%	0%	24%
2027년 전망치	중국	2,250	800	1,800	550	300	130	5,830
	미국	3,000	3,200	6,000	1,200	900	650	14,950
	미국 대비 중국 비중	75%	25%	30%	46%	33%	20%	39%

출처 | 신사대의 국방백서(2020) 및 2020 세계 공군력, 통계 재구성

지역 3자 안보 동맹인 점에 비추어볼 때 중국과 러시아, 북한이 극초음속 미사일 시험 발사가 오커스 동맹과 북중러의 대립 구도는 상당 기간 지속될 가능성이 높다.

2020년 세계 공군력World Air Forces 및 기타 관련 공개된 미중 군용기 현황을 비교해보면 미국 대비 중국 비중이 낮지만 점차 그 차이가 축소될 것으로 보는 전문가들도 적지 않다.

미중 양국 해군력의 경우 중국은 디젤 잠수함(SSk)과 호위함에서 미국보다 앞서지만 전반적인 해군력은 미국보다 현저히 떨어지는 것으로 알려져 있다. 특히 미국은 핵 추진 항공모함 11척을 포함해 대규모 전함에서는 규모와 기술, 경험 등 모든 면에서 중국을 압도한다. 그러나 중국도 항공모함을 6척까지 늘린다는 계획이다. 최근 중국은 4세대인 055형 구축함의 훈련 영상을 해군 공식 웨이버를 통

해 공개했다. 055형 구축함은 중국 해군이 보유한 가장 우수한 성능의 구축함으로 함대공·함대함·함대지 미사일과 대잠 어뢰를 장착해 중국의 차기 항모전단의 핵심 전력으로 키운다는 전략이다. 중국은 2020년 1월 처음으로 1만 톤급 055형 구축함인 난창함에 2021년에는 라싸함과 다롄함을 잇따라 취역시키며 대만 해협의 긴장감을 더욱 고조시키고 있는 상황이다.

미국 해군사관학교는 '중국의 핵전략 잠수함이 2030년까지 지금의 3배 수준인 12척, 원자력 추진 잠수함도 12척으로 2배 늘어날 것'으로 전망하고 있다. 무엇보다 '중국의 사거리 500~5,500km 이상 지상 발사 미사일이 1,250기 배치되면서 미군이 중국 근해로 직접 공격하기 쉽지 않을 수 있다.'라고 언급했다. 중국은 미중 충돌에 대비한 군사력과 전략을 다양하게 구상하고 있다. 중국은 제1 도련선* 안으로 미 해군이 접근하는 것을 막고, 들어오면 격파하는 구상 시나리오까지 보유하고 있는 것으로 알려져 있다. 도련선은 완충 구역으로, 태평양 섬을 이은 가상선으로 만들어진 것이다. 이른바 '반접근·지역 거부A2·AD**' 전략이다. 제2, 제3 도련선은 괌과 하와이까지 확대해 미국이 태평양을 건너 아시아로 영향력을 확대하지 못하도록 차단하는 구상을 의미한다. 도련선은 군사 전략상 개념이고, 전력 전개의 목표선으로 결국 대미 방위선으로 이해하면 된다.

---

* 도련선(島鏈線, island chain)은 1982년 중국군 해군 사령관 류화칭이 설정한 해상 방어선으로 태평양의 섬(島)을 사슬처럼 이은 가상의 선(線)을 의미한다. 이른바 중국 해군이 스스로 설정한 작전 반경이자 해상 방어망으로 '열도선'이라고 표기하기도 한다.
** 'Anti-Access, Area Denial' 2000년 초반부터 미국이 중국의 서태평양 영역 지배 전략을 부르는 명칭이다.

:: 중국 해군 방어 전략 구상

출처 | 구글과 네이버

제1 도련선은 1985년 중국 중앙군사위원회에서 채택된 것으로 오키나와부터 필리핀 북쪽을 거쳐 인도네시아와 인도차이나 반도까지 걸쳐 있는 것이다. 대만까지 포함되는 남중국해 대부분의 지역이 여기에 해당된다. 제2 도련선은 2000년에 규정된 것으로 일본-괌-파푸아뉴기니를 잇는 경계선이고, 또한 태평양 서쪽을 반으로 나누는 경계선인 제3 열도선도 중국 내부적으로 운영 중인 것으로 알려져 있다.

2026년 미중 전쟁은 일어날 것인가?

다음은 미 국방성과 CIA 의회의 자문위원이자 주목받는 미래학자 피터 싱어Peter Singer가 2018년 집필한 소설 《유령함대1, 2》에 나오는 내용이다.

'2026년 중러 동맹의 미 태평양 선제타격과 사이버 진주만 습격으로 발발한 제3차 세계대전이 발발한다. 중국이 인공위성과 우주정거장을 점령하면서 미국을 상대로 전쟁을 시작했다. 중국이 미국의 인공위성을 공격하자 미국의 통신망은 마비된다. 미국의 통신망을 장악하고 드론 폭격기를 동원해 하와이를 공격하고 접수한다.'

《유령함대1, 2》는 미중 전쟁의 가상 시나리오를 기반으로 끔찍한 3차 세계대전의 이야기를 그린 픽션이다. 이 소설처럼 미중 전쟁은 정말 일어날 것인가에 대한 의혹과 가능성이 제기되면서 국제 정세가 혼란스럽다. 2016년 미국 랜드RAND연구소는 〈중국과의 전쟁, 생각할 수 없는 일에 대한 생각War with China, Thinking Through the Unthinkable〉이라는 보고서를 발표했다. 랜드연구소는 미 공군 용역 보고서를 많이 작성하는 기관으로, 동 보고서에서 '승자는 아무도 없는 전쟁이지만, 피해는 중국이 더 많이 입게 될 것'이라고 언급했다. 랜드연구소는 미중 양국의 전쟁 가능성은 크게 다섯 가지 요인으로 일어날 수 있음을 분석하고 있다.

첫째, 중국과 일본이 동중국해 센카쿠열도를 놓고 무력 충돌을 벌일 경우 미국이 미일 동맹에 따라 전쟁에 개입하면서 일어날 가능성이다.

둘째, 만약 북한이 붕괴할 경우 중국과 한국, 미국이 북한에 대해 군사 개입을 하는 과정에서 한미중 세 나라 사이에서 합의와 조정이 되지 않을 경우, 미중 양국이 충돌할 가능성이다.

셋째, 중국이 대만에 대해 무력을 사용해서 침공할 시에 미중 양국이 전쟁으로 확산될 가능성이다.

넷째, 남중국해에서 중국이 필리핀, 베트남과의 해양 영토 분쟁에서 조급하게 압박을 하는 경우 미국은 평화적인 분쟁 해결 방식을 포기하게 될 가능성이다. 다섯째, 중국이 배타적 경제 수역이라고 주장하는 해역의 상공에서 미국 공군기와 중국 공군기의 우연한 충돌로 인해 발생한 국지전이 전면전으로 확대될 가능성이다.

또한 베이징대학 후보^{胡波} 교수는 남중국해 전략 태세 감지^{SCSPI}에서 미중 충돌 가능성을 전망했다. 미중 전쟁 시나리오는 그밖에도 미국 내 다양한 분석과 중국 국방력 증진에 따른 다양한 가능성이 제기되고 있는 상황이다.

트럼프 행정부 시절 국방부 중국 담당 차관보는 "중국이 육해공 3대 핵전력 완성에 접근하고 있다."라고 평가한 바 있다. 비록 군사력에서 미군이 월등히 앞서지만 '중국이 미중 전쟁에서 이길 수도 있다.'는 미국 내 분석도 끊임없이 대두되고 있는 실정이다. 군사 전략 분야의 고전 《전쟁론》을 쓴 카를 폰 클라우제비츠는 '공격자는 방어자보다 최소 3배 수준을 넘어서는 군사력을 갖추어야 승리를 기대할 수 있다.'고 분석했다. 중국의 비공개된 군사력을 알 수 없는 상황에서 미국이 중국보다 최소 3배 이상의 수준을 갖추고 있는지 의문이 드는 상황에서 당연히 미국이 조급해질 수밖에 없다는 것이다.

2020년 미국 의회 국방전략위원회^{NDSC}는 "아시아 지역에서 미국의 군사적 우위는 위험한 수준으로 약화되고 있고 중국과의 전쟁에서 질 수도 있다."라고 경고했다. 미국이 최근 아시아·태평양 지역 안보를 더욱 강화하려고 하는 데도 이러한 위기감을 느끼는 자국 내 분위기가 팽배해 있기 때문이다. 문제는 미군이 태평양을 넘어 중국까지 군사력을 보내 전쟁을 벌이는 것이 결코 쉬운 일이 아니라는 것이다. 이미 중국의 레이더 탐지 거리는 미국 알래스카까지 가능해졌고, 일본과 필리핀 해역까지 정밀한 탐지가 가능할 정도로 기술이 발달된 상태다. 미국 입장에서도 중국과의 전면전은 결코 만만치 않은 전쟁이 될 수도 있는 것이다.

미국 국방부가 발간한 〈2020 중국 군사력〉 보고서는 이미 여러 군사력에서 미국과 중국이 대등해졌거나 일부 분야는 미국을 능가한다고 분석하고 있다. 피터 싱어의 미중 전쟁 소설 《유령함대1, 2》가 현실화된다는 것은 결국 핵무기를 주고받는 전면전이 된다는 것이다. 영국의 국제전략문제연구소IISS는 중국이 배치한 핵무기가 벌써 320기를 넘어섰다고 평가했다. 만일 핵전쟁으로 확산되면 하루만에 미중 양국의 주요 도시와 군사 거점이 파괴되고, 수천만 명 혹은 1억 명이 넘게 사망하는 사태가 발생하게 된다. 미국이 중국을 누르고 최종 승자가 된다고 해도 미국의 피해 역시 상상할 수 없을 정도로 커질 수밖에 없다.

결국 미중 전쟁은 공멸을 의미하기 때문에 미중 양국은 전쟁을 원하지는 않을 것이다. 반면 그러한 가능성 때문에 미중 양국 모두 대비를 하고 긴장 국면을 만들어나가고 있기도 하다. 이러한 상황에서 한반도는 끊임없이 다양한 요구를 받게 될 것이고, 그에 따른 힘든 결정을 해야 하는 상황에 직면하게 될 가능성이 더욱 높아지고 있다.

PART 2

미중 경제 안보
전쟁의 미래는?

THE FUTURE INSIGHT OF NATIONAL INTEREST

— 1 —
미중 기술 패권의
실체는?

많은 미국인이 여전히 중국에 대해 구시대적인 시각을 갖고 있으며,
미국은 이제 신흥 기술 분야에서 우리의 주도권을 빼앗아가려는
중국의 위협에 직면해 있다.

전 구글 회장이자 미국 국방부 혁신 자문위원회 위원장 에릭 슈미트(Eric Emerson Schmidt)

중국의 5G 기술력은 미국보다 우월하다.
중국산 5G 기술 의존도가 증가할수록
미국의 국가 안보도 그만큼 더 큰 위협을 받게 될 것이다.

미국 백악관 국가안전보장회의(NSC) 2018년 보고서 내용

2021년 기준 중국 전역에 설치된 5G 기지국은 약 140만 개로 전 세
계 기지국의 약 70%를 차지하고, 5G 스마트폰 사용자는 약 3억 명에
달해 전 세계 80% 이상을 차지한다. 당연히 5G 관련 기술특허도 세
계 1위를 차지하고 있다. 그리고 이미 6G 기술 R&D에 엄청난 돈을
쏟아붓고 있다. 중국은 2020년 15억 대의 스마트폰과 2억 5,000만 대
의 컴퓨터, 2,500만 대의 자동차를 생산하며 미국을 제치고 세계 최
고 하이테크 제조 국가로 변모했다.

미래 10년 기술 패권의 승자는?

2021년 12월 7일 하버드 대학교 존 에프 케네디대학원 산하 '벨퍼 기술안보 연구소'는 〈미중 간 기술 격차 보고서〉를 발표했다. 보고서에서는 중국이 AI, 5G, 양자컴퓨팅^{QIS}, 반도체, 생명공학 등 21세기 첨단 기술 분야에서도 미국의 중대한 경쟁자가 되었고, 이런 추세로 가면 중국이 향후 10년 이내에 미국을 추월할 것이라고 전망했다. 미중 기술 패권을 둘러싼 치열한 전쟁이 더욱 현실화되고 있다. 반도체를 제외한 대부분의 미래 첨단 기술 영역에서 미중 간 기술 격차가 점차 축소되고 있는 것이 현실이고, 미국은 그런 현실을 받아들이고 있다. 미국은 기술 패권의 종합 역량과 표준화 부분에서 1위를 차지하고 있지만, 중국은 막대한 디지털 시장과 인프라를 기반으로 미국을 바짝 뒤쫓고 있는 형국이다.

미국은 특히 슈퍼컴퓨터, 5·6G 통신, AI 등 3대 영역의 차세대 산업에서 중국이 미국을 군사적으로 위협하고 있다고 판단하고 중국 견제를 본격화하고 있다. 슈퍼컴퓨터와 5·6G 통신, 빅데이터, AI 기술은 모두 밀접하게 연계되어 있는 구조다. 빅데이터는 4차 산업혁명 시대 AI의 원유라고 하고, 빅데이터의 핵심 인프라는 5·6G 통신이다. 그리고 빅데이터의 수집 및 가공, 분석을 위해서 슈퍼컴퓨터가 있어야 한다. 이러한 세 가지 4차 산업혁명 기술이 함께 연동되어 새로운 첨단 기술을 만들어낼 수 있는 것이다. 그런데 세 가지 영역에서 미중 간 격차가 점차 줄어들고 있으며 미국이 중국에 대한 기술 통제를 강화하는 이유가 바로 여기에 있다. 미국은 AI, 데이터, 양자컴퓨팅, 생명공학, 드론 분야에서 대중국 수출을 제한하는 내용의 중국 기업 제재 및 수출 통제를 더욱 강화하고 있다. 이제 더 이상 과거와 같이 중국에 속지 않겠다는 속셈이다. 미국은 원래 개방적이고 경쟁적인 시스템으로 글로벌 혁신을 극대화하며 성장했고, 기술 경쟁에서 혁신을 가속화하기 위해 개방적인 접근으로 성장한 나라다. 그러나 중국은 사회적 통제 강화, 국제적 영향력 확대, 군사적 역량 강화 등의 전략적 KPI^Key Performance Indicator(핵심 성과 지표) 목표를 설정하고 강력한 정책적 드라이브로 급속히 기술 경쟁력을 키워왔다.

슈퍼컴퓨터를 잡아라!

슈퍼컴퓨터는 수많은 데이터를 빠르게 분석해 해결책을 마련하는 역할을 한다는 점에서 4차 산업혁명에서의 핵심 경쟁력이다. 슈퍼컴퓨터의 성능은 빅데이터와 AI 산업 성장의 양적 지표로 사용되기 때문에 중국 슈퍼컴퓨터의 성능과 업그레이드 속도는 미국 기술 패권에 도전이 되고 있다. 2013년 세계 슈퍼컴퓨터 성능 대회에서 '톈허天河2'가 세계 1위를 하며 미국을 깜짝 놀라게 한 바 있다. 또한 2015년에는 선웨이 타이후 라이트Sunway TaihuLight, 神威太湖之光가 1위를 차지하는 등 중국의 슈퍼컴퓨팅 기술은 급속히 성장했다. 그러나 2020년을 기점으로 IBM이 제조하는 미국 오크리지 국립연구소ORNL의 서밋Summit과 후지쯔Fujitsu 사가 만든 일본 이화학연구소RIKEN의 후가쿠Fugaku, 중국의 선웨이 타이후 라이트가 치열한 3파전이 벌어지고 있다. '슈퍼컴퓨팅 컨퍼런스 2021'이 발표한 세계 TOP 500 슈퍼컴퓨터 순위를 보면 2021년 11월 기준 1위는 일본 후가쿠, 2위 서밋, 3위 로렌스리버모어 국립연구소LLNL의 시에라Sierra, 4위는 중국 선웨이 타이후 라이트 순이다.

미중일 3국이 고성능 슈퍼컴퓨팅 기술 개발을 두고 각축전을 벌이고 있다. 한국은 삼성전자 'SSC-21' 슈퍼컴퓨터가 11위를 차지했다. 10위권 내 포함된 국가별 슈퍼컴퓨터를 보면 미국이 5대, 중국 2대, 일본, 독일, 이탈리아가 각각 1대씩 보유하고 있다. 하지만 Top 500 순위 전체 수량에서는 중국이 173대(34.6%)로 1위, 미국이 149대(29.8%) 2위, 일본이 32대(6.4%)로 3위다. 한국의 7대와 비교가 되지 않는다. 특히 중국 국가병렬계산기공정기술연구센터NRCPC의 '선웨이 타이후 라이트'(4위)와 중국 국방기술대학NUDT이 개발한 '톈허-2A'(7위)뿐만 아니라 대부분의 슈퍼컴퓨터가 모두 중국 자체 기술로 개발되었다. 2022년에는 중국 기업인 수곤이 첫 엑사급 슈퍼컴퓨터 '슈강Shugang'을 개발할 것으로 전망된다. 행렬 연산이 필요한 AI나 AI 반도체 등의 기술 경쟁력을 제고하려면 고성능 컴퓨팅이 필수적인 상황에서 슈퍼컴퓨터를 둘러싼 미중 경쟁은 더욱 치열해질 수밖에 없다. 중국의 슈퍼컴퓨터는 단순히 산업적 목적을 넘어 군사 및 안보 용도로 사용될 가능성이 높기 때문에 미국은 중국 슈퍼컴퓨팅 기술 역량 제고에 긴장감을 놓지 않고 있다.

미국 상무부가 2019년 6월 중국의 슈퍼컴퓨터 업체 수곤과 하이곤, 청두 하이광 마이크로일렉트로닉스 테크놀로지, 청두 하이광 집적회로, 우시 지앙난 컴퓨터기술연구소를 거래 제한 블랙리스트에 추가한 것도 바로 그런 이유다. 게다가 미국은 자국 주도의 GPU 기반 슈퍼컴퓨팅 생태계에서 중국을 배제시키고 있다.

슈퍼컴퓨터의 두뇌에 해당하는 중앙처리장치CPU와 메모리, 운영 체제 등 설비와 기술을 인텔, 엔비디아, 마이크론, IBM 등 미국 기업에 의존하고 있는 중국 입장에서는 영향이 클 수밖에 없다. 그러나 이러한 미국의 중국 슈퍼컴퓨터 기업 제재 실효성에 대한 반론이 지속적으로 제기되고 있다. 그 이유는 크게 두 가지다.

첫째, 인텔, 마이크론, IBM 등 미국 기업 입장에서 CPU와 메모리, 소프트웨어 등 가장 많이 구매하는 기업이 바로 중국 기업인데 미국 정부가 계속 못 팔게 하고 있으니 그 손실을 기업이 부담해야 하는 상황이다. 수익률이 떨어지니 당연히 기업 주가도 떨어지고 있다. 둘째, 2022년 기준 세계 4위의 선웨이 타이후 라이트는 2016년 자체 적으로 리눅스Linux 기반의 선웨이 26010 프로세서와 선웨이루이스神

∷ 2020년 국가별 슈퍼컴퓨터 현황(단위: 대)

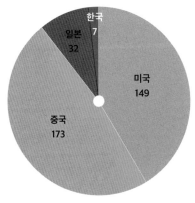

한국
7

일본
32

미국
149

중국
173

자료 | 2021. 11. 15. SC21 슈퍼컴퓨터 컨퍼런스 발표 자료

威睿思(OS2.0.5) 운영체제를 탑재한 슈퍼컴퓨터를 개발했고, 미국 주도의 운영체제와 소프트웨어 개발을 통해 기존 대미 의존도를 지속적으로 낮추고 있다는 것이다. 자체 개발한 운영체재로 인텔의 제온 파이Xeon, Phi 프로세서의 중국 시장 매출량 급감과 가격 하락으로 결국 제품 판매가 중지된 것이 대표적인 사례라고 볼 수 있다. 시장에서는 결론적으로 미국의 중국 슈퍼컴퓨터 기업에 대한 거래 제한은 미국 기업의 중국 시장 퇴출과 중국의 기술 역량 강화로 이어질 수 있다는 목소리가 힘을 얻고 있다.

미래 기술 패권의 게임 체인저, 양자정보기술

2021년 11월 24일 미국 상무부는 국가 안보를 위협한다는 이유로 12개 중국 양자컴퓨터 기업 제재를 발표했다. 중국의 양자정보기술quantum information technology이 첨단 소재, 의약품 개발, AI 등 경제적인 측면을 넘어 군사 안보에 활용될 가능성이 크고, 이는 곧 미국에 위협이 된다는 이유이다. 미중 기술 패권은 미래 첨단 모든 기술 분야에 걸쳐 있음을 의미한다. 중국의 양자정보기술이 미국을 추월한 만큼 기술 업그레이드가 더욱 빨라지고 있다. 예를 들어 기존의 일반 레이더가 미국 스텔스기 F-22, F-35를 하나의 점으로 표시한다면, 중국이 개발한 양자 레이더*는 추적된 스텔스기를 매우 정확하게 보여

---

* 중국은 이미 2011년 중국과학기술대학, 중국전자과기그룹 14연구소, 27연구소 및 난징대학 등이 공동으로 양자레이더를 개발했고, 세계 최초의 스텔스 방지 미터파 레이더 보유국이 되었다.

준다. 양자 나침반은 적의 핵잠수함 위치를 실시간으로 추적해 알려 준다. 이러한 양자 레이더와 나침반 기술의 경우 중국이 가장 앞서 있다는 평가가 일반적이다. 미래 사이버 전쟁은 결국 양자정보기술에 달렸다고 해도 과언이 아닐 정도로 미중 기술 패권의 게임 체인저가 될 수 있다.

미국 벨퍼 연구소의 미중 격차 보고서에 따르면, 양자정보기술 특허의 경우 중국이 미국을 앞서가는 형국으로 2012년까지 비슷한 미중 양자 기술 특허가 2018년에는 중국이 1,157건, 미국이 363건으로 현격한 차이를 보이고 있다.

양자는 물리학에 있어 더 이상 나눌 수 없는 가장 작은 단위 혹은 물리적 성질을 나타내는 불연속적인 최소 단위의 물리량을 의미한

:: 양자기술 특허 건수 국가별 비교

연도	미국	중국	일본	영국	한국
2010	107	110	79	24	25
2011	145	128	87	33	26
2012	147	155	77	16	28
2013	185	231	93	46	26
2014	171	313	89	54	36
2015	214	385	82	31	38
2016	245	588	72	29	40
2017	280	885	67	29	82
2018	363	1,157	53	29	60

출처 | '양자기술 특허, 출판 및 투자', Le Lab Quantique

다. 양자정보기술은 원자나 분자 등을 하나씩 조작해 나노 수준에서 제어하는 기술을 말한다. 중첩과 얽힘, 관측의 영향에 따라 정보 내용이 변하는 현상을 이용해 통신이나 정보처리, 암호화 등 첨단 군사 기술에 적용될 수 있기에 미중 양국이 국가 안보 사업으로 경쟁하듯 키우는 이유다.

바이든 대통령은 2021년 3월 초 국가안보전략회의에서 "양자컴퓨터와 AI가 경제 안보에 매우 중요하기 때문에 미국이 주도권을 잡아야 한다."라고 강조했다. 그리고 얼마 지나지 않은 중국 양회에서 시진핑 주석은 "AI과 반도체, 양자정보기술을 14·5 규획 동안 연구 개발 비용을 연평균 7% 이상 올려 세계 최대 양자정보기술 보유 국가가 되어야 한다."라고 강조한 바 있다. 미래 양자정보기술을 두고 미중 양국이 2021년부터 본격적인 양자기술 패권 경쟁을 알리는 시그널인 셈이다. 양자정보기술은 크게 양자컴퓨터와 양자암호통신으로 분류할 수 있다.

먼저 양자컴퓨터는 기존 슈퍼컴퓨터보다 연산속도가 비교할 수 없을 정도로 매우 빠르다. 예를 들어, 2020년 10월, 구글이 슈퍼컴퓨터로 1만 년 걸리는 연산을 단 200초 만에 풀 수 있는 양자컴퓨터 기술을 개발했다고 발표한 바 있다. 양자컴퓨팅의 기본 정보 단위인 큐비트qubit는 양자 중첩된 확률적 상태로 4개의 정보를 한 번에 다룰 수 있다. 따라서 큐비트 수를 n개로 늘리면 한 번에 처리할 수 있는 정보의 양이 2의 n제곱 개로 늘어나기 때문에 연산 속도가 빨라지는 원리다. '그렇다면 양자컴퓨터가 생기면 슈퍼컴퓨터가 필요 없는 것 아닌가?'라고 생각할 수 있지만 그렇지 않다. 양자컴퓨터가 기존의 슈퍼컴퓨터의 역할을 모두 대체할 수 있는 것이 아니지만, 특정 연산에 있어서 슈퍼컴퓨터보다 훨씬 높은 성능을 낼 수 있다는 것이다.

양자암호통신은 양자기술을 이용해 송신자와 수신자의 암호키를 분배해 실어나르는 통신기술이다. 광자 하나에 1비트(bit) 정보를 보내고, 이 정보는 딱 한 번만 해석할 수 있다. 신호가 무작위로 생성되기 때문에 송신자와 수신자가 한 번 신호를 주고받는 방식을 정하면 다른 사람은 절대로 열어볼 수 없다. 원천적으로 복제가 불가능하고 감청이나 도청을 시도하면 바로 양자 상태가 바뀌어 그것을 감지할 수 있게 된다. 그래서 양자암호통신을 가장 완전한 꿈의 통신기술로 부른다. 따라서 양자컴퓨터는 공격적으로 초고속 대용량 연산이 가능해 암호 체계를 무찌를 수 있는 '창'이라면, 양자암호통신은 암호체계가 무너지지 않게 방어하는 '방패'의 역할을 한다.

美 시커모어 vs 中 지우장의 대결!

재미있는 것은 양자정보기술의 핵심 양대 영역인 양자컴퓨터와 양자암호통신에서 미국은 양자컴퓨터, 중국은 양자암호통신 분야에서 선두를 지키고 있다는 것이다. 미국이 창이고 중국이 방패인 셈이다. 미국은 2009년 국방부와 정보기관을 중심으로 국가 양자 정보 과학 비전을 발표하며 양자컴퓨팅기술과 양자통신기술 개발을 추진했고, 구글과 IBM 등 글로벌 IT 기업들이 양자컴퓨팅기술 개발을 주도해 왔다. 기업별 양자컴퓨터 특허의 경우 IBM, 구글 등 미국 기업들이 주도하고 있다. 일본 니혼게이자 신문에 따르면, 2001~2018년까지 양자컴퓨터 특허 건수에서 미국이 1,852건으로 2위인 중국(1,354건)을 제치고 1위를 차지하고 있다. 그러나 양자컴퓨팅의 상용화는 아직 걸음마 단계로 미국의 경쟁 우위가 지속될 것이라고 단정하기는 어렵다는 것이 전문가들의 일반적인 평가다. 양자컴퓨터 분야에 있어 중국의 추월도 결코 만만치 않기 때문이다.

2019년 10월 구글이 양자컴퓨터 '시커모어Sycamore'를 자체 개발했다. 그리고 1년 후 2020년 12월 중국과학원이 슈퍼컴퓨터로 6억 년을 계산해야 풀 수 있는 연산 문제를 200초 만에 풀 수 있는 '지우장九章'이 개발되었다는 내용이 미국 사이언스Science지에 실린 바 있다. 이른바 시커모어보다 약 100억 배 빠른 광학 양자컴퓨터Photonic quantum computer를 개발한 것이다. 그리고 6개월 후 중국과학기술대학이 66큐비트 양자컴퓨터인 '쭈충즈祖沖之 2호'를 개발*함으로써 세계에서 가장 빠른 초전도 양자컴퓨터로 부상했다. 바로 구글을 뛰어넘는다는 66큐비트 양자컴퓨터다. 국제학회 및 우수 등재 과학 잡지에 발표된 양자컴퓨터 논문의 경우 미국이 4,295건, 중국이 3,706건으로 비슷한 수준까지 따라오고 있다. 중국은 치열하게 경쟁하고 있는 슈퍼컴퓨터뿐 아니라 양자컴퓨터의 경우도 범국가적인 차원에서 육성하기 시작했다. 반면 양자암호통신 분야는 이미 중국이 미국을 앞서고 있다고 전문가들은 평가했다. 양자암호통신 하드웨어는 화웨이, 베이징우전대학 등이 주도하고, 소프트웨어는 세계 1~5위까지 모두 중국

---

* 중국 양자 과학의 아버지로 불리는 판젠웨이(潘建偉)가 이끄는 중국과학기술대학 연구진이 개발하였다.

기업이 독식하고 있기 때문이다. 게다가 양자암호통신 분야의 특허도 중국이 미국보다 2배 이상 많다.

2016년 중국은 세계 최초로 지상 500㎞ 상공에 양자위성통신인 '묵자호墨子號'를 발사한 데 이어 2017년에는 베이징에서 상하이를 잇는 세계 최장 2,000㎞ 구간에 유선망을 구축하여 양자암호통신에도 성공한 바 있다. 미래 양자통신과 양자인터넷의 현실화를 위한 기반을 구축한 것이다. 그리고 2018년 1월에는 '묵자호'를 이용해 베이징에서 오스트리아 빈까지 7,600㎞ 거리 신호 송수신이 가능한 대륙 간 양자위성통신에도 성공하며 세계를 놀라게 했다. 최근 중국 양자컴퓨팅은 통신, 센서, 레이더 등 군사적 응용 가능성이 대두되면서 경제 안보의 핵심 이슈로 등장하기 시작했다.

美 혁신 경쟁법 vs 中 반외국 제재법의 대결

경제 안보를 이슈로 미중 기술 패권 경쟁이 더욱 본격화되고 있다. 지난 미중 무역전쟁처럼 장군멍군식 맞대응의 상황은 끝이 보이지 않는 긴 터널 속을 지나가고 있다. 무역전쟁이 단기적 협력 공생 관계 측면이라면 기술 패권 경쟁은 중장기적인 경쟁 대결 구도로 향후 글로벌 산업과 기술의 생태계를 송두리째 바꿀 가능성이 높아졌다. 2021년 6월 미 상원은 보고서 내용의 구체적인 행동 실행을 위한 중국 견제 법안이자 미국의 기술 패권을 강화하기 위한 법안인 이른바 '혁신경쟁법안USICA, U.S. Innovation And Competition Act of 2021'을 62대 38의 압도적인 표 차이로 통과시켰다. 외교 및 상무, 국토 안보 등 6개 상임 위원회*가 발의했던 법안들을 한데 묶은 패키지 법안으로 미국의 기술 패권을 강화하기 위해 7개의 세부 법안으로 2,400여 쪽 분량의 방대한 내용을 수록하고 있다. 총 7개의 세부 법안에는 '중국 도전에 대응하기 위한 법', 미국 과학기술 연구 개발에 대한 막대한 투자 지원 내용을 담은 '끝없는 프런티어 법Endless Frontier Act' 등 중국의 기술 굴기에 대응하려는 미국의 의지를 엿볼 수 있다. 동 법안은 중국 견제를 위한 반도체, 차세대 5G 구축 등 미국 첨단 기술 육성, 국립과학재단 산하 기술혁신처 신설을 통해 에너지, 항공우주, AI 분야 육성 및 홍콩, 신장 위구루의 인권 침해, 사이버 공격 대응, 중국 기업의 미국 자본시장 접근 제한 등 거의 모든 분야를 망라하고 있는 전방위적인 중국 방어용 '종합 세트 법안'이라고 볼 수 있다. 향후 5년간 2,500억 달러(약 280조) 예산을 투입해 중국의 지정학적 부상에 대응해 외교, 안보, 산업, 기술 등 미국의 총체적인 경쟁력을 강화해 중국을 완전히 배제시켜 나가겠다는 의도다.

이미 이를 예견한 듯 중국도 바로 맞대응에 나섰다. 미국이 혁신 경쟁법안을 통과시키자 중국은 바로 전국인민대표대회 상무위원회 마지막 날인 10일, 미국을 견제한 '반외국 제재법反外國制裁法'을 통과시켰다. 일반적으로 3차례 심의 절차를 거친 후 표결에 붙여 통과시키지만, 반외국 제재법은 2차 심의만 하고 바로 통과되었다.

---

* Chips and USA Telecom Act(국토 안보위), Securing Americans Future Act(국토 안보위), Endless Frontier Act(상무위), Strategic Competition Act(외교위), Meeting the China Challenge Act(금융위), Trade Act of 2021(재무위)

중국 정부는 '이기인지도, 환치기인지신以其人之道, 还治其人之身'이라는 표현으로 입법 취지를 밝혔다. 이 말은 남송 시대의 유학자 주희朱熹가 저술한《중용집주中庸集注》제13장에 나오는 문구로 '그 사람이 사용한 방법으로 그 사람을 다스려야 한다.'라는 의미다.《중용집주》는 중국 사서 중 하나인 중용中庸에 주注를 달아 집필한 책이다. 한마디로 '눈에는 눈, 이에는 이'의 의미로, 받은 그대로 복수를 하겠다는 것이다. 중국 정부의 강력한 대응 의지가 이 한 문장에 담겨 있다.

반외국 제재법은 총 16개 조항의 2장 정도 분량밖에 되지 않는다. 방대한 미국의 혁신 경쟁 법안에 비해 매우 초라해 보인다. 하지만 그렇게 단순하게 볼 일이 아니다. 이번 제재법은 출발에 불과하다. 미국이 중국 견제를 위해 발동한 행정 명령이나 법안이 나올 때마다 중국은 그에 상응하는 관련 규정 및 법률을 제정했다. 미국을 직접 언급하지 않았지만 그 칼날은 미국을 겨누고 있다. '신뢰할 수 없는 실체 명단 규정(2020.9)', '외국 법률 조치의 부당한 역외 적용 저지(2021.1)' 등 무역 투자 관련 미국의 직간접적인 제재에 대응하고, 자국 기업을 보호하기 위한 상무부 명의로 공포된 규정들이다. 그러나 반외국 제재법은 시행 주체가 일개 부처가 아닌 모든 행정을 총괄하는 국무원이라는 점에서 그 의미가 심상치 않다. 비록 16개 조항의 짧은 내용이지만 적용되는 범위가 매우 포괄적이다. 어떻게 보면 두루뭉술하게 보일 수 있지만 '코에 걸면 코걸이, 귀에 걸면 귀걸이'식 미국 견제 총괄 법안 역할을 하게 될 것으로 보인다.

미중 경제 안보
전쟁

미국 기업과 투자자들은 중국 경제가 중국공산당의 정책 우선순위에 의해
좌우되고 통제된다는 점을 인식해야 한다.

미국 의회 자문기구인 미중 경제 안보검토위원회(USCC) 연례 보고서 2021년 11월

미중 충돌은 자국 우선주의에 기반한 트럼프식 대중국 압박에서 2021년 바이든 행정부의 등장과 함께 동맹 중심의 안보 전쟁으로 확산되며 중국과 반중국의 정치·경제적 프레임으로 자리 잡아가고 있다. 중국이 제조업 분야에서 글로벌 공급망의 허브가 되고, 국가 경쟁력을 좌우하는 첨단 기술 및 산업 분야에서 미국을 능가하기 시작하면서 본격적인 기술 패권 경쟁으로 확산되는 추세다. 특히 중싱 ZTE과 화웨이 사태를 계기로 본격화된 미중 기술 패권의 핵심은 결국 양국의 경제 및 국가 안보로 귀결된다. 미국은 2017년 12월 발표된 미국 〈국가 전략 보고서〉에서 '경제 안보는 곧 국가 안보'라고 강조하며, 화웨이를 중심으로 중국 첨단 기업들의 제재를 본격화했다.

한편, 중국은 미국의 전방위적인 기술 제재에 맞서 기술 민족주의techno-nationalism와 디지털 보호주의digital protectionism 정책으로 정면 대응하면서 양국의 경제 안보 전쟁은 단순히 충돌을 넘어 제3국으로 확대되며 더욱 가속화될 것으로 전망된다. 미중 충돌이 무역전쟁을 넘어 기술 패권으로 확대되면서 전 세계 글로벌 밸류 체인과 거버넌스를 뒤흔들고 있다. 중싱, 화웨이 제재로 시작된 양국 간 테크 경쟁은 향후 데이터 안보 전쟁으로 확산되면서 더욱 복잡하게 소용돌이치고 있다.

경제 안보를 지켜라!

전통적인 국가 안보는 크게 국민, 주권, 영토를 지키며 국가의 지속 가능한 발전과 안전을 위협하는 군사 안보traditional military security와 비군사 안보Non-traditional military security로 구분된다. 군사 안보는 자국의 영토와 국민의 생명을 수호하기 위한 가장 중요한 국가적 사명감이다. 비군사 안보는 군사 안보를 제외한 비군사적 위협으로부터 국가 영토 수호 및 국민 보호를 의미한다. 비군사 안보에는 일반적으로 경제 발전과 기후환경 변화에 따른 경제 안보economic security와 환경 안보environmental security로 구분할 수 있다. 그러나 최첨단 기술을 근간으로 하는 4차 산업혁명의 도래는 전통적인 군사 안보와 비군사 안보의 영역을 넘어 포괄적이고도 상호 통합적인 개념으로 확대되고 있다.

예를 들어 미래의 전쟁은 사람이 아닌 AI 로봇이, 전투기가 아닌 드론 폭격기가 하게 된다는 것이다. 경제 안보의 전통적 개념은 소득, 고용, 사회 보장 등 인간의 삶을 풍요롭게 하기 위한 경제 기반을 보장하는 것을 의미한다. 그러나 디지털 트랜스포메이션 시대의 경제 안보는 외부의 경제적 공세와 산업, 기술 등 경제 정보 탈취로부터 자국 경제와 국가 안보를 보호하는 것을 의미한다. 다시 말해 군사 안보와 비군사 안보의 영역이 파괴되면서 미래 사회의 경제 안보는 곧 군사 안보이자 국가 안보의 개념과 동일시된다는 것이다. 미국은 이미 오래전부터 경제와 안보의 연결 구조에 대해 고민했고, 이른바 '군산복합체Militaryindustrial Complex'의 경제 안보 정책 메커니즘을 활용하고 있다. 미국이 중국 군수 기업 제재와 군사 강국화의 기술적 기반이라고 할 수 있는 군수 융합 전략Military-Civil Fusion: MCF*을 주목하는 것도 그런 맥락이라고 볼 수 있다.

한편, 최근 들어 미중 데이터 안보 이슈가 부각되고 데이터 안보가 경제 안보의 핵심으로 등장하면서 양국 사이 데이터 안보를 둘러싼 치열한 신경전이 지속되고 있다. 경제 안보는 기술 안보, 데이터 안보, 사이버 안보의 다양한 형태로 미중 기술 패권의 중요한 어젠다로 부각했다. 미래 첨단산업의 핵심은 결국 AI이고 AI의 핵심이 바로 데이터이기 때문이다. 알리바바의 마윈 회장이 미래는 정보기술IT이

---

* 2020년 9월 미 윌버 로스(Wilbur Ross) 상무장관은 산업안보국(BIS) 주최 온라인 컨퍼런스에서 "미중 경쟁은 기술 및 군사 패권을 두고 모든 영역에서 진행되고 있고, 중국은 사이버 첩보 활동을 통해 미국과 동맹국에 대한 정치·군사 및 경제적 안보를 위협하고 있다."라고 언급했다. 한편 산업안보국은 중국의 민군융합전략에 주목하고 있으며 그에 따른 대응에 집중하고 있는 상태로 중국의 미국산 기술 사용금지와 중국의 군수산업 및 기업에 대한 지속적인 제재가 필요하다고 언급했다.

아니라 데이터 기술DT의 시대가 도래할 것이라고 강조한 것처럼, 미중 양국의 기술 및 디지털 패권 경쟁의 중심에는 데이터 안보라는 또 하나의 경제 안보 개념이 내포되어 있다. 반도체가 산업의 쌀이라면, 빅데이터 산업은 21세기의 정유 산업에 비유된다. 따라서 미중 간 데이터를 둘러싼 디지털 및 경제 안보 경쟁은 단순히 양국 사이의 대립을 넘어 글로벌 지정학적 차원으로 확산되고 있다. 이에 국가마다 데이터 확보와 안보를 어떻게 구축해 대응할 것인가는 가장 큰 화두로 등장하게 될 것이다. 미중 경제 안보를 둘러싼 경쟁은 상호의존성의 무기화weaponization of interdependence와 탈동조화decoupling의 맞대결로 귀결된다.

조지워싱턴대학 헨리 패럴Henry Farrell 교수와 조지타운대학 에이브러햄 뉴먼Abraham Newman 교수가 주장한 상호의존성의 무기화 개념*을 접목해 미중 경제 안보 전쟁을 설명해보자. 미국은 미중 간 상호의존성의 3대 요소인 국제 금융 체계, 핵심 기술과 부품 공급망, 인터넷을 기반으로 중국을 규제하고 있고, 중국의 대응 전략은 탈동조화로 볼 수 있다. 미국의 많은 테크 기업들이 중국에 생산기지를 두고 있어 미중 간 전형적인 첨단 기술 영역의 국제 분업 체계가 형성되어 있기 때문에 첨단산업의 상호의존성이 존재하고 있다. 미국은 이러한 상호의존성을 무기로 중국을 압박하고 있는 것이다.

---

* 상호의존성의 무기화는 서로 의존하는 글로벌 경제지만, 비대칭성이 존재하기 때문에 더 중요하고 결정적인 네트워크 허브를 차지하고 있는 국가가 이를 무기로 사용할 수 있다는 것이다.

미국의 脫중국화 전개와 방향

미국은 2018년 8월 '국방수권법'을 통해 중싱, 화웨이 통신장비의 보안 문제를 내세워 중국 통신장비 사용금지 명령을 내렸다. 더 나아가 화웨이 통신장비에 백도어^{backdoor}*를 통한 데이터가 유출될 위험이 있기 때문에 미국 동맹국들에게도 사용하지 말 것을 요구해왔다. 미국 연방통신위원회^{FCC}는 중국 통신장비가 중국의 스파이 행위와 사이버 전쟁에 이용될 가능성이 있어 지속적인 제재를 시사하고 있다.** 사설 네트워크 통신 분야의 세계 선도 기업으로 화웨이, 중싱을 포함하여 안면인식기술 업체인 하이크비전, CCTV 장비 업체인 다화, 하이테라*** 등 5개 기업인데, 미국을 포함한 동맹국들도 중국의 통신장비 사용을 가능한 제한해야 한다는 데 동의하고 있다.

또한 2020년 5월 미국 반도체 소프트웨어 및 장비를 활용하는 기업들이 화웨이(계열사 포함)의 설계로 생산된 제품을 수출하려면 사전 승인을 받도록 하는 행정명령도 내렸다. 6월에 FCC는 화웨이와 중싱이 미국 국가 안보에 위협이 된다고 판단하고, 미국 통신사업자에 "이들 두 업체의 장비 구매에 83억 달러(약 9조 원)의 정부 보조금을 사

---

* 인증 없이 전산망에 침투해 정보를 빼돌리는 장치인 백도어를 통해 전 세계 기밀 정보를 중국공산당에 제공하고 있다고 주장한다.

** 2020년 12월 FCC는 '화웨이와 중싱을 미국 안보위협 기업으로 지정한다.'는 안건을 5 대 0 만장일치로 통과시켰다.

*** 사설 네트워크 통신 분야의 세계 선도 기업으로 하이테라 비즈니스 솔루션은 전 세계 120여 개 국가와 지역에 구축되어 있다(네덜란드 국가 공공 안전 시스템 프로젝트, 런던 경찰청 프로젝트, 크로아티아 공공 안전 프로젝트, 카자흐스탄 긴급 구조 프로젝트, 요르단 경찰 프로젝트 등 공공 안전, 교통, 긴급 구조 서비스 등).

용하지 말라."라고 명령했다. 따라서 미국 통신사업자들은 화웨이와 중심 장비를 전면 철거·교체해야 했고, 이에 FCC는 정부 보조금으로 시골 지역에 중국 통신장비를 설치한 중소 업체들이 타격받을 것을 우려해 통신사업자들의 장비 철수 비용으로 19억 달러를 지원할 방안도 마련했다. 9월에는 미국 소프트웨어와 기술 및 장비를 활용한 외국 반도체 제조 업체는 화웨이에 반도체 부품을 공급할 수 없도록 명령했다.

미국의 입장에서는 미국 안보 위협에 대한 사전 대응과 중국 테크 기업들의 글로벌 성장을 사전에 봉쇄시키는 일석이조의 효과를 보는 셈이다. 미국은 경제 안보를 명분으로 중국과의 기술 탈동조화를 동맹국과 주변 국가들이 동참하도록 적극적으로 유인하면서 EU, 일본 등 선진국과 동맹 국가와의 협력을 통해 중국의 5G 및 반도체, 플랫폼 기업들을 산업 생태계에서 배제하고 있다. 이미 영국, 프랑스, 일본, 캐나다, 이탈리아 등의 국가는 화웨이 통신장비 사용 제한에 동참하며 경제 안보 탈중국화가 더욱 가속화되는 추세이다. 이미 트럼프 행정부부터 시작된 클린 네트워크Clean Network 구축을 통해 중국을 경제 및 기술 안보 차원에서 완전히 고립시키고자 했는데, 클린 네트워크*는 중국 통신사, 앱스토어, 앱, 클라우드 서비스 및 통신케이블의 사용을 금지하고 화웨이의 5G 이동통신을 배제하려는 정책을 의미한다.

---

* 클린 네트워크 프로그램은 2019년 5월 체코 프라하에서 개최된 30여 개국과 유럽연합(EU), 나토(북대서양조약기구) 대표 회의에서 5G 인프라의 안정성과 보안 문제를 검토할 필요성에서 출발한 프라하 선언이 그 출발점이다.

:: 미국 클린 네트워크 정책과 주요 내용

영역	보복관세
Clean APPs	• 중국 스마트폰 제조 기업의 내장 앱 삭제 및 금지
Clean Cable	• 해저 케이블을 통한 중국의 기술 및 데이터 정보 유출 금지 * 중국이 중간에 수집하지 못하도록 해저 케이블 사업에 중국 기술 배제
Clean Carrier	• 중국 통신사와 미국 등 동맹 통신 네트워크과 연계 금지 • 미국 등 국가 안보를 위협하는 중국 통신서비스 기업에는 국제 통신서비스 제공 금지
Clean Cloud	• 개인정보 데이터와 비즈니스 정보, 코로나19 백신 연구자료, 지식재산권 보호를 위해 중국 클라우드 기업 배제 및 사용 금지(알리바바, 바이두, 텐센트, 차이나 모바일, 차이나 텔레콤 등)
Clean Path	• 미국으로 유출입되는 모든 5G 네트워크에 5G Clean Path(깨끗한 5G 통신망) 요구 * 5G Clean Path는 통신의 중간 단계인 전송·통제·컴퓨팅·저장 장비 등 공산당과 연계되어 있는 중국 IT벤처기업의 장비 사용금지
Clean Store	• 중국 앱스토어는 개인정보 유출, 바이러스 감염 등 위험이 존재하기 때문에 미국 등 참여 국가의 모바일 앱에서 중국 앱스토어 배제

자료 | 클린 네트워크 프로그램 사이트와 KISTEP 자료를 재구성

클린 네트워크는 미국과 동맹국의 데이터 안보 차원으로 구축된 반중국 공동전선을 말한다. 사실상 모든 중국 통신과 플랫폼, 테크 기업과 기술의 퇴출을 추진하여 글로벌 데이터가 중국으로 유출되는 것을 전면 봉쇄하겠다는 의도이며, 나아가 미국 경제 안보를 위해 중국 기업의 미국 첨단산업에 대한 투자도 제한한다. 또한 외국인 투자위험 심사 현대화법Foreign Invesrment Risk Review Modernization Act of 2018, 외국회사 문책법, 미국 혁신경쟁법 등의 법안을 통해 미국 국가 안보에 위협이 되는 첨단 기술 분야에서 중국 기업의 미국 기업 인수 합병을 규제하고 있다.

중국의 脫미국화 전개와 방향

중국은 아직 기술 자립을 하지 못한 상황*에서 미국의 탈중국화 명분 아래 진행되는 중국 제재에 대해 불편한 마음이지만, 이에 대비하며 본격적인 미중 경제 안보 전쟁 준비에 돌입한 상황이다. 2020년 8월 왕이 외교부장은 "싸우는 것을 원치 않지만, 싸우는 것을 두려워하지 않고, 어쩔 수 없다면 싸우겠다不願打, 不怕打, 不得不打.", "미국의 탈중국은 가능하지도 않으며 합리적이지도 않다.", "중국과의 탈동조화는 세계 최대 시장과의 탈동조화로서 미국의 중요한 발전 기회를 놓치는 손해다."라고 언급했다.

중국은 미국과의 디지털 경제 탈동조화에 대비해 디지털 차이나 건설에 더욱 박차를 가하고 있다. 디지털 차이나의 핵심은 세 가지 영역으로 구분된다.

첫째, 디지털 거버넌스의 구축으로 그동안 사각지대에 놓여 있던 데이터 정책과 디지털 실크로드를 본격적으로 확대해나가겠다는 것이다. 둘째, 디지털 산업화는 디지털 경제 관련 산업을 집중 육성한다는 것이다. 이를 위해 향후 5년간 R&D 투자를 매년 7% 이상 확대해 빅데이터와 사물인터넷, 블록체인, AI 등 디지털 산업 발전을 촉진하고 산업 생산 방식과 생활 방식은 물론 통치 방식까지 바꾸어나가겠다는 구상이다.** 셋째, 산업화의 디지털화는 실물경제의 디지털

---

* 중국의 첨단 기술 분야 수출의 77%는 여전히 해외 투자기업에서 이루어지고 있다.
  Lovely, M. E., & Huang, Z. (2018). Foreign direct investment in China's high-technology manufacturing industries, China & World Economy, 26(3), 104-126.
** 2021년 3월 14·5규획(2021~2025년)에서 발표된 '디지털 발전 가속화와 디지털 중국 건설'

화를 의미하는 것으로 스마트 시티 건설, 디지털 위안화 등을 통해 14억의 실물경제 데이터를 기반으로 혁신 성장을 가속화하겠다는 야심이다. 디지털 차이나 정책을 통해 인터넷 강국, 데이터 강국으로 성장해 GDP 대비 디지털 경제 비중을 2020년 38.6%에서 2025년에는 50% 이상 확대한다는 목표이다.[*]

경제 안보 전쟁을 둘러싼 미중 기술 패권 경쟁은 향후 더욱 본격화될 것이다. 미국은 미래 경쟁의 대상으로 중국을 지목하고 그중에서 AI, 빅데이터 등 ICT 영역은 미중 정치, 경제, 군사적 경쟁이라고 보고 있다. 특히 데이터가 미국의 경제적 번영 및 미래 전략적 위상의 유지에 가장 중요한 핵심 요소임을 강조하고 있다. 결국 미국은 중국 테크 기업들의 데이터 확보와 그로 인한 AI 분야의 기술력 확대를 적극적으로 차단하고자 할 것이다. 따라서 경제 안보 차원에서 EU 및 일본, 한국 등 주변 동맹국에게 대중국 압박에 동참을 이끌어내기 위한 노력을 더욱 경주할 것이다. 또한 미중 양국 간 경제 안보 전쟁은 완전히 탈동조화되며 각자도생의 길을 가게 될 가능성이 크다. 특히 중국의 독자적인 기술 자립이 더욱 현실화될수록 한중 기술 협력의 공간은 매우 제한적일 수밖에 없다. 따라서 미중 경제 안보 전쟁의 관여자가 아니라, 중계자로서의 역할을 최적화하기 위한 전략적 접근이 필요하다. 미국 상호의존성의 무기화 전략과 중국 탈동조화 접근의 대결 국면은 주변국의 동참 여부와 대체 네트워크가 존재하는 상황에서 미중 양국 그 어느 쪽도 승리를 장담할 수 없는 상

---

[*]   한국은행, 국제경제리뷰(2021-13호)

:: 중국 경제 안보 탈미국화 정책 법규

관련 규정		핵심 내용
수출 금지·제한 기술 목록 수정 (2020.08)		• 기술 수출 관리 규범화, 자국 기술 경쟁력 강화, 국가 안보 차원에서 발표, 목록에 포함된 기술은 향후 수출, 투자, 기술 협력 등을 통한 해외 이전 시 중국 당국 승인 필요 (첨단 기술 항목 23개 추가, 기존의 150개→164개로 증가) • 새롭게 추가된 23개 항목은 유전자 공학, 3D 프린팅, 항공·우주, 드론, 정 보 보안·암호, AI 등 첨단 기술 분야
신뢰할 수 없는 실체 명단 규정 (2020.09)		• 중국판 수출 제한 리스트(Entity List)로 미국 기업 제재 근거 마련 • 중국 기업 봉쇄, 부품 공급 중단, 차별적 조치, 중국 기업 및 산업에 대한 손해, 국가 안보에 위협 또는 잠재 위협 여부
지재권 관련 법안 개정(2020.11)		• 지식재산권 보호 강화에 관한 의견(2019.11), 지식재산권법 개정 (2020.11), 특허법 개정(2021.06) • 특허법과 반독점법의 교차 영역, 권리남용 이슈로 미국 기업 제재 가능
수출 통제법 (2020.12)		• 군민 겸용 물품, 기술 및 기술 자료, 군수품, 데이터, 국가 안전과 이익에 위배되는 제품의 수출 금지 및 제한 조치 • 수출 통제 리스트 제정, 통제 물품의 수출허가제 실시 등 • 기타 국가가 수출 통제 조치를 남용하여 중국의 안전과 이익을 위협할 경 우 상대국에 대한 대등한 조치 가능
외국인 투자 사전 심사제도(2021.01)		• 군사 안보 및 비군사 안보 영역 구분, 외국인 투자 제한 조치 강화 • 비군사 안보의 경우 농업·에너지·장비제조·인프라·IT·인터넷·금융서비스 분야의 외국인 투자자 지분 50% 이상 시 사전심사제도
3대 보안법	네트워크 보안법 (2017.06)	• 인터넷상의 주권과 국가 안전 유지, 국민과 기업의 합법적 권익 보호 • 50만 명 이상의 개인정보, 데이터 용량이 1000GB 초과 시 관련 기관 사 전 심사
	국가보안법 (2020.07)	• 홍콩을 중국으로부터 분열, 중국 정부를 전복, 파괴, 내정에 외세가 간섭하 는 행위 모두 처벌 대상으로 간주
	데이터 보안법	• 데이터 거래 관리 제도, 데이터 보호 제도, 데이터 보안 리스크 통제, 데이 터 보안 응급조치 시스템 구축, 데이터 보안 심사제도 등 데이터 처리 활 동과 관련한 각종 제도 규정
플랫폼 경제 반독점 가이드라인 (2021.02)		• 빅테크 기업의 반독점 행위에 대한 정부의 규제 강화 • 미국 플랫폼 기업 규제를 위한 제도 마련 의미
증권위법 활동을 엄격히 타격하는 데 관한 지침(2021.07)		• 100만 명 넘는 회원 데이터 보유 중국 IT 기업 해외 상장은 사전심사 및 승인
개인정보보호법 (2021.11)		• 중국 내 사업하는 모든 미국 및 글로벌 기업은 데이터 개인정보 보호, 보 안 및 보호 의무 부과와 사적 정보처리 활동 규제

황이다. 단지 자국 보호주의적 산업정책이 강화되지 않도록 하는 통상외교 노력과 함께 한미 동맹과 한중 전략적 파트너십에 근거해 우리의 가치를 더욱 높이는 지혜가 필요하다.

━ 3 ━
데이터가 곧
미래 안보의 핵심이다

데이터를 지배하는 자가 세계를 지배한다.
알리바바 마윈 전 회장

중국 정부가 기업들의 데이터 전산망을 감시하고 있다.
미국 싱크탱크인 뉴아메리카 재단

4차 산업혁명 기술의 발전은 데이터 주권과 데이터 안보라는 차원
으로 진화하며 국가 안보의 중요한 매개체로 자리 잡았다. 미래 국
가 안보를 둘러싼 미중 데이터 주도권 경쟁이 신냉전으로 더욱 고착
화되는 분위기다. 그에 따라 국가 간의 무역협정과 군사동맹 등에서
데이터는 핵심적인 이슈로 등장했고, 나아가 데이터 동맹으로 발전
하고 있다. 따라서 미중 양국 모두 데이터를 전략적 자산으로 간주하
여 미래 국가 안보와 연계하는 전략을 구상하고, 자국 중심의 데이터
거버넌스 체계를 확립하고 있다. 미중 간 치열하게 벌어지고 있는 데
이터 탈동조화와 상호 배제는 양국의 군사적 동맹과 대치로 이어지
며 향후 미국과 중국 중심의 양대 데이터 동맹 블록으로 합종연횡되

면서 주변국들의 참여를 강요할 가능성이 높다. 더 나아가 유럽 스스로 자체적인 데이터 블록을 형성하고 세계가 미국-중국-EU의 데이터 삼분지계로 구분되면서 새로운 글로벌 디지털 생태계를 만들어 갈 것으로 보인다.

데이터 제국을 꿈꾸며

중국은 데이터 제국이다. 데이터의 확장은 결국 AI 산업의 발전을 의미하고, AI 기술은 향후 군사 및 국가 안보를 지배하는 핵심이 될 수 있다. 미국이 중국을 두려워하는 가장 큰 이유다. 미국은 세계 최고의 데이터 제국인 중국을 견제해야만 패권 국가의 지위를 유지할 수 있다. 2021년 중국 디지털 백서에 따르면, 중국의 디지털 경제 규모는 세계 2위로 2020년 GDP의 38.6%를 차지하고 있다. 중국이 저가의 메이드 인 차이나를 생산하는 제조 국가라는 인식을 버려야 하는 이유다.

중국이 발표한 '14차 5개년 기간 디지털 경제 발전 규획'을 보면 5G, 빅데이터센터 등 신형 인프라 구축 가속화를 통해 제조업의 디지털 전환을 전면적으로 시도하겠다고 밝히고 있다. 이는 중국의 5G 초고속과 빅데이터, AI 기술이 있기 때문에 가능할 수 있는 것이다. 중국은 막강한 데이터 파워를 기반으로 하는 플랫폼 및 디지털 경제로 급변해 가고 있는데, 이른바 메트칼프의 법칙Metcalfe's Law이 그대로 적용되고 있다. 메트칼프의 법칙이란, 모바일 이용자 수가 어떤 티핑 포인트tipping poin를 지나기 전까지는 창출하는 가치가 비용보다 적지만, 티핑 포인트를 넘어서면 그 가치는 비용을 넘어 기하급수적으로 증가한다는 것이다. 중국인터넷정보센터CNNIC 통계에 따르면 2021년 중국 휴대폰 사용자 수가 16억 4,000만 명, 인터넷 보급률은 73%, 네티즌 수가 10억 명을 초과한 상태다. 결국 디지털 인구가 중국의 데이터 빅뱅 차이나를 만들고 있는 셈이다. 이러한 막대한 데이터를 기반으로 알리바바, 텐센트, 디디추싱, 틱톡 등 빅테크 기업들이 탄생하게 되었다. 이들은 막대한 데이터를 기반으로 성장하며 중국 시장을 넘어 해외 데이터 수집을 위해 미국 등 글로벌 시장으로 확장해나갔다.

미국 내 틱톡 가입자가 1억 명이 넘고, 전 세계 가입자 수가 10억 명을 돌파했고, 위챗 사용자는 5,000만 명이 넘는 미국인이 사용하고 있고, 전 세계적으로는 약 15억 명이 사용하고 있다. 중국과 데이터 패권을 두고 민감하게 대립하는 미국이 당연히 우려할 수밖에 없다. 그러나 중국 빅테크 기업의 글로벌화에 대한 우려는 중국 정부도 마찬가지다. 중국 정부가 알리바바, 디디추싱 등 빅테크 기업을 때리는 데는 그만큼 이유가 존재한다. 바로 그들이 가지고 있는 중국 내부의 데이터를 미국에 빼앗길 수도 있다는 생각 때문이다.

데이터 안보를 둘러싼 미중 신경전

알리바바와 디디추싱 등 자국 플랫폼 기업에 대한 대대적인 제재와 단속의 목적도 결국 미중 경제 안보 이슈로 귀결된다. 디디추싱은 정부의 경고에도 불구하고 미국 상장을 감행해서 공산당의 괘씸죄에 걸렸고, 그로 인해 추가 앱 다운로드 금지, 신규 가입자 모집 금지 등의 제재를 받고 있다. 나아가 개인정보 유출 의혹으로 디디추싱을 포함하여 미국에 상장한 중국 플랫폼 기업에 대한 전면적인 조사가 진행될 경우, 글로벌 투자자와 시장에 미칠 파급 효과에 대한 논쟁이 가열되고 있다.

2020년 8월 트럼프 전 대통령은 국가 안보와 개인정보 유출 가능성이 높다는 이유로 틱톡 사용금지의 행정명령에 서명했다. 그리고 틱톡을 매각하도록 압력을 가하며 중국 모바일 앱에 대해 전면적인 조사 검토를 지시했다. 바이든 대통령 역시 사이버 전쟁과 스파이 행위에 이용될 가능성이 있는 화웨이, 중싱 등 중국 주요 통신장비 기업에 대한 제재를 더욱 강화하고, 중국 플랫폼 기업들의 미국 내 시장 행위 및 증시 상장 접근에 대한 문턱을 높이며 전면적인 견제와 압박을 가하고 있다.

역시나 중국이 가만히 있을 리 없다. 중국 정부도 국가와 데이터 안보의 명분 아래 대대적인 반격을 시작했다. 따라서 디디추싱 사태를 단순히 '공산당의 중국 플랫폼 기업 기강 잡기' 정도로 보는 시각은 수박 겉핥기식의 접근일 뿐이다. 문제의 핵심을 보아야 한다. 중국 정부의 표면적인 이유는 매우 간단하다. '춤은 중국이 추고, 돈은 미국이 번다.'는 것으로 중국 플랫폼 기업 대부분이 매출의 90% 이상을 자국에서 벌면서, 미국 상장 후 실제 미국 투자자들에게 엄청난 부를 만들어주고 있다는 것이다. 미국 내 상장된 약 250여 개의 중국 기업 대부분이 중국 시장을 기반으로 성장했고, 그런 배경에서 순조롭게 뉴욕 및 나스닥에 상장할 수 있었다. 중국 정부가 상하이에 커촹반*을 개설하고, 미국 증시에 상장된 중국 기업들의 홍콩 및 본토 증시 회귀를 위해 CDR(중국예탁증서)** 제도 개혁도 바로 그런 이유에서다. 그렇다면 실제 내면적인 이유는 무엇일까? 크게 두 가지로 요약할 수 있다.

첫째, 미중 간 치열하게 벌어지고 있는 데이터 안보 전쟁이다. 데이터는 향후 미중 첨단산업 및 군사 안보의 패권 경쟁에 있어 우위를 차지할 수 있는 중요한 핵심 요소다. 미중 기술 패권 경쟁이 본격화되면서 중국은 안보 이슈를 가장 핵심 어젠다로 선정하여 관련 법규 제정을 완비하고 있다. 이른바 '3+2 종합세트' 법안의 완성이다. 여기서 '3'은 '네트워크 보안법', '국가보안법', '데이터 보안법' 3종의 안보 관련 패키지 법률을 의미하고 '2'는 '반독점법'과 '개인정보 보호법'의 공정거래 및 개인정보 보호를 위한 핵심 법안을 의미한다. '3+2' 법안은 따로 분리되는 것이 아니라 모두 '데이터'와 '안보'라는 키워드로 상호 연결된 구조로 되어 있다. 따라서 디디추싱 사태의 경우 '3+2' 법률 테두리 안에 갇혀 있는 형국이다. 향후 중국 빅테크 기업의 경우 '네트워크 보안법', '개인정보 보호법' 위반 여부와 '국가보안법' 및 '데이터 보안법', '반독점법'의 법적 그물망을 잘 빠져나가야 생존할 수 있다는 것이다.

둘째, 향후 미국의 중국 테크 기업에 대한 제재가 더욱 확대될 경

---

* 중국 최대 주식 시장인 상하이증권거래소에 2019년 7월 22일 정식 출범한 고도 기술 관련 전문 주식 거래소다. 중국판 나스닥 시장, 과학 혁신판이라고 불린다.
** 미국의 주식예탁증서(ADR)와 유사한 개념으로 해외에 상장된 중국 기업의 역내 주식 거래를 가능하게 하는 제도다.

우 그에 따른 보복 조치를 위한 포석을 까는 것이다. 데이터와 안보의 칼날은 결국 미국을 중심으로 대중국 견제에 동참하는 외국 기업을 향하고 있다고 보아야 한다. '데이터 보안법' 3장 26조를 보면 '어떤 국가나 지역이 데이터와 데이터 개발 기술 등과 관련된 투자, 무역에 있어 중국에 차별적 금지나 제한할 경우 중국은 그에 상응하는 조치를 취할 수 있다.'라고 규정하고 있다. '네트워크 보안법'의 경우도 미국 기업을 옭아맬 조항들은 존재한다. 미국에 서버가 있는 기업은 반드시 중국으로 이전해야 하고, 중국 네트워크 보안법 규정에서 보안 등급을 받아야 한다. 시스템이나 업무별로 각각 다른 보안 등급을 받아야만 중국에서 영업 행위를 할 수 있다.

2021년 기준 중국 인터넷 사용자 규모가 약 11억 명에 이르고, 인터넷 사이트는 약 450만 개, 모바일 앱은 약 350만 개에 이를 정도로 중국의 인터넷 플랫폼 시장은 매우 방대해졌다. 문제는 디지털 안보가 정부의 사각지대에 놓여 있었고, 중국 정부는 이에 대한 단속과 관리·감독이 필요하다고 판단한 것이다. 2021년 5월 국가인터넷정보판공실은 도우인(틱톡), 콰이소우(중국판 유튜브), 바이두(인터넷 검색 엔진) 등 불법적으로 개인정보를 수집한 105개 인터넷 플랫폼 기업 명단을 공개하고 그에 대한 시정과 본격적인 조사에 착수했다. 또한 2021년 7월 30일 알리바바, 텐센트, 화웨이, 바이트댄스(틱톡의 모기업), 샤오미(전자제품 제조 및 판매 기업) 등 25개 중국의 대표적 데이터 플랫폼 기업들을 불러 모았다. 이는 '3+2' 법적 테두리 안에서 사업을 하고 미중 데이터 안보 전쟁에 적극적으로 중국에 협조하라는 시그널이다.

단순히 자국 테크 기업 규제를 넘어 점차 심화되는 미중 데이터 전쟁을 위한 집안 단속을 먼저 한 다음, 그에 따른 보복의 칼날을 준비하는 것이다. 이러한 미중 충돌이 무역전쟁을 넘어 기술 패권으로 확대되면서 전 세계 글로벌 밸류체인GVC을 뒤흔들고 있다. 화웨이, 중싱 제재로 시작된 양국 간 테크 경쟁은 더욱 복잡하게 소용돌이칠 것이다. 미래의 테크 경쟁은 데이터 구축이 핵심이다. 데이터는 곧 국가 안보와도 직결되기 때문에 양국 간 데이터를 둘러싼 총성 없는 전쟁은 더욱 본격화될 것이다.

中, 디지털 조롱경제의 속내는?

빅테크 기업 규제, 해외 기업 상장 사전검열 등의 최근 조치는 결국 중국 대내외 환경 변화를 고려한 중국식 사회주의를 재정립하겠다는 것이다. 나는 이를 '디지털 조롱경제Digital Birdcage Economy'라고 명명한다. 디지털 조롱경제를 이해하기 위해서는 1978년 덩샤오핑의 사회주의 시장경제의 산물인 '조롱경제鳥籠經濟'의 개념을 먼저 이해해야 한다. 조롱경제는 이른바 '새장 경제'로, 새장을 쳐놓고 그 범위 안에서만 마음껏 날 수 있다는 것이다. 즉, 정부는 내수 시장(새장)을 키우고, 그 시장에서 기업(새)을 규제하지 않고 풀어주겠다는 것이다. 기업(새)은 내수 시장(새장)에서 자유롭게 덩치를 키우며 성장하지만, 세계 시장으로 날아가지 못하고 그냥 중국 시장(새장)에만 갇혀 있어야 한다는 뜻이다. 중국은 조롱경제의 기반 속에서 급속한 경제 발전을 통해 G2로 성장했다. 미국 경제 전문지 〈포춘〉이 2021년 발표한 2020년 세계

500대 기업에서 중국 기업(홍콩 포함)은 총 135개 사로 122개 사의 미국을 추월하며 2년 연속 1위를 차지하고 있다. 그러나 그 이면을 살펴보면, 석유 및 전력 등 대부분이 국영 기업 위주로 구성된 것을 알 수 있다.[*] 급변하는 디지털 트랜스포메이션 시대에 과거 전통 산업 위주의 조롱경제로는 글로벌 국가로 성장하는 데 한계가 있다는 것을 깨달았고, 따라서 글로벌 기업으로 성장할 수 있는 디지털 새장의 공간을 확대함과 동시에 정부의 규제를 받도록 하는 '디지털 조롱경제'가 새롭게 등장하게 된 것이다. 디지털 조롱경제는 막대한 디지털 내수 시장(새장)을 통해 자유롭게 성장한 기업(새)이 중국공산당의 정책 방향성을 따르고, 국익을 위한 경제 발전과 일자리 창출의 원칙을 준수하면 글로벌 기업으로 성장할 수 있다는 것이 핵심이다. 그러나 독점적 우위로 기업의 이익만을 추구하는 기업(새)은 내수 시장(새장)을 나갈 수 없다는 개념으로 기존의 조롱경제와는 개념이 다르다.

디지털 조롱경제는 2018년 미중 격돌이 격화되면서 그 필요성이 대두되었고, 바이든 행정부 이후 확산되는 미중 첨단 테크 경쟁이 불쏘시개 역할을 하면서 본격화되었다고 볼 수 있다. 알리바바, 에듀테크, 디디추싱 등 빅테크 기업에 대한 규제는 이러한 디지털 조롱경제의 개념 속에서 이해될 수 있다. 한마디로 글로벌 테크 기업으로 성장하되 자국의 디지털 새장(정책의 틀)에서 성장하라는 것이다.

디지털 조롱경제식 기업 규제는 시 주석의 장기 집권으로 인해 향후 지속될 가능성이 크다. 중요한 것은 이러한 기업 규제가 중국

---

[*] 박승찬, 더차이나(2020.10)

일반 서민들의 적극적인 지지를 얻고 있다는 점이다. 이러한 기업 규제의 명분을 극대화시켜 정권 연장의 기틀을 마련하고, 공산당의 당위성을 최적화시키려는 것이다.

데이터에서 클라우드 시장으로

미국은 국가 안보 차원의 대중국 데이터 전략을 구축하여 미국 국민의 데이터에 대한 불법행위 방지 규제를 대폭 강화하는 방향으로 전환되고 있다. 2021년 6월에 통과된 '혁신경쟁법'은 데이터의 자유로운 이동 및 우방국과의 협정을 강화하는 한편, 중국의 불법적인 접근을 시도하는 기업을 관보에 게시하는 등 데이터 패권 전략을 더욱 강화하겠다는 의미로도 해석할 수 있다. 치열한 미중 데이터 전쟁을 넘어 이제 클라우드 전쟁으로 확산되는 모양세다.

미국은 지난 2018년 3월 '해외 데이터의 투명한 이용에 관한 법 Clarifying Lawful Overseas Use of Data Act', 이른바 '클라우드법Cloud Act'을 공포한 바 있다. 미국 정부가 테러나 마약, 성폭력 등의 강력범죄 수사를 위해 자국 IT 기업들의 해외 서버에 저장된 데이터를 열람할 수 있다는 규정이다. 구글, 페이스북, 아마존 등 미국 IT 기업들이 해외에서 제공하는 이메일이나 사회 관계망 서비스SNS 게시물, 클라우드 서비스에 저장된 외국인들의 각종 데이터를 미국이 직접 볼 수 있다는 것이다. 당시 중국은 개인의 사생활 및 개인정보 침해 우려가 있고, 국가적으로는 다른 나라의 데이터를 가져가는 과정에서 데이터 주권을 침해할 소지가 있다며 불편한 심정을 드러냈다. 그리고 2019년 12월 중국은 기업의 네트워크 및 시스템의 사이버 보안 기준을 강화하기 위해 정부가 기업들의 데이터와 정보를 들여다볼 수 있는 '정보보안 등급 보호 규정 2.0MLPS 2.0: Multi-Level Protection Scheme'을 발표했다. 이처럼 데이터를 둘러싼 미중 경제 안보 전쟁은 클라우드 영역으로 확산되며 미중 클라우드 탈동조화가 뚜렷이 나타나고 있다.

클라우드는 모여진 데이터를 보관하기 위한 인프라다. 글로벌 클라우드 시장은 미국 아마존웹서비스AWS, MS 애저Azure, 구글 클라우드 플랫폼GCP이 시장을 장악하고 중국 알리바바와 텐센트가 추격하는 5강 구조로 2021년 기준 글로벌 3사의 시장 점유율을 합치면 60%가 넘는다. 미국은 알리바바, 바이두, 텐센트 등의 중국 플랫폼 기업들이 운영하는 클라우드 시스템에 의해 미국의 민감한 국가정보와 개인정보가 유출될 수 있다고 보고 있다. 이에 미국은 데이터와 클라우드의 투명성과 초국적 유통을 지원했지만, 국가 안보를 위한 데이터 관리와 중국 견제를 더욱 강화한다는 입장이다. 중국 또한 데이터를 전략적 자산으로 이해하고 원칙적으로 데이터의 초국적 이동을 제한하며 문을 꽁꽁 걸어 잠그기 시작했다.

미국 국제전략문제연구소CSIS는 '중국은 이미 네트워크 및 데이터 보안 관련 300개의 새로운 법과 규정을 만들며 데이터 국지화를 실현하고 있다.'라고 언급했다. 미중 데이터와 클라우드 전쟁은 미래 안보라는 이름으로 더욱 확대되며 격전지가 주변국으로 확산될 가능성이 더욱 커졌다. 결국 우리의 데이터 주권을 확보하기 위한 생존 전략이 더욱 시급해졌다.

AI가 곧 경제 안보다

중국은 AI와 머신러닝, 사이버 능력의 발전으로 관련 분야에서
지배적인 위치를 향하고 있다. 미중 경쟁은 이미 끝났다.
미국 국방부 전 최고소프트웨어책임자(CSO)

미국이 대만 반도체 기업에 대한 의존도를 낮추지 않으면
AI 분야에서 중국에 우위를 내줄 수도 있다.
미국 <AI 국가 안보위원회(NSCAI)> 보고서 내용

중국의 AI 기술 경쟁력은 매우 빠르게 성장하고 있다. AI는 미래의
미중 전략 경쟁에 있어 가장 핵심적인 요소로, 향후 미중 미래 첨단
산업과 안보 분야에 중요한 영향을 미칠 것으로 보인다. 구글 창업자
에릭 슈미트는 "중국은 이제 AI 분야에서 미국의 전방위적인 경쟁자
로 AI 기술이 적용된 제품과 논문, 특허 개수, 국제 AI 대회 결과 등
의 주요 핵심지표를 통해 중국의 실력이 증명되었다."라고 말했다.

AI가 미중 신냉전의 핵심이다

에릭 슈미트 회장의 발언은 과연 사실일까? AI 관련 국제 데이터를 가지고 비교해보자. 우선 미국 컴퓨터 사이언스 중 AI 분야 전 세계 대학 순위에서 살펴보자. 교수진의 논문 수와 특허 수를 종합해 대학 순위를 매기는 미국 CS 랭킹 순위에 의하면, 2018년부터 2020년 누적 기준으로 AI 분야 연구대학 1위는 칭화대학, 2위 베이징대학, 4위 중국과학원, 9위 상하이 교통대학 등 상위 10위권에 4개의 중국 대학이 포함되어 있다. 한편 미국의 경우 3위 카네기 멜런대학, 5위 코넬대학, 6위 스탠퍼드대학, 8위 일리노이대학 어버너-샘페인캠퍼스, 10위 캘리포니아대학으로 5개의 미국 대학이 포함되어 있다. AI 영역의 미중 대학 수준이 막상막하인 상황이다.

수적으로는 미국이 많지만 상위 1, 2위는 중국 대학이 차지하고

:: **2000~2020년 주요 나라별 AI 논문 인용 비중**

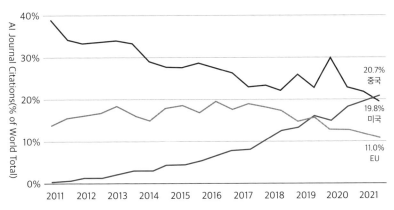

출처 | 스탠퍼드대학 'AI 인덱스 2021'

있다.* 중국은 양적으로 AI 관련 대학 교육 커뮤니티 자체가 매우 크고 방대하다고 볼 수 있다. 현재 중국 대학에는 345개의 AI 학부와 190개의 지능과학기술학부가 설치되어 있다. 미중 간 AI 논문 수와 인용 사례 관련 미국 자료를 살펴보아도 중국의 약진은 두드러진다.

스탠퍼드대학이 발표한 'AI 인덱스 2021' 자료에 의하면, 중국은 2020년 AI 관련 논문 발표 수와 인용 사례 모두 세계 1위를 차지했다. 논문 수 비중은 18%를 차지해 미국(12.3%)과 EU(8.6%)보다 앞서 있고, 논문 인용도 20.7%로 처음으로 미국(19.8%)을 추월했다. AI 관련 국제대회 순위에서도 중국은 미국을 앞서고 있다.

미국 스탠퍼드대학이 주최하는 세계 기계 독해MRC, Machine Reading Comprehension 경진대회에서 중국은 최근 5년간 1위부터 5위까지 싹쓸이하고 있다. 기계 독해 능력은 AI 알고리즘이 스스로 문제를 분석하고 질문에 최적화된 답안을 찾아내는 기술을 의미한다. 지난 2017년 5월에 있었던 구글 딥마인드의 알파고와 이세돌 9단의 바둑 시합을 연상하면 된다. AI 알파고의 우수성이 세상에 알려지고 얼마 되지 않은 2018년 초 텐센트는 자체 개발한 AI 알고리즘 프로그램인 파인 아트Fine Art를 개발했다. 그리고 중국 바둑의 신이라고 불리는 커제柯潔와의 대국에서 승리한 바 있다. 이는 미국과 중국의 AI 기술 격차가 점차 줄어들고 있음을 의미한다.

미국 벨퍼 연구소의 보고서에 '중국이 14억 인구를 기반으로 한 우수한 인재와 방대한 데이터, 세계 최대의 내수 시장 등에 힘입어

---

* 국내 서울대학교는 44위를 차지했다.

AI 분야에서 장기적으로 미국보다 훨씬 좋은 장점을 지니고 있다.'고 나와 있다. 특히 무엇보다 점차 증가하고 있는 STEM* 전공자들이 향후 중국의 AI 기술 발전을 이끌어나갈 것으로 전망했다.

美 질적 AI vs 中 양적 AI의 대결

중국이 AI 모든 영역에서 미국을 추월하고 있는 것은 아니다. AI 기술력은 최고 단계인 '일반적 AI[General AI]'와 낮은 단계인 '좁은 AI[Narrow AI]'로 구분된다. 일반적 AI는 범용 AI[Artificial General Intelligence] 혹은 강 AI[Strong AI]로 불리기도 한다. 즉, 휴머노이드와 같이 인간의 지능을 기계적으로 완벽히 모방해 구현한 AI로 인간과 유사한 감정과 인식을 지닌 최고 단계의 AI를 의미한다. 이러한 강 AI에서는 미국이 중국을 훨씬 앞서고 있는 추세다. 좁은 AI는 약 AI[Weak AI]라고도 하여 특정 문제 해결을 목적으로 하는, 인간의 지능을 기계적으로 일부 모방해서 구현한 AI이다. 안면인식기술이 대표적으로, 당연히 중국이 앞서가고 있는 AI 영역이다. 따라서 양적인 영역에서는 중국이 앞서가지만, 질적인 영역에서는 아직 미국이 앞서가고 있다는 것이 기업과 전문가들의 공통된 의견이다.

2021년 10월, 영국 데이터 분석 미디어 기업인 토터스 인텔리전스[Tortoise Intelligence]의 글로벌 AI 지수 조사 내용을 보면, 종합 순위에

---

* 과학(Science), 기술(Technology), 공학기술(Engineering), 수학(Math) 관련 전공자를 말한다.

:: 6개 분야별 미국과 중국의 AI 역량 비교

평가 분야	미국	중국	EU
발전 기반(Development)	15.5	4.1	5.4
인재(Talent)	6.7	2.1	6.2
연구(Research)	7.2	4.1	3.7
하드웨어(Hardware)	6.3	2.3	1.4
도입(Adoption)	1.0	7.7	1.3
데이터(Data)	8.0	11.6	5.3
합계	44.6	32.0	23.3

출처 | ITIF, 2021. 1. 25

서 1위 미국, 2위 중국, 3위 영국, 4위 캐나다, 5위 한국 순으로 발표
된 바 있다. 한편 2021년 미국 정보기술혁신재단[ITIF]이 발표한 〈미국,
중국, EU 누가 AI 경쟁에서 이길까?〉의 보고서에 따르면 발전 기반,
인재, 연구, 하드웨어, 도입, 데이터 6개 범주 30여 개 항목을 비교 분
석한 결과 중국은 도입과 데이터 분야의 경쟁력 보유를 제외하고 대
부분 미국이 아직 앞서고 있는 것으로 조사되었다. 그러나 1위 미국,
2위 중국, 3위 EU 순이지만 중국의 약진이 빠르게 진행되고 있다고
평가하고 있다. 특히 중국 AI 기업의 역량과 기업 수는 빠르게 증가
하고 있다. 미국 내 전문가들은 비록 질적 역량에서 미국이 앞서가고
있지만, 중국의 성장 속도와 막대한 데이터의 축적으로 중국의 추격
은 더욱 빨라질 것으로 내다보고 있다. 바이든 대통령이 조급해지는
이유다.

시진핑의 전략 도시, AI 특구

시진핑의 특구로 알려진 미래 도시 슝안신구雄安新区가 2022년 4월 1일자로 5주년이 되었다. 코로나19와 미중 신냉전으로 인해 중국 경제의 하방 압력이 가중되는 상황에서도 슝안신구는 변함없이 조금씩 그 윤곽이 드러나고 있다. 슝안신구는 중국 정부가 수도 베이징의 기능을 분산한다는 명분 아래 2017년 4월 1일 슝안신구 설립 정책을 발표한 이후 2035년까지 진행되는 중장기 국가급 초대형 도시화 프로젝트다. 허베이성河北省 바오딩시保定市, 슝현雄县과 안신현安新县의 앞글자를 따서 지어진 슝안신구는 단순히 국가급 인프라 사업이 아니다.

시 주석은 슝안신구를 '천년대계, 국가대사千年大计, 国家大事'라고 부르며 2035년을 최종 목표로 제시했다. 내가 2018년 처음 방문했을 당시 허허벌판이었던 슝안신구는 이제 초대형 스마트 도시로 자리 잡아가고 있다. 중국 매체를 통해 드러난 슝안신구의 디지털 트윈 도시(물리적 세계와 동일한 디지털 쌍둥이), 시민 서비스센터 내에서 운영 중인 무인 판매차 등의 모습을 보며 슝안신구가 향후 중국에 어떠한 전략적 도시로 성장할 것인지에 대한 많은 생각을 하게 된다. 최근 일부 외신에서는 천문학적 건설비와 부동산 투기 조짐 등의 이유로 진행이 순조롭지 않다는 보도가 나오고 있다. 초대형 프로젝트 사업의 특성과 지금 중국이 당면한 경제적 문제점을 고려한다면 그런 시각으로 볼 수 있으나, 그것은 단편적인 접근 방식이다. 슝안신구는 지방정부 차원의 도시화 사업이 아니고 시 주석이 직접 챙기는 사업이다. 중국 경제 성장은 선전을 중심으로 하는 주강삼각주珠江三角洲와 상하이를 중심으로 하는 장강삼각주長江三角洲 그리고 베이징을 중심으로 하는 수도권 경제권인 징진지京津冀(베이징-텐진-허베이성)의 3대 경제 축과 그 궤를 같이한다. 1980년대 광둥성 선전을 경제특구로 지정하면서 중국은 사회주의 시장 경제의 첫발을 내디뎠고, 1990년 상하이 푸동신구를 만들며 G2로의 성장 발판을 만들었다. 그리고 2017년 징진지 슝안신구를 시작하며 디지털 중국으로서의 새로운 변화를 모색하고 있다.

덩샤오핑의 선전특구와 장쩌민의 상하이 푸동신구 그리고 시진핑의 슝안신구는 그 성격이 확연히 다르다. 시 주석이 말하는 천년대계와 국가 대사가 이루어지는 2035년도 중국 경제 성장의 중장기 마스터플랜은 많은 것을 의미하고 있다. 2,200만 명이 넘는 수도 베이징이 중국의 정치, 경제, 교육, 의료 등 다양한 도시 기능이 포화상태에 이르자 비수도 기능을 담당하기 위해 시작된 단순한 인프라 사업이 아닌 것이다. 슝안신구는 향후 시 주석의 일대일로 초대형 인프라 사업과 함께 중요한 이정표가 될 디지털 인프라 사업으로 보아야 한다. 시 주석의 전략 도시인 슝안신구는 미중 신냉전이 가속화되면서 그 방향성이 더욱 명확해지고 있다.

2021년 기준으로 슝안신구에 입주 등록을 한 기업이 3,200개가 넘는데, 그중 80% 이상이 과학기술 및 하이테크 기업으로 구성되어 있다. 5G 모바일 인터넷 구축을 위한 중국 3대 통신사(차이나모바일, 차이나텔레콤, 차이나유니콤)와 AI 기반의 스마트 도시와 모빌리티 사업을 위해 알리바바, 텐센트, 바이두 등 중국 빅테크 기업들이 총동원되어 슝안신구를 AI 특급 도시로 바꾸어가고 있다. 알리바바의 클라우드와 사물인터넷, 생체인식기술, 텐센트의 빅데이터 리스크 통제 시스템과 바이두의 자율주행차 등 빅테크 기업들의 강강연합强强聯合으로 진행되고 있다. 중국은 선전의 첨단 하드웨어 제조 기지화, 항저우의 스마트 도시화, 상하이의 반도체 특구화에 이어 슝안신구를 5G 및 AI 기반의 전략적 스마트 생태계를 구축하려고 하는 것이다. 중국은 시간은 내 편이라는 믿음으로 미국에 맞서고 있다. 미중 신냉전을 단기적으로 보아서는 안 된다.

중국의 AI 굴기를 막아라!

중국의 AI 성장이 첨단산업 영역을 넘어 국가 안보를 위협하는 핵심 경쟁력으로 대두되고 있는 상황에서 미국에 커다란 위협적 요인으로 작용하고 있다. 이에 미국은 중국과의 AI 및 연관 첨단산업의 경제 안보 전쟁에서 승리하기 위해 국가의 역량을 총동원하는 모습이다. 중국의 AI 성장에 대한 미국의 견제는 사실 오바마 전 대통령부터 시작되었다. 2016년 10월 미국 백악관은 중국을 견제하기 위한 〈AI의 미래를 위한 준비〉라는 AI 특별 보고서에서, 국가 차원에서 AI가 초래할 미래를 준비하며 이른바 7대 대응 전략*과 7대 R&D 방향을 제시했다. 그러나 오마바 대통령 시절 미국 AI 정책의 방향은

---

* 1. 공적이익 추구 2. 정부의 AI 포용·지원 3. 자율차 및 드론 직접 규제 4. AI는 인력 대체재가 아닌 보완재 5. 불완전 데이터 사용금지 6. 교육 강화 7. 안전과 세계 고려

중국에 대응해 자체적인 AI 역량을 확보하는 차원에서 국가 안보적인 측면보다 경제적 자율성과 미래 첨단산업 육성이라는 점에 맞추어져 있었다고 볼 수 있다.

AI 산업이 미래 경제 안보의 핵심으로 떠올라 중국을 적극적으로 견제하기 시작한 것은 트럼프 대통령 때부터다. 2018년 4월 13일 공화당 의원인 맥 손베리Mac Thornberry가 발의해 미 의회에 제출한 '2019년 존 매케인 국방승인법(국방수권법)'이 나오게 된다. 동 법안 1051조에 따라 AI와 머신러닝 및 관련 기술 진보에 따라 국가 안보와 방위를 포괄적으로 다루는 데 필요한 방법과 수단을 고려해야 한다는 내용이 핵심이다. 그러기 위해서는 독립적인 위원회인 'AI 국가 안보위원회The National Security Commission on AI; NSCAI'가 필요하다는 것이었다. 중국 AI 굴기를 견제하기 위한 미국 의회 산하의 민관 전담기구가 생겨난 셈이다. 마치 1957년 소련이 최초의 인공위성 '스푸트니크'를 쏘아 올리자 당황한 미국 정부가 부랴부랴 '우주'라는 이름을 넣어 우주항공국NASA을 만든 것과 비슷해 보인다. 당시 거의 패닉 상태였던 미국은 소련에 우주 패권을 넘겨줄 수 없다는 목표 아래 아이젠하워 대통령의 방침에 따라 1958년 지금의 나사NASA를 만들었다고 볼 수 있다.

미국은 AI 국가 안보위원회의 업무 수행을 위해 매우 발 빠르게 움직였다. 국방부는 인력, 사무 공간 등을 지원했고 미국 내 최고 AI 전문가들이 참여하면서 2020년 6월 위원회가 최종 구성되었다. AI 국가 안보위원회 의장은 전 구글 창업자인 에릭 슈미트 회장, 부위원장은 로버트 워크Robert Work 전 국방차관이 맡았고, 전문위원으로 구글의 앤드류 무어Andrew Moore, 오라클의 사프라 캣츠Safra Catz, 마이크로소프트의 에릭 호르비츠Eric Horvitz, 아마존의 앤디 제이시Andy Jassy 등이 참여했다. 그리고 항공 우주국 제트 추진 연구소, 플로리다 인간 머신 코그니션 연구소, 스탠퍼드 연구소SRI 인공지능센터 등이 총동원되어 만들어진 슈퍼급 위원회가 된 것이다. 2019년 12월 트럼프 전 대통령은 미국 주도의 AI 주도권 장악을 위해 〈미국 AI 이니셔티브American AI Initiative〉를 발표했는데, 중국에 대응해 미국 경제와 안보를 지키기 위해 미국이 AI 분야를 선도해야 한다는 내용이다. 보고서에서는 중장기적으로 AI 연구개발에 최우선 투자하고, 데이터·모델·컴퓨팅 리소스 연구자 개방 및 정부 데이터법 시행 관련 내용이 담겨져 있다. 또한 대통령 직속으로 데이터 책임위원회를 구성해 범정부 차원의 데이터 활용을 관리 감독하는 것을 명시했다.

중국 AI 굴기의 견제와 미국 경제 안보를 위해 설립된 AI 국가 안보위원회는 2년여 활동을 통해 2,500페이지가 넘는 최종 AI 보고서를 대통령과 의회에 제출했다. 국가 안보적 관점에서 AI 및 연관 기술에 대한 현재 상황의 진단과 분석, 미국 AI의 역량 향상과 국익 실현을 위한 전략 그리고 이를 실행하기 위한 정책 수단 등을 구체적으로 제시하고 있다. 최종 보고서에서는 미국이 중국의 추격을 따돌리고 AI의 주도권을 확보하기 위해서는 ① 연방정부의 투자 ② 국가 안보에 AI 적용 ③ 조직 재편 ④ 인재 육성 ⑤ 해외 국가들과의 협력 강화와 같은 전략을 빠른 속도로 진행해야 한다고 주문하고 있다. 특히 중국과의 AI 경쟁에서 승리하기 위해서는 거버넌스, 인재, 지식재산권, 반도체, 기술 동맹 등의 측면에서 국가적인 역량을 총동원해야한다고 강조하고 있다. 보고서에서 언급한 해외 국가들과의 협력 강

∷ 중국 AI 굴기 공동 대응을 위한 동맹국 및 파트너십 구성

:: 중국 AI 굴기 공동 대응을 위한 동맹국 및 파트너십 구성

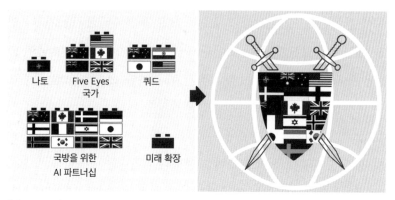

출처 | NSCAI, 〈최종 보고서〉, 2021. 3.

화는 우리와 매우 밀접한 관계가 있음을 알 수 있다. 다시 말해 중국의 AI 굴기에 맞서 미국 혼자의 힘으로는 한계가 있기 때문에 반드시 동맹 국가 및 파트너 국가와 함께 대응해야 한다는 것이다. 그리고 미국 국무부 주도하에 '국제 과학기술 전략' 수립을 권고하며, 이를 통해 첨단 기술 동맹과 국제 디지털 민주주의 주도권 등 글로벌 협의체 창설을 통해 중국에 대한 압박과 견제를 강화해야 한다고 주장하고 있다. 그 중심에 한국도 포함되어 있는데 국방을 위한 AI 파트너십AI Partnership for Defence 국가에 한국이 들어가 있다. 중국 AI를 기반으로 하는 첨단산업 굴기에 대응한 미국의 공격이 전면적으로 펼쳐지고 있는 가운데 이미 반도체, 배터리 등 분야에서 한국의 참여와 역할을 요구하고 있고, 점차 그 참여 범위와 수위를 높여갈 것으로 전망된다. 국가 안보와 글로벌 공급망을 고려한 정부 차원의 확대된 AI 국가 전략과 미중 간 AI 패권 경쟁에서 우리는 선점 가능한 영역을 발굴하고 키워나가는 전략이 필요하다.

5

인도·태평양 전략과
일대일로 전략의 충돌

淸제국은 붕괴되었으나, 제국은 여전히 존재한다.
윌리엄 커비(William C. Kirby)

미국은 아시아·태평양 지역에서
군사적, 지정학적인 지위를 절대 포기하지 않는다.
2019. 11. 윌버 로스 미국 상무장관

영국의 식민지 건설로 지금의 미국 동부 13개 자치주가 영국 지배를 받으며 살았고, 과도한 세금으로 인해 독립전쟁이 일어났다. 그리고 1776년 7월 4일 독립선언을 통해 아메리카 미합중국이 탄생되었다. 미국은 100년 동안 프런티어(도전) 정신으로 프랑스로부터 뉴올리언스, 루이지애나, 멕시코로부터 텍사스, 캘리포니아, 유타, 네바다 등의 서부 지역 대부분과 러시아로부터 알래스카 등을 매입하며 더욱 영토를 넓히면서 미국이 탄생한 후 240여 년 만에 지금의 초강대국으로 성장했다. '프런티어frontier'는 국경이라는 뜻이다. 미국은 정말 신의 축복이라고 말할 수 있을 정도로 영토 확장의 운이 좋았고, 미국인들의 철저한 프런티어 정신이 있었기에 오늘날 세계 최강의 글로벌 리더로 성장할 수 있었다. 이런 미국을 뒤흔든 사건이 바로 2001년 9.11 테러 사건이었다. 부시 행정부가 테러와의 전쟁으로 8년을 그냥 보냈고, 오마바 대통령은 새로운 변화를 통해 미국을 다시 재건하려고 했다. 오바마 전 대통령의 선거 구호였던 '체인지change'가 바로 그것이었다. 과거 미국의 프런티어 정신을 새롭게 내세우는 뉴 프런티어를 의미하는 것이다. 그리고 그 시기 급격하게 부상하는 중국을 평화적으로 견제하기 위해 '피봇 투 아시아Pivot to Asia' 즉, '아시아 태평양으로 회귀 전략'을 내세웠다. 그러나 아시아 국가와의 동맹을 강화하고 역내 무역을 증진하며, 군사력을 증강하는 것을 목표로 삼았던 아시아 회귀 전략은 큰 성과를 보지 못했고 반대로 중국의 영향력은 더욱 커져갔다.

그러한 오바마 대통령의 문제점을 정면으로 반박하며 나온 인물이 바로 트럼프 대통령이다. 하지만 그 또한 코로나 19로 인한 미국 경제 침체와 미국 우선주의 기치로 인해 주변 동맹국들의 마음을 얻지 못하며 초강대국 미국의 글로벌 리더십에 금이 가기 시작했다. 바이든 대통령은 이러한 전 대통령의 정책 실패 유산물을 물려받은 총체적 난국에서 시작한 대통령인 셈이다. 바이든 대통령의 외교 대전략이라고 할 수 있는 '세계를 위한 더 나은 재건Build Back Better World, B3W'은 그러한 배경에서 탄생한 것이다. 바이든 대통령은 미국 주도의 자유주의 가치를 중심으로, 부상하는 경쟁국인 중국을 견제할 수밖에 없는 운명이다.

일대일로 확장을 막아라

오바마 대통령부터 시작된 미국의 아시아 회귀는 트럼프 대통령을 거쳐 바이든 대통령으로 그대로 투영된다. 시진핑 주석이 2013년 9월 일대일로 정책을 제안하고 2014년부터 본격화되면서 오바마 대통령 시절 미국 외교정책의 중심축이 중동 지역에서 아시아로 바뀌게 된 것이라고 볼 수도 있다. 일대일로一帶一路(직역하면 하나의 띠 또는 하나의 길이라는 의미)는 대외적으로는 중국 주도의 신新 실크로드 전략 구상으로, 내륙과 해상의 실크로드 경제 벨트를 의미한다. 신중국 설립 100주년이 되는 2049년까지 고대 동서양의 교통로인 현대판 실크로드를 재구축해 중국과 주변 국가의 경제·무역 협력을 확대하는 대규모 프로젝트다. 2014년 70여 개 참여 국가에서 2021년 140여 개 국가 및 국제기구가 참여하여 내륙 3개, 해상 2개 등 총 5개의 노선으로 추진되고 있으며, 점차 그 범위는 확대되는 추세다. 미국의 동맹국들로 구성된 G7 국가 중 이탈리아도 서유럽 국가 중 최초로 참여하면서 논란을 불러일으켰다. 만약 일대일로 프로젝트가 성공한다면, 유럽과 아시아를 잇는 초대형 시장으로 인구 44억 명(세계 인구의 약 63%)과 GDP 규모 21조 달러(세계 GDP의 약 24%)를 차지하는 성장 잠재력이 가장 큰 경제 회랑이 되는 것이다. 그러나 대내적으로 보면, 과거 중국이 중심이었던 시대를 꿈꾸며 유라시아와 아프리카 지역을 새로운 지역 공동 협의체로 만들고자 하는 글로벌 패권 구상이라고도 볼 수 있다.

2019년 11월 트럼프 대통령은 중국의 일대일로에 맞서 미국판

출처 | 세계일보

일대일로라고 할 수 있는 '푸른 점 네트워크Blue Dot Network' 프로젝트
를 발표했다. 2019년 11월 초 동남아시아국가연합ASEAN 정상회의 기
간 방콕에서 인도·태평양 비즈니스 포럼을 주최하고 '푸른 점 네트워
크Blue Dot Network' 프로젝트를 공식 발표했다.* 일대일로의 표면적 목
적인 인프라 사업과 같이 일본, 호주 등과 연계하여 공동 인프라 개
발을 진행해 아시아·태평양 지역에서 경제 주도권을 잃지 않겠다는
것이 트럼프 대통령의 의도였다. 그러나 '푸른 점 네트워크' 사업은
2020년 코로나19 확산이 본격화되면서 결국 제대로 시행도 되기 전
에 끝났다고 볼 수 있다. 그리고 바이든 대통령이 등장했다. 바이든
대통령은 아시아 인도·태평양 지역이 미국의 이익에 사활이 걸린 핵
심 지역이라는 것을 여러 번 강조했다.

---

* 프로젝트 명칭은 유명한 우주 사진인 '창백한 푸른 점(The Pale Blue Dot)'에서 따온 것으로 '보
이저 1호'가 1990년 2월 태양계를 벗어나기 전 61억㎞ 밖에서 하나의 점 같은 지구 모습이
담긴 사진을 촬영했다. 이후 미국의 유명한 천문학자 칼 세이건이 이 사진을 보고 《창백한
푸른 점》이라는 제목의 책을 저술하면서 알려졌다.

중국의 일대일로 부상을 막기 위해서는 새로운 미국 주도의 인도·태평양 전략이 필요했다. 중국 주도의 아시아 인도·태평양 전략인 일대일로를 막아야 미국이 다시 재건될 수 있다는 것을 의미한다.

바이든식 인도·태평양 전략 부상

러시아의 우크라이나 침공으로 정신없는 바이든 행정부는 유럽에 초점이 맞춰진 상황이었지만, 중국 일대일로 영향력 억제와 부상을 막기 위해서 새로운 접근 방법을 모색했다. 2022년 2월 11일 중국 견제를 위한 〈인도·태평양 전략 보고서〉를 전격적으로 발표했다. 2020년 3월 〈국가 안보 전략〉의 발간 이후 바이든 행정부가 발행한 최초의 지역 전략 보고서라는 점에서 더 중요하다. 2020년 3월 발표된 국가 안보 전략에서 미국은 경제, 외교, 군사, 기술을 결합해 미국에 도전할 수 있는 유일한 경쟁국으로 중국을 지명한 바 있다. 그만큼 인도·태평양 지역이 미국 안보와 영향력에 매우 중요하다는 것을 가늠할 수 있다. 동 전략 보고서는 약 20페이지 분량의 보고서로 '중국의 경제, 외교, 군사, 기술력 부상에 대응하기 위해 미국의 대내적 역량을 강화하고, 대외적으로는 동맹 및 파트너 국가들의 공조를 통해 중국의 도전에 맞설 것'이라는 내용이 담겨 있다. 보고서는 통합적 억제력Integrated Deterrence의 논리를 바탕으로 한다. 통합적 억제는 바이든 대통령의 국방 전략의 핵심 개념으로, 억제력을 구축하기 위한 범정부 차원의 노력과 함께 동맹국과 파트너 국가들까지 통합해 억제하는 전략을 의미한다. 외교 안보 국방 차원에서 사용되었던 통합적 억제력이 인도·태평양 전략 보고서에서는 디지털 경제, 무역 첨단 기술, 인터넷 통신, 사이버 보안 등 경제 안보의 확장된 개념으로 사용되고 있다. 결국 중국의 일대일로가 추구하는 지향점에 초점을 맞추고 있는 것이다.

바이든 행정부는 중국 주도의 규범과 규칙이 성공하는 것은 결국 향후 10년간 미국과 동맹국들의 공동의 노력에 달려 있다고 강변하며 동맹국과 파트너 국가들에게 미국의 인도·태평양 전략에 동참할 것을 직간접적으로 암시하고 있다. 인도·태평양 전략은 트럼프 대통령 시절인 2019년 6월 백악관 전략 문서로 완성된 바 있지만 결국 흐지부지 마무리되었다. 또한 트럼프식 인도·태평양 전략이 미중 양국의 일대일 구도로 중국을 견제하는 것이라면, 바이든식 인도·태평양 전략은 동맹과 파트너와의 연합을 통해 중국을 전체적으로 봉쇄한다는 것이다. '미국은 동맹국들에 대한 어떤 공격도 억제하고 필요할 경우 격퇴할 준비가 되어 있다.'는 강력한 어조로, 직접 중국을 지명하지는 않았지만 누가 보더라도 중국을 향한 메시지임이 틀림없다.

바이든식 인도·태평양 전략 보고서는 인도의 지속적 부상과 역내 리더십을 지원한다고 밝히면서 중국 거대 경제권에 대응할 지렛대로 인도를 구상하고 있는 것으로 보인다. 또한 한국, 일본, 호주, 필리핀, 태국 등 역대 5대 조약 동맹 국가Five rigional treaty alliances와의 협력 강화, 아세안 국가, EU 등 다른 국가와의 관계 강화를 통해 중국의 일대일로 확장 억제와 영향력에 맞선다는 포석이다. 미국의 인도·태평양 전략 범위는 중국의 일대일로처럼 동아시아, 남아시아, 태평양

군도를 포함한 오세아니아 국가까지 매우 방대한 지역을 의미한다.

미국과 중국의 핵심적 이익 충돌

그러나 바이든식 인도·태평양 전략의 향후 실행과 성과 측면에서는 의문점이 들 수밖에 없다. 우선 중국 견제를 위해 인도를 키우고 싶지만, 인도가 미국의 말을 잘 듣지 않고 있다. 러시아 제재 차원에서 미국이 러시아산 원유를 사지 말라고 경고했음에도 불구하고 인도는 러시아산 원유를 시장에 나오는 대로 적극적으로 사들이고 있는 것으로 보아, 바이든 대통령이 인도를 중국 견제용 지렛대로 사용하고자 하는 전략이 잘 통하지 않고 있는 듯하다. 인도의 그런 행위는 결국 국익을 위한 것이 틀림없다. 인도는 미국, 일본, 호주와 함께 4자 안보 대화인 쿼드Quad 회원국임에도 결국 자국 우선주의가 먼저 작동한 것이다.

또한 전략 보고서의 10대 핵심 계획 중 하나인 한미일 동맹 강화의 경우도 마찬가지다. 역사 문제와 위안부, 독도 문제, 강제 징용 손해배상 등 복잡하게 얽혀 있는 한일 양국 간의 보편적 정서를 생각한다면 결코 쉽게 해결되기는 어렵다. 그리고 남중국해와 동중국해에서 규칙과 규범에 기초한 접근과 대만 해협에서 군사적 공격 억제 등의 내용은, 일본 등 일부 동맹 국가를 제외하고 인도·태평양 전략의 범위에 포함된 대부분의 국가들은 결국 중국의 핵심 이익에 위배되는 미국의 협력에 눈치를 보며 머뭇거릴 가능성이 높다.

중국의 레드라인인 만큼 대부분의 국가들은 자국의 이익, 즉 국익을 위한 방안을 고려해 미국이 원하는 대중 압박과 견제의 강도와는 괴리가 생길 수도 있다는 것이다. 결과적으로 바이든식 인도·태평양 전략에 제한적 협력과 공조가 진행될 가능성을 배제할 수 없다.

당면한 미국의 핵심적 이익은 중국의 영향력 확대를 견제하고, 미국을 다시 재건하고 자유 민주주의의 가치에 기반한 글로벌 리더십을 유지하는 것이다. 그렇다면 중국의 핵심적 이익은 무엇일까? 우선 중국은 국가 이익을 '핵심 이익', '중요 이익', '일반 이익'의 세 가지 단계로 분류하고 그 중요도에 따라 대응 전략과 행동 지침이 달라진다. 먼저 핵심 이익은 그 어떤 나라와도 합의와 양보가 불가능한 중국의 국가 존망에 관련된 최상위급 국가 이익을 의미한다. 그리고 중요 이익과 일반 이익은 대외 여건과 상황에 따라 변화되기도 하는 특징이 있다. '핵심 이익'이 중국에서 공식적으로 언급되기 시작한 것은 2003년 1월 당시 탕자쉬엔唐家璇 외교부장과 미국 콜린 파월 국무장관과의 회담에서 대만 문제를 언급하면서 탕자쉬엔 부장이 처음 사용했다. 그리고 2009년 7월 제1차 미중 전략경제대화U.S.-China Strategic and Economic Dialogue, S&ED를 거쳐 11월 베이징에서 개최된 미중 정상회담 이후 발표된 공동성명에 '서로의 핵심 이익을 존중한다.'는 문구가 처음 삽입되면서 공식적으로 사용되기 시작했다. 그리고 중국의 구체적인 핵심 이익이 무엇인지에 대한 내용은 2011년 9월 중국 국무원 판공실이 출판한 《중국의 평화발전 백서中国的和平发展白皮书》를 통해 구체화되었다. 백서에서는 '타국 내정 불간섭, 어떤 국가나 단체와의 동맹 불체결, 패권주의, 강권 정치 반대'를 강조하며 국가 핵심 이익을 ① 국가 주권 ② 국가 안보 ③ 영토 보전 ④ 국가 통일 ⑤ 헌법에 기초하는 국가 정치제도와 사회 안정 ⑥ 경제사회의 지속 발전에 대한 기본적 보장 등의 6가지로 규정했다.* 각 내용을 하나씩 살펴보자.

첫째, 국가 주권의 대표적인 예가 바로 동중국해의 센카쿠열도(중국식 댜오위다오)의 영유권 분쟁, 남중국해의 난사군도 및 시사군도 등 영토 및 해양 분쟁 등이 될 수 있다. 둘째, 국가 안보는 사회주의 체제에 대한 도전과 인터넷 안보 등으로 이해할 수 있다. 셋째, 영토 보전은 신장 위구르과 티베트 자치구의 분리 독립 문제로 결코 중국에서 분리될 수 없는 영토라는 것이다. 넷째, 국가 통일은 대만과의 통일을 의미한다. 다섯째, 헌법에 기초하는 국가 정치제도와 사회 안정은 공산당에 의한 지도 메커니즘에 도전하는 것을 의미한다. 중국 내부적으로 국가 전복을 시도하는 것에 대해서는 엄격히 대응하겠다는 뜻이다. 여섯 번째, 경제 사회의 지속 발전에 대한 기본적 보장은 매우 포괄적으로 다양한 해석이 가능하다. 인민들의 불평과 불만 해소를 위해 부정 부패와의 싸움, 지방 채무 해결 등 당면한 핵심 이슈에 따라 유연성 있게 사용할 수 있는 핵심 이익이라고 볼 수 있다.

미국과 중국의 핵심 이익 충돌은 결국 장기간 펼쳐질 미중 신냉전을 의미한다. 그 어느 한쪽도 양보할 생각이 없어 보인다. 자칫 잘못하면 전 세계를 양자택일의 국면으로 몰아가고, 국제 정세를 더욱 불안하게 만들 수밖에 없는 구조로 변화되고 있다.

---

* 여시재(2017), '중국 현대를 읽는 키워드 3-핵심 이익'

디지털 실크로드를
봉쇄하라!

일대일로 참여 국가 중 3분의 1인 138개국이
이미 중국이 주도하는 디지털 실크로드(DSR) 프로젝트에
참여하고 있다고 추산된다.
미국외교협회(CFR)

동남아 국가 간 디지털 통합 확대를 추진할 기회를 잡아야 한다.
2020년 11월 중국·아세안 엑스포, 시진핑 주석 기조연설

바이든 행정부는 중국의 디지털 실크로드를 견제한 인도·태평양 국가들을 결집해 디지털 무역 공동체를 구성하고 있다. 디지털 무역 공동체는 인터넷, 정보통신 기술^{ICT} 등 전자적 수단에 의한 상품과 서비스, 데이터의 교역 관련 방침을 규정한 협정이라고 볼 수 있다. 다시 말해 참여 동맹국 간 정보의 자유로운 교류 및 AI 표준 등을 통해 디지털 경제가 급부상하는 중국에 선제적으로 대응하겠다는 것이다. 또한 중국을 뺀 AI, 데이터 등 미래 디지털 산업의 동맹 간 결속력 강화와 미국 주도의 미래 기술 표준을 선점하겠다는 의도이기도 하다.

2020년 6월 싱가포르, 뉴질랜드, 칠레의 3개국이 이미 체결한 디

지털 경제 동반자 협정DEPA: Digital Economy Partnership Agreement, 이하 DEPA을 기반으로 하여 미국 주도로 한국, 일본, 호주 등 주변 동맹국들을 참여시켜 중국의 디지털 굴기에 적극적으로 대응할 것으로 보인다. 따라서 먼저 기존에 설립된 DEPA에 대한 간단한 이해가 필요하다. DEPA는 전자상거래 원활화, 데이터 이전, 개인정보 보호 등 디지털 통상 규범뿐만 아니라 AI, 핀테크 등 신기술 분야에 대한 협력을 강화하는 디지털 무역 협정이다. 한국도 이미 DEPA 가입을 공식화하고 관련국과 협상을 진행 중인 상태다.

바이든 대통령은 출범부터 바이 아메리카Buy America를 외치며 미국 일자리를 지키겠다고 약속했다. 그러면서 제조업 중심의 무역 협정 가입 및 출범에 매우 조심스럽게 접근해왔다. 반면에 중국은 거의 모든 다자간 FTA에 적극적으로 참여하면서 중국의 영향력을 확대하고 있는 실정이다. 바이든 대통령은 당연히 답답할 수밖에 없다. 이런 상황에서 DEPA는 바이든 행정부 입장에서 미국 제조업을 지키면서도 중국의 디지털 패권을 견제할 수 있는 일거양득의 묘안인 셈이다. 그런데 갑자기 문제가 생겼다. 2021년 10월 G20 정상회의 화상 연설에서 중국은 디지털 경제 분야에서의 국제 협력을 희망한다고 언급하면서 DEPA 가입을 공식화했다. 미국의 기존 DEPA를 기반으로 새로운 디지털 무역 공동체 설립 구상을 선제적으로 대응한 것이다. '중국이 왜 DEPA에 들어와!' 바이든 행정부의 속내일 수도 있다. 향후 디지털 주권과 패권을 놓고 미중 간 줄다리기가 본격화될 신호탄인 것이다. 이미 전 세계 100여 개 국가의 주요 관광지에서 알리페이와 위챗페이가 통용되고 있고, 2000년 6월 개통된 베이더우 GPS

시스템과 화웨이 마린이 구축한 해저 케이블망을 통해 중국은 개발도상국가들의 디지털 인프라를 지원하고 있다. 이른바 중국의 디지털 실크로드가 일대일로 참여 국가들을 중심으로 매우 빠르게 확산되고 있는 것에 대해 미국은 디지털 패권이 중국에 넘어갈 것에 큰 우려를 느끼고 있다.

미중 간 디지털 경제지도 그리기

중국의 디지털 실크로드Digital Silk Road, DSR는 2013년 일대일로 사업을 발표하고 2년 후인 2015년부터 본격화되었다. 핵심은 중국의 ICT 기술과 디지털 표준을 일대일로 관련 국가의 디지털 생태계에 통합시킨다는 전략으로 일종의 '디지털 글로벌화'라고 볼 수 있다. 중국이 앞서가고 있는 5G 통신망, AI, 클라우드 컴퓨팅, 모바일 결제, 보안 감시 등 차세대 첨단 기술과 디지털 공급망을 일대일로에 참여한 국가를 중심으로 거미줄처럼 연결하는 초대형 사업이다. 구체적으로 작동되고 있는 사업 범위를 살펴보면, 전자 OTT^over-the-top 플랫폼(전자상거래, 전자 정부, 핀테크), 서비스(스마트시티, 보안 정보 시스템, 데이터센터), 기반시설(광섬유, 통신, 5G 네트워크, 위성 추적 지상 기지국)로 구성되어 있다. 2022년 3월 기준 중국의 디지털 실크로드에 이미 참여하고 있는 19개 국가와 참여 예정을 밝힌 7개 국가를 포함하여 총 26개 국가다. 그러나 중국과 직간접적인 경제 관계를 맺고 있는 100여 개 국가를 포함하면 130개 국가가 넘을 것으로 추정된다. 대외적으로 공개하지

모로코
알제리
이집트
말리
지부티
나이지리아
에티오피아
가나
케냐
탄자니아
앙골라
잠비아
모잠비크
짐바브웨
남아프리카 공화국

● 데이터센터　■ 스마트 시티 계획

출처 | 오스트레일리아 전략정책연구소

않고 중국과의 디지털 실크로드 사업에 참여하는 국가가 많을 거라
는 합리적인 추측을 할 수 있다.

　디지털 실크로드는 동남아와 아프리카 국가를 기반으로 중동, 유
럽까지 폭넓게 자리 잡아가고 있다. 참여한 대부분의 국가는 중국 디
지털 기업의 제품과 서비스를 광범위하게 사용하고 있다. 디지털 실
크로드는 미국의 대중국 기술 포위망을 뚫기 위한 중장기적인 포석
이다. 예를 들어 미국외교협회는 아프리카 및 동남아 등 개발도상국
대상 5G 중심의 ICT 산업에 대한 중국 투자 규모는 국제기구와 미국,
EU 등 주요 선진 국가들의 투자를 모두 합친 것보다 많다고 분석하
고 있다. 결국 위안화 경제의 그물망에 많은 개도국과 후진국들이 참
여하게 되는 것이다. 아프리카, 중동, 동유럽, 중남미, 동남아시아 일
부 국가의 경우 무선전화 네트워크와 광대역 5G 인터넷망을 확장하
기 위해 가성비 좋은 중국의 디지털 통신 네트워크망이 현실적인 대

:: 중국 디지털 실크로드 참여국

19개 참여 국가	한국, 라오스, 말레이시아, 방글라데시, 카자흐스탄, 아랍에미레이트연합(UAE), 사우디아라비아, 터키, 헝가리, 체코, 폴란드, 에스토니아, 영국, 에티오피아, 나이지리아, 앙골라, 쿠바, 베네수엘라, 페루
7개 참여 검토 국가	미얀마, 파키스탄, 이집트, 세르비아, 잠비아, 짐바브웨, 에콰도르

출처 | 미국외교협회(CFR)

안이 될 수 있기 때문이다.

중요한 것은 미국의 전통적 동맹국인 영국, 한국, 폴란드, 아랍에미리트 등 군사 안보적으로 중요한 국가들도 참여하고 있다는 점이다. 미국의 동맹 국가들이 참여하는 이유는 명확하다. 미국과 안보적인 협력만큼이나 중국과의 상업적 이익 보존도 매우 중요하기 때문이다. 미국이 중국의 디지털 실크로드를 단순히 디지털 생태계 구축이 아니라 군사 안보 차원으로 보는 이유가 바로 여기에 있다.

중국의 글로벌 디지털 블록 구축의 야심은 여러 가지 형태로 나타난다. 2020년 11월 중국 광시 장족자치구 난닝에서 개최된 제17회 '중국·아세안 엑스포CAEXPO' 주제는 '함께 만드는 일대일로, 함께 성장하는 디지털 경제'다. 중국과 아세안 디지털 경제 협력의 원년으로 삼고 클라우드 엑스포 방식으로 진행되었다. 이날 시진핑 주석은 중국과 아세안 사이의 디지털 경제 협력 확대를 위해 '중국·아세안 디지털 포트China-ASEAN digital port' 설립을 제안했고, 무역 통합을 위해 구축된 디지털 플랫폼의 협력 방식을 더욱 다양화해야 한다.'고 강조했다. 이는 기존의 단순 무역 교류 방식을 넘어 스마트 도시, 5G, AI, 빅데이터 등 첨단산업 기술과 표준 전반의 디지털 생태계의 협력을 강조한 것이다.

미중 디지털 헤게모니 전쟁

미국은 중국의 디지털 실크로드가 단순히 첨단 기술 수출과 디지털 생태계 주변국 구축을 넘어 미국에 대항한 정치·외교적 체제 연대와 통합으로 보고 있다. 국제사회의 많은 국가들이 중국의 디지털 인프라에 대한 의존도가 심화될수록 중국은 중화 디지털 블록을 전략적 자산으로 활용할 가능성이 높다고 볼 것이다. 향후 중국이 디지털 인프라 네트워크를 지렛대로 활용해 글로벌 디지털 패권을 쥐게 될 경우 미국의 입지가 매우 좁아질 수 있다는 것이다. 이러한 이유로 미국을 중심으로 한 서방 선진국들은 우려의 목소리를 내고 있다.

영국의 국제전략연구소International Institute for Strategic Studies, IISS는 2021년 2월 〈중국 디지털 실크로드, 국가 IT 인프라 통합 및 서방 국방 안보에 미치는 영향〉이라는 보고서*를 발표한 바 있다. 중국 디지털 실크로드 전파 현황을 설명하면서 대표적으로 한국, 인도네시아, 이스라엘, UAE, 폴란드에서의 디지털 실크로드 전략 현황을 분석하고 그에 따른 안보에 미치는 시사점을 제시하고 있다. 보고서에서는 5개 조사 대상 국가 중 이스라엘을 제외하고 대부분 국가에서 중국의 제품과 서비스를 광범위하게 제공되고 있으며, 이는 향후 안보 및 디지털 산업에 심각한 영향을 미칠 수도 있음을 설명하고 있다. 동 보고서는 또한 디지털 실크로드가 미국의 국방 안보에 위협을 줄 가능성이 높은데, 중국은 미국의 동맹국인 한국과 폴란드, 아랍에미리트

---

* China's Digital Silk Road: Integration into National IT Infrastructure and Wider Implications for Western Defence Industries(2021. 2)

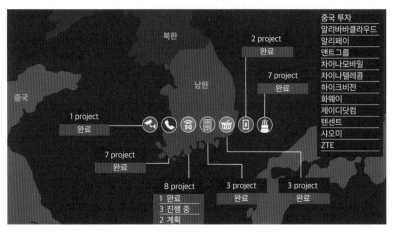

중국 투자
알리바바클라우드
알리페이
앤트그룹
차이나모바일
차이나텔레콤
하이크비전
화웨이
제이디닷컴
텐센트
샤오미
ZTE

출처 | IISS, 〈중국 디지털 실크로드 국가 IT 인프라 통합 및 서방 국방 안보에 미치는 영향〉

UAE, 이스라엘을 중국 주도의 디지털 생태계에 편입시켜 미국의 중국 견제 세력을 더욱 힘들게 하고 있다고 평가한다. 이는 미국이 한국 정부에 지속적으로 중국과의 디지털 산업 협력에 대한 불만을 제기하며 제재 대상으로 삼도록 요구할 가능성이 크다는 것을 의미한다.

위의 그림과 같이 실제로 중국의 다양한 ICT 테크 기업들이 한국에 들어와 사업하고 있는 것이 사실이다. 그러나 단순히 미국의 시각과 잣대로만 보면 안 된다. 이는 정부 차원의 디지털 인프라 사업이 아닌 민간 기업 차원에서 진행되는 비즈니스 사업이라고 볼 수 있다. 잘못된 정부의 판단으로 기업만 힘들어질 수 있다는 것이다. 결국 미중 간 벌어지고 있는 디지털 헤게모니 전쟁에서 한국은 안보와 경제라는 이름으로 양국으로부터 더 많은 것을 요구받게 될 것이다.

미중 기술 탈동조화 전망

미중 신냉전 구도는 크게 협력, 경쟁, 대결의 세 가지 유형 국면이 동시에 진행될 가능성이 높다. 먼저 협력 유형은 양국의 마찰과 갈등 국면 속에서도 서로의 필요에 의해 지속될 것이다. 기후변화와 환경, 코로나 위기 대응, 테러리즘 등의 이슈로 인해 글로벌 리더로서 양국 간의 협력이 필요하고 기회도 많아질 수 있다. 경쟁 유형은 첨예하게 대립되고 있는 기술 패권을 둘러싼 경제 안보 영역이 해당된다. 마지막으로, 대결 유형은 미국이 향후 중국을 지속적으로 압박하게 될 홍콩 민주화, 신장 위구르 자치구의 인권 문제 등 보편적 가치에 대한 충돌 이슈다. 이 대결 이슈는 협력과 경쟁 유형과는 무관하게 향후 대립과 갈등 국면이 지속될 것으로 보인다.

특히 미중 경제 안보 전쟁의 핵심인 기술 패권은 크게 범용적 적정 기술general appropriate technology 영역과 최첨단 기술cutting-edge technology 영역으로 구분되어 다른 양상을 보이면서 탈동조화가 나타날 것으로 전망된다.

첫째, 범용적 적정 기술 영역은 자국 시장을 기반으로 하여 저렴한 인건비로 사회의 정치, 문화, 환경적 조건을 고려해 지속적으로 생산과 소비가 가능하도록 만들어진 기술을 의미한다. 범용적 적정 기술은 업종마다 약간 차이가 있을 수 있지만 미중 기술 탈동조화 없이 지경학적 갈등 관계를 지속할 것이다. 자동차, 내구 소비재, 기계 등 분야는 미중 무역 상호 의존도가 매우 높고, 양국의 산업 관계가 최종재 생산기업과 부품 소재 납품기업과의 관계에 초점이 맞추어진 글로벌 생산 네트워크GPC, Global Production Chain* 구조이기 때문이다. 동시에 제품의 생산 프로세스 최적화를 통해 공급 원가를 낮추어 고객의 만족도를 높이는 공급 사슬 관계 속에 있다. 결국 미국 내수 시장에서는 중국산 범용 적정 기술 영역의 산업제품을 필요로 하기 때문에 정치적 논리보다 경제 및 시장 논리가 더 크게 좌우한다는 것이다. 또한 경제 안보적인 측면에서 크게 영향을 미치지 않기 때문에 미국은 자국 시장 보호 측면에서 단순히 무역 제재의 수단으로써 중국을 간헐적으로 압박할 가능성이 높다.

둘째, 최첨단 기술 영역은 전면적 기술 탈동조화가 될 가능성이 높다고 볼 수 있다. 최첨단 기술은 단순히 산업기술 영역을 넘어서 국가 안보에 연결된다는 점을 감안한다면, 미국의 대중국 기술 탈동조화는 전면적으로 확대될 가능성이 매우 높다. AI, 반도체, 배터리, 바이오 영역을 넘어 빅데이터, 우주항공, 양자컴퓨팅 등 미래 첨단 기술 분야로 더욱 첨예하게 대립될 것으로 전망된다. 최첨단 기술의 영역은 고객의 요구에 의해 원자재 제조에서 최종 제품까지의 모든 기능과 구조를 상호 연결하는 관계 속에 있다. 소비자 수요 만족과 가치 최적화를 통해 경쟁 우위를 확보해야 하기 때문이다. 한마디로 유효한 가치 창출을 통해 자국의 미래 경쟁력을 확보할 수 있다는 것이다.

2020년 8월 힐러리 전 국무장관, 에릭 슈미트 전 구글 CEO 등 바이든 행정부와 밀접한 외교, 미래 전략 전문가들이 집필한 보고서에

---

* 'GPS(Global Production Sharing)'라고도 한다.

:: **미중 기술 탈동조화 전망**

영역	범용적 적정 기술	최첨단 기술
방향	부분적 탈동조화, 지경학적 갈등 지속	전면적 탈동조화, 기술 신냉전
업종	자동차, 내구 소비재, 기계 등	AI, 반도체, 빅데이터 슈퍼컴퓨팅 등
사슬 구조	공급 사슬*	가치사슬**
경제 안보 영향	일부 영향	전체 영향
미중 관계	갈등 속 협력	양국 간 별도의 기술 협력 블록화
대응 전략	美: WTO 무역수단 중국제재, 무역 규범, 공급선의 다변화 中: 홍색 공급망 통한 자국 시장 확대	美: 주변국 동맹 통한 중국 압박, 자체 기술 역량 제고 등 中: 글로벌 기술 표준화 강화, 제3국 연대 강화 등

서는 '중국의 기술 경쟁력 제고 및 인프라 확대로 인해 향후 미국과 중국 중심의 양대 글로벌 공급망이 생겨날 가능성'에 대해 언급한 바 있다. 특히 '미래 최첨단 영역에서는 2개의 테크놀로지 권역으로 완전히 탈동조화될 수 있다.'라고 강조했다. 향후 미중 양국 간 최첨단 산업의 탈동조화는 더욱 빠르게 형성되며 별도의 기술 협력 블록화가 생겨날 가능성이 커지고 있는 것이다.

---

* 제품의 생산 프로세스
** 제품의 디자인, R&D, 판매 프로세스

— 7 —

글로벌 통상 패권을
지켜라

중국은 WTO의 개발도상국 대우 덕분에
미국은 물론 그 어떤 다른 나라들보다 막대한 이익을 누리고 있다.
2020년 4월 트럼프 대통령 트위터

WTO는 미국 내 생산을 해외로 보내 공급망을 파괴한 반면,
공산주의 중국을 부강하게 하였다.
2020년 5월 5일, 공화당 상원의원 조쉬 할리(Johs Hawley) 뉴욕타임스 〈WTO는 폐지되어야 한다〉 기고문 내용

세계무역의 경찰관 역할을 했던 WTO 분쟁 해결 기구는 트럼프 행정부가 WTO 상소기구 위원의 신규 임명을 반대하면서 2019년 12월 11일부로 개점 휴업 상태다. 당연히 분쟁 해결을 요청하는 건수도 2020년 5건 등 점차 줄어들고 있다. 상황이 이렇다 보니 분쟁 당사국들은 패널 절차가 끝나도 대부분 상소를 제기하고 최종 판정을 무기한 연기시키는 등 WTO 분쟁 해결 기구의 기능이 거의 마비된 상태다. 트럼프 전 대통령은 WTO가 미국의 국익에 도움이 되지 않는다고 외치며, 다자보다 양자 협정 중심으로 국제 통상 규범을 바꾸려고 했다. WTO 창설 당시 미국은 외국의 불공정 무역 관행을 제재하고, 미국의 강점인 서비스와 지식재산권 개방을 통해 경제적 이익을 얻

겠다는 속내가 있었는데 그것이 제대로 작동되지 않고 있다는 것이다. 이러한 WTO 시스템에 가장 불만이 많았던 사람이 바로 트럼프 전 대통령이다.

중국, WTO 분담금 더 내라!

트럼프 행정부 시절 미국은 다자주의 체제보다 공격적인 일방주의 및 미국 우선주의를 원칙으로 삼았기에 WTO에서 규정하고 있는 무조건적인 최혜국 대우에 불만이 많았다. 트럼프 대통령이 WTO 체제 불신을 확고히 한 두 가지 결정적인 이유가 있다.

첫째, 상소기구의 사법적 월권행위에 대한 불만이다. WTO 분쟁해결 제도는 패널 형태의 사법절차 방식으로 상소기구는 패널의 법적 오류를 바로잡는 제한적 역할을 하는 것이 원칙이었다. 그러나 참여 국가가 늘어나면서 다자간 협상이 어려움을 겪게 되면서 분쟁해결 판결이 점차 어려워지게 되었다. 분쟁 당사국이 제기하지 않는 이슈와 쟁점을 분석하고 판결을 내리면서 부수적 의견을 제시하거나 회원국의 행위를 제약함으로써 분쟁 해결의 원래 목적인 신속한 해결이 되지 못한다는 것이었다. 가장 대표적인 사례가 바로 미국의 반덤핑 관세 부과에 대한 위반 판결이었다. 즉, 외국이 미국에 물건을 덤핑 판매하는 것을 방지하기 위해 미국은 반덤핑 관세를 부과한다. 이때 외국의 덤핑 마진 과정에서 부의 덤핑 마진을 0으로 치환하는, 이른바 '제로잉zeroing' 관행이 WTO에 위배된다는 것이다. 제로잉은 수출 가격이 내수 가격보다 낮으면 그 차이를 그대로 덤핑 마진으로 인정하지만, 수출 가격이 내수 가격보다 높으면 마이너스로 마진을 매기지 않고 제로(0)로 계산하는 방식을 의미한다. 제로잉 계산방식은 덤핑 마진을 올려 외국의 불공정 무역 행위를 높게 평가해 미국의 반덤핑 관세 부과를 정당하게 하는 것으로, 그동안 WTO 반덤핑 규정에서 이를 눈 가리고 아웅 식으로 묵인해왔다. 미국의 제로잉 관행의 WTO 규정 위배는 WTO 분쟁 해결 제도에 있어 미국과 WTO가 가장 첨예하게 논쟁하고 있는 안건이라고 볼 수 있다. 따라서 트럼프 행정부는 WTO가 미국에 불리하고 경제 대국으로 성장한 중국에 유리하게 움직이고 있다고 강력히 비판했던 것이다.

둘째, 중국의 불공정 무역과 지식재산권 침해 행위에 대해 WTO가 중국의 눈치를 보고 제 기능을 하지 못하고 있다고 생각했다. 트럼프 대통령은 중국이 미국보다 WTO 분담금도 적게 내는데 왜 WTO가 중국의 눈치를 보는지 모르겠다는 이야기를 자주 했다. WTO 분담금은 세계 무역에서 회원국들이 차지하는 비중에 기반해 지불하는 것이다. 세계 2대 교역국인 미국과 중국은 WTO의 양대 분담금 지불 국가로서 2019년 미국은 WTO 예산의 11.6%, 중국은 10.1%를 분담하고 있다. 사실 중국은 불공정 무역, 국영기업 보조금 지원, 지식재산권 침해 등 다양한 방식으로 자국 시장을 보호하고 있다. 여기에 대해서는 EU의 입장도 미국과 비슷하다.

사실 WTO 체제의 실효성과 경제적 효용 측면에서 회의적인 의견은 어제오늘의 일이 아니다. 따라서 각 국가들은 WTO보다 실효성과 경제적 효용이 높은 개별적인 무역 블록을 형성해왔다. 예를 들어, 미국·캐나다·멕시코협정USMCA, 한미 FTA, 한중 FTA 등의 특혜 무역 협정PTAs, Preferential Trade Agreements을 통해 마음에 맞는 국가들이 모여 경제블록을 만들어왔던 것이다. WTO가 무차별적인 성격이라면 특혜무역 협정은 참여 국가와 비참여 국가 간에 차별적 대우를 할 수 있기 때문이다.

WTO를 우회한 각자도생의 길

WTO 상소기구의 대안으로써 EU의 주도로 '다자간 임시상소중재약정(MPIA)'*이 추진되었다. EU는 WTO 상소기구가 제 기능을 회복할 때까지 WTO 분쟁 해결 제도의 2심제를 한시적으로 유지하고, 상소기구 역할을 대신할 제도로 임시 상소 중재를 제안한 것이다. 2020년 10월 기준 MPIA 참여국은 중국, 호주, 브라질, 캐나다 등 총 25개 국가로 점차 늘어나고 있다.

WTO 분쟁해결기구의 공백 상황이 장기화될수록 EU처럼 각 나라들은 자국 중심으로 무역 보복 조치를 하는 경우가 심해질 수밖에 없다. 한마디로 세계무역의 경찰관 역할을 한 WTO를 우회한 각자도생의 방식을 추구한다는 것이다. 이에 트럼프 전 대통령과 달리 글로벌 다자주의를 복원하려는 바이든 대통령은 조급해질 수밖에 없다. WTO 분쟁해결기구의 개점휴업 상태가 길어질수록 미국의 글로벌

---

* MPIA: Multi-Party Interim Appeal Arbitration Arrangement pursuant to Article 25 of the DSU

통상 패권에도 부담이 클 수밖에 없기 때문이다. 또한 중국이 적극적으로 역할을 하고 있는 메가 FTA인 RCEP(역내포괄적경제동반자협정)*가 2020년 11월 15일 출범했고, 2022년 1월 1일자로 발효되었다. 미국이 WTO와 논쟁을 키우는 사이 중국은 초대형 메가 FTA로 주도권을 잡으며 글로벌 통상에서 존재감을 더욱 키워가고 있는 형국이다.

RCEP는 아세안(ASEAN, 동남아시아국가연합) 10개국과 한국, 중국, 일본, 호주, 뉴질랜드 등 총 15개국이 참여하는 다자간 FTA를 말한다. RCEP 회원국의 인구가 22억 7,000만 명으로 세계 인구의 30%, GDP 총액 규모가 26조 달러에 달하며 세계경제의 29.3%, 교역 규모는 약 5조 6,000억 달러(약 6,700조 원)로 세계무역의 약 32%를 차지하고 있다. 2020년 기준 한국과 RCEP 회원국 간의 교역 규모는 4,840억 달러(약 580조 원)로 전체 무역액 비중이 거의 50%에 이른다. 국회 비준이 늦었던 우리는 2월 1일부터 정식 발효되었고, 무역 국가인 우리 입장에서는 경제 영토가 그만큼 확대되는 것이다. RCEP 발효는 크게 세 가지 의미가 있다.

첫째, 가입국 간에 원산지 기준을 통일시켜 그동안 수없이 지적되어 온 '스파게티 볼Spaghetti Bowl' 혹은 '누들 볼Noodle Bowl'** 효과를 최소화했다는 것이다. WTO의 다자 체제 이후 경쟁적으로 진행되어 온

---

* Regional Comprehensive Economic Partnership, 31번의 정식 협상, 19번의 장관급 회의 및 4차례에 걸친 정상회담을 통해 2001년 WTO 출범 이후 최대 경제 규모의 초대형 FTA가 탄생했다.
** 여러 나라와 동시에 자유무역협정(FTA)을 체결하면 각 나라마다 다른 원산지 규정 적용, 통관절차, 표준 등을 확인하는 데 시간과 인력이 더 들어 거래비용 절감이라는 애초 기대효과가 반감되는 현상을 말한다.

양자 중심의 FTA 체결로 인해 복잡한 절차와 규정으로 실제 기업들의 FTA 활용도가 높지 않았다고 볼 수 있다.

둘째, FTA에 매우 소극적이었던 일본이 참여함으로써 한중 양국은 일본과 FTA를 체결하는 효과를 누릴 수 있다. 일본의 RCEP 참여는 향후 한중일 FTA 체결의 토대를 구축했다는 측면에서도 의미가 있다.

셋째, 아세안 국가들과의 경제 협력이 더욱 가속화될 것이다. 한국·아세안 FTA가 상품무역 중심이었다면 RCEP는 서비스 및 투자 분야에 있어 시장 개방 수준을 높인 협정이다. 기존의 한국·아세안 FTA에서는 없던 전자상거래 챕터가 삽입되었고, 지식재산권 보호 강화 내용이 추가되었다. 아세안 시장은 중국만큼 지식재산권 보호가 잘되지 않는 곳으로, RCEP 출범을 통해 개선되는 효과가 있을 것으로 보인다. 따라서 한중일 3국의 자동차·철강 및 소비재 품목의 아세안 시장 진출이 가속화됨과 동시에 아세안 시장에서 한중일 3국 간 치열한 시장 쟁탈전 역시 더욱 가열될 가능성이 높다. 그러나 참여국 중 대부분의 국가와 FTA를 체결한 우리는 제한적인 경제적 이익이라는 한계점과 15개 국가가 참여하는 메가 FTA다 보니 기존 FTA 대비 추가적인 시장 개방이 합의되지 못한 아쉬운 점도 존재한다.

RCEP 발효와 미중 양국의 속내는?

중요한 것은 RCEP 발효는 단순히 참여 국가의 교역액 및 투자 증가

등 경제적 이익만을 의미하지 않는다. 미중 양국의 매우 복잡하고 다양한 정치 외교 및 경제적 의미가 숨어 있다. 그렇다면 미중 신냉전이 가열되고 있는 시점에서 미중 양국은 RCEP 발효를 어떻게 바라보고 있을까? RCEP를 바라보는 미중 양국의 대내외적 속내를 좀 더 들여다보아야 향후 글로벌 통상 환경 변화를 이해할 수 있고 그에 따른 우리의 대응책을 수립할 수 있다. 우선 중국의 속내부터 살펴보자. 중국은 RCEP가 발효되자 '다자주의와 자유무역의 승리로 세계경제 회복에 공헌할 것'이라며 대대적인 홍보를 하고 있다. 그만큼 중국 입장에서 RCEP 출범은 대내외적으로 매우 중요한 의미를 가진다. 크게 세 가지 관점에서 중국의 속내를 이해할 수 있다.

첫째, 둔화되고 있는 중국 경제의 새로운 성장 기회로 보고 있다. 2021년 기준 중국과 RCEP 회원국 간의 교역 규모가 12조 700억 위안(약 2,284조 5,000억 원)으로 전체 교역의 약 31%를 차지한다. 또한 중국 FDI 자금 유입의 10% 정도가 RCEP 회원국으로 서비스 투자 개방 확대로 향후 RCEP 회원국 자본이 계속 유입되는 이른바 '사이펀 효과siphon effect'도 기대하고 있다. 중국 내 전문가들은 RCEP 발효가 중국 GDP 성장률 약 1~1.5% 포인트를 높이는 효과가 있을 것으로 전망하고 있다.

둘째, 미국의 반중국 동맹 노선에 대응해 RCEP 경제 통합을 기반으로 점차 중국 주도의 다자간 경제 협력 체제를 더욱 강화시키겠다는 의도다. 국제사회에서의 고립을 탈피하고 역내 영향력을 확대할 수 있는 계기를 마련한 셈이다. 점차 좁혀지고 있는 글로벌 사회에서의 전략적 공간을 확대할 수 있는 기회일 수도 있다. 아시아·태평양 지역을 놓고 미중일 3국이 벌이는 경쟁 국면에서 주도권을 잡고, 호주 및 뉴질랜드, 일본 등 반중 전선에 있는 국가들과 관계 개선도 하겠다는 것이다. 따라서 미국의 포괄적·점진적 환태평양경제동반자협정CPTPP 가입이 불투명한 가운데 중국은 주도적으로 RCEP 회원국 간의 경제 협력을 확대해나간다는 속셈이다.

셋째, RCEP를 통해 역내가치사슬RVC을 강화해 미중 간 공급망 탈동조화*를 무력화하겠다는 의도다. 세계 최대 FTA인 RCEP를 중국 주도의 역내가치사슬을 구축할 수 있는 매우 좋은 기회이자 아시아·태평양 지역에서의 존재감을 더욱 부각시킬 수 있는 플랫폼으로 보고 있는 것이다. 무엇보다 기존 중국이 전담했던 산업의 다운스트림Down Stream에서 업스트림UpStream**으로 이전할 수 있고, 첨단산업 영역에서의 한중일 간 협력을 더욱 강화할 수 있는 계기가 될 수도 있다.

그렇다면 RCEP 발효를 바라보는 미국의 속내는 어떨까? 중국을 글로벌 공급망에서 빼겠다는 미국이 더욱 조급해지고 있는 형국이다. 미국이 배제된 상황에서 아시아·태평양 지역 내 중국의 존재감이 커지는 것에 대해 경계심을 가질 것이다. RCEP은 미국, 멕시코, 캐나다 협정USMCA이나 포괄적·점진적 환태평양경제동반자협정CPTPP*** 보다 훨씬 큰 규모다. 비록 초기 중국이 주도하지 않았지만 중국의 막대한 시장 영향력과 중국의 경제 의존도를 감안하면 향후 중

---

* 모건스탠리가 처음으로 사용한 용어로, 한 나라 경제가 특정 국가 혹은 세계 전체의 경기 흐름과 독립적으로 움직이는 현상을 말한다.
** 여기서 다운스트림은 낮은 단계의 기술 제조 역량 및 산업을 의미하고, 업스트림은 높은 단계의 기술 제조 역량 및 산업을 의미한다.
*** 일본 주도로 아시아·태평양 11개국이 참여하는 협정으로 2018년 12월 30일 발효되었다.

국이 주도적인 역할을 하게 될 가능성이 높다고 볼 수 있다. 또한 중국이 CPTPP 내 영향력을 키우기 위해 2021년 9월 CPTPP 가입을 공식화하자 미국의 고민은 더욱 깊어지고 있다. 임기 내 미국 노동자의 일자리를 빼앗는 무역협정에는 들어가지 않겠다고 약속한 바이든 대통령은 조급할 수밖에 없다. CPTPP는 금융 및 외국인 투자에 대한 규제 완화 또는 개방, 데이터 거래 활성화 등 중국이 수용하기 어려운 조건들이 존재한다. 그러나 2001년 중국의 WTO 가입처럼 각 산업 및 규범에 있어 개도국 지위로 5~10년의 양허 유예 혜택을 받으며 참여할 가능성도 배제할 수 없다. 싱가포르, 말레이시아, 태국, 브루나이 등 대다수 CPTPP 가입국들은 중국 가입을 지지하고 있어 일본 등 일부 국가들이 반대하더라도 최종 결과는 예단할 수 없다. 이처럼 중국의 CPTPP 가입 변수가 많은 상황에서 현재 미국은 중국의 CPTPP 가입을 막고 글로벌 통상 거버넌스를 유지해야 한다는 미국 내 많은 여론에 직면해 있는 상태다.

아시아·태평양 지역을 둘러싼 경제 몸통을 키워라

2020년 11월 20일 화상회의로 진행된 아시아태평양경제협력체APEC 정상회의에서 시진핑 주석은 포괄적·점진적 환태평양동반자협정CPTPP 가입을 적극적으로 고려하겠다고 처음 언급했고, 당시 국내외적으로 각기 다른 해석과 전망이 대두되었다. 그도 그럴 것이 일반적으로 RCEP는 중국 주도의 다자 FTA이고, CPTPP의 전신인 TPP

는 미국 주도로 만들어진 메가 FTA라고 알려져 있기 때문이다. 사실 RCEP는 2011년 아세안 의장국이었던 인도네시아가 제안하여 줄곧 아세안 주도로 진행되어왔고, 협상 과정에서 중국이 주도적인 역할을 했다. 과연 RCEP과 CPTPP 등 메가 FTA를 보는 중국의 속내는 무엇일까? 그 속내도 크게 세 가지로 정리할 수 있다.

첫째, 메가 FTA 참여를 통해 미국 주도의 보호무역이 아닌 자유무역 수호의 리딩국가 이미지를 부각시키고, 글로벌 리더로서의 존재감을 내세우고자 하는 것이었다. RCEP 체결 후 FTA 체결 국가가 기존 19개에서 26개로 늘어났고, 체결 국가와의 FTA 무역 비중도 지금의 27%에서 35%로 늘어나게 된다. 특히 아세안 국가들과의 경제적 연대를 통해 중국의 글로벌화와 다자주의 협력의 주체자로서의 이미지를 더욱 부각시킬 가능성이 높다.

둘째, 글로벌 선진국이 포함되어 있는 메가 FTA에 참여함으로써 본격적인 혁신 경제 드라이브를 걸고자 했다. 중국이 체결한 기존 FTA는 대부분 개도국 중심으로 선진국과의 FTA는 거의 없다. 그 이유는 높은 수준의 서비스 개방 요구와 무역 자유화에 따른 자국 시장에 미치는 영향이 컸기 때문이다. 중국은 경제 성장의 방향성을 과거저렴한 '중국 제조Made in China'에서 첨단 제품 위주의 '중국지조中國智造, Intelligent Manufacturing in China'의 혁신 경제로 전환하고자 한다. 따라서 중국의 혁신 경제 발전을 위해서는 선진국이 포함된 역내 FTA에 적극 참여해야 한다는 절실함이 있고, 다른 한편으로는 첨단 제품 중심의 미래 혁신 경제에서 한번 해볼 만하다는 자신감의 표현일 수도 있다. 중국의 제14차 5개년 규획의 핵심 어젠다가 '이중 순환' 경제다. '이중

순환' 개념은 중국 경제 성장 방식을 수출(첫 번째 순환구조) 의존도를 줄이고 국내 내수 시장(두 번째 순환구조) 비중을 높이는 경제구조 전환을 의미한다. 중국은 내수 시장 확대의 내부 순환을 주체로 수출 중심의 외부 순환을 메가 FTA를 통해 확대하고자 한다.

셋째, 미국보다 먼저 CPTPP에 가입해 영향력을 확대하기 위한 포석도 깔려 있었다. 중국은 시간문제일 뿐 바이든 대통령이 TPP로 회귀할 가능성이 높다고 판단한 것으로 보인다. 미국 민주당의 기본 정책 노선이 다자간 무역 질서를 강조하고 있는 입장이고, 바이든의 경우도 선거 때부터 주변 동맹국과의 관계 회복을 통한 TPP 회귀 가능성을 시사한 바 있었다. 무엇보다 오바마 전 대통령의 TPP 체결 당시 바이든이 부통령으로 핵심적인 역할을 한 바 있다. 또한 RCEP가 정식 출범되면서 AP통신, 뉴욕타임스 등의 미국 내 여론이 '미국만 외톨이 신세가 되는 것 아니냐?'는 자조 섞인 보도들이 줄지어 나오는 상황에서 바이든 행정부가 결국 TPP로 회귀하는 것은 시간문제로 보았던 것이다. 우선 다양한 글로벌 국제 통상 환경에서 단시일 내 회귀는 힘들지만, 언젠가는 복귀하게 될 것이라는 게 중국의 생각이었다. 따라서 중국은 CPTPP 참여를 통해 중국의 영향력을 키울 수 있다고 판단했다. 신뢰성이 무너진 WTO 체제 국면에서 미국이 CPTPP에 참여하지 않으면 글로벌 통상 규범이 새로운 도전을 받게 될 수도 있다는 것이다. 그러나 바이든 행정부가 새롭게 인도·태평양 경제프레임네트워크IPEF를 들고 나오면서 중국의 TPP로서의 회귀는 더욱 불투명해진 상태다. RCEP의 본격적인 출범과 중국의 CPTPP 가입 신청, 미국의 IPEF 본격화는 결국 아시아·태평양 지역을 놓고 벌이는 미중 간 정치, 외교, 안보, 경제 전쟁의 또 다른 단초가 될 수 있다. 이는 경제와 안보를 분리할 수 없는 이유이기도 하다. 지난 트럼프 시절 논의된 경제번영네트워크EPN*를 대신해 구축된 바이든 행정부의 '인도·태평양 경제프레임워크IPEF'는 인도·태평양 지역 내 국가들과 동맹을 강화해 반중 경제 안보 체제를 더욱 공고히 하고자 하는 목적으로 구축되었기 때문이다.

미국, 인도·태평양 경제 안보를 지켜라!

IPEF는 중국의 적극적인 글로벌 통상 환경 참여와 경제 안보가 중요한 사안으로 떠오르면서, 바이든 대통령이 2021년 10월 27일 화상으로 개최된 동아시아정상회의EAS**에서 처음 언급한 지 6개월 만에 일사천리로 구축되었다. 2022년 5월 23일 미국, 한국, 일본, 호주, 싱가포르, 인도 등 13개국 정상이 화상회의에 참가하는 형식으로 중국 견제라는 투명 모자가 씌워진 IPEF가 드디어 출범했다. 관세 및 비관세 장벽 철폐가 지향점인 자유무역협정FTA과 달리 IPEF는 무역과 공급망, 인프라, 에너지, 탈탄소 등의 분야에서 전방위 협력 규범을 만들고자 하는 것이다. 또한 중국에 대항해 인도·태평양 지역 내 파트너 국가들과 미래 첨단 산업과 산업 정책, 국제 표준까지 정립하겠다

---

* 도널드 트럼프 전 미국 대통령 행정부가 추진한 반중 경제블록으로 미국과 협력하는 국가들만의 산업 공급망을 의미한다.
** EAS 회원국은 아세안(ASEAN) 10개국과 한국, 미국, 중국, 러시아, 일본, 호주, 뉴질랜드, 인도 등 18개국이다.

는 것을 목표로 한다. 결국 미중 간 충돌되는 지점들이 더욱 확대될 수밖에 없다. 미국 입장에서는 IPEF는 주변 참여국을 통해 미국 경제 회복, 미국 주도의 공급망 복원, 급성장하는 중국 경제 성장을 저지하는 일거삼득의 묘안인 셈이다.

미국은 인도·태평양 지역에서 중국 견제를 위한 공급망 재편이 매우 중요하다고 판단하고 있다. 그 이유는 중국이 자국 중심 공급 망을 통해 인도·태평양 지역에서 경제 주도권을 행사하고 있고, 그러한 중국의 통상 영향권이 점차 확대되고 있기 때문이다. 중국이 한국과 일본은 물론 아세안 국가 및 인도 등과 경제적으로 긴밀한 관계를 맺으며 영향력을 키우고 있는 가운데, IPEF는 더 나아가 중국에 대한 포위망을 구축하기 위한 인도·태평양 외교적 전략의 일환으로 확대시키려 하고 있다. 미국은 먹고사는 경제적인 측면에서 중국의 영향력이 확대되는 상황이 결국 미국에게 불리하고 향후 인도·태평양 지역의 주도권을 상실할 수도 있겠다는 우려를 갖고 있다. 때문에 미국은 이 지역에서 중국을 제외하고 민주주의 국가들 중심으로 제조 공급망을 재편하겠다는 전략이다. 당연히 중국이 가만 있을 리 없다. 왕이 외교부장은 "자유와 개방의 기치를 내걸고 있지만 패거리를 지어 소그룹을 만드는 데 열중하고 있다", "미국의 목적은 중국 포위이며, 아시아·태평양 지역 국가를 미국 패권주의의 앞잡이로 만들려고 하는 것이다."라는 원색적 표현을 쓰며 IPEF의 출범을 폄훼했다. 사실 IPEF를 보는 중국의 속내는 IPEF가 협정agreement이 아니라 협력 플랫폼 성격이기 때문에 만약 2024년 공화당 출신의 미국 대통령이 당선될 경우 과거 트럼프 대통령의 경제번영네트워크

EPN처럼 흐지부지될 수 있다는 생각이다. IPEF는 양자가 아닌 다자 채널의 협력 플랫폼임을 감안해 우리는 IPEF에 적극적으로 참여해 역내 주도권을 잡는 노력이 필요하다. 경제 안보가 하나의 축으로 인식되어 가고 있지만, 글로벌 통상지위를 놓고는 경제와 안보를 분리해서 보아야 우리 국익에 도움이 된다. 미국이 IPEF를 만들어 자국 중심의 글로벌 공급망을 구축하려는 것과 중국이 CPTPP에 참여 신청을 한 것 모두 자국의 국익을 위한 것이다. 그것은 미중 양국 중 하나를 선택해야 하는 이분법적 접근 방식과 무관하다. 우리의 국익이 무엇인지 꼼꼼히 계산기를 두들겨보아야 한다. 우리 산업의 역량 제고와 다자주의 통상 채널을 통해 경제적 이익을 극대화하는 길이 바로 국익이기 때문이다.

— 8 —
전략물자,
핵심 자원을 사수하라

전략 광물자원은 미사일, 스마트폰, 컴퓨터, 전기차,
배터리, 태양광 패널, 풍력 터빈 등을 작동시킨다.
전략 광물이 없으면 미국은 작동할 수 없다.
그런데 우리는 이런 광물의 거의 100%를
중국, 호주, 칠레 등으로부터 수입하고 있다.
중국은 전략 광물의 세계 시장 대부분을 통제하고 있고,
미국이 전략 광물자원을 중국에 의존한다면
'메이드 인 아메리카'라는 미래를 건설할 수 없다.

2022년 3월 22일 미국 에너지부장관, 국방부차관 등이 참석한
전략 광물 화상회의, 바이든 대통령 연설문 내용

2022년 3월 31일 바이든 미국 대통령이 전기차 배터리 생산에 필요한 리튬, 니켈, 흑연, 코발트, 망간 등 필수 광물의 중국 의존도를 낮추기 위해 최악의 수단을 동원했다. 바로 미국 대통령 직권으로 특정 물품 및 자원의 생산을 확대하고 관리할 수 있게 하는 '국방물자 생산법Defense Production Act, DPA'이다. 1950년 9월 8일 군수물자를 원활하게 생산해 한국전쟁에 투입하기 위해 만들어진 이 법이 지금은 정치·경제적 위기 상황에서 시행되는데, 코로나로 인한 마스크와 백신 확보 등을 제외하고는 거의 대부분이 중국 견제용으로 활용되고 있다. 2011년 오바마 대통령은 중국의 사이버 첩보 활동에 대항하기 위해 외국에서 생산된 소프트웨어와 하드웨어 수급을 통제하기도 했

다. 희토류의 경우도 중국을 견제하기 위해 국방물자생산법을 동원했다. 그 이유는 중국이 리튬 등의 핵심 광물자원 가공을 포함한 배터리 제조 공급망을 장악하고 있기 때문이다.

광물자원 생산량 1위 중국 vs 조급해진 미국

2021년 백악관 관련 보고서에 의하면, 미국이 4분의 1 이상을 수입에 의존하는 광물 종류는 58종에 달한다. 2020년 미국 지질조사국은 흑연, 망간의 경우 100%, 코발트와 리튬은 각각 76%와 50%를 수입에 의존하는 상태다. 우크라이나 사태로 중국과 러시아 간의 전략 자원 동맹이 가시화될 경우 미국은 더욱 곤란해질 수 있다. 미국은 전략 광물자원의 자급률을 높이기 위해 2022년부터 리튬, 니켈, 흑연, 코발트, 망간을 생산하는 미국 기업에 7억 5,000만 달러(약 9,086억 원)를 지원하고, 미국 희토류 생산 기업인 MP 머티리얼스에 3,500만 달러 지원 계획도 발표했다.

바이든 대통령은 2021년 취임과 함께 희토류, 광물자원, 배터리, 제약, 반도체 등 국가 경제 및 안보에 중요한 수입품에 대한 미국의 대중국 의존도를 위해 공급망 재검토를 지시했고, 그에 대한 보고서 작성을 지시한 바 있다. 중국이 희토류를 무기화하는 것을 막고, 전자 및 방산 등 첨단 핵심 산업 분야를 보호하기 위해 국방물자생산법을 활용해 희토류 등 주요 광물 개발을 조기에 착수하라는 내용의 행정명령에도 서명했다. 2021년 2월 24일 개시된 100일간의 4대 핵심 산업(반도체, 배터리, 희토류, 제약·바이오) 공급망 조사가 6월 5일 종료되었다. 그리고 3일 후 미국은 조사 결과를 바탕으로 작성된 4대 핵심 산업 공급망 확보 전략 보고서를 발표했다. 250페이지 분량의 보고서에 중국 관련 단어만 566번 언급하며 중국 중심의 4대 핵심 산업 공급망을 재편하지 않으면 향후 미국 경제 안보에 심각한 타격을 줄 것이라고 경고했다. 그 결과는 매우 충격적이다. 특히 희토류 등과 같은 희귀 광물의 생산 비중을 거의 중국이 장악하고 있기 때문이다. 바이든 대통령이 반도체에 이어 희토류 등 전략 광물자원의 미국 중심 공급망 구축을 하려는 이유가 바로 여기에 있다. 2021년 6월 미국은 자국 내 희토류 생산을 재개하고 중국산 희토류, 특히 반도체 소재의 핵심인 '네오디뮴neodymium'에 대한 무역 규제 검토 등의 광물자원 공급망 보고서 결과를 공개했다. 한마디로 희토류 등 광물자원의 무기화에 나서는 중국과 정면충돌도 불사하겠다는 속내인 것이다.

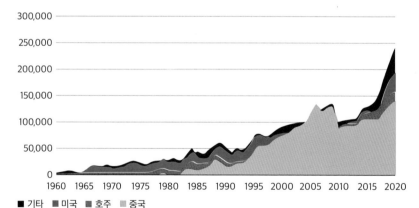

:: **글로벌 희귀광물 생산 비중**(단위: 톤)

■ 기타 ■ 미국 ■ 호주 ■ 중국

출처 | 〈회복력 있는 공급망 구축, 미국 제조업 활성화 및 광범위한 성장 촉진〉 백악관, 2021. 6.

:: 중국 광물자원 매장량 순위(2020년 기준)

광종	단위	중국 (A)	세계 (B)	A/B(%)	순위
텅스텐	톤	1,900,000	3,200,000	59.4	1
안티모니	톤	480,000	1,900,000	25.3	1
바나듐	톤	9,500,000	20,000,000	47.6	1
몰리브덴	톤	8,300,000	18,000,000	46.1	1
주석	톤	1,100,000	4,700,000	23.4	1
희토류	톤	44,000,000	120,000,000	36.7	1
아연	톤	44,000,000	250,000,000	17.6	2
흑연	톤	73,000,000	320,000,000	22.8	2
형석	톤	42,000,000	320,000,000	13.1	2
인광	톤	3,200,000,000	69,000,000,000	4.6	2
티타늄(티탄철석)	톤	230,000,000	770,000,000	29.9	2
연	톤	18,000,000	90,000,000	20.0	2
중정석	톤	36,000,000	390,000,000	9.2	3
마그네슘화합물	톤	1,000,000,000	8,500,000,000	11.8	3
철광석(금속량)	톤	6,900,000,000	81,000,000,000	8.5	4
석탄*	백만톤	143,197	1,074,108	13.3	4
리튬	톤	1,000,000	17,000,000	5.9	4
은	톤	41,000	560,000	7.3	5
지르코늄	톤	500,000	62,000,000	0.8	5
망간	톤	54,000,000	810,000,000	6.7	6
보크사이트	톤	1,000,000,000	30,000,000,000	3.3	7
니켈	톤	2,800,000	89,000,000	3.1	7
코발트	톤	80,000	7,100,100	1.1	8
동	톤	26,000,000	870,000,000	3.0	8
금	톤	2,000	53,000	4.0	9
붕소	톤	24,000,000	XX	NA	-

자료 | USGS, 광물 상품 요약, 2021
BP, 세계 에너지 통계 리뷰, 2020

8 · 전략물자, 핵심 자원을 사수하라

:: 중국 광물자원 생산량 순위(2020년 기준, 단위: 톤)

광종	2016	2017	2018	2019	2020	순위	비중(%)
알루미늄(정련)	32,698,000	35,189,100	36,447,300	36,447,300	37,080,400	1	55.9
망간(광산)	25,000,000	25,000,000	27,083,400	34,447,300	31,669,200	1	44.7
동(정련)	8,436,300	8,889,500	8,949,500	9,447,000	10,021,400	1	41.9
마그네슘(정련)	910,300	1,022,000	863,000	751,000	856,000	1	84.3
아연(광산)	4,710,500	3,868,500	3,721,100	4,645,300	4,513,600	1	36.1
아연(슬래브)	6,196,000	6,143,900	5,607,100	6,236,400	6,424,900	1	46.6
연(광산)	2,337,500	1,852,200	1,892,200	2,405,200	2,996,400	1	54.5
니켈(정련)	437,000	621,000	732,900	852,400	728,200	1	29.0
셀레늄(정련)	772	814	819	865	917	1	25.3
주석(광산)	97,200	112,200	127,000	134,300	161,300	1	46.1
주석(정련)	182,700	178,400	177,700	181,000	202,900	1	54.5
텅스텐(광산)	71,000	85,00	75,577	95,147	90,098	1	84.4
몰리브덴(광산)	129,200	117,100	99,400	104,400	96,000	1	33.2
안티모니(광산)	108.000	97,683	89,584	60,229	64,530	1	57.0
창연(광산)	1,672,000	1,748,000	1,804,000	1,804,000	1,804,000	1	62.7
수은(광산)	3,433	3,574	2,316	2,317	1,993	1	86.2
금(광산)	453.5	426.1	401.1	380.2	365.3	1	11.8
카드뮴(정련)	8,222	8,411	10,349	10,349	10,349	1	39.8
코발트(정련)	45,046	69,600	78,360	85,000	80,000	1	63.6
석탄*	3,410.6	3,523.6	3,697.7	3,846.3	3,902.0	1	50.4
철광석**	1,381,300	1,280,893	763,374	844,356	866,717	2	29.9
보크사이트	66,157,700	68,393,000	70,751,200	70,750,800	69,600,000	3	18.9
동(광산)	1,850,700	1,656,400	1,506,600	1,601,300	1,855,200	3	9.0
은(광산)	3,754.0	3,601.8	3,421.4	3,443.0	3,442.9	3	14.0
니켈(광산)	100,200	102,300	108,200	104,700	105,000	7	4.3
우라늄(광산)	1,616	1,885	1,620	1,620	1,620	8	3.7
티타늄(광산)	75,000	75,000	75,000	75,000	75,000	15	1.6

· 백만 톤 단위   ·· 천 톤 단위

자료 | WBMS, 금속통계 연보, 2021
BP 세계 에너지 통계 리뷰, 2021 한국광물자원공사

한편, 미국 지질조사국은 2018년 희토류, 니켈, 리튬, 알루미늄, 코발트, 흑연, 티타늄 등의 35개 전략 광물자원에서 2022년 15개를 추가한 50개 핵심 광물자원을 발표하며 중국의 전략물자 무기화에 대응하고 있다. 이와 동시에 미국은 2022년 6월 핵심 광물 공급망의 안정과 다변화를 위해 한국, 캐나다, 일본, 독일, 영국, 유럽연합 집행위원회, 핀란드, 프랑스, 호주, 노르웨이 등 국가들이 참여한 핵심 광물안보 파트너십Minerals Security Partnership, MSP을 출범시켰다. 반도체 및 배터리 등 관련 핵심 광물의 채굴, 제련 및 재활용 분야에서 높은 환경·사회·거버넌스ESG 기준에 부합하는 방향으로 논의하고, 중국 등 일부 국가에 의존하는 핵심 광물 공급망의 다변화를 위한 협력을 강화하기 위해 노력하기로 합의했다. 그리고 우선 희토, 리튬과 코발트, 니켈, 흑연, 망간 등 7대 핵심 광물자원의 협력을 강화하기로 했다.

군사, 산업, 민간 필수재에 필요하지만, 자국 내에 존재하지 않거나 충분한 양이 생산되지 않는 광물을 '전략 광물자원'이라고 부른다. 전략 광물자원은 국가 안보 차원에서 매우 중요하기 때문에 미국 국방부가 총괄적으로 컨트롤타워 역할을 하고 있다. 미중 충돌이 본격화되던 2018년, 트럼프 전 대통령은 전면적인 희귀 광물자원을 관리하기 시작했다. 미국은 희토류, 니켈, 리튬, 알루미늄, 코발트, 흑연, 티타늄 등의 35개 광물을 전략 광물자원으로 지정하고, 35개 전략 광물에서 파생된 원자재까지 포함해 283개를 각 관련 부처와 함께 동시에 모니터링하고 있다. 그만큼 전략 광물자원에서 중국의 영향력은 엄청나다. 광물자원의 대국인 중국은 매장량과 생산량 부분에서 대부분 1위와 2위를 차지하고 있다.

희토류 강국, 미국의 몰락

희토류 산업은 1980년대까지 중국이 아니라 미국 주도였다. 당시 MP머티리얼스 소유로 캘리포니아주에 있는 희토류 광산 '마운틴 패스'는 미국이 전 세계 희토류 생산의 60%를 차지할 수 있었던 핵심적인 역할을 했고 그밖에 브라질, 인도, 호주, 남아프리카 공화국, 중국 등이 희토류 생태계를 구축하고 있었다. 중국은 저렴한 인건비를 바탕으로 단순히 희토류 재료 공급망에 머물러 있었다. 그러나 1990년대에 접어들면서 중국은 희토류의 부가가치를 알게 되었고 정부 차원의 적극적인 투자와 R&D를 통해 희토류 제련 기술을 개발하게 되었다. 당시 원자바오 전 총리의 "중국이 금 가격의 희토류를 소금 가격으로 공급하고 있었다."라는 말에서 알 수 있듯이, 중국이 희귀 광물자원의 가치와 중요성에 눈을 뜨게 된 것이었다. 전 세계 희토류 산업의 지형이 바뀌는 순간이었다. 이와 반대로 미국 기업들은 희토류 채굴과 제련 과정에서 일어나는 환경오염 문제로 경영환경이 더욱 악화되는 어려움을 겪게 되면서 마운틴 패스 희토류 광산이 2002년 문을 닫게 되었다. 또한 당시 미국 희토류 산업의 핵심 기업이었던 몰리코도도 중국이 저가로 희토류를 시장에 공급하기 시작하면서 경영 적자에 허덕이다 결국 파산했다. 희토류를 이용해 영구용 자석*을 생산하는 제너럴 모터스의 자회사인 마그네퀜치Magnequench는

---

* 희토류가 가장 많이 사용되는 것이 영구용 자석으로 말 그대로 영구적으로 가지고 있는 자석을 의미한다. 영구용 자석은 작고 순간 작동하는 파워가 강해 전기차 구동 모터나 풍력발전용 터빈의 경량화와 소량화를 가능하게 만든다.

중국우광집단中国五矿集团公司, China Minmetals Corporation*이라는 국영 기업이 인수하면서 미국의 희토류 산업은 몰락의 길을 걷게 되었다. 그리고 경제 및 군사 장비에 필요한 희토류 대부분을 중국에서 수입해서 사용하게 된 것이다. 반도체 파운드리 산업과 비슷한 역사의 아이러니라고 볼 수 있다. 물론 경제와 국가 안보의 중요성을 깨닫게 된 오바마 대통령이 희토류 비축 계획을 구상하게 되고, 2012년 마운틴 패스 광산이 희토류 생산을 재개하게 되었다. 그러나 저렴한 제련 기술을 보유한 중국에 희토류를 보내 다시 완제품을 수입하는 형태로 진행되었다. 상황이 완전히 역전된 것이다.

2000년대에 들어와서는 중국이 전 세계 희토류 생산량의 80%, 미국은 10%대로 줄어들었다. 그리고 점차 미국과 유럽, 일본 등 선진국의 중국에 대한 희토류 의존도가 급격히 높아지기 시작했다. 이 때부터 중국은 희토류를 전략적 자산으로 사용해왔다. 가장 대표적인 사례는 지난 2010년 일본 센카쿠 열도를 둘러싼 중국과 일본의 마찰이었다. 이때 중국은 희토류의 일본 수출을 중단시켰고, 일본은 3일 만에 백기를 들었다.

희귀 광물자원의 지존, 희토류

19세기는 석탄, 20세기는 석유였다면 21세기는 희귀 금속의 시대라

---

* 중국 최대의 금속광석제품 생산 국유기업으로 1950년 설립되었다.

고 볼 수 있다. 희귀 광물자원은 AI, 바이오 의료기술, 로봇공학 등 4차 산업혁명 기술에 없어서는 안 될 핵심 소재다. 첨단 친환경 기술과 신재생 에너지 개발 및 공군의 미사일과 전투기, F-35 스텔스 전투기, 육군의 에이브러햄 탱크, 해군 구축함 이지스함, 보병의 야간 투시경 등의 첨단 무기에도 희귀 광물자원은 필수적이다.

그래서 희귀 광물자원을 '첨단산업의 비타민'이라고 부른다. 그런데 문제는 중국이 전체 생태계를 장악하고 있다는 것이다. 특히 희토류는 전 세계 희토류 공급의 95%를 독점한다고 알려져 있다. 비록 중국 자국 내 희토류 매장량은 약 40% 정도지만 미국 및 전 세계가 환경 오염 등의 이슈로 주춤거리는 사이 중국은 해외 외국 광산을 발빠르게 사들였고, 낮은 정체 비용을 무기로 해외에서 채굴한 희토류를 공급받으면서 희귀 광물자원의 지존이라는 희토류 생태계를 장악하게 되었다. 신이 중국에게 준 선물인 셈이다. 문제는 이를 대체할 다른 광물자원을 단시일 내에 찾기 힘들다는 것이다.

참고자료   **희토류는 무엇인가?**

- 희토류란 원소 주기율표에서 원소 기호 57번에서 71번까지의 란타넘(란탄 Lanthanides)계 원소 15개와 21번인 스칸듐(SC), 39번인 이트륨(Y) 등 총 17개 원소를 총칭한다. '자연계에 매우 드물게 존재하는 금속 원소(Rare Earth Element)'라는 의미다.
- 희토류 원소 자체가 희귀하기보다는 원석에서 차지하는 비중이 적고 고순도의 제품으로 정련하는 방법이 어렵기 때문에 희귀하다는 것이다.
- 희토류는 독특한 화학적, 전기적, 자성적, 방사성, 차폐 특성을 가지고 있으며 다른 물질과 혼합을 통해 구조, 기능, 성능을 월등하게 향상시키는 능력이 있어 반도체, 초전도체, 고성능 축전지, 디스플레이, 하이브리드 자동차, 전기 모터 등이 이용되는 첨단산업에 필수적으로 사용되는 핵심 원료다.

희토류로 미국을 무너뜨릴 수 없다

중국 기술 굴기의 상징으로 대변되는 화웨이로 시작된 미국의 중국 기술 혁신 기업에 대한 파상공세가 강해지면서 중국도 대응 카드를 고민했다. 중국 국가발전개혁위원회, 외교부, 상무부 등도 중국의 희토류 미국 수출 제한의 옵션 카드를 책상 위에 올려놓고 만지작거리기 시작했다. 대만 이슈가 본격화되면서 중국공산당 내의 분위기는 더욱 과민하게 반응했다. 미국이 대만에 패트리엇 미사일 배치 가능성을 언급하자 중국은 패트리엇 미사일 제조사인 록히드마틴사에 대한 영구 자석 공급 금지 카드를 꺼내 들었다. 과연 중국이 희토류 및 광물자원을 반격 카드로 사용할 것인지에 대한 논쟁이 초미의 관심사로 부각되었다. 그렇다면 미국에 영향을 줄 수 있는 중국의 반격 카드는 무엇인가? 미국이 희토류의 80%를 중국에서 수입하고 있는 실정이니 당연히 미국에 타격을 줄 수 있다.

2018년 미중 간의 마찰이 본격화되면서 시진핑 주석과 공산당 지도부의 장시성江西省 간저우시贛州市 희토류 전문 기업에 방문이 잦아지고 있다. 그 의미는 명확하다. 미국에 대한 경고이자 반항일 것이다. 여기서 중요한 것은 시진핑 주석이 왜 희토류 생산의 대표 격인 네이멍구 자치구 희토류 생산 기업을 가지 않고, 멀리 떨어진 장시성 간저우에 있는 희토류 기업을 방문했을까? 그 숨겨진 의미와 의도를 잘 파악해야 한다.

희토류는 종류와 용도에 따라 크게 광학 유리, 영구 자석, 세라믹 콘덴서 등에 사용되는 경輕희토류, 컬러TV 적색 형광체, 원자로 제어제 등에 사용되는 중中희토류 그리고 레이저 첨단 장비, 반도체 등에 사용되는 중重 희토류로 나누어진다. 일반적으로 경經희토류는 중重 희토류보다 부존량이 10배 이상 많다. 중국은 전국적으로 17종의 희토류 광종이 있는데, 우리에게 많이 알려진 네이멍구 자치구는 경經 희토류 분포량이 많고 장시, 광동 등의 남방 지역은 중重희토류가 많은 것이 특징이다. 이른바 '희토류 북경남중北經南重'이라고 부른다.

시 주석이 방문한 장시성 희토류 기업의 경우 레이저와 스마트폰 액정용, 반도체용 중重희토류를 생산하는 기업이다. 당연히 미래 전투 체계FCS, Future Combat System 및 장갑차, 최첨단 무장 무인기 프레데터 드론, 순항 미사일 등의 첨단 무기와 반도체 등 주요 핵심 기술 제품에 들어가는 희토류의 3분의 2를 중국에서 수입하는 미국을 향한 경고의 메시지가 담겨 있는 시 주석의 행보라고 볼 수 있다.

중국은 더 나아가 2021년 12월 23일 장시성 간저우 희토류 기업을 중심으로 기존의 대형 희토류 생산 국유기업인 중국 알루미늄 그룹, 중국 우쾅五鑛 그룹, 희토류 전문 국영 연구소 두 곳을 통폐합했다. 그런 다음 세계 최대 규모의 희토류 기업인 '중국 희토 그룹中國稀土集團有限公司'을 공식 출범시켰다. 이는 글로벌 희토류 공급망과 가격 결정력을 일원화시킴으로써 중국이 직접 통제하고, 지속적으로 주도권을 강화하기 위해 정부 차원의 지원을 더욱 확대하겠다는 의도다. 그러나 중국의 의도대로 글로벌 희토류 공급망을 좌지우지할 수는 있겠지만 중국에 미칠 부정적 영향도 적지 않고, 또한 제한적일 수도 있다. 희토류의 반격 카드가 단기적으로는 미국에 어느 정도 압박을 가할 수 있겠지만 결코 중장기적인 대응 카드가 될 수 없다는 것이다. 그 이유는 크게 두 가지다.

첫째, 미국도 이미 중국의 희토류 협상 카드를 알고 있고, 이에 대한 준비를 해오고 있다. 희토류는 석유와 달리 지속적으로 공급할 필요성이 적고 원자재로서 소량만 있으면 가능하기 때문에 이미 미국은 상당량의 희토류를 비축하고 있을 가능성도 있다. 또한 미국은 세계 3위의 희토류 생산국으로 향후 자체적인 생산에 더욱 박차를 가할 것이다. 과거에는 희토류가 추출과 정제 과정의 비용이 비싸고 환경 파괴가 심각하기에 조심스럽게 접근했으나 지금은 상황이 변했다. 미국은 세계 2위의 호주 희토류 생산 기업과 합작으로 텍사스에 미국 최초의 희토류 정련공장 건설을 추진하고 있다. 희토류 약발이 결코 오래가지 못한다는 것이다.

둘째, '첨단 제품의 비타민'이라는 희토류를 가장 많이 소비하는 나라는 미국이 아니라 중국이다. 중국은 스마트폰, 반도체, 전기차, 첨단 무기 등 첨단산업 생산 대국이자 소비 대국이다. 반면 미국은 첨단제조산업에서 소비하는 희토류 양이 전 세계 희토류의 약 9%밖에 되지 않는다. 또한 중국은 과거 희토류 생산 중단과 가격 상승으로 인해 다른 국가로 하여금 희토류를 자체 생산하거나 희토류를 적게 사용할 유인을 제공한 아픈 경험을 가지고 있다. 따라서 희토류 수출 제한 조치가 향후 부메랑이 될 수도 있기 때문에 중국도 매우 신중할 수밖에 없다. 결국 희토류 반격 카드는 단기적으로 미국을 협박하고, 협상 테이블로 끌어오기 위한 협상용 카드일 가능성이 크다. 중국이 항상 해왔던 법률전-여론전-심리전의 전술이 미국에도 통할지 두고 보아야겠지만, 결코 만만치 않아 보인다.

中 반도체 공정별
국산화 대장정

반도체는 곧 안보이자 인프라다.
중국과 세계의 다른 나라들은 기다리지 않으며,
미국 또한 기다려야 할 이유가 없다.
2021년 4월 12일 백악관 반도체 회의, 바이든 대통령

미국의 중국 반도체 산업에 대한 압박은
결국 중국으로 하여금 자급자족 역량을 더욱 강하게 만들 것이다.
마이크로 소프트 빌 게이츠 회장

미중 경제 안보 전쟁의 핵심은 반도체다. 4차 산업혁명 기술이 빠르게 작동되기 위해서는 정보화 고속도로라고 할 수 있는 5G 인프라가 필요하다. 5G 표준 선점을 중국에 빼앗긴 미국은 중국이 부족한 반도체 기술만이라도 막아야 한다는 전문 연구기관 등 많은 여론에 직면하게 된다. 미국의 중국 반도체 굴기 견제의 출발은 5년 전으로 거슬러 올라간다.

미국의 중국 반도체 산업 옥죄기

2017년 미국 과학기술자문위원회는 〈미국 반도체 산업의 장기적 우위를 위한 전략〉 보고서를 발표하며 중국 반도체 산업 성장이 향후 미국 반도체 패권 지위와 경제 및 군사 안보에 도전하게 될 것이고, 사전에 그에 대한 대응과 육성정책이 필요하다고 강조했다. 무엇보다 기술적으로 정체되어 있는 미국 반도체에 비해 중국은 정부의 적극적인 지원으로 글로벌 반도체 시장을 재편하고 있어, 미국 반도체 산업에 심각한 위협을 가하게 될 것이라고 분석하고 있다. 그럼에도 불구하고 당시 반도체는 트럼프의 중국 때리기 우선순위에서 밀려나 있었다.

2017년 트럼트 대통령이 슈퍼 301조를 발동해 중국의 지식재산권 침해 및 강제적인 기술이전 요구 등에 대한 조사와 중국에 대해 관세 부과를 한참 진행하는 시기였다. 트럼프 대통령은 당장 효과를 볼 수 있는 무역 관세 부과를 통해 중국을 견제하고 불공정 무역을 통해 중국이 벌어드린 돈을 다시 찾아오는 것이 우선이라고 생각했다. 2020년 5월 5G 통신장비와 스마트폰 반도체를 만드는 화웨이 제재를 시작으로, 세계 5위의 파운드리 기업인 SMIC 제재*와 낸드플래시 기업인 YMTC(양쯔메모리테크놀로지), D램 기업인 CXMT(창신메모리) 등 152개 기업에 대한 제재 리스트 추가 및 중국 반도체 산업에 대한 제제가 본격화되었다. 2020년 9월에는 슈퍼컴퓨터를 만드는 중커수

---

* 화웨이나 SMIC에 미국 기술이나 장비를 수출할 때 미국 상무부의 허가를 받아야 하는 제재다.

광中科曙光, Sugon 등 중국 기타 반도체 기업과 연구소에 대해 반도체 설계 소프트웨어, 장비 등을 제한하는 블랙리스트를 발표하며 대중국 반도체 원천봉쇄가 강화되기 시작했다. 2021년 2월 바이든 대통령이 취임하면서 경제 안보의 핵심인 반도체 산업에 대한 미국의 대중 압박은 더욱 거세지기 시작했다. 그 이유는 크게 두 가지 요인으로 귀결된다.

첫째, 중국 반도체 산업의 성장과 굴기에 대한 우려와 경각심을 불러일으키는 미국 내 여러 기관의 보고서가 나오게 되는데, 가장 대표적인 것이 2021년 4월 미국 반도체산업협회SIA와 보스턴컨설팅그룹BCG이 발표한 보고서다. 이에 따르면 지난 10년간 반도체 생산은 미국이 연평균 4%, 전 세계는 연평균 4.9% 증가했는데, 이런 추세가 지속된다면 2030년 미국의 반도체 생산 점유율은 2020년 12%에서 2030년 10%로 하락하고, 중국은 15%에서 24%로 확대되어 중국이 반도체 최대 생산 국가가 될 것이라는 내용이었다.

미국 반도체산업협회*는 반도체 제조·설계 및 연구 분야를 망라한 미국 반도체 기업 대부분이 회원으로 참여하고 있는 단체로 〈불확실한 시대에 맞선 글로벌 반도체 공급망의 강화〉 등의 보고서를 통해 미국 중심의 반도체 공급망 재편의 당위성과 필요성을 강조했고, 그러한 객관적인 평가는 바이든 행정부의 대중국 반도체 압박에 결정적인 영향을 미쳤다. 미국 반도체산업협회는 2020년 중국 반도

---

* 1977년에 결성된 반도체 산업체로 구성된 민간단체. 미국 반도체 산업의 발전을 위한 중장기 계획을 수립하여 추진하는 한편, 업계의 요구를 정부에 건의하여 정부의 반도체 산업 육성정책이나 대외 무역정책 반영에 영향력을 발휘하고 있다.

체 산업이 전년 대비 30.5% 성장한 398억 달러로 성장했고, 향후 중국이 연평균 30% 성장한다면 2024년에는 전 세계 반도체 산업에서 차지하는 비중이 17.4%로 미국, 한국에 이어 3위로 부각할 수 있다고 전망했다. 둘째, 차량용 반도체 공급 대란이 본격화되면서 미국 내 제너럴모터스[GM] 등 북미 지역의 많은 자동차 생산 라인이 멈추게 되었고, 그에 따른 미국 경제가 심각한 타격을 받게 되었다. 최첨단 반도체는 아니었지만, 차량용 반도체 대란은 바이든 행정부의 대중국 압박을 더욱 강화시키는 계기가 되었다. 2020년 하반기부터 시작된 차량용 반도체 대란은 반도체 산업 생태계의 글로벌 공급망 대란을 알리는 단초가 되었다.

글로벌 차량용 반도체 대란의 배경은?

차량용 반도체 공급 대란은 여러 가지 요인이 복합적으로 합쳐지면서 나타난 현상이다.

첫째, 코로나19 확산에 따라 외출이 어렵게 되자 스마트폰, 게임기 등 스마트 전자제품의 수요가 증가했다. 둘째, 코로나로 인해 자동차 구매가 줄어들 것으로 잘못 판단한 수요 예측의 실패이다. 셋째, 친환경 차량인 전기차 수요 급증 때문이다. 넷째, 차량용 반도체에 들어가는 8인치 웨이퍼의 공급상들이 점차 줄어들고 있다. 기존 8인치 웨이퍼를 만드는 공장이 이윤이 높은 12인치 웨이퍼로 전환하거나 많은 기업이 문을 닫은 상태다. 다섯째, 트럼프 대통령의

SMIC 제재 영향으로 반도체 공급이 줄어들었다. 설상가상으로 폭설 등 자연재해 발생으로 인한 반도체 공장 가동 중단 사태 및 중국 전기차 기업의 시스템 반도체 사재기까지 겹치면서 상황은 더욱 악화되었다.

취임 후 얼마 되지 않은 2021년 4월, 바이든 대통령은 차량용 반도체 대란을 중국의 반도체 산업에 대한 도전으로 간주하고 미국이 그동안 잠시 멈춰 있었던 반도체 패권을 다시 일으켜 세워야 한다는 방향으로 급회전하기 시작했다. 반도체 공급망 복원에 관한 최고경영자 화상 회의에서 바이든 대통령이 웨이퍼를 들고 "반도체는 인프라"라고 외친 의미를 알아야 한다. 반도체는 원래 미국이 주도했는데 어떻게 이런 사태가 벌어질 수 있는지에 대한 자조적인 표현이자 중국 반도체 산업의 성장을 막지 않으면 안 된다는 불안감이 함께 농축된 표현이라고 볼 수 있다.

또한 바이든 대통령이 "반도체는 미국이 세계를 이끌었고, 20세기 중반에도 그랬고, 21세기에도 그럴 겁니다."라고 강조한 것은 다시 미국 반도체 산업을 부활시키겠다는 강력한 의지의 표명일 것이다. 미국은 30~40년 전 세계 반도체 생산량의 37%를 차지했던 1990년의 영광을 다시 재현하겠다는 것이다.

미국이 자초한 반도체 생태계의 함정

반도체 설계는 미국과 유럽이 주도하고, 제조 및 OSAT(패키징 등 후

공정)는 한국, 대만, 중국 등 아시아가 주도하는 지금의 반도체 생태계는 1980년대 바로 미국 스스로가 만든 것이다. 1970년대 후반부터 시작된 히타치, 도시바, 미쓰비시 등 일본의 대표적 반도체 기업의 성장세가 미국의 반도체 산업을 위협하기 시작했다. 이른바 미국과 일본 기업 간의 반도체 치킨게임이었다. 일본의 반도체가 미국에 본격적으로 수입되었고 그로 인한 미국 반도체 기업들이 어려움을 겪기 시작했다. 미국 반도체협회도 성장하는 일본 반도체 산업에 대항하기 위해 1977년 3월 미국 실리콘밸리의 인텔 등 반도체 메이커 5개 회사가 중심이 되어 결성된 것이다. 1982년 설립된 반도체 연구기관인 미국 반도체연구협회SRC*도 비슷한 시기에 설립되었다.

세마테크SEMATECH**도 1987년 일본에 뒤지고 있던 반도체 기술을 만회하고 세계를 주도할 수 있는 반도체 제조 능력을 확대하기 위해 설립되었다. 1993년까지 일본을 능가하는 반도체 기술 확보를 목표로 1988년부터 활동을 시작한 것이었다. 당시 레이건 대통령은 일본 반도체 산업의 성장을 막기 위해서 덤핑 조사를 지시했다. 일본 반도체 기업에 100% 보복관세와 덤핑 소송, 3억 달러가 넘는 손해배상액 청구 등 10여 년간 일본 반도체 산업을 무차별적으로 공격했다. 이때

---

*   Semiconductor Research Consortium, 인력 양성 및 기술 연구를 위해 결성된 반도체 연구 기관으로, 1982년 미국 반도체산업협회(SIA)가 주축이 되어 매년 2,000억 원 규모의 자금을 대학 및 연구기관에 투자하고 있다.

** 반도체 제조 기술 컨소시엄으로 미국 반도체산업협회가 주축이 되어 설립한 컨소시엄 형태의 이른바 '반도체 제조 공동연구소'다. 초기에는 중복된 기술에 돈을 낭비하며 연구개발을 하지 말고 기업 간 공동기술 개발을 장려하는 목적으로 미국 정부가 자금지원을 했다. 그러나 나중에는 정부 지원 없이 참여 기업들이 연간 3,000~5,000억 달러의 돈을 내 연구개발을 진행하면서 미국 반도체 산업 경쟁력 확보에 결정적인 역할을 했다. 그러나 팹리스(fabless) 기업의 참여 부진 등의 이유로 2015년 세마테크는 결국 문을 닫게 되었다.

부터 일본 반도체 산업은 내리막길을 걷기 시작했고, 그 틈을 이용해 삼성전자 등의 한국 기업과 TSMC 등의 대만 기업들이 본격적으로 파고들기 시작한 것이다.

미국이 80년대 미일 간 반도체 치킨게임을 통해 얻은 것은, 시장 가격이 급변하는 메모리 반도체는 리스크가 크고 경제 효과가 크지 않을 것이기 때문에 부가가치가 높은 시스템 반도체에 집중해야 한다는 것이었다. 이러한 미국의 전략은 매우 성공한 것처럼 보였고, 실제로 PC와 가전 보급의 확대 등으로 시장은 더욱 확대되었다. 그러나 고도화되고 정밀화된 반도체 제조 공정이 필요해지면서 제조 R&D 및 공장이 필요해졌고, 그에 따른 엄청난 비용이 수반되었다. 그 결과 설계와 제조를 같이하는 종합 반도체 기업보다 설계만 하는 팹리스 기업들이 더 많은 수익을 보게 되었다. 그러한 미국 반도체 기업들의 선택과 집중에 따라 퀄컴Qualcomm, 엔비디아NVIDIA, 브로드컴BROADCOM 같은 팹리스 기업들이 본격적으로 성장하게 되었다. 결과적으로 부가가치가 높은 반도체 설계만 하고 제조는 TSMC 같은 파운드리 기업에 위탁하는, 지금의 반도체 생태계 구조가 형성된 것이다. 이처럼 반도체 생태계의 변화가 반도체 제조 기술의 변화를 뒤따르지 못하다 보니 자연스럽게 설계 기술의 발전 속도는 늦어지게 되었다. 다시 말해 반도체 제조 기술의 업그레이드와 성장에 따라 발전하는데, 제한된 칩 제조 기술 성장으로 미국의 설계 기술 성장이 주춤하게 된 것이다. 이러한 틈을 타서 급격히 성장한 나라가 바로 중국이다. 뒤늦은 미국의 반도체 산업 부흥이 시작되었고, 결국 반도체가 미중 경제 안보의 핵심 영역으로 자리 잡게 되었다.

메이드 인 USA를 만들어라!

바이든 대통령의 미국 반도체 제조 산업의 부흥은 단순히 중국 반도체 굴기를 원천봉쇄하겠다는 의미를 넘어서는 것이다. 미국은 이번 기회를 통해 잃어버린 반도체 제조 공급망을 새롭게 구축하여 모든 반도체를 '메이드 인 아메리카'로 만들려 하고 있다. 메이드 인 코리아, 메이드 인 타이완이 아닌 미국 주도의 반도체 공급망을 구축하겠다는 것으로 이를 위해 바이든 행정부는 2조 2,500억 달러의 인프라 투자 계획 중 반도체에 500억 달러(약 56조 원)를 투자하기로 했다. 이는 미국 내 19개의 새 공장과 7만 개 일자리를 창출할 수 있는 규모다. 2022년에는 미국 국방비와 국가 과학 재단이 12조 원을 출자해 국가 반도체 기술센터를 설립하는 등 발 빠르게 움직이고 있다. 그러한 관점에서 미국의 반도체 산업 부흥정책과 글로벌 반도체 기업들의 미국 투자 우대정책을 살펴보아야 한다.

2021년 3월, 미 의회 산하 인공지능국가 안보위원회NSCAI는 〈중국과의 AI 경쟁에서 승리하기 위해 미국 내 반도체 제조(팹) 투자를 확대해야 한다〉는 보고서를 백악관에 제출했다. 보고서에서는 '미국이 반도체 제조에서 자국 기업에 더 많은 세제 혜택을 주어 역내 시설 투자를 더욱 확대시켜야 한다고 강조'하고 있다. 자칫 잘못하면 한국 반도체 역량이 미국 반도체 산업 부흥에 이용되고 나중에 토사구팽 당하는 사태가 벌어질 수도 있다. 미국이 꿈꾸는 메이드 인 USA를 만들기 위해서는 1조 달러(약 1,200조 원) 이상의 천문학적인 돈이 들어가야 하는데 이러한 미국 우대정책이 언제까지 지속될 수 있을까?

미국 반도체산업협회도 "전 세계 국가가 반도체 자체 생산에 나선다면 초기 투자 비용만 1조 달러 이상이 소요되고 매년 1,250억 달러 수준의 엄청난 유지 비용이 들 수 있다."라며 비효율성을 강조했다. 또한 바이든 대통령의 재선 여부에 따라 지금의 반도체 기조가 또 어떻게 변화될지 그 누구도 장담할 수 없다. 만약 트럼프의 재등장 혹은 다른 공화당 대통령이 나오더라도 중국 견제의 기조는 변함없이 가겠지만, 반도체 부활을 위한 접근 방식 및 중국 제재 방식은 달라질 수도 있기 때문이다. 지금의 달콤한 유혹을 좀 더 냉정하게 살펴보아야 할 문제인 것이다.

미국은 전 세계 반도체 수요의 34%를 차지하고도 반도체 제조업 생태계 비중은 12% 정도에 불과하다. 향후 10년 내 24%까지 확대시키고 중장기적으로는 중국과 한국, 대만을 추월해 설계뿐 아니라 제조까지 1등 국가로 만들겠다는 계획에 있다. 자체적인 역량이 부족하니 한국과 대만 등의 도움을 받아 일어서고 중국 반도체 제조 기업의 성장을 무력화시키겠다는 의도다. 중국 반도체 산업의 성장과 한국, 대만 등 아시아에 집적화되어 있는 반도체 공급망 의존도 리스크가 언제든지 다시 부각될 수 있고, 그에 따른 미국 경제 압박과 향후 경제 안보 전쟁에서 뒤처질 수 있다는 불안감이 있는 것이다.

중국, 반도체 부품 국산화 작업 본격화

"10년 동안 단 하나의 칼을 갈듯, 100일에 1나노씩 줄이자十年磨一劍,百

天一纳米." 반도체 장비 전문기업인 베이징 화줘징커华卓精科를 방문하면 쉽게 눈에 들어오는 플래카드 내용이다. 화줘징커는 칭화대학 IC 제조 장비 연구실 8명의 엔지니어 박사 출신들이 모여 칭화대학과 정부의 지원을 받아 2012년 설립해 성장하고 있는 중국의 대표적인 반도체 장비 R&D 기업이다.

지난 2018년 미중 충돌이 본격화되는 시점에 나는 동문 자격으로 이 회사를 방문한 적이 있다. 이때 나는 "10년의 칼을 누구를 향한 것인가?" 하고 질문했다. 동문인 중국인 박사 친구가 웃으면서 "세계 최고의 노광기 제조 기업은 네덜란드의 ASML이지만 결국 미국을 향한 것이지 않겠느냐?"라고 답변했다. 사실 화줘징커는 대외적으로 드러나 있지는 않지만, 중국 유일의 노광기 장비 생산 기업인 상하이 마이크로 전자장비 그룹SMEE과 전략적 협력 관계에 있는 노광기 R&D 전문 기업이다. 2002년 노광기 장비 국산화를 시작으로 2009년 중국 최초의 노광기 SSB500/10A를 출시했으며, 90 나노미터 제품을 넘어 곧바로 28 나노미터 양산을 본격화하고 있다. SMEE의 노광기 개발 속도 뒤에 바로 '화줘징커'가 있다는 것이다.

미국의 중국에 대한 반도체 봉쇄정책으로 인해 중국 반도체 산업은 외부로부터 수혈받았던 팔다리가 모두 잘려나간 상태다. 이제 중국이 선택할 수 있는 것은 결국 기술 자립이고, 그것은 절대로 단시일 내 이루어지기 쉽지 않다. 그러나 중요한 사실은 중국은 결코 포기하지 않을 것이고 자국 기업과 시장을 기반으로 조금씩 앞으로 전진하고 있다는 것이다. 그러므로 국내외 매체에서 보도하듯이 중국 반도체 산업이 완전히 무너진 것처럼 이해하면 안 된다.

세계 반도체통계기구WSTS의 자료에 의하면, 중국 반도체 시장 규모는 2010년 570억 달러에서 2020년 1,434억 달러로 150% 이상 성장했다. 미국 반도체협회는 중국이 생산한 반도체 매출은 2015년 130억 달러(전 세계 3.8%)에 머물던 것이 2021년에는 450억 달러를 넘으며 세계 시장의 10%까지 성장하고 있어 결코 무시할 수 없다고 전망한 바 있다. 한편, 2021년 12월 미국 벨퍼 연구소의 〈미중 기술 격차〉 보고서에서 '현재 중국 반도체는 미국, 한국, 대만과 비교했을 때 약 20년 정도 뒤처져 있으나 10년 후 2030년 세계 반도체 시장 점유율에서 미국은 10% 이하로 떨어지고, 중국은 24%, 대만은 21%, 한국은 19%, 일본은 13%가 될 것'이라고 전망하고 있다. 그 배경에는 크게 세 가지 요인이 자리 잡고 있다.

첫째, 중국은 전 세계 최대 반도체 수요 시장으로 결국 내수 시장을 기반으로 하여 반도체 산업이 지속적으로 성장할 수 있다는 것이다. 반도체가 사용되는 모든 전자제품의 25%가 중국에서 소비되고 있고, 특히 전 세계 웨이퍼 출하량의 약 25%가 중국에서 생산되고 있다. 둘째, 중국 팹리스 기업들의 빠른 성장세다. 반도체 산업 생태계에서 미국이 주도하고 있는 설계 분야인 팹리스 성장 비중이 갈수록 늘어나고 있다는 것이다. 글로벌 팹리스 반도체 시장에서 중국이 차지하는 비중이 16%로 현재 미국과 대만에 이어 3위를 기록하고 있다. 중국 매출 상위 10대 반도체 기업 중 팹리스 기업이 대부분을 차지하고 있다. 셋째, 반도체 산업 중 중국이 가장 강점을 보이고 있는 OSAT(반도체 후공정) 영역의 성장이다. 중국의 주요 OSAT 기업은 글로벌 시장의 약 40%를 점유하고 있는 상태다.

:: 2020년 중국 매출 상위 10대 반도체 기업

기업명	반도체 분야	매출	연간 성장률
HiSilicon	반도체 설계 전문기업	75억 달러	22%
SMIC	파운드리	43억 달러	36%
JCET	패키징/테스트 기업	41억 달러	20%
Omnivision	반도체 설계 전문기업	27억 달러	63%
UNISOC	반도체 설계 전문기업	23억 달러	1%
ZTE	반도체 설계 전문기업	16억 달러	118%
TF Micro	패키징/테스트 기업	16억 달러	39%
Nexperia	종합반도체 회사	15억 달러	1%
Zhixin Micro	반도체 설계 전문기업	15억 달러	92%
Huada Semi	반도체 설계 전문기업	15억 달러	23%

출처 | 미국 반도체협회(SIA). 2022. 1. 10

:: 2020년 세계 10대 반도체 후공정 기업

순위	반도체 분야	지역	2020년 매출 (억 위안)	2020년 시장 점유율	매출 증가율 2020.Q2
1	ASE 日月光	대만	643.28	30.11%	10.91%
2	Amkor 安靠	미국	312.36	14.62%	12.17%
3	JCET 江苏长点	중국 장쑤	255.63	11.96%	19.09%
4	Powertech 力成	대만	174.83	8.18%	14.85%
5	TFME 通富微电	중국 장쑤	107.89	5.05%	30.46%
6	HUATIAN 华天科技	중국 깐수	84.00	3,93%	3.64%
7	KYEC 京元电子	대만	66.46	3.11%	13.92%
8	ChipMOS 南茂	대만	52.81	2.47%	12.55%
9	Chipbond 欣邦	대만	51.12	2.46%	9.35%
10	UTAC 联合科技	싱가폴	46.00	2.15%	-5.43%

출처 | 반도체업종연맹(半导体行业联盟), 2021. 6.

중국의 반도체 굴기 대장정

중국이 반도체 기술 자립을 위해서는 아직 넘어야 할 산이 너무 많다. 산업 생태계별로 기술 병목점이 많이 존재하고 있는 상황에서 결코 단시일 내 자립은 힘들겠지만 과거 공산당의 대장정처럼 반도체 대장정을 시작했다. 즉, 반도체 설계-제조-후공정-장비-소재·부품 등 다섯 가지 영역에서 반도체 대장정이 본격화되고 있다. 현재 중국에서는 나사 하나 조그마한 부품 하나 모두 해체하여 다시 조립하는 작업을 수없이 반복하는 작업이 진행 중이다. 중국 정부는 반도체 각 생태계별로 중국 대표 기업을 선정하고 그에 따른 정책과 자금을 지원한다. 정부가 컨트롤타워가 되어 각 반도체 생태계별로 대기업-중견기업-스타트업-대학 연구기관을 연계하는 개방형 혁신 플랫폼을 만들고 그에 따른 직간접적인 지원을 일사분란하게 진행하고 있는 듯하다.

반도체 자립을 위한 중국 펀드 규모도 향후 더욱 확대될 것으로 보인다. 2014년 9월에 결성된 중국 국가 반도체 산업 투자기금, 이른바 1기 빅 펀드 1,390억 위안(약 26조 3,000억 원)은 전체 50여 지원 기업 중 대부분 반도체 제조에 집중투자되었다. 나머지 17%는 설계, 10%는 후공정, 6%는 장비 및 소재 기업에 투자되었다. 2019년 10월에 결성된 2,042억 위안(약 38조 5,000억 원)의 2기 빅 펀드는 미국의 제재 영역인 노광기 등 장비와 소재 부품에 집중되고 있다. 2021년 6월 미국 상원에서 통과된 혁신경쟁법에서 5년간 미국 반도체 생산과 연구에 투자될 520억 달러는 중국의 빅 펀드 1기와 2기를 합친 금액과 거의 비슷한 금액이다. 그런데 우리가 놓치고 있는 것이 있다. 바로 지방정부가 반도체 산업 육성을 위해 지속적으로 결성하고 있는 반도체 펀드 자금이다. 중앙정부의 빅 펀드 조성에 발맞추어 지방정부도 반도체 산업 펀드를 조성해 반도체 기술 자립에 참여하고 있다. 현재 지방정부의 반도체 산업 펀드 규모만 총 3,508억 위안(약 66조 2,000억

:: 중국 반도체 산업의 병목 기술

공급망	핵심 기술	주요국	점유율	미국 점유율	중국 점유율
설계툴	EDA&핵심 IP	미국, 유럽	94%	74%	3%
제조(Fabs)	최첨단 로직 칩(10nm)	대만	92%	0%	0%
	메모리 칩	한국	44%	5%	14%
웨이퍼 제조 장비 (Wafer manufacturing and handing tools)	크리스탈 성장로 (Crystal growing fumaces)	독일	100%	0%	0%
	웨이퍼 본더 및 얼라이너	오스트리아	83%	5%	0%
	크리스탈 가공 장비		95%	0%	0%
	웨이퍼 처리 장비		88%	6%	<1%
증착 장비 (Deposition tools)	스핀 코팅 장비		100%	0%	0%
	튜브 확산 및 증착 장비	일본	84%	<1%	3.1%
조립, 패키징 장비 (Assembly & packaging tools)	다이싱 장비		85%	2%	8.6%
노광장비 (Lithography tools)	레지스트 프로세싱 장비		96%	<1%	<1%
	EUV 레지스트		>90%	0%	0%
	EUV 사진 제판 장비	네덜란드	100%	0%	0%
	레이저 증폭기 및 거울	독일	100%	0%	0%

출처 | 연원호(2021), 〈중국의 반도체 EUV 레이저 증폭기 및 거울산업 육성 정책 동향과 시사점〉. 세미나 발표 자료

원)으로 중앙정부의 빅 펀드 1기와 2기를 합한 규모다. 예를 들어 상하이 자체적으로 펀드를 구성해 화웨이 D랩 공장을 지원하는 것처럼 지방정부의 반도체 펀드도 결코 만만치 않은 상황이다.

"반도체는 사람의 심장과 같다. 심장이 약하면 덩치가 아무리 커도 결코 강하다고 할 수 없다.裝備制造業的芯片 相当与人的心脏 心脏不强 体量再大也不算强." 2018년 4월 26일 시진핑 주석의 이른바 '반도체 심장론' 이다. 시 주석은 반도체 자립의 대장정과 14억 인민의 총단결을 촉구하고 있는 듯하다.

:: **중국 지방정부의 반도체 산업 투자 펀드 현황(2019년 기준)**

지방정부	펀드 명칭	조성 시기	금액(억 위안)
베이징	반도체 산업 발전 지분권 투자펀드	2014년 7월	300
	해외 평행 펀드	2015년 7월	20
상하이	상하이 반도체 산업 펀드	2016년 1월	500
푸젠성	푸젠성 안신(安芯) 투자펀드	2016년 2월	500
난징시	난징시 반도체 산업 전문 발전 펀드	2016년 12월	600
산시성	산시성 반도체 산업 투자펀드	2016년 8월	300
후베이성	후베이성 반도체 산업 투자펀드	2015년 8월	300
허페이시	허페이 반도체 산업 투자펀드	2015년 5월	100
구이저우시	구이저우 화신(华芯)반도체 산업 투자펀드	2015년 12월	18
후난성	후난 궈후이(国徽)반도체 창업 투자펀드	2015년 12월	50
샤먼시	샤먼 반도체 발전 펀드	2016년 3월	500
쓰촨성	쓰촨성 반도체 및 정보보안산업 투자펀드	2016년 3월	120
우시시	우시시 반도체 산업 발전 펀드	2017년 1월	200

출처 | 중국 국방대학(曹永胜), 글로벌 시각에서 본 중국 반도체 산업의 발전, 신소재 산업(全球视野下的我国芯片产业的发展', 新材料产业), 2019. 12.

PART 3

미중 신냉전
현장을 가다!

THE FUTURE INSIGHT OF NATIONAL INTEREST

━ 1 ━
기술 표준을 둘러싼
미중 전쟁

서방 국가들의 국제 표준 지원금은 줄고 있는데
중국은 증가하고 있다.
이런 추세대로 간다면 향후 중국 표준 규칙을 따르게 되더라도
결코 이상한 일이 아니다.
독일 표준협회(DIN)의 크리스토프 빈터할터 최고경영자(CEO)

5G 표준을 중국에 빼앗긴 미국은 다급해졌다. 2021년 4월 민주당과 공화당 의원이 힘을 합쳐 중국의 글로벌 기술 표준화에 대응해 백악관 내 기술 표준을 전담하는 태스크포스Task Force를 만들어야 한다는 법안을 발의했다. 백악관 과학기술 정책실 내부 전담팀을 신설해 5G 나 AI 등 중국의 첨단 기술 분야 표준 선점을 빠르게 막고 미국의 경쟁력을 증진시켜야 한다는 것이다. 연방기관을 포함해 기술 표준 전문학자와 엔지니어 등을 참여시켜 국제 표준 기구에 중국의 참여와 세력의 확산을 적극적으로 막아야 한다는 것이 법안의 주요 골자 내용이다. 이는 기술 표준을 선도했던 미국의 자존심을 다시 회복하고 미국의 기술 산업을 강화하고자 하는 것이다.

미국의 중국 때리기에는 민주당과 공화당이 따로 없다. 미국이 기술 표준에 긴장하는 데는 그만큼의 이유가 있다. 아마도 미국은 핵심인 5G 표준을 중국에 빼앗긴 것이 큰 충격으로 다가왔을 것이다.

6G를 선점하라!

5G 시대도 정착되지 않았는데, 한국과 일본은 미국과 중국을 중심으로 6G를 선점하기 위한 치열한 경쟁을 펼치고 있다. 6G 기술 표준의 국제적 이니셔티브가 아직 시작되지는 않았지만 빠르면 2023년부터 시작될 것으로 보인다. 통신 표준의 선점은 국가 경제 발전과 미래 안보에 있어서 매우 중요한 역할을 한다. 2G는 유럽이 먼저 선점하면서 기술적 우위를 선점했고, 3G는 일본, 4G는 2011년 미국이 시장을 장악한 바 있다. 그리고 5G는 세계가 깜짝 놀랄 만큼 중국이 선점해 시장을 장악하고 있다. 그러니 미국이 조급해질 수밖에 없다. 6G는 한국과 중국이 주도적으로 앞서가고 있는 분위기다. 5G는 한국이 5G 상용 서비스를 중국보다 먼저 시작했지만, 5G 보급률은 중국보다 훨씬 뒤처져 있다.

6G는 지상 통신과 위성통신의 통합된 형태로 무엇보다 위성통신 기술 개발이 6G 표준 결정에 있어 핵심이다. 6G는 우주 상업시대와 연동되는 통신 네트워크인 만큼 저궤도의 인공위성이 있어야 가능하기 때문에 한국도 2031년까지 통신위성 14기를 쏘아 6G 시대를 주도한다는 계획이다. 데이터 전송 속도가 5G의 100배에 달하는 6G

는 5G보다 1000비피에스bps(데이터 전송 속도를 나타내는 단위) 높은 테라헤르츠Terahertz 주파수 대역 전송 용량을 사용하며, 네트워크 지연도 밀리초(1000분의 1초)에서 마이크로초(100만분의 1초)로 확연히 줄어들어 새로운 통신 네트워크 환경과 디지털 생태계를 만들게 된다.

그런데 중국의 6G 개발 속도가 매우 빠르다. 2020년 세계 최초로 우주에서 테라헤르츠 통신 적용을 검증한, 다시 말해 6G 시험 위성 발사에 성공한 최초의 국가가 바로 중국이다. 2021년 닛케이에서 6G 핵심 특허 출원 건수를 분석한 결과 화웨이를 중심으로 하는 중국 기업이 40.3%, 미국 기업이 35.2%, 일본 9.9%, 유럽 8.9%, 한국 4.2%를 차지하며 6G를 두고 치열한 기술 표준 전쟁이 일어나고 있다. 6G 핵심 특허 출원에는 통신 기술, 기지국 기술, AI를 포함한 6G 관련 분야의 2만 개 특허가 포함되어 있는데 미국을 추월하고 중국이 압도적인 1위를 차지하고 있다.

미국은 앞서가는 중국의 6G 기술을 따라잡기 위해 2020년 동맹국들과 함께 6G 동맹을 강화하는, 이른바 '넥스트 G 얼라이언스Next G Alliance'를 구축했다. 동맹의 전략적 과제는 6G 전략 로드맵 수립, 6G 관련 정책 및 예산 추진, 6G 기술 및 서비스의 글로벌 확산이라는 의제로 애플, 인텔, 퀄컴, 삼성, LG 등 글로벌 정보통신 기업을 회원으로 참여시켰다. 또한 미국과 일본은 이미 6G 기술 연구개발을 위해 45억 달러의 공동 투자를 발표했다. 향후 6G 기술 표준은 결국 미국과 중국의 주도 국면에서 'EU가 어느 나라를 선택할 것인가?' '확장성은 느리지만 한국의 빠른 6G 기술 상용화가 어떻게 시장 변화를 바꿀 것인가?' 하는 데 달려 있다.

EU 입장에서는 미국과 중국 어느 특정 국가의 기술 표준을 선택하기보다 EU 시장과의 호환성을 기준으로 선택하되 두 나라 사이에서 중립을 지킬 가능성이 크다. 그러나 이 또한 만만치 않은 상황이다. 유럽의 기업 입장에서는 하나를 선택하면 다른 국가는 진입할 수 없게 되어 경제적 손실이 클 수 있기 때문이다. 6G 기술 표준은 지정학적 경쟁 구도로 미국의 기술 표준과 중국의 기술 표준으로 양분되어갈 가능성도 배제할 수 없다. 현재 유럽은 비용과 네트워크 보안의 균형을 유지하는 데 까다로운 문제에 직면해 있으며, 통신 수요를 단일 공급 업체 또는 공급망에 의존하는 것을 피하고자 한다. 미중 간 지정학적 경쟁 구도가 6G 표준으로 확대되면서 미래 통신 인프라 시장도 많은 변화를 예고하고 있다.

차이나 스탠더드를 막아라!

중국이 주도적으로 만든 국제 표준은 650개를 넘어서고 있고, 중국의 세계 국제표준화기구^{ISO}에 대한 영향력도 점차 확대되고 있다. 국제전기통신연합^{ITU}, 국제전기기술위원회^{IEC} 등 4곳의 국제표준화 관련 기구에서 현재 중국인이 대표를 맡고 있으며, 한때는 국제표준화기구의 회장을 맡기도 했다. 10년 전과 비교해보면 국제표준화 관련 기구 산하 각각 사무국에서 의장이나 간사 역할을 하는 중국인이 대표를 맡고 있는 수가 2배 이상 늘어난 상태다. 예를 들어 국제통신 표준을 제정하는 국제전기통신연합^{ITU} 사무총장에 중국인 훌린 자오^{Houlin}

Zhao가 2019년 4년 임기에 재선임되었고, 각종 표준화 조직 기구의 기술위원회는 중국 전문가들이 압도적으로 다수를 차지하고 있으며, 국제표준화 상임이사국으로서 막강한 파워를 구사하고 있다.

국제표준화기구에 대표로 선출되면 의제를 설정하거나 차기 의장 지명을 주도할 수 있기 때문에 영향력이 매우 클 수밖에 없다. 예를 들어 국제전기통신연합ITU에서 5G 표준을 승인하는 기반이 3GPP3rd Generation Partnership Project 표준으로 중국 주도의 5G16 기술이 채택될 수 있었던 것도 그러한 영향력 때문이라고 볼 수 있다. 이를 계기로 중국의 5G 통신산업이 가속화되었다. 미국과 유럽 중심의 국제 표준 발언권이 점차 중국으로 이전되고 있음을 의미한다. 중국 제조 2025가 미중 기술 패권을 알리는 서막이었다면, 중국 표준 2035는 미중 국제 표준 전쟁을 알리는 또 하나의 계기가 되었다.

국제표준화기구에 등록된 중국 전문가만 5,000명이 넘다 보니 중국 주도의 글로벌 표준도 더욱 확대되고 있는 추세다. 5G 표준 특허 Standard Essential Patent의 경우 3분의 1 이상을 화웨이를 중심으로 중국 기업들이 싹쓸이하고 있다. 중국 정부는 국제 표준에 적극적으로 참여

:: **국가별 국제 표준화기구 대표 수 비중 변화**

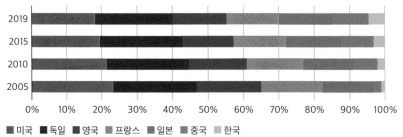

■ 미국 ■ 독일 ■ 영국 ■ 프랑스 ■ 일본 ■ 중국 ■ 한국

출처 | JRI(2020)와 산업연구원

하는 자국 기업에 대해서는 최대 100만 위안(약 2억 원)의 보조금을 지원하며 미국 및 유럽을 긴장시키고 있다. 게다가 중국 패권의 큰 그림이라고 할 수 있는 일대일로도 결국 세계 표준화의 꿈을 실현하기 위한 전략이라고 볼 수 있다. 중국 공업정보화부는 2018년 11월 '일대일로 건설에 산업통신업 표준화 업무를 실시하는 것에 대한 의견'이라는 문건을 발표한 바 있다. 일대일로 참여 국가들과 함께 국제 표준을 제정하고, 중국 표준 체계에 참여 국가를 연결하면서 중국의 주도권과 영향력을 강화하고자 하는 전략이다. 예를 들어 인도네시아, 나이지리아 등 일대일로 인프라 사업 지원 국가에서 보조금 지원을 통해 철도나 송전사업 프로젝트를 수주한 뒤 중국 표준을 현지에 적용하는 방식이다. 중국이 적극적으로 펼치고 있는 스마트 시티, 스마트 팩토리, 자율주행차, 헬스 케어 등 5G 중심의 미래 4차산업 기반을 가지고 일대일로 참여 국가들에게 그대로 적용할 가능성이 크기 때문이다. 나아가 동남아, 중앙아시아 등 일대일로 참여국을 대상으로 적극적인 표준화 작업을 진행할 것이다.

한편, 중국식 기술 표준을 막기 위해 미국과 EU가 힘을 모으기 시작했다. 2021년 9월 미국과 EU가 공동으로 만든 미국과 EU 무역기술위원회US-EU Trade and Technology Council, TTC 10개의 워킹그룹 중 가장 눈에 띄는 부분이 바로 '첨단 기술 표준 협력Technology Standard Cooperation'이다. 중국 표준 2030이 가시화되면서 미국과 EU의 움직임이 빨라지고 있다. 미국과 EU 사이 첨단 기술 표준 협력은 크게 AI, 사물인터넷, 바이오 기술 및 제약, 의료기기, 적층제조, 로봇공학, 블록체인 및 최첨단 기술 등 8개 영역으로 구분되어 있다.

중국이 국제 표준에 목매는 이유는?

중국이 국제표준와기구에 적극적으로 참여하는 이유는 크게 세 가지로 요약할 수 있다. 첫째, 과거 미국 주도의 기술 표준을 넘어서 자체적인 기술 표준화를 통한 국제적 영향력을 확대하겠다는 것이다. 둘째, 관세를 통한 자국 산업 보호는 제한적인 반면에 기술 표준은 자국 산업을 보호하기 위한 매우 효과적인 수단이 될 수 있다는 것이다. 2000년 초 기술 표준이 없는 중국으로서는 결국 춤만 추고 돈은 외국 기업이 벌어가는 아픈 경험을 하며 중국 기술 표준의 중요성을 깨달았다. 특히 미국 기술을 사용하기 위해 미국 기업에 지불해야 하는 막대한 로열티는 중국 기술에 기초한 표준 정책과 국제 표준화의 필요성을 더욱 절실하게 만드는 계기가 되었다. 셋째, 과거 일본처럼 '갈라파고스 신드롬Galapagos syndrome'에 빠져들 수도 있다는 우려 때문이다. '갈라파고스 신드롬'은 전 세계적으로 쓸 수 있는 제품인데도 자국 시장만을 염두에 두고 제품을 만들어 글로벌 표준과 경쟁에 뒤처지게 되는 현상을 의미한다. 일본은 과거 다른 나라에 비해 빠르게 모바일 인터넷, 모바일 TV 등을 상용화하며 통신산업이 발전했다. 휴대전화 기술은 1999년 이메일, 2000년 카메라 휴대전화, 2001년 3세대 네트워크, 2002년 음악 파일 다운로드, 2004년 전자결제, 2005년 디지털 TV 등 매년 앞선 기술을 선보이며 시장을 주도했다. 2009년 일본 내 3G 휴대폰 이용자가 미국의 2배 수준인 1억 명에 이르렀고, 자국의 내수 시장에 만족한 일본은 국제 표준을 소홀히 해 결국 국제 경쟁력을 약화시키는 결과를 낳았다. 그 틈을 타고 한국이 국제 표준화에 적극적으로 동참하면서 통신기술이 발전하는 계기가 되었다. 미중 표준 전쟁은 자칫 잘못하면 미국 중심의 동맹 블록과 중국 중심의 지역 블록 사이 자신들만의 표준만 고집함으로써 세계시장에서 폭넓게 사용되는 것이 아니라 권역별로 고립되는, 이른바 갈라파고스화*가 지속되어 점차 기술 민주주의Tech Democracy와 기술 독재주의Tech Authoritarianism의 전쟁으로 확산될 가능성도 있다.

특히 서방 국가의 반중국 정서가 계속 확산될 경우 중국의 국제화 표준 참여가 제한될 가능성도 배제할 수 없다. 최근 이동통신, AI 등 4차 산업혁명 기술 진보에 따라 국제 표준을 둘러싼 논쟁이 더욱 가열되고 있는 데다 가상화폐와 메타버스 등 신기술의 출현 속도가 빨라지면서 미중 양국의 표준화 선점 경쟁도 본격화되고 있다. 신기술의 출현과 ESG(환경·사회·지배 구조) 경영, 탄소 중립 등의 경영환경 변화 과정에서 국제 표준을 선점하는 것은 국제 경쟁력을 높이는 가장 효과적인 방법이기 때문이다. 불붙은 미중 기술 패권 2라운드 전쟁의 중심에는 바로 국제 표준화 경쟁이 자리 잡고 있다.

'중국 표준 2035'를 숨기는 이유?

2020년 3월 중국 정부는 '2020년 국가 표준화 작업의 요점'이라는 문서를 공개한 바 있다. 바로 사물인터넷, 클라우드 컴퓨팅, 빅데이터,

---

* 자신들만의 표준만 고집함으로써 세계시장에서 고립되는 현상을 말한다.

5G, AI 등 4차 산업혁명 기술 표준을 선도해나가는 '중국 표준 2035'의 서막을 알리는 것이었다. 모든 매체가 '중국 표준 2035'가 2020년 말에 공개될 것이라고 보도했고, 미중 기술 패권의 핵심인 중국 표준 2035를 통해 기술 표준 전략을 더욱 세분화하고 구체화할 것으로 생각했다. 이는 곧 미중 기술 패권 2라운드 전쟁의 시작과 함께 미국, 중국, 유럽 간의 기술 표준화를 둘러싼 전쟁이 더욱 가열될 것으로 전망했다. 2020년 3월 문서가 공개되자마자 미국 의회는 한 달 만에 중국 기술 표준화 선점을 막아야 한다는 관련 법안을 일사천리로 발의했다. 그리고 2년이 지났지만 중국 정부는 중국 표준 2035 계획을 대외적으로 공개하고 있지 않다. 중국이 발톱을 숨기고 있는 이유는 중국 제조 2025*가 미중 신냉전의 단초가 된 것처럼 중국 표준 2035는 미중 기술 패권을 더욱 악화시키는 계기가 될 수 있다고 보는 것이다.

2018년 미중 충돌이 본격화되면서 중국 지도부의 공개 발언이나 문장에서 갑자기 중국 제조 2025가 사라진 것도 그런 맥락이다. 중국 제조 2025는 2015년 처음 언급된 이후 2016~2018년까지 3년 연속 리커창 총리의 양회** 정부 업무보고에서 핵심 어젠다로 자리매김했다. 중국 제조 2025는 세계 첨단 제조 강국이 되기 위해 중국이 추진하는 산업의 고도화 중장기 전략이었다. 차세대 IT, 로봇, 항공우주, 해양 공학, 고속철도, 고효율·신에너지 차량, 친환경 전력, 농업 기기, 신소재, 바이오 등 중국의 미래를 이끌어갈 10대 핵심 산업을 적극적으로

---

* 2015년 5월 8일 중국 국무원이 제조업 활성화를 목표로 발표한 산업 고도화 전략을 말한다.
** 중국에서 매년 3월에 거행되는 정치 행사인 전국인민대표대회와 전국인민정치협상회의를 통칭하는 말로, 중국 정부의 운영 방침이 정해지는 중국 최대의 정치 행사다.

육성하는 것이 골자이다. 중국 제조 2025를 통해 2035년까지 독일과 일본을 추월하고, 2049년에는 미국을 추월해 세계 첨단 제조업 강국의 선두에 서겠다는 목표다. 그런데 2019년 양회 정부 업무보고에서 중국 제조 2025라는 말이 사라졌고, 그 이후 다른 공식적인 자리에서도 중국 제조 2025라는 표현을 잘 쓰지 않고 있다. 미국과 EU의 심기를 가능한 한 건드리지 않으려는 중국의 고육책이기도 하다. 중국 제조 2025는 미래 핵심 기술을 두고 미중 패권 다툼의 도화선이 되었기 때문이다. 이에 중국은 2019년부터 '중국 제조 2025'라는 말 대신에 '스마트 플러스'라는 이름으로 기술 자립을 독려하고 있다. 2019년 양회 정부 업무보고에서 리커창 총리는 "제조업의 질적 성장을 지속적으로 추진하고 산업의 기초와 기술 혁신력을 강화하고, 선진 제조업과 현대 서비스업의 융합 발전을 촉진해 첨단 제조 강국 건설에 박차를 가할 것"이라고 강조했다. 중국 제조 2025는 여전히 살아 있지만, 언어적 유희를 통해 세부적인 내용을 숨기고 있는 것이다.

국제 표준화 전략의 행동 강령인 중국 표준 2035도 마찬가지다. 중국은 '괜히 긁어 부스럼 만들지 말자.'라는 속내로 미국과 유럽을 불필요하게 자극할 필요가 없다고 생각했다. 문제는 대외적으로 공개되지 않고 있는 중국 표준 2035는 이미 세부적으로 구체화되고 있다는 것이다.

중국 국가표준화관리위원회*에 의하면 2020년 말 현재 총 4,334

---

* 국무원의 표준화 행정 주관 부문으로서 2001년 표준화 작업의 통일적인 관리를 강화하기 위해 설립되어 현재 중국 전국의 표준화 작업을 총괄하여 관리하는 역할을 담당한다. 2015년 국무원이 발표한 '표준화 작업 개혁 방안'에 따라 2015~2020년까지 세 단계로 나누어 표준화 작업 개혁을 추진했다.

개의 사회단체가 전국 단체 표준 정보플랫폼에 등록해 2만 1,350건의 단체 표준을 발표한 상태다. 또한 2020년 기준 전국 전문표준화기술위원회는 총 1,330개로 기술위원회^{TC} 545개, 분과위원회^{SC} 771개, 표준화 워킹그룹^{SWG} 14개로 구성되었다. 정부가 컨트롤타워가 되어 산학연産學研을 연결시키는 등 국제 표준화 작업을 더욱 가속화시키고 있다. 중국 국제 표준의 방향은 첨단 제조업, 디지털화 전환, 신산업, 탄소 중립 등 미래의 경제와 산업에 중점을 두고 있다.

2021년 4월 국가표준화관리위원회가 발표한 '2021년 전국 표준화 작업 요점'의 내용을 보면 핵심 기초 부품, 핵심 소재, 선진 기술 등 산업 공급망의 표준화 수준을 제고하고, 글로벌 표준 체계를 구축하기 위한 내용들이 부분적으로 소개되어 있다. 특히 희토류 및 반도체 소재 표준을 빠른 시일 내 구축할 것을 언급하고 있다는 것에 주목할 필요가 있다. 또한 선진 교통장비, 신에너지차, 스마트 커넥티드카, 스마트 선박 등의 표준 체계를 구축하고 AI, 빅데이터, 사물인터넷, 블록체인 등 분야의 글로벌 표준을 위한 방향성을 간접적으로 제시하고 있다. 나아가 중국판 뉴딜의 핵심 중 하나인 신형 인프라의 전반적인 정보 인프라 표준을 구체화하고 있다. 세부 내용이 공개되지 않았지만 데이터 보안, 스마트 자동차, 산업 인터넷의 데이터 수집에 있어서 국가 표준을 제정하고 디지털 트윈, 공급망 관리의 표준화를 통해 일대일로 참여 국가들에 스마트 제조 표준 체계를 확보하려 하고 있다. 특히 탄소 배출 정점 도달 표준화 세부 초안을 구상해 에너지 절약과 탄소 배출 관리 표준 체계를 만들며 탄소 중립의 표준화와 국제화 작업에도 박차를 가하고 있다.

2021년 10월에는 공산당 명의의 강제성 문건인 '국가 표준화 발전 요강'이 발표되어 중국공산당 중앙위원회와 국무원이 중국의 중장기 글로벌 표준에 대한 발전 계획과 방향을 제시하고 있다. 2021년 12월에는 국가표준화관리위원회와 중앙 네트워크 안전정보화위원회, 과학기술부, 공업정보화부 등 10개 부처가 공동으로 14·5 국가 표준 체계 건설 규획을 발표하는 등 발 빠르게 움직이고 있다.

美 우주군 vs 中 우주몽의 충돌

우주와 관련된 모든 분야는 중국이 선도할 것이고,
거대한 우주 탐사를 통해 강력한 항공 우주 국가를 건설할 것이다.
우주몽 실현이 멀지 않았다.
중국 신화사 사설 2016. 3.24

중국은 아주 공격적인 경쟁자로 중국 항공우주산업을 경계해야 한다.
빌 넬슨 나사 국장 2021. 12

2021년 6월 중국 우주비행사 3명을 태운 선저우 12호가 2022년 말 완공을 앞두고 막바지 운영 테스트 중인 우주정거장에 3개월간 체류하고 성공적으로 귀환했다. 그리고 10월 우주정거장의 핵심 모듈인 톈허Tianhe와 도킹을 위해 3명의 비행사를 태운 유인 우주선 선저우 13호가 발사되었다. 우주정거장인 톈궁 조립과 건설 관련 기술 테스트, 각종 장치 설치 및 과학실험 등을 성공적으로 수행하고 중국 우주 개발 역사상 최장기록인 183일간 우주에 체류했다. 그리고 2022년 4월 16일 지구로 무사히 귀환했다. 한편, 2022년 3월 31일 미국 항공우주국 우주비행사와 러시아 우주인 2명이 국제우주정거장ISS에서 세계 최장기록인 355일을 체류하고 귀환했다. 우주 공간에서 얼마나 체류하는지를 두고 미중 양국이 보이지 않는 신경전을 벌이고 있다. 미국이 자국산이 아닌 러시아 유인 우주선인 소유즈 MS-19임을 감안한다면 우주 체류 기간은 미국이 승리한 것처럼 보이지만, 어떻게 보면 반만 승리한 셈이다. 중국은 우주정거장 톈궁 건설의 마지막 작업을 위해 2022년 6월 4일 세 번째 유인 우주선 선저우 14호를 발사하며 막바지 작업에 박차를 가하고 있다.

2022년 중국의 독자적인 우주정거장인 톈궁 건설 완공이 가시화되자 미국의 발걸음이 점점 빨라지고 있다. 2021년 12월 미국은 러시아, 유럽, 일본, 캐나다 등과 공동으로 운영하는 인류 최대 우주 실험실인 국제우주정거장의 운영을 2030년까지 6년 연장하기로 했다. 만약 국제우주정거장이 2024년 종료될 경우, 중국이 운영하게 될 우주정거장 톈궁이 세계 유일의 우주정거장이 되는 셈이다. 미국으로서는 우주항공의 주도권을 중국에 빼앗길 수 없다. 그런데 미국에 또 하나의 변수가 생겼다. 우크라이나 사태로 미국 주도의 서방이 러시아를 압박하자 그에 대한 대응으로 러시아는 국제우주정거장 사업에서 탈퇴하겠다고 선언한 것이다. 국제우주정거장 운영은 미국과 러시아의 핵심인데 말이다. 우주화물선 '프로그레스'의 엔진을 주기적으로 분사해 국제 우주정거장의 고도를 지구 상공 400㎞ 안팎으로 유지하는 역할을 맡고 있는 러시아가 협력을 중단한다면 운영에 큰 차질이 생길 수밖에 없다.

미래의 우주 패권을 잡아라!

중국의 우주 경쟁력 수준은 어디까지 와 있을까? 2021년 한국과학기술기획평가원은 2019년 기준 우주산업 관련 미국이 100이라면 중국이 89%의 기술 수준에 도달했고, 일본이 86%, 한국은 60% 정도로 분석하고 있다. 그러나 미국이 보는 중국의 우주 경쟁력은 더 높게 평가되고 있다. 미국 국방정보국이 2019년 발표한 〈우주 안보에 대한 도전〉이라는 보고서에서 '미국의 적들은 우주를 무기화하고 있지만, 미국은 이에 대응해야 할 군이나 정책의 비효율성으로 인해 우주 분야의 위협에 대응할 수 있는 능력이 감소하고 있다.'라고 경고한 바 있다. 여기서 미국의 적은 중국과 러시아를 의미한다. 특히 중국의 우주 경쟁력이 성장하면서 미국의 우주 지배력을 빠르게 약화시키고 있는 데다 중국의 자체적인 GPS 시스템을 통해 미국을 감시하고 추적하고 있다고 미국은 판단하고 있다.

우주 개발 기술 방면에서 아직 미국에 조금 뒤처질 수 있지만 중국의 우주 굴기 속도가 점차 가속화되고 있고, 우주산업 분야의 양적인 면에서는 미국을 위협하고 있는 상태다. 뉴욕타임스는 2021년 기준으로 우주에는 군사용을 포함해 약 3,000개의 인공위성이 있는데 미국의 인공위성이 1,425개이고 중국이 382개로 2위, 러시아가 172개로 3위다. 그러나 매년 신규 발사하는 인공위성의 숫자는 중국이 39개로 미국을 앞질렀다고 보도한 바 있다.

중국 우주산업의 발전은 1960년대로 거슬러 올라간다. 중국의 우주 개발은 냉전 시대 초기 구소련 기술을 이전받으면서 본격적으로 시작되었다. 1960년 소련과의 기술 협력으로 미사일 둥펑 1호를 최초로 개발했고, 중국의 성장을 우려한 소련이 중국과 협력을 거부하자 중국은 기존의 둥펑 1회 개발 경험을 기반으로 힘들게 자체적으로 둥펑 2호 발사에 성공했다. 그리고 1964년 원자탄, 1967년 수소탄 개발에 연이어 성공했다. 1970년에는 고비사막에서 첫 번째 인공위성을 발사했고, 2003년에는 첫 번째 유인 우주선을 성공적으로 발사했다. 미국과 소련이 성공하고 약 40년이 지나서 중국이 세계 세 번째로 유인 우주선 발사에 성공한 것이다.

중국의 우주 몽夢은 실현될까?

중국은 이러한 미사일 기술을 개량해 우주발사체 창정 1, 2, 3호 등을 개발했고, 미사일과 핵탄두 결합에 성공하면서 전 세계로부터 중국의 전략 전술 핵무기를 인정받는 계기가 되었다. 나아가 2004년 달 착륙 계획(창어 공정) 등 독자적으로 우주 항공 굴기를 주도해나가며 우주 자립에 대한 꿈을 실현해나간 셈이다. 미국과 러시아가 긴장할 수밖에 없다. 2022년 완공될 중국의 우주정거장 톈궁 개발도 바로 1990년 미국이 중국을 배제하고 국제우주정거장을 만들자 우주정거장 자립이라는 목표로 진행했고, 드디어 33년 만에 독자적으로 우주정거장을 구축하게 된 것이다.

중국의 로켓 발사도 2018년을 기점으로 미국을 추월하기 시작했다. 2007년 이전까지만 해도 매년 중국이 발사한 우주 로켓은 평균

중국 우주 개발의 중장기 목표

① 1단계 지구 궤도 위성
- 1년에 수십 개의 위성을 쏘아 올리는 위성 강국, 1단계 실현

② 2단계 유인 우주 실현
- 유인 우주선은 2003년 최초의 유인 우주선을 쏜 데 이어, 2022년 우주정거장 구축 목표

③ 3단계 심(深)우주(deep space) 탐사
- 화성 탐사 프로그램인 텐원 1호의 성공적인 화성 도착

10회 정도였으나 2017년부터 비약적인 발전을 이루었고 최근 5년간 발사 횟수가 152회에 이를 정도다. 2021년의 경우 중국 로켓 발사는 총 48회로 만약 중국 우주항공 분야 기업들이 발사한 횟수를 포함하면 총 55회 로켓 발사로 세계 1위를 차지한다.

중국 국가항천국CNSA은 150톤의 대형 우주선을 실을 수 있는 로켓을 개발하는 등 우주 굴기 실현을 위해 박차를 가하는 모양새다. 중국의 우주개발 예산은 아직 미국의 476억 9,100만 달러(약 59조 7,000억 원)에 비해 월등한 차이를 보이고 있다. 그러나 이는 공개된 수치에 불과하다. 공개된 자료에 의하면, 우주 개발에 투입되는 중국 정부 예산은 2020년 기준 약 88억 5,300만 달러(약 11조 1,000억 원)이고 2022년 약 120억 달러(약 15조 원) 이상 투입할 것으로 전망된다. 만약 민간 우주 프로그램에 투입되는 80~110억 달러(약 10~13조 원)까지 합치면 엄청난 규모다. 미국은 민감한 중국 국방비를 포함하여 구체적인 우주 개발 투입 예산이 대외적으로 공개된 것에 비해 훨씬 더 많을 것으로 추정하고 있다.

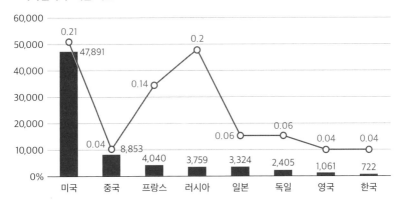

:: 국가별 우주 개발 예산(2020)

■ 예산 규모　**─◯─** GDP 대비 비중

출처 | 정부 우주 프로그램 프로필(유로컨설트, 2020)

　　중국은 미국, 러시아에 이어 세 번째로 무인 우주선 발사를 넘어 유인 우주선, 달 탐사선 등 지속적인 우주 탐사 연구를 진행하고 있다. 중국 독자의 국제항법GPS 베이더우北斗 인공위성, 고해상도 관측 위성인 가오펀高分, 통신 위성인 중싱中星 16호, 망원경 위성인 장형張衡 1호, 과학 위성인 스젠實踐 13호뿐만 아니라 통신 위성, 측지 위성, 과학실험 위성 등 다양한 상업 우주 영역에서도 급속도로 발전하고 있다. 우주항공 관련 국가 및 민간 인력 종사자가 60만 명 이상이고, 천인 계획을 통해 우주항공 분야 글로벌 우수 인재들도 적극적으로 유치하고 있다. 중국의 우주몽은 이제 러시아를 넘어 미국을 향하고 있다.

美 아르테미스 vs 中 창어의 대결?

인간이 아직 도달하지 못한 우주는 신적인 존재감과 신비감이 있다. 그래서인지 우주산업 프로젝트에 사용되는 명칭 대부분을 미국은 그리스 로마신화, 중국은 고대신화에서 가져왔다. 예를 들어 미국 우주선 아폴로Apollo는 그리스 신화의 아폴론에 해당하는 신이고, 달 탐사 프로젝트인 아르테미스Artemis 역시 그리스 신화의 올림포스 12신 중 한 명으로 여성의 출산을 돕고 어린아이를 돌보는 달의 여신이기도 하다. 서방 문화의 달의 여신인 아르테미스가 미국의 달 탐사 및 우주 자원을 확보하기 위해 소환된 것이다.

중국의 달 탐사 프로젝트인 창어嫦娥는 중국 고대신화에 나오는

참고 자료　　　중국 달 남극 탐사와 국제 달 연구기지 건설 4단계 탐사 계획

① 1단계: 진행 중인 창어 4호와 5호를 통한 달 표면 연구 가속화
 • 2020년 11월, 달 탐사선인 창어 5호를 발사해 달 표면 연구를 진행, 달 표면 토양 표본 약 2㎏ 회수
 • 2020년 12월, 달 표면 북서부 화산 단지에 도착해 로봇 팔과 드릴을 이용해 2m 깊이로 토양 채취
 • 창어 4호와 탐사 로봇 위투(玉兔) 2호가 달 뒷면 탐사 중
② 2단계: 2024년 전후 창어 7호를 달 남극에 발사해 달 탐사 업무 진행
 • 창어 7호는 궤도선, 착륙기, 중계위성, 비행 탐사선, 순시선 등 5개 부문으로 구성
③ 3단계: 창어 6호가 샘플을 채취해 반송하는 임무 수행
④ 4단계: 창어 8호가 달 표면에 무인 연구기지 설립
 • 창어 8호, 오는 2027년까지 발사 목표

달의 여신을 의미하는데 달 탐사를 위해 '창어 공정'으로 다시 소환되었다. '창어 공정'은 무인 달 착륙, 유인 달 착륙 우주선 및 달 기지 건설을 포함하는 거대한 프로젝트다. 아르테미스는 1972년 아폴로 17호를 마지막으로 중단된 미국의 유인 달 탐사 계획을 50년 만에 부활시킨 것이다. 중국과 마찬가지로 인간이 한 번도 가보지 않은 달의 남극 부분에 인류 최초로 사람을 착륙시킨다는 목표다. 유인 달 착륙 외에도 미국은 2022년 248억 달러(약 29조 5,000억 원) 규모의 예산을 투입해 '게이트웨이'로 불리는 달 궤도에 우주정거장을 건설한다는 목표이다.

한편 2021년 12월, 중국 국가 우주국은 '현재 개발 중인 창어 8호를 통해 2027년까지 달에 무인 연구소를 세울 것'이라고 발표했다. 중국 우주항공 로드맵에 2035년으로 예정된 달 무인 연구소 기지 설립을 8년 앞당겨 2027년에 세운다는 목표로 수정한 것이다. 이는 향후 우주 자원을 두고 벌이는 미중 대립을 염두에 둔 중국의 전략으로 평가받는다. 2022년 1월 초 중국은 향후 10년 내 달 남극 탐사와 국제 달 연구기지 건설 등을 포함한 4단계 달 탐사 프로젝트도 승인했다.

미중 양국이 치열하게 달 탐사 프로젝트를 진행하는 데는 또 다른 중요한 목적이 숨어 있다. 바로 희귀자원의 채취다. 지구에 비해 달에 희귀자원의 지존인 희토류가 10배 이상 많을 것으로 추정되면서 우주 자원을 두고 본격적인 쟁탈전을 벌이고 있는 것이다.

미국과 중국은 달에 매장된 헬륨-3, 희토류 등 희귀 자원 확보를 위해 막대한 예산과 정책 지원을 하고 있다. 양국 모두 달 표면에 부존하는 알루미늄과 철, 티타늄, 마그네슘, 석영유리 등의 물질 중 정제된 헬륨-3를 추출해내는 방법을 연구 중에 있다. 또한 지구에 비해 달에 희귀 자원의 지존인 희토류가 10배 이상 많을 것으로 추정되면서 우주 자원을 두고 본격적인 쟁탈전이 가열되고 있다. 2024년쯤 달 뒷면의 샘플을 채취해 돌아올 무인 탐사선 '창어 6호'도 발사할 계획이다. 달 뒷면의 남극-에이킨 분지South Pole-Aitken basin에 탐사선을 착륙시켜 샘플 채취와 탐사 및 지구로의 복귀 임무를 수행한다는 것이다. 달 탐사선 창어 8호는 달 먼지의 3D 프린팅 등 과학적 실험을 수행하고, 2027년까지 달 연구기지 건설을 목표로 하고 있다.

中 전략 지원군 vs 美 우주군 창설의 대결

2019년 12월 20일 트럼프 대통령은 우주의 새로운 군사적 위협에 적극적으로 대응하기 위해 미국 우주군US Space Force: USSF을 창설했다. 미국 국방수권법에 따라 공군 우주사령부가 우주군으로 승격되어 창설된 것으로 공군부U.S. Department of the Air Force 산하 조직이지만 독자적으로 미국 공군 및 나사와 밀접한 협력 관계를 맺고 있다. 2020년부터 본격적으로 활동하고 있는 우주군은 군사 우주 전문가 양성 및 시스템을 구축해 우주 패권 유지를 위한 세계 최고의 우주군 역할을 수행하고 있다. 2018년 5월에 발표된 미국의 〈국가 우주 전략National Space Strategy〉 보고서에 따르면, 우주를 미국 국가 안보의 핵심으로 정하고, 4대 우주 전략을 설정한 바 있다.

첫째, 미국 동맹국과 파트너의 국가 안보 이익에 대한 적대적 위

협의 억제

둘째, 안정적이고 지속적인 우주 활동 강화

셋째, 적대세력의 핵심 기술 접근 차단 및 역량 제한과 미국의 상업적 이익 유지

넷째, 미국의 탐사 역량 지속 및 지식 확대[*]

4대 우주 전략 내용에서 보듯이 '적대적 위협', '적대세력'은 중국을 지칭하는 것이다. 여기에 맞서는 중국도 결코 만만치 않다. 중국은 2015년 군사 개혁을 통해 육군을 줄이고 공군 역량을 더욱 강화하는 조치를 취했다. 이때 탄생된 것이 중국의 로켓군[**], 전략 지원군이다. 중국 로켓군은 핵탄두 미사일, 재래식 탄두미사일을 운용하는 전략 미사일 부대로 2016년 1월 1일 창설되었다. 중국 인민해방군 전략 지원군Strategic Support Force은 군사 개혁을 통해 2015년 12월 31일에 창설되었지만 관련 세부 내용은 대외적으로 공개되지 않고 있다. 여러 전문가의 분석과 매체 정보를 종합해보면 첩보, 전자, 사이버 전쟁을 담당하는 부대로 로켓군의 핵전쟁과 우주전쟁을 전담하는 최첨단 우주군으로 보고 있다.

미국은 중국 GPS 위성 시스템인 베이더우 위성, 위성통신, 탄도 전략 미사일 탐지도 전략 지원군이 관리하고 있을 것으로 추정하고 있다. 무엇보다 위성 타격용 미사일, 공유 궤도co-orbit 시스템 등 스타

---

[*] 신성호(2020), 《21세기 미국과 중국의 우주 개발》
[**] 인민해방군 로켓군(人民解放軍火箭軍)으로 베이징에 본부를 두고 있는 중국의 전략 미사일 부대로 육군, 해군, 공군에 이은 제4군으로서 독립된 부대다. 1959년에 창설된 소련의 전략 로켓군을 본따서 1966년 6월 6일에 창설되었다가 2015년 중국 군사개혁에 따라 2016년 1월 1일 로켓군으로 재창설되었다.

워즈 기능이 더욱 강화된 것으로 판단하고 있다. 트럼프 전 대통령이 미국 우주군을 창설한 이유가 바로 여기에 있다. 오바마 정부의 국가 안보 관련 싱크탱크 역할을 했던 신미국안보센터CNAS는 당시 "전략 지원군은 빅데이터와 딥러닝 기술을 우주전쟁에 접목해 사이버 전 사 능력이 상당히 갖추어진 상태이고, 산하의 54연구소와 38연구소 는 사이버전 첨단 기술을 연구하는 조직으로 강력한 해커부대 요원 들이 지능형 지속 공격을 통해 미국의 우주항공 정보를 어지럽힐 가 능성이 커졌다."라고 분석한 바 있다. 본격적인 미중 스타워즈 전쟁 이 시작된 것이다. 우주 공간을 둘러싼 미중 힘겨루기는 로켓 발사, 자원 확보를 위한 달 탐사, 우주 사이버전쟁 등 전방위적으로 확산되 고 있다. 미중 우주 강대국 간 벌이는 전략 경쟁은 우리에게 또 다른 기회와 위협을 던져주고 있다. 우주 강국 대한민국으로의 대장정을 서둘러야 한다.

━ 3 ━
자본 패권, 미국의 방어와
중국의 진격

중국의 디지털 위안화가 개인 사용자에 대한 심각한 보안 위협이 된다.
마르코 루비오(Marco Rubio) 미국 상원 정보위원회 부위원장

우크라이나 사태를 계기로 달러의 지배력이 점차 약화되고
국제 통화 시스템이 더욱 파편화될 것이다.
기타 고피나트(Gita Gopinath) 국제통화기금 수석 부총재

두 개 이상의 기축통화를 보유할 수도 있다.
제롬 파월(Jerome Powell) 미국연방준비제도 의장

중국은 2022년 2월 베이징 동계올림픽 디지털 위안화^{e-CNY}의 공식화
를 기점으로 중앙정부의 방침 아래 대도시별로 시범적인 디지털 위
안화를 발행하느라 여념이 없다. 중국은 2020년부터 선전, 쑤저우 등
일부 도시를 시작으로 하여 시범 도시 및 발행 규모도 점차 확대하고
있다. 2021년 기준 위안화 시범 지역을 베이징, 상하이, 선전, 청두
등 11개 주요 도시에서 점차 다른 지역으로 확산하며 디지털 화폐 선
도국으로 확실하게 자리를 잡겠다는 심산이다. 중국은 시범 운영을
통해 중간 매개체 없이 디지털 위안화 지갑에서 돈이 빠져나가는, 이
른바 '펑이펑碰一碰(부딪쳐 보세요)' 기능도 확대했다. 펑이펑은 NFC^{Near}
^{Field Communication}(근거리 무선통신) 기반의 결재 기능이 있어 인터넷 연결

없이도 스마트폰끼리 접촉하면 결제가 가능하도록 하는 방식으로 기능도 더욱 진화되고 있다. 디지털 위안화는 중국 중앙은행인 인민은행이 발행하는 법정 디지털 화폐로 지폐나 동전으로 된 실물 위안화와 똑같은 역할을 한다. 2021년 기준 디지털 위안화 전자지갑 가입자가 2억 6,000만 명으로 누적 거래액은 약 900억 위안(약 17조 원)을 넘어섰다. 2022년 1월에는 디지털 위안화의 전자지갑 앱을 정식으로 앱스토어에 출시했고 식당, 숙박, 쇼핑, 대중교통, 관광지 등 사용 가능한 곳이 약 1,000만 곳으로 늘어나면서 가입자 수는 더욱 늘어나는 추세다.

미중 디지털 통화 전쟁

2020년부터 본격화된 디지털 위안화 유통은 단순히 오프라인 상점 결제를 넘어 전자상거래 온라인 결제 및 일반 체크카드 형태로 사용 방식도 더욱 다양화되고 있다. 중국은 2014년부터 디지털 위안화 연구와 표준을 위한 작업을 시작했고, 전 세계에서 디지털 화폐 관련 가장 많은 특허를 보유한 국가로 자리매김했다. 중국은 세계에서 가장 빠르게 중앙은행이 발행하는 법정 디지털 화폐를 정식 유통하는 국가이다. 출발이 늦은 미국은 최근 연방준비제도Fed가 디지털 달러화에 대한 백서를 발간하는 등 디지털 달러에 대한 논의와 연구가 진행되고 있다. 디지털 화폐 영역에서는 당연히 중국이 미국을 앞서가는 형국이다. 종이 화폐의 달러 제국인 미국에 대응해 디지털 화폐의 위안화 제국 건설 목표를 위해 중국의 총력전이 펼쳐지고 있다. 중국이 미국, EU 등 기타 선진국과 비교해 발 빠르게 디지털 화폐를 발전시키는 목적은 무엇일까? 대내외적인 관점에서 크게 네 가지 목적이 있다.

첫째, 미국보다 먼저 디지털 화폐를 상용화해서 디지털 화폐의 주도권을 잡고 중장기적으로 탈달러화De-dollarization를 이루겠다는 야심찬 목표다. 우크라이나 사태로 러시아와 북한, 베네수엘라 등 국가들이 미국의 제재로 국제무역과 금융거래에 제약을 받고 있는 가운데, 중국은 만약 향후 중국과의 거래에서 디지털 위안화를 사용할 경우 미국 외교정책의 핵심 수단인 금융 제재에 구멍이 생길 수 있다고 판단했다. 실제로 미국이 러시아를 국제은행 간 통신협회 스위프트SWIFT에서 배제한 뒤에도 러시아는 우회 통로로 중국의 디지털 위안화를 활용하고 있는 상태다. 결국 디지털 위안화의 주도권을 잡으면 위안화의 통제력을 잃지 않으면서 국제적인 사용을 촉진하고, 미국의 재정적 지배에서 벗어날 수 있는 길이 생긴다고 생각하는 것이다.

둘째, 일대일로를 통해 꺼져가는 위안화의 국제화 불씨를 다시 살리고자 하는 의도도 숨어 있다. 그동안 지지부진했던 위안화의 국제화를 디지털 화폐 표준화를 통해 새롭게 구축해나가고자 한다. 해외에서도 결제가 가능하기에 중장기적으로 일대일로 연관 국가를 중심으로 유통시켜 중국이 기축통화국의 핵심적 지위를 얻으려는 포석이 깔려 있는 것이다. 중국은 일대일로 참여 국가들과 송금, 무역 결제에 디지털 화폐를 통용하는 방안을 추진할 것으로 전망된다. 셋째, 위챗페이나 알리페이 등 민간 회사별로 난립했던 모바일 결제 시스템을 정부 주도로 재통합하겠다는 의도이다. 중국인민은행이 발행해 주요 상업은행에 배분하고, 개인은 은행계좌를 통해 디지털 화폐를 자유롭게 인출하여 사용하게 함으로써 민간 주도의 모바일 결제 시장을 정부 통제하에 두겠다는 야심이다. 넷째, 중국 내 만연한 부정부패 방지 및 불법 소득에 있어 자국 내 자금통제가 가능하다는 것이다. 디지털 위안화를 통해 모든 거래내역을 중국 정부가 파악할 수 있기 때문이다.

한편, 2022년 3월 바이든 대통령이 중앙은행 디지털 화폐인 디지털 달러에 대한 연구개발을 검토하는 행정명령에 서명하면서 미중 디지털 화폐 패권 전쟁이 본격화될 것으로 보인다. 미국은 기축통화인 달러의 힘을 활용해 다각도로 중국을 압박해나갈 가능성이 높다. 그러나 우크라이나 사태와 같이 국제 환경의 불확실성과 미국의 달러 무기화에 대한 반대 목소리가 강해지면서 달러의 영향력이 줄어들고 있는 것이 문제다. 뱅크오브아메리카의 수석 투자전략가 마이클 하트넷Michael Hartnett은 "미국의 달러 무기화가 달러 지위의 훼손으로 이어지고 있다."라고 경고하는 등 미국 내 경제전문가들이 미국의 달러 무기화에 대한 우려를 표명하고 있지만 미국은 계속 달러를 찍어내고 있다. 2020년 3월 미 연준이 사상 최초로 무제한 양적 완화를 하면서 이런 논란은 지속되고 있다.

제롬 파월 연준 의장은 여러 차례의 공식 석상에서 "디지털 달러를 빠르게 도입하는 것보다 제대로 도입하는 것이 더욱 중요하다."라고 강조했다. 이는 디지털 달러 발행이 늦더라도 달러의 기축통화 지위가 쉽게 흔들리지 않을 거라는 자신감의 표현일 수 있다. 미국은 막강한 달러의 기축통화 파워로 세계 금융과 경제를 지배해왔고 향후 오랜 시간 그 기조가 바뀌기는 쉽지 않아 보인다. 그 이유는 달러의 강력한 파워의 지속을 의미하는 것이 아니라, 위안화가 국제통화로 사용되기 위해서 많은 문제점을 드러내 보이고 있기 때문이다. 위안화가 글로벌 기축통화로 성장하기 위해서는 거래 규모뿐만 아니라 국제적 신뢰성과 안정성, 금융 및 자본의 대외 개방 정도, 지정학적 요인 등 다양한 측면에서 역할을 해야만 가능해진다. 비록 위안화의 사용이 확대되고 비중이 점차 늘어나더라도 기축통화로서의 신뢰성과 안정성을 확보하지 못한다면 절대로 쉽지 않은 일이다. 따라서 디지털 화폐 영역에서 중국이 진격하고 있지만, 그것만으로는 단기간 내 글로벌 통화로서의 성장은 제한적일 수밖에 없다. 그러나 지금과 같은 달러의 위기가 지속되고, 4차 산업혁명 기술에 의한 디지털 트랜스포메이션 시대가 가속화될수록 우리가 생각하는 것보다 위안화의 국제화는 빨라질 수도 있다는 점에 주목해야 한다. 물론 긴 시간의 여정이 될 수도 있다. 그럼에도 불구하고 중국은 디지털 위안화를 기반으로 위안화 국제화의 대장정을 시작했다. 디지털 화폐를 통해 달러 의존도를 줄이면 미국, 유럽 등 국제 결제·청산 시스템 통제권을 이용해 중국 제재를 방어하는 효과도 있기 때문이다.

우크라이나 사태로 미국을 중심으로 한 서방 국가의 대러시아 금융 제재가 역으로 중국에는 기회로 작용하며 위안화의 국제적 위상을 끌어올리고 있다. 러시아는 중국과 함께 진행하고 있는 유라시아 경제연합EAEU을 통한 단일통화 도입 프로젝트를 더욱 가속화시킬 것이다. 러시아는 이미 미국과 유럽의 금융 제재에 대비해 달러와 유로화 비중을 낮추고 위안화 비중을 높여왔다. 2021년 기준 러시아 외환 보유액 중 위안화 비중이 13.1%로 달러(16.4%)에 이어 2위를 차지하고 있다. 또한 사우디아라비아는 중국에 수출하는 원유를 위안화로 결제하는 방안을 검토 중이고, 이란도 원유를 위안화로 결제하기로 합의했다. 또한 반중국 진영에 있는 인도도 서방의 제재로 인해 갈 곳 잃은 러시아 석유를 나오는 대로 할인된 가격에 사들이면서 위안화로 결제하는 방안을 검토하고 있다.

투자 통화로서의 위안화

통화의 국제화는 일반적으로 무역 결제통화, 투자통화, 비축통화로서의 가치를 인정받아야만 가능하다. 중국은 위안화의 주변화·지역화·국제화의 단계별 목표를 세우고 전략적으로 접근하고 있다. 2009년 위안화 무역 결제를 중심으로 위안화 국제화의 시동을 걸었고, 국제 결제통화로서 위안화의 영향력은 아직 미흡하다. 국제은행 간 통신협회SWIFT에 따르면 2021년 1월 기준 국제 결제에 있어 달러 비중이 39.9%, 유로화 36.6%, 위안화는 3.4% 수준이지만 규모는 조금씩 확대되는 추세다. 세계 1위의 수출 대국과 세계 2위의 수입 대국으로 중국이 경상거래부터 디지털 위안화 결제 비율을 높이면 위안화의 경쟁력은 지속적으로 상승할 가능성이 있다. 특히 2015년 10월 위안화의 국제화를 위해 독자적인 국제 결제시스템인 '위안화 국제은행 간 결제시스템Cross-Border Inter-Bank Payments System, CIPS'을 출범시키며 영향력을 확대해나가고 있다. 2015년 출범 당시 참여 기관은 11개의 중국 은행과 도이체방크, HSBC, BNP파리바 등 8개의 외국 은행뿐이었다. 그러나 2021년 기준 참여 기관은 103개 국가의 약 1,280곳으로 늘어났고, 이 중 75곳은 직접 참여 기관, 나머지 1,205곳은 간접 참여 기관이다. 2021년 기준 CIPS 거래 건수는 약 280여 건, 거래 금액은 약 65조 위안(약 1경 3,000조 원)으로 전년 동기 대비 각각 59%, 65% 이상 증가하며 존재감을 키워가고 있다. 사우스차이나 모닝포스트SCMP는 'CIPS가 아직 200여 국가 및 지역의 1만 1,000개가 넘는 금융기관이 참여하고 있는 국제은행 간 통신협회SWIFT에 비해 월등히 작지만, 점차 스위프트SWIFT 등 미국이 통제하는 글로벌 결제시스템의 대안으로 조금씩 부상하고 있는 것은 사실이다.'라고 보도한 바 있다.

투자 통화로서 위안화의 성장은 더욱 가파르다. 코로나 및 미중 마찰로 인해 중국 기업의 해외투자ODI에 영향을 미쳤지만 완만히 상승하는 추세이고, 외국 기업의 대중투자FDI는 코로나 상황에도 불구하고 새로운 기록을 갈아치우고 있다. UN 자료에 의하면, 2020년 중국의 FDI는 1,630억 달러로 사상 처음 미국(1,340억 달러)을 제치고 세계 1위의 외국자본 유치 국가가 되었다. 중국이 전년 대비 4% 증가하는 사이 미국은 49% 하락했다. 위안화 간접투자 형태인 금융상품 투자도 코로나 시국에 '나 홀로 성장'하고 있는 중국 경제에 돈을 베팅하고 있는 추세다.

2020년 중국의 신규 펀드 발행 규모도 3조 위안(약 514조 원) 규모로 역대 최고를 기록했고, 2020년 주식 시장 IPO 규모도 역대 2위를 기록할 정도다. 국제금융센터 자료[*]에 의하면, 2021년 9월 기준 외국인의 중국 주식과 채권 보유 잔액은 코로나 발생 직전인 2019년 말 대비 각각 2,161억 달러와 2,483억 달러가 증가하여 사상 최대 수준을 기록했다. 전체 주식과 채권 시장의 시가총액 중 외국인 비중도 각각 4.7%와 4.1%로 역대 가장 높은 수준이다. 특히 2020~2021년 2년 동안 신흥국으로 유입된 금융시장 투자 자금의 약 70%가 중국에 집중되었다는 것이다. 포트폴리오 투자뿐만 아니라 공장 투자 등으로 대표되는 FDI^{**}도 2020년 처음으로 미국을 제치고 세계 1위를 기록한 데 이어 2021년 1~10월 중 전년 동기 대비 23.4%나 급증했다. 이는 미국의 강력한 중국 탈동조화 전략이 진행되고 있는 상황에서도 글로벌 금융회사의 중국 진출은 더욱 확대되고 있다는 것을 의미한다. 비록 최근 우크라이나 사태 이후 중국의 대만 침공 가능성 대두와 중국 제재 가능성, 제로 코로나 정책 및 미중 간 금리 격차로 인한 핫머니의 이동 등으로 중국에 들어간 글로벌 자금이 일부 철수하고 있지만, 이를 글로벌 자금의 탈중국으로 예단하기는 힘들다. 아직 대부분의 글로벌 투자자들은 중국의 채권 및 증권시장의 밸류에이션^{valuation}을 높게 평가하고 있기 때문이다. 특히 상하이 커촹반에 이어 선전 차스닥 IPO 등록제 도입, 베이징 증권거래소 신설 등 금융시장의 대외 개방이 가속화되면서 중국 자본시장에 대한 투자는 더욱 확대될 전망이다. 그러나 가장 중요한 비축통화로서 위안화는 아직 갈 길이 멀다.

---

*   국제금융센터(2022.01), 〈중국의 외국인자금 유입 급증 명암과 시사점〉 보고서

**   외국인직접투자(Foreign Direct Investment)

IMF 자료에 따르면, 전 세계 외환 보유액 중 달러화의 비중이 지난 1999년 71%에서 2021년 59%로 11% 포인트 하락했다. 그리고 달러의 빈 공간의 4분의 1을 중국 위안화가 가져갔다. 세계 외환 보유액에서 위안화의 비중은 약 3% 정도에 불과하다. 그러나 중국은 러시아를 중심으로 하는 주변 국가 및 싱가포르, 대만 등 대중화권을 중심으로 위안화 주변화를 실현하고 있고, 나아가 일대일로를 통해 위안화 지역화를 본격화하겠다는 생각이다. 중국은행 연구원이 발표한 자료에 의하면, 2019년 일대일로 참여 국가와 결제한 위안화 규모가 2조 7,300억 위안(약 468조 원)으로 전년 대비 32% 상승했다. 또한 일대일로 참여 국가 화폐 통화 간 외환거래 규모도 2,042억 위안(약 35조 원)으로 전년 대비 43% 증가했다. 일대일로 참여 국가가 늘어날수록 위안화 결제 수요도 늘어나는 구조이지만, 미중 신냉전과 보편적인 반중국 정서가 높아짐에 따라 향후 위안화의 국제화에 험난한 여정이 기다리고 있다. 미국 바이든 행정부는 촘촘한 반중 연대를 통해 중국과 러시아 중심의 '탈달러' 세력권 형성에 적극 대응할 것이다. 중국은 지폐 화폐가 아닌 디지털 화폐가 만드는 미래 통화 패권에 올인하고 있다. 조용히 때를 기다리며 내실을 다지는 '도광양회'식 디지털 화폐의 제국을 꿈꾸는 것이다. 문제는 한국이다.

베이징 증권거래소 탄생 배경은?

미중 충돌이 기술 패권을 넘어 자본시장을 둘러싼 영역으로 확대될 조짐이다. 미래의 디지털 화폐 영역에서 앞서가고 있는 중국은 미국 주도의 글로벌 금융 패권을 견제하고, 중장기적인 금융 강국을 위한 움직임을 가속화하고 있다. 2021년 11월에 개설된 베이징 증권거래소도 중장기적인 측면에서 미국 자본시장을 견제하기 위한 포석이다. 시진핑 주석은 2021년 9월 2일 '중국 국제 서비스 무역 교역회' 개막식 축사에서 베이징 증권거래소 설립 계획을 깜짝 발표했다. 전격 발표라고 하기에는 진행 속도가 너무 빠르다. 그다음 날인 3일 '베이징 증권거래소 유한책임공사'라는 회사명이 등록되었고, 그로부터 3일 후인 5일 베이징 증권거래소 주식 상장 규칙이 발표되었다. 시 주석의 언급 이후 거의 두 달 만에 베이징 증권거래소가 개설된 것이다.

사실 베이징 증권거래소는 신설이라기보다 재개설되는 것으로 보아야 한다. 1912년 신해혁명 이후 손문의 중화민국 시절인 1918년 6월 5일, 중국 최초의 거래소인 베이징 증권거래소가 설립되었고 후에 '베이핑北平 증권거래소'로 개명되었다. 국공채 중심의 베이핑 증권거래소는 경영 악화 및 중일전쟁으로 인해 1939년 폐지되었다. 1949년 1월 공산당에 의해 베이징이 해방되고, 1950년 1월 30일 베이징 증권거래소 운영이 재개되었다. 그러나 매점매석으로 인한 물가 폭등과 정부의 엄격한 관리, 시장 악화 등의 이유로 1952년 10월 거래소가 폐쇄되면서 역사 속으로 사라졌다. 그리고 70년이 지나 베이징 증권거래소가 다시 개설된 것이다.

그렇다면 사라졌던 베이징 증권거래소는 왜 다시 환생한 걸까? 국내외 매체에서 언급하는 기존 상하이, 선전, 홍콩 등 지역이 모두 남방 지역에 있기에 지역 균형적 차원에서 베이징에 설립된다는 것은 매우 단편적인 접근 방식이다.

중국 대내외 이슈를 종합적으로 고려해보면, 크게 세 가지 목적과 의도로 귀결된다. 첫째, 알리바바, 디디추싱 등 빅테크 기업 규제로 인해 침체되고 위축되어 있는 중국의 혁신과 창업 분위기를 다시 살리려는 의도다. 중국 스타트업의 성장과 발전은 지금의 알리바바와 텐센트, 바이두 등 유수한 글로벌 혁신 기업을 탄생시켰다. 이는 정부와 시장, 창업자의 3박자가 서로 어우러진 결과이다. 혁신 스타트업 육성을 통해 중국은 디지털 경제 발전과 고학력 실업률 해소라는 두 마리 토끼를 잡을 수 있었다. '공산당과 함께 창업을'을 외쳤던 중국 정부는 이어지는 플랫폼 빅테크 기업 규제로 인해 시들어가는 젊은 창업자의 창업 열정을 다시 북돋우기 위한 당근이 필요했다고 볼 수 있다.

둘째, 미중 디지털 경제 탈동조화에 대비해 중소 벤처 기술 혁신 기업의 자본 조달 창구를 다변화하겠다는 의지이다. 2019년 상하이 커촹반에 이어 두 번째로 중국 혁신 자금조달 창구를 구축함으로써 미중 기술 패권의 장기화에 대비하고자 하는 목적이다. 여기서 중요한 것은 베이징 증권거래소는 상하이 증권거래소와는 차별화된 소재·부품·장비(소부장) 강소기업 중심이라는 특징이 있다. 비유하자면 상하이 증권거래소가 메이저리그의 성격이라면, 베이징 증권거래소는 마이너리그에 해당된다. 중국에서는 우수한 소부장 강소기업을 '전정특신 작은 거인'이라고 부른다. '전정특신'은 중국어 표현의 전문화专·정교화精·특색화特·참신화新의 앞글자를 줄여서 만들어진 용어다. 핵심은 중국 제조 2025의 차세대 정보기술, 최첨단 장비 제조, 신소재, 생물 바이오 등 10대 중점 최첨단산업의 발전과 전통 산업의 고도화를 위해 향후 최첨단 소부장 강소기업들을 정부가 체계적으로 관리하고 육성하겠다는 것이다.

셋째, 미국 주도의 글로벌 자본시장 견제와 중장기적으로 글로벌 자본시장의 리더가 되겠다는 목적이다. 또한 국내 대순환 방향성에 맞추어 자국민과 자국 기업들의 자본 운영 메커니즘을 더욱 확대하고자 하는 것이다. 세계거래소연맹WFE 자료에 의하면, 2020년 시가 총액 기준 미국 뉴욕거래소(26조 2,000억 달러)와 나스닥(19조 달러)이 세계 1위와 2위를 차지하고 있다. 중국은 상하이 거래소(약 7조 달러)가 3위, 홍콩이 5위, 선전이 7위를 차지하고 있다. 상하이와 선전, 홍콩 거래소 3곳의 시총을 모두 합친 총액이 약 18조 3,000억 달러로 나스닥보다 작은 규모이다. 향후 마카오 증권거래소까지 개설하며 중국 자본시장 규모를 더욱 확대해나갈 것이다.

향후 글로벌 자본시장을 두고 펼쳐질 미중 신경전은 우리에게 또 다른 기회가 될 수 있다. 겉으로 보이는 미중 신냉전과 달리, 수면 아래서는 미중 자본 카르텔이 더욱 굳건히 형성될 가능성이 높다. 그러므로 빅뱅 차이나로 변모되는 중국 자본시장에 우리가 해야 할 역할과 기회를 찾아야 한다.

미중 간 첨단 인재 전쟁
현장을 가다

STEM 박사 과정을 수료하는
중국 고학위 과정 학생 수가 미국의 2배다.
2021년 12월 미국 벨퍼 연구소 〈미중 기술 격차〉 보고서 내용

중국의 반도체 굴기는 가능할까? 반도체 기술은 자본력과 우수한 인적 자원, 오랫동안 축적된 기술 노하우의 3박자가 더해져야 성장할 수 있는 산업이다. 그런 차원에서 중국의 단시일 내 반도체 굴기는 결코 쉽지 않다. 어마어마한 돈이 들어가는 공장 건설과 연구소 설립 등은 이미 중앙과 지방정부 차원에서 막대한 자금 지원을 하고 있고, 또한 조급해하지 않고 긴 반도체 기술 대장정을 통해 한 걸음씩 나아가고 있다. 문제는 '우수한 첨단 인재를 어떻게 확보할 것인가'에 달려 있다.

미국 vs 중국, 첨단 인재 전쟁

2022년 1월 베이징대학 국제전략연구소가 발표한 보고서에서 '미중 기술 탈동조화로 인해 중국 반도체 산업, AI 등 첨단산업에서의 우수 인재 확보가 어려워지고 있음'을 인정하고 있다. 특히 기술 패권의 가장 핵심인 첨단 인재 부분에서 아직 미국보다 많이 부족하고 오랜 시간이 걸릴 수도 있다는 것을 인정함 셈이다. 그리고 보고서에서는 '비록 반도체 및 AI 분야에서 미국이 중국을 앞서고 있지만, 중국은 절대로 포기하지 않을 것'이라고 언급했다. 또한 '중국 내 첨단 인재 확보와 외국 내 우수 첨단 인재를 유치하기 위한 중국 정부의 노력과 우대정책이 확대될 것'이라고 설명하고 있다. 바이든 행정부는 미국도 첨단 인재 확보가 향후 미중 기술 패권의 중심이 될 것으로 보고 트럼프 대통령 시절의 반 이민정책을 뒤집어엎고 새로운 우수 인력 유치에 적극적으로 나서고 있다.

반도체 대란과 국가 안보 차원에서 미국, 중국, 한국, 유럽, 대만, 일본 등 국가들의 반도체 첨단 인재 전쟁이 한창이다. 미국이 반도체 공급망 구축을 위해 외국 기업들을 유치한다고 해도 우수한 반도체 관련 기술자가 없으면 결국 미국 주도의 반도체 공급망은 무너질 수 있다는 평가가 대두되고 있다. 미국이 조급해진 이유다. 이에 발맞추어 미국 대학들은 반도체 관련 전공 인원수를 확대하는 추세로 스탠퍼드 대학은 컴퓨터공학과 정원을 2008년 141명에서 2019년 739명으로 확대해 퀄컴, 애플 등 시스템 반도체 기업들에 기술 인재를 공급하고 있다.

국가	내용
미국	반도체 공급망 구축을 위한 향후 30만 명 수요, 해외 인력 유치 입법 설득
중국	기업과 대학 간 연계 실무 인력 양성, 반도체 대학 설립
EU	2030년 디지털 컴패스(Digital Compass)를 통해 반도체 생산 목표 재확인과 그에 따른 반도체 전문 인력 양성 계획, 기술인력유럽협약(European Pact for Skills) 추진
일본	구마모토, 후쿠오카 등 규슈 지역 8개 반도체 고등전문학교 설립
대만	2021년 첨단 기술 분야 대학-기업 간 협력 강화 및 규제 완화 법안 해외 유출 금지 법안
한국	반도체 계약학과 증설(연세대-삼성전자, 고려대-SK하이닉스) 10년간 반도체 인력을 3만 6,000명 양성하겠다는 계획 발표(2021. K반도체 전략) 2022년 반도체 전문 인력 4,800명 배출 목표

매체나 전문 기관마다 전망은 다르지만 결국 반도체 인재 확보 전쟁에서 이기는 국가가 미래 반도체 산업을 주도하게 될 것이라는 점에 대해서는 논쟁의 여지가 없다. 예를 들어 미국 인력관리 회사인 에이트폴드EightFold 자료에 의하면, '반도체 기업들이 2025년까지 미국에서 7~9만 명의 기술 인력이 필요하고, 바이든 행정부가 추진 중인 미국 중심의 반도체 공급망 자립을 달성하기 위해서는 30만 명의 전문 인력이 필요하다'는 분석이다. 결국 답답한 기업들이 직접 나섰다. 인텔, 퀄컴 등 미국 반도체 기업들은 미국 내 인력만으로는 부족하기에 반도체 해외 인력을 수월하게 유치할 수 있도록 관련 법안을 만들어달라고 미국 의회를 설득하고 있다.

무엇보다 현재 미국이 걱정하는 것은 자국 내 STEM(과학, 기술, 공학, 수학)을 전공하는 학생의 절반 이상이 미국이 아니라 외국인 학생들이라는 것이다. 과거에는 미국인이 더 많았지만 미국으로 이민 온 외국인의 수가 점차 늘어났고, 그러한 자유분방함과 창조적 분위기 속에서 미국은 세계 최대의 혁신 기업들을 탄생시킬 수 있었다. 2019년 11월 미국 의회조사국은 미국 내 외국인 STEM 전공 학생의 현황 및 졸업 후 진로를 다룬 보고서를 발표했다. 미국 내 외국인 STEM 전공자 수는 2017년까지 꾸준히 증가하는 추세로, 미국에서 학생 비자로 공부하는 외국 학생 100만 명 중 절반에 가까운 49만 7,413명이 STEM 학과(학사, 석사, 박사)를 전공하는 학생들이다. 이들 외국인 학생들의 국가 비중을 보았을 때 중국이 16만 2,050명으로 1위를 차지하고, 인도가 15만 4,000명 2위, 사우디아라비아 2만 명으로 3위, 한국이 1만 7,000명으로 4위를 차지하고 있다. 여기서 미국 내 STEM 전공자 중 중국 유학생의 수를 유심히 살펴보아야 한다. 외국인 STEM 학생 수는 1988~1989년 대비 2016~2017년 315% 상승하며 미국 과학기술 및 반도체 산업 성장에 많은 기여를 했다.

:: **출신 국가별 미국 내 해외 유학생**

국가	2018/19	2019/20	비중	증가율
전체	1,095,299	1,075,496	100	-1.8
중국	369,548	372,532	34.6	0.8
인도	202,014	193,124	18	-4.4
한국	52,250	49,809	4.6	-4.7
사우디아라비아	37,080	30,957	2.9	-16.5
캐나다	26,122	25,992	2.4	-0.5

출처 | Open-Doors-2020-Fast-Facts, 2020.

한편, 미국 내 저명한 세계 교육 리포트 〈Opendoors Fast Facts 2020〉 자료를 보면 미국 내 해외 유학생 비중이 34.6%를 차지하고, 전체 유학생 중 중국과 인도 유학생이 전체 53% 이상을 차지하고 있다. 미중 충돌이 지속되는 2019~2020년에도 중국 유학생 수는 지속적으로 증가하는 추세다.

2021년 바이든 행정부가 들어서면서 트럼프 행정부 시절에 만든 반이민 정책들을 부랴부랴 폐지하거나 수정하고 있다. 서류 미비자 구제 방안을 모색하고 합법적인 이민을 확대하거나 외국 유학생들이 전공에 상관없이 졸업 후 1년간 미국 내 취업을 할 수 있지만, STEM 분야 전공자*의 경우 그 기간을 3년으로 늘렸고 기존 STEM 분야로 인정받을 수 있는 학위 종류도 22개를 새로 추가하는 등 발 빠르게 움직이고 있다. 바이든 행정부의 친이민 정책으로의 회귀는 크게 세 가지 요인으로 귀결된다. 첫째, 민주당 정부의 전통적인 이념적 가치인 보편적이고 포용적인 국가로서의 이미지 확립이고 둘째, 전략적 경쟁자로 성장한 중국이 STEM 분야에서 미국과 거의 동등한 수준의 고학력 기술자들을 배출하고 있는 상태에서 미국 주도의 과학기술 강국의 위치를 중국에 뺏길 수 없다는 것이다. 셋째, 트럼프 시절 떠났던 STEM 분야 기술자와 연구자들을 다시 미국으로 불러들이겠다는 생각이다. 월스트리트저널WSJ 등 매체와 미국 내 전문가들

---

* STEM OPT의 경우 과학, 기술, 공학, 수학 전공자들에게 부여되는 비자다. 일반 OPT는 1년까지 체류할 수 있지만 STEM OPT의 경우 24개월 연장이 가능해서 최대 3년까지 미국에서 일할 수 있다. 하지만 자격 취득 후 미취업 상태가 150일 이상을 초과할 수 없다. 최저임금 제한 또한 없고 주당 20시간 일할 수 있으나, STEM OPT 소지자가 취업한 회사가 정부의 전자 고용인증(E-Verifying) 프로그램에 등록되어 있어야 한다.

은 STEM 분야 학생과 전문가 유치를 확대하려면 더욱 획기적인 비자 완화와 비자 발급 수를 확대하는 법안이 처리되어야 한다고 강조하고 있는 것도 바로 그런 이유다.

미국 내 STEM 중국 기술자를 잡아라!

과거 트럼프 대통령의 반이민 정책을 가장 반긴 나라는 바로 중국이다. 2018년부터 중국은 반이민 정책으로 어려움을 겪고 있는 외국인 STEM 기술자 도입을 위해 각종 우대 혜택을 제시하며 끌어들이기 시작했다. 중국은 14·5 규획(2021~2025)에서 해외 우수 인력을 공격적으로 흡수할 것을 공개적으로 발표했다.

첫째, 20만 명이 넘는 미국 STEM 전공 중국인들을 유치하는 작업으로 그들을 위한 베이징대학, 칭화대학, 상하이 푸단대학 내에 포닥 Post Doctor(박사 후 연구원) 자리를 더욱 확대했다. 둘째, STEM 분야 외국 국적의 고급 인재 유치를 위한 장기 외국인 거류허가제도를 확대하고, 기술이민제도도 적극적으로 활용하고 있다. 외국 과학자 유치를 위한 급여 복리, 자녀교육, 사회보장, 세금 혜택 등 각종 우대정책도 제공하고 있다.

이처럼 중국 정부는 세계적인 첨단산업 우수 인재를 유치하기 위해 각종 혜택을 지원하고, 그들이 자유롭게 연구 성과를 상용화할 수 있도록 기술 생태계 인프라를 구축하고 있다. 2000년 초 해외 우수 인재 최초 프로그램인 백인 계획*을 기점으로 천인 계획**, 만인 계획*** 등으로 진화되고 있다. 지방정부 차원에서도 인재 유치와 양성을 위한 각종 정책과 혜택을 쏟아내고 있는데, 가장 대표적인 지역이 중국 혁신 성장의 메카라고 불리는 광둥성 선전이다. 선전시는 2011년부터 화려한 자태의 공작새에 비유한, 이른바 '공작계획孔雀计划'을 시행하며 전 세계 많은 인재를 유인하고 있다. '공작계획'은 천인 계획과 함께 첨단 기술, 금융, 인터넷, 문화예술, 신재생에너지, 바이오, 신소재 등 전략 신흥 산업을 중심으로 해외 우수 인력과 스타트업을 선전으로 유치하기 위한 전략이다.

한편, 중국 과학기술부는 14·5 규획 기간 국가 R&D 산업 확대 및 첨단 인재 확보를 위해 현상금을 주는 방식의 개방형 기술 경쟁 과제 사업과 청년 과학자 사업을 운영하고 있다. 특히 14·5 규획 기간에 반도체 및 과학기술 기초연구에 대한 지출을 전체 R&D 비용의 8%로 늘리기로 확정했다. 개방형 기술 경쟁 과제 사업은 기존과 달리 나이, 학력, 직위 등의 자격 조건을 두지 않고 충분한 권한을 부여하고 정해진 시간 내에 연구에 몰두해 핵심 소재, 바이오, 에너지, 핵물리 등 핵심 분야의 기술적 난제를 해결하는 국책정책 사업이다. 또한 청년 과학자 사업은 선정된 청년 과학자 팀별로 과학기술 과제를 통해 우수한 청년 리더를 양성하고, 청년 과학자가 더욱 혁신적이고 획기적인 기술을 개발할 수 있도록 지원하는 프로그램이다.

---

* 해외에서 100명의 우수한 청년 학술 인재를 유치한다.
** 해외의 우수한 첨단 기술, 혁신 창업, 금융, 문화예술 등의 우수 전문가를 유치한다.
*** 우수 인재, 청년 첨단 인재 1만 명을 중점적으로 선발하여 양성한다.

화웨이와 SMIC, 반도체 실무형 인재를 양성하라

중국의 대표적 칩 설계 기업인 화홍반도체 자료에 의하면, 2017년 기준 중국 반도체 종사 인원 규모는 약 40만 명으로 그중 칩 설계 분야 14만 명, 제조 분야 12만 명, 패키징 분야 14만 명 정도로 보고 있다. 문제는 전문 기술력을 갖춘 반도체 엔지니어가 턱없이 많이 부족하다는 것이다.

'중국 집적회로[IC] 산업 인재 백서(2019~2020)'에 따르면, 2022년에는 20만 명이 부족하고 2025년에는 30만 명이 부족할 것으로 예상하고 있다. 중국 정부는 2022년 반도체 산업 총 인력 수요는 약 75만 명으로, 이 중 반도체 설계 산업에 약 28만 명, 반도체 제조 분야에 26만 5,000명, 후공정 산업에 약 21만 명이 필요하다고 판단하여 각 반도체 생태계별로 특화된 학과 및 전공 신설에 나서고 있다. 중국 대학 내 반도체 전공학과는 2003년 반도체 설계 및 시스템 통합 전공으로 시작되어 2012년 확대되었고, 미국의 대중 반도체 제재가 시작된 2019년부터 본격화되었다. 기존의 동난대학东南大学, 푸단대학复旦大学, 상하이교통대학上海交通大学, 난징대학南京大学, 저장대학浙江大学, 시안교통대학西安交通大学, 샤먼대학厦门大学 등 24개 반도체 학과 개설 대학이 있었으나, 부족한 중국 내 반도체 인력을 확보하기 위해 2019년부터 본격화한 것이다. 국가 차원의 반도체 인재 양성 관련 첫 정부 문건으로 2020년 8월 〈신시대 반도체 산업 및 소프트웨어 산업의 고

품질 발전을 촉진시키기 위한 정책*〉을 발표했다. 동 정책에서는 '반도체 학과를 1급 학과로 지정하고 대학별 설치작업을 가속화하여 미래 반도체 융합형, 실무형 우수 인재를 양성할 것'을 강조하고 있다. 이 정책이 발표되자마자 2020년 10월, 중국 최초의 반도체대학이라고 불리는 '난징반도체대학'이 설립되었다. 중국 국무원은 바로 반도체 1급 학과로 승인했고, 반도체 기업의 양적 질적 경쟁력 제고를 위한 첫 출발을 시작한 것이다.

난징반도체대학은 반도체설계자동화대학, 마이크로전자대학, 반도체 현대산업대학, 반도체국제대학, 반도체미래기술대학 등 5개 단과대학을 갖추고 인력 양성 및 프로젝트를 운용하고 있다. 기존 전통적 개념의 대학이 아니라 상하이를 중심으로 하는 주변 우수 대학, 연구기관 및 관련 기업들이 플랫폼으로 연결되는 실무 맞춤형 반도체 인력을 양성하는 기관이다. 난징반도체대학이 위치한 쟝베이江北 국가급 신구에는 400여 개의 반도체 관련 기업들이 입주해 있으며, 그들이 생산하는 반도체 관련 생산 규모는 500억 위안(약 10조 원)에 이른다. 이론과 실무를 현장에서 바로 배울 수 있도록 정부가 중심이 되어 '내부형 반도체 개방형 혁신 플랫폼'을 구축한 것이다.

난징반도체대학은 무엇보다 화웨이와 중국 최대 파운드리 기업인 SMIC와 산학 협력을 통해 실전 반도체 인재 양성에 초점을 두고 있다. 중국 내부에서는 난징반도체대학보다 '화웨이반도체대학'으로 더 알려져 있다. 얼마 지나지 않은 2020년 12월 30일 교육부 등 유관부

---

* 국무원 8호 문건

서 공동으로 '반도체 과학 및 공정' 전공을 1급 학과로 결정하고 반도체 혁신 인재 양성 시스템을 체계화하고, 반도체 시장 수요에 맞는 우수한 반도체 혁신 인재를 양성하라는 통지문을 전국 대학에 하달했다. 또한 2021년 3월 중국 국무원 학위위원회에서 반도체 전문 인력 양성이 시급하다고 지적하며 반도체 학과를 기존 전자과학기술학과에서 분리하여 별도의 학과로 신설하는 방안을 제시했다. 반도체 학과 신설 및 인재 양성에 대한 정부 통지문이 하달되자 중국 대학들의 반도체 학과 신설을 위한 발걸음이 빨라지기 시작했다.

난징반도체대학에 이어 2021년 1월 광둥공업대학 반도체 혁신 연구원, 2월 안후이대학의 반도체 단과대학, 3월 선전기술대학의 반도체 단과대학, 4월 칭화대학의 반도체대학, 7월 베이징대학의 반도체 단과대학 신설 등 전국 주요 거점 대학 위주로 반도체 학과가 빠르게 신설되기 시작했다.

특히 중국 최고의 명문 대학인 칭화대학이 설립한 반도체대학은 대학 설립 110주년을 맞아 중국 정식 학위 과정으로 석·박사생을 포함하여 매년 1,000여 명의 신입생을 모집하고 있다. 기존 반도체 관련 학과 및 연구소를 통폐합해서 설립한 반도체대학은 시진핑 주석의 적극적인 지지를 받고 있다. 모교인 칭화대학을 방문한 시진핑 주석은 반도체 자립의 중요성과 연구 혁신을 독려하며 정부가 할 수 있는 모든 지원과 후원을 아끼지 않을 것을 약속했다.

한편, 광둥성 선전에 위치한 심천기술대학은 중국 최대 반도체 위탁생산 업체인 SMIC와 협력하여 집적회로에 중점을 두고 산학 협력을 진행하고 있다. 60명 정원으로 IC 설계 및 제조 분야에서 고도로 숙련된 인재가 될 수 있도록 산학 교육을 진행한다는 목표다. 또한 반도체 기업과 대학이 개방형 혁신을 통해 반도체 인재 양성을 하도록 정부가 정책자금을 지원하며 컨트롤타워 역할을 하고 있다. 예를 들어, 화중과기대학의 경우 반도체 산학 융합 혁신 플랫폼 항목으로 3년간 3억 4,100만 위안(약 643억 3,000만 원)을 투자하고 협력 반도체 기업들도 상응하는 자금을 지원하는 형식이다.

디지털 인구 강국으로 전환

유엔 경제사회국UNDESA이 발표한 2019년 세계인구전망 보고서에 의하면, 2024년 인도가 중국을 추월하여 세계 1위 인구 대국이 된다고 한다. 중국은 2024년 14억 3,191만 명의 정점을 찍고 2100년에 7억 3,189만 명으로 줄어들 것으로 전망하고 있다.

2021년 4월 말 '중국 인구가 14억 명 아래로 떨어졌고, 곧 인도가 세계 1위의 인구 대국'이 될 것이라는 외신 보도가 나오면서 10년에 한 번 진행되는 2021년 중국 제7차 인구 조사 결과에 관심이 집중된 바 있다. 신생아 수가 매년 떨어지면서 인구 감소에 대한 중국 내부의 우려하는 목소리가 더욱 커지고 있다. 2019년 1,495만 명에서 2020년 1,246만 명, 2021년에는 1,062만 명으로 그 속도가 더욱 가파르다. 중국은 과거 양적 인구 보너스 효과가 향후 10년 내 상쇄될 것으로 전망하고 있다.

따라서 중국은 질적 인구 보너스 효과의 최적화와 디지털 인재 강국으로의 전환을 가속화하기 위한 노력을 더욱 경주하고 있다. 즉, 과거 인구 대국의 '메이드 인 차이나'가 아닌, 인재 강국의 '디지털 인 차이나'라는 성장 방식 변화를 더욱 가속화시킬 것이다. 아마도 중국은 제조업이 아닌 하이테크 고부가가치 중심의 성장 방식 전환을 통해 적신호가 켜진 인구 오너스demographic onus(15~64세 사이의 생산 가능 인구가 감소하는 것) 위기를 모면하고자 할 것이다. 사실 중국의 인재 육성 정책은 이미 빠르게 과학기술 인재 중심으로 재편되고 있다.

:: 기존의 중국 내 STEM 관련 학과 개설 대학(2019년 기준)

학과 전공 명칭	개설 대학 수
전자정보공학	632개
전기공정 및 자동화	506개
기계설계제조 및 자동화	482개
통신공학	475개
전자정보과학과 기술	275개
제어기술과 장비	263개
기계전자공학	221개
광전정보 및 컴퓨터공학	173개
마이크로전자과학 및 기술	69개
전기공학 및 자동화	42개
반도체 및 시스템 통합	24개
마이크로 전자	12개
광전자 기술과학	5개
전자정보기술 및 장비	4개
마이크로 제조공정	2개

자료 | 중국 고등교육학회 및 중국 IC 인재백서 자료 참조해 정리

중국은 본래부터 테크노크래트technocrat* 중심의 국가로 이공계 인재가 대우받는 사회였다. 중국 고등교육학회 자료에 의하면, 신중국이 설립되던 1949년 이공계 전공 비중이 13.7%였지만, 70년이 지난 2019년 기준 35.4%로 증가하며 3분의 1 이상이 이공계 관련 전공이다. 칭화대학, 베이징대학 등의 일류 중점 대학만 살펴보면, 이공계 전공 비중이 47.6%로 거의 절반을 차지할 정도다. 2016년 세계경제포럼에서 중국은 연간 470만 명의 STEM 졸업생을 배출하며 인도를 훨씬 능가한다고 언급한 바 있다. 중국은 미래 성장 동력에 맞게 인구 감소의 공간을 향후 디지털 인재 양성을 통해 메우고자 할 것이다. 또한 기존의 전자, 자동화, 통신 등의 학과를 더욱 기업 현장 중심으로 재편하고, 반도체 관련 학과로 변경 확대해나간다는 방침이다.

디지털 홍위병의 본격적인 양성

한편 중국은 2018년부터 차세대 AI 홍위병을 양성하기 위해 학습용 'AI 교과서'를 편찬하고, 전국 초중고 100여 개 학교를 대상으로 AI 시범 교육을 진행해오고 있으며 점차 시범 학교도 늘어나고 있는 추세다. 중국 국무원은 2018년 '차세대 AI 발전 계획'을 발표하고, 차세대 AI 인재 육성을 위해 초중고교에 AI 관련 과목을 개설하고 프로그래밍 교육을 확산하겠다는 청사진을 공개한 바 있다. AI 혁명 시대

---

* 과학적 지식이나 전문적 기술을 소유함으로써 사회 또는 조직의 의사결정에 중요한 영향력을 행사하는 사람을 말한다.

를 이끌 AI 홍위병을 정규 교육과정을 통해 길러내겠다는 야심 찬 목표다.

중국의 AI 조기교육은 무서울 정도다. 초중고 학생의 AI 의무교육 시간은 한국에 비해 월등히 길다. 한국은 초등 5~6학년 17시간, 중학교는 35시간인 반면 중국은 초등 6년간 최소 68시간 이상, 중학교는 최소 68시간 이상이다. 베이징과 상하이의 경우는 초등 132시간 이상 AI 의무교육을 받고 있으며, 향후 대학입시에도 반영될 가능성이 높다.

정부의 전략적인 방침에 당연히 민간 기업들의 발걸음도 빨라지고 있다. 정부의 적극적인 디지털 홍위병 육성 정책 지원에 힘입어 바이두는 3년간 AI 인재 10만 명을 길러내겠다고 발표하는 등 민영기업 차원의 AI 디지털 전사도 별도로 육성되고 있다. 2020년 기준 중국 230여 개 대학 내 400여 개의 AI 및 빅데이터 관련 학과와 전공이 개설되어 있는 상태다. 나아가 중국 교육부는 초중고 내 AI 및 빅데이터 교육을 점차적으로 확대한다는 방침이다. 2021년 한 해에 37개의 새로운 전공이 추가되었는데, 이 중 3분의 1 이상이 정보통신기술ICT과 AI 분야 전공들이다.

우리의 시선이 오늘날 중국 성장과 모습에 멈추어 있으면 안 된다. 중국의 속내와 중장기적인 전략을 좀 더 촘촘히 살펴보아야 한다. 미중 신냉전의 파편은 중간에 끼어 있는 한국으로 튈 수밖에 없는 구조다. 우리도 디지털 홍위병이 바꿀 중국의 미래를 연구하고 분석해서 그에 대한 협력 방안과 경쟁 구도에 대비해야 한다.

전략적 경쟁자 vs 경쟁적 협력자

미중 양국이 제2의 냉전을 벌일 운명이라고 생각하지 않는다.
미중 간 서로 협력할 수 있는 지점을 찾을 수 있을 것으로 본다.
2020년 11월 다트머스대학 디키국제이해센터 대담, 미국 국가 안보보좌관 제이크 설리번

2021년 기준 아마존 내 중국 판매자 비중이 약 75%를 차지한다.
마켓플레이스 펄스 자료

2020년 1월 미중 무역 1단계 협상이 타결되고 약속한 2년이 흘렀다. 예상한 대로 중국은 1단계 무역 합의 약속의 60%만 이행했다. 바이든 행정부의 캐서린 무역대표부USTR 대표는 2022년 2월 미국 의회에 제출한 중국의 WTO 준수 관련 연례 보고서에서 지난 트럼프 대통령 시절의 보여주기식 협상으로 인해 중국의 정부 보조금과 불공정거래에 대한 논의가 제대로 진행되지 못했다고 언급했다. 1단계 무역 협상은 2020~2021년 2년간 2,000억 달러(약 232조 원)에 해당하는 미국산 제품을 구매하는 것이 골자였다. 사실 1단계 무역협상이 타결되었을 때 중국이 약속대로 100% 구매해줄 거라고 믿는 사람은 많지 않았다. 비록 코로나19의 확산 등 외부 요인도 존재했지만, 이행

하지 못할 경우 중국에 대한 구체적인 패널티도 없는 상황에서 중국이 이행할 것이라고는 믿지 않았다. 그것은 미중 양국의 무역협상 때부터 예견된 것이었다. 협상 초기에 전체 142개의 주요 의제 중 바로 수용 가능한 의제 30%, 수용은 하되 양허 시간이 필요한 의제 30%, 수용 불가능한 의제 40% 수준에서 타결을 예상했던 중국이 조금 더 양보하는 방향으로 선회하면서 전체 의제 중 대략 70% 이상 합의되는 수준으로 타결되었기 때문이다.

무역대표부 보고서 내용처럼 당시 트럼프 대통령은 미중 무역전쟁이 길어지면서 계산이 복잡했다. 민주당 대선 후보들의 공식 출마 선언, 여론조사기관에서 차기 대선에 관한 리서치 결과 발표 등 미국은 이미 2020 대선 분위기로 접어든 상태였다. 차기 재선을 꿈꾸는 트럼프 대통령은 이제 자신이 벌여놓은 대내외 이슈들을 정리하며 성과를 보여주어야 했다. 대내적으로 트럼프 대통령의 정치적 기반인 일리노이주, 미네소타주, 아칸소주 일대 대두의 대중국 수출이 빠르게 회복하고 확대되어야 안정적인 재선의 기반을 다질 수 있기 때문이었다. 그러나 아이러니한 것은 미중 무역전쟁과 그로 인해 중국이 미국산 제품을 사주었지만, 오히려 미중 무역적자는 더욱 증가하는 추세다. 캐서린 타이Katherine Tai 미국 무역대표부USTR 대표가 중국 이행률 60%보다 중국의 근본적인 무역 불공정을 이슈로 내세우는 데는 그만한 이유가 있는 것이다.

미국의 고뇌

미국 상무부 통계에 의하면, 2018년 미국의 전체 무역적자가 2008년 금융 위기 이후 10년 만에 최대치인 6,210억 달러를 기록하고, 2020년에는 6,790억 달러, 2021년에는 8,591억 달러로 전년 대비 26.9% 증가했다. 미국의 심각한 인플레이션으로 인해 원유 같은 에너지와 원자재 등 수입 가격이 오른 것이 무역적자의 원인이기도 하지만, 가장 중요한 것은 미국인들이 코로나로 인해 여행, 외식 등의 서비스보다는 저렴한 메이드 인 차이나 제품을 많이 구입하면서 대중국 수입이 늘어났기 때문이다. 대중국 무역 불균형을 잡기 위해서 타결한 1단계 무역협상이 오히려 대중국 무역적자가 늘어나는 형국으로 치닫고 있다. 미국 통계에 의하면 2020년 대중국 무역적자 규모는 3,108억 달러에서 2021년에는 3,553억 달러로 전년 대비 450억 달러

:: **1단계 합의 내용 근거에 따른 수입액 순 현황** (단위: 달러)

품목 (품목수)	2017년 중국의 수입 규모			중국의 대미 수입 규모 협정 내용		
	미국	한국	전체수입	2020년	2021년	2년 합계
1.공산품 (321개)	788억 (9.1%)	1,225억 (4.5%)	8,676억 (100%)	329억	448억	777억
2. 에너지 (10개)	68억 (3.2%)	17억 (0.8%)	2,110억 (100%)	185억	339억	524억
3. 서비스	없음	없음	없음	128억	251억	339억
4. 농산품 (217개)	241억 (19.3%)	9억 (0.7%)	1,250억 (100%)	125억	195억	320억
합계	1,096억	1,281억	12,035억	767억	1,233억	2,000억

자료 | 중국 수입액(중국 해관)/미국 수출액(USITC)

증가했고, 중국 해관총서 통계에 의하면 2021년 중국의 대미 무역흑자 규모는 3,965억 달러로 전년 대비 20% 이상 늘었다.

트럼프 행정부 시절 대중국 무역 압박이 결국 미국 소매업계에 큰 부담으로 작용할 거라고 예측된 바 있다. 미국 의류신발협회AAFA에 따르면 미국에서 판매된 의류는 40% 이상, 신발은 70% 이상, 여행용품의 85%는 거의 메이드 인 차이나인 상황에서 그것을 대체할 상품이 없다면 결국 미국 소비자의 연간 지출은 더욱 늘어날 수밖에 없다고 한다. 미국 백화점 및 슈퍼마켓, 쇼핑몰 등 대부분의 제품이 메이드 인 차이나로 구성되어 있기 때문이다. 2007년 국내 모 방송국에서 제작한 '메이드 인 차이나 없이 살아보기' 실험처럼 미국에서 메이드 인 차이나 없이 살기는 결코 쉽지 않다. 중하위층은 더욱 그렇다. 미국 내 인플레이션이 심해지는 가운데 조금이라도 저렴한 중국산 제품을 살 수밖에 없는 것이다.

재미있는 사실은 트럼프 대통령이 중국산 제품을 쓰지 말라고 강조하면서, 2020년 재선을 위한 트럼프 대선용에 사용된 플래카드의 80% 이상이 중국에서 생산되었다는 것이고, 성조기의 약 70%도 중국에서 생산되어 미국에서 사용되고 있다.

미국 노동부는 1982년 이후 40년 만에 맞이한 최악의 인플레이션 상황은 매우 심각하다고 진단했다. 코로나 팬데믹으로 인한 공급망 전체 현상으로 공급이 수요를 따라잡지 못해 인플레이션 현상이 일어났지만, 중국산 제품에 대한 고율 관세가 또 하나의 원인으로 지목되고 있다. 이런 심각한 미국의 인플레이션 해법으로 바이든 행정부 내에서는 급격한 가격 인상을 완화하기 위해서는 결국 '관세 완화'를 본질적인 대응책으로 보는 관료들이 많아지고 있다.

재닛 옐런Janet Yellen 재무부장관도 2021년 12월 로이터통신이 주최한 세미나에서 "매년 수천억 달러 규모의 중국 제품에 최대 25%의 관세를 부과하는 것은 실제 물가 상승으로 이어질 수 있다."라고 진단했다. 또한 미국의 싱크탱크 중 하나인 '아메리카 액션 포럼'은 '미국의 철강과 알루미늄 등 중국 수입품에 대한 관세와 무역 파트너의 보복관세로 인한 물가 상승으로 미국 소비자가 부담하는 연간 비용이 510억 달러 증가할 것'이라고 분석하기도 했다. 결국 미중 무역전쟁이 심화될수록 중국뿐 아니라 미국 유통업계와 소비자들도 함께 고통받는 구조다. 바이든 대통령은 고민이 깊어질 수밖에 없다. 자국 경제 부양을 위해서는 결국 메이드 인 차이나가 필요하다는 사실을 인식하게 된 것이다. 미국의 싱크탱크 중 하나인 피터슨 경제연구소PIIE는 중국의 고율 관세를 완화하면 미국 소비자물가지수CPI 상승률이 1.3%포인트 하락할 것으로 전망한 바 있다.

메이드 인 차이나가 필요하다

2007년 미국 프리랜서 기자인 사라 본지오르니의 책《메이드 인 차이나 없이 살아보기A Year Without Made in China》는 전 세계적으로 베스트셀러가 되었다. 그와 가족들이 1년간 메이드 인 차이나 없이 생활하면서 벌어지는 다양한 에피소드를 재미있게 담아낸 책이다. 결과적으로 그의 실험은 중단되었지만, 미국 사회에서 메이드 인 차이나가 차지하고 있는 비중이 얼마나 큰지를 보여주는 흥미로운 실험이었다. 그와 비슷한 시기에 같은 제목의 국내 모 방송사는 미국, 일본, 한국의 각각 5인 가족을 선별해 메이드 인 차이나 없이 한 달 동안 살아보는 실험 다큐멘터리를 방영한 적이 있었다. 매우 충격적이었다. 중국산 제품을 유난히 싫어하는 한국의 경우 집 안의 50% 이상이 메이드 인 차이나였고, 일본은 60%, 미국은 70%가 넘는 제품이 모두 메이드 인 차이나였다. 결국 메이드 인 차이나가 없으면 생활하기 힘들다는 것을 적나라하게 보여주는 다큐멘터리 방송이었다. 전자제품의 강국인 일본 가정에서조차 전자제품의 80%가 중국산이었다. 미국 가정의 경우 TV, 휴대폰, DVD플레이어 등의 전자제품이 모두 중국산이었고, 8세 막내아들 방에 있는 장난감과 학용품 등 모든 제품이 중국산이었다는 것에 우리 모두 충격을 받은 적이 있다.

당시 세계 최대 유통기업인 월마트 매장에서 메이드 인 차이나가 빠지면 매장의 70% 공간이 비고, 6만 개가 넘는 월마트 납품기업 가운데 중국 기반 제조가 약 80%였다. 10년 전 소형 가전은 메이드 인 차이나가 세계 시장의 90%, 에어컨과 전자레인지는 약 70% 등 거의 모든 제품이 메이드 인 차이나였다. 전 세계인 10명 중 7명이 중국산 신발을 신고 다닌다고 할 정도였다. 그렇다면 10년이 지난 지금 미국 사회는 어떻게 변했을까? 위안화 절상과 중국 내 인건비 상승, 탈중국에 따른 베트남 등 동남아 제품 수입 확대 등의 이유로 10년 전 대비 미국 내 메이드 인 차이나의 비중은 줄어들었지만, 여전히 미국 소비자들에게 메이드 인 차이나는 없어서는 안 될 존재라는 것이다. 2021년 기준 월마트에서 파는 미국인의 일상 용품의 47%가 아직 메이드 인 차이나다. 특히 의류(41%), 신발(72%), 여행 용품(84%) 등 일부 품목에서는 메이드 인 차이나 의존도가 압도적으로 높다. 이는 월마트와 경쟁을 벌이고 있는 아마존의 경우도 마찬가지다. 컨설팅 업체인 마켓플레이스 펄스에 따르면, 2021년 중국에 기반을 둔 판매자가 아마존 신규 판매자의 약 75%를 차지하고 있고, 아마존 미국 사이트에서 중국 기반 판매자 점유율은 2019년 28%에서 오히려 2021년에는 63%까지 증가했다. 메이드 인 차이나의 아마존 플랫폼 장악은 미국만의 일이 아니다. 스페인 아마존 입점 기업 가운데 중국 판매자 비율은 64%로 압도적 1위이고, 프랑스와 캐나다, 이탈리아 아마존에서도 50% 이상은 중국인이 파는 메이드 인 차이나다. 미중 무역전쟁이 벌어지고 있는 이 순간에도 메이드 인 차이나의 비중은 더욱 확대되고 있다. 결국 메이드 인 차이나에서 탈출하려는, 이른바 '미국의 차이나 프리China Free of America'는 현실적으로 불가능하다는 것이다.

미국 인플레이션을 잡아라!

40년 만에 최악의 인플레이션을 경험하고 있는 미국은 그 원인을 두고 뜨거운 논쟁을 벌였다. 논의된 주요 원인은 첫째, 코로나 확산으로 인한 공급망 붕괴 둘째, 바이든 대통령의 확장적 경제 정책 셋째, 중국에 대한 고율 관세 부과 넷째, 미국 대기업의 독점 다섯째, 우크라이나 사태로 인한 공급망 붕괴 등으로 백악관 내에서도 의견을 달리하고 있다. 그러나 가장 설득력 있는 것은 미국 소비자 대다수가 사용하고 있는 중국산 제품에 최대 25%의 고관세 부과가 실제 물가 상승으로 이어진다는 것이다. 백악관은 반중 정서의 정치적 구호를 외치고 있는 상황에서 중국산 제품에 대한 관세 철폐는 국내외적으로 바이든 대통령의 체면을 구긴다는 생각으로 초기에는 소극적으로 접근했다.

결국 2022년 3월 23일 미국 무역대표부는 관세 적용 대상인 중국산 제품 549개 가운데 352개 품목의 관세 부과 예외를 다시 적용한다는 것을 발표했다. 미중 무역전쟁에 따른 미국은 2,200여 개의 중국산 품목에 대해 고율 관세를 부과했고, 2020년 말 1차 합의에 따라 549개 품목을 제외한 나머지 중국산 제품에 대해 관세 예외를 적용했다. 홍콩 및 신장 위구르 자치구 인권 문제로 규제 완화는 없다고 강변한 바이든 대통령이 왜 갑자기 이런 조치를 취했을까?

미국 정부의 설명은 중국과의 무역 갈등을 해소하고, 중국 측이 미국과 약속한 농산물을 비롯한 미국산 제품의 구매를 촉진하기 위한 차원이었다고 한다. 그리고 5월 10일 바이든 대통령은 '추가적으로 중국산 제품에 대해 부과 중인 고율 관세를 완화하는 방안을 논의 중'이라고 언급했다. 매체에서는 미국 인플레이션 완화 및 러시아의 우크라이나 침공 관련 중국의 러시아 지원을 차단하기 위한 포석으로 두 마리 토끼를 잡기 위한 것이라고 이야기하고 있다. 바이든 대통령이 중국을 유인하기 위한 당근책으로 보기에는 설득력이 떨어진다. 이미 미국은 2021년 말부터 심각한 인플레이션의 해결을 위한 고육책으로 중국산 제품에 대한 관세 부과 예외를 준비하고 있었다.

또한 중국의 러시아 지원 차단을 사전에 막기 위한 포석도 의미가 없다는 것을 알고 있다.

지난 미중 무역전쟁 3년간 미국의 대중국 적자는 더욱 확대되었고, 미국 소비자들이 코로나로 인해 여행, 외식 등의 서비스보다는 저렴한 중국 제품을 많이 구입하면서 메이드 인 차이나에 대한 수요는 더욱 늘고 있다는 것을 데이터를 통해 확인했기 때문이다. 더 이상 미국 유통업계와 소비자에게 부담을 주는 것도 한계가 있다. 결국 단시일 내 미중 무역 관계의 변화는 힘들다는 것이다. 경제적인 측면에서 미중 양국은 전략적 경쟁자이자 경쟁적 협력자로 지속될 수밖에 없는 구조다. 이와 동시에 미국 시장을 두고 한중 간 품목 경쟁은 더욱 치열해질 가능성이 높다. 미중 양국에 의지해 성장해 온 한국 경제의 슬픈 한 단면이다. 중국과의 기술 경합을 벌이고 있는 미래 산업군을 살펴보고, 그에 따른 글로벌 공급사슬 구조를 다시 세워나가야 한다.

조급한 미국 vs 느긋한 중국

'손자가 말하기를 예로부터 전쟁에 능숙한 자는
먼저 적이 승리하지 못하도록 만전의 태세를 갖추고,
아군이 승리할 수 있을 때를 기다려야 한다.
적이 승리하지 못하도록 하는 것은 아군에 달려 있고,
아군이 승리하는 것은 적군에 달려 있다.'*

《손자병법》 군형편(軍形篇)

미중 신냉전을 바라보는 중국 지도부의 속내다. 5,000년 역사 속에서 전쟁에 이기는 명언과 역사 스토리들이 중국 지도부들 사이에서 회자되는 데는 그 이유가 있다. 기다림의 성공학이 자리 잡고 있기에 중국은 서둘지 않는다는 것이다. 미중 신냉전은 향후 10년 아닌 몇십 년 동안 지속될 가능성이 높다. 나는 중국이 경제 규모로 미국을 추월하는 그 시간까지는 매우 강하게 대립될 가능성이 크다고 보고 있다. 그리고 중국이 미국을 추월하는 시점에서 미중 신냉전은 지금과는 다른 양상으로 변화될 가능성이 크다. 이른바 신냉전 2.0 시대

---

* 孫子曰, 昔之善戰者 先爲不可勝 以待敵之可勝 不可勝在己 可勝在敵

가 도래하는 것이다. 미국도 중국의 존재를 인정하며 미국과 중국이 상호 공존하는 '차이메리카Chimerica' 시대가 될 가능성을 배제할 수 없다. 따라서 미국은 중국의 경제 성장을 가능한 저지하면서 경제 패권을 유지해야 하는 조급함이 존재한다. 만약 미중 신냉전 2.0 시대가 되면 세계 경제 질서는 기존의 미국 중심의 G7 국가가 주도해온 글로벌 스탠더드가 어느 정도 무너지고, 차이나 스탠더드를 일부 받아들일 가능성도 크기 때문이다.

지금의 미국 또는 유럽 중심의 스탠더드와 거버넌스를 지배하는 세계 경제 질서가 새로운 경제 패권 국가인 중국의 등장으로, 기존 G7 국가들의 경우 국익과 자국 문제 해결에 더욱 우선순위를 두는 다층적 분권화가 확대될 가능성도 존재한다. 미국 등 기존의 특정 국가에 의존하기보다 중국 등 다양한 국가와 서로 이익이 될 수 있는 관계를 독자적으로 구축할 수 있는 중추 국가Pivot State로 성장할 수도 있는 것이다. 글로벌 리더십이 약화되고 있는지 제로G-0 시대에서는 어느 국가가 지속적으로 성장해 경제 발전 단계를 높일 수 있느냐 하는 것이 중요하다.

매사추세츠공과대학MIT 교수인 월트 로스토Walt Whitman Rostow 교수가 주장한 '제2의 도약론'을 지금의 미중 신냉전 상황에 대입하면, 중국은 중국이 가지고 있는 14억의 막대한 인구와 부존자원(경제적 목적에 이용할 수 있는 지각 안의 지질학적 자원)을 제외하고 다른 성장 동인이 있어야 주도 국가 즉, 패권 국가로 부상할 수 있다. 중국의 고민이 바로 여기에 있다. 그러나 중국이 GDP 규모로 미국을 추월한다고 해서 세계 패권을 지닌 것을 의미하는 건 아니지만, 경제 파워에 따라 세계 중심의 무게추는 기울기 마련이다. 결국 쫓는 국가는 느긋할 수 있지만, 지속적으로 쫓기는 국가는 조급해질 수밖에 없다.

조급한 미국의 향후 행보는?

바이든 행정부는 만약 미중 충돌이 신냉전으로 확산되고 심화될 경우 당연히 미국이 승리한다고 보고 있다. 그러나 그 속내는 걱정과 우려가 혼합되어 매우 복잡하다. 그 이유는 미국이 이긴다고 하더라도 미국이 감내해야 할 희생과 경제적 피해가 매우 크기 때문이다. 돈의 가치가 무엇보다 중요한 자본주의 미국 사회에서 그러한 경제적 피해와 희생을 감내하며 중국과 정면충돌을 하기에는 부담이 클수밖에 없다. 게다가 세계의 경찰관 역할을 하는 미국인지라 우크라이나 사태처럼 급변하고 있는 국제 정세가 더욱 미국의 발걸음을 무겁게 만들고 있다. 중동권과 아시아권의 관리를 넘어 이제 유럽권까지 미국이 직접 나서야 하는 형국이니 당연한 일일 것이다.

미국은 중국 견제뿐 아니라 러시아, 북한, 아프가니스탄 등 반미 세력들과의 견제를 함께 진행해야 하는 물리적 한계와 국내 정세도 함께 챙겨야 하는 어려움이 있다. 이러한 국내외 정세의 틈에서 바이든 대통령은 더욱 조급해질 수 있는데, 국제 정세 변화와 미국의 대응은 바로 대통령 지지도와 직결되어 있기 때문이다. 실제로 미중 신냉전 심화, 러시아 우크라이나 침공 및 북한의 ICBM 발사 등 국제 정세의 상황에 따라 바이든 대통령의 지지도는 요동치고 있다.

정치인 바이든 대통령, 지지율이 생명

대통령 취임 후 6개월이 지난 2021년 7월 미국 정치 전문 분석 기업인 '리얼클리어폴리틱스RCP'와 '파이브서티에이트538' 조사에 따르면, 바이든 대통령의 국정운영 지지율 평균은 각각 49.6%와 49.3%로 집계되었다. 취임 후 바이든 대통령의 국정 운영 지지율이 50% 이하로 떨어진 것이 처음이었다. 취임 1년이 지난 2022년 1월에 실시된 CNN 조사에서 지지율은 41%, CBS 방송 조사에서도 44%에 불과했다. 더 재미있는 조사로 시카고대학 여론연구센터(NORC)가 2022년 1월에 진행한 여론조사에 따르면, 바이든 대통령의 업무수행에 대한 부정 평가가 56%로 긍정(43%)보다 높았고, 2024년 차기 대선에서 바이든 대통령의 재출마를 희망한다는 답변도 전체 응답의 28%에 불과했다. 민주당 지지층에서도 48%만이 그의 재출마를 지지한 상태였다.

2022년 들어와서는 지지율이 더 하락하는 추세다. 4월 CNBC가 실시한 바이든 대통령의 지지율은 38%로 최저치를 갈아치웠고, 미국 퀴니피액대학이 4월 초에 실시한 설문조사에서는 지지율이 33% 정도로 최악인 상태다. 러시아 사태에 따른 미국의 대러시아 제재가 본격화되면서 바이든 대통령의 지지율이 깜짝 상승했지만, 다시 하락하고 있다. 지난 6월 야후 뉴스와 여론조사기관 유고브가 공동으로 조사한 여론조사에서는 공화당 트럼프 전 대통령과의 가상대결에서 처음으로 뒤처졌다. 또한 국정 운영 평가에서도 56%가 부정 평가를 하며 39%의 긍정 평가를 압도했다. 향후 북한의 핵 위협이 다시 부각되면서 바이든 대통령의 지지율은 또다시 요동칠 수밖에 없다. 바이든 대통령의 고민이 깊어질 수밖에 없는 이유다.

러시아의 침공에 우크라이나의 적극적 도움 요청에도 미국이 경제적 제재만 하고 참전하지 못하는 이유는 매우 명확하다.

첫째, 국가 안보에 실익이 없는 상태에서 동맹 국가도 아닌 우크라이나를 위해 자국 군사를 희생할 명분이 없다는 것이다. 둘째, 만약 미국이 참전하게 되면 핵보유국인 러시아와의 전면전이 될 가능성이 있고, 그럴 경우 핵전쟁으로 확산될 가능성도 배제할 수 없다. 또한 그에 따른 중국과 러시아의 전선 구축과 미국과 유럽의 전선이 구축되면서 결국 제3차 세계대전으로 확산될 가능성이 있기 때문이다. 셋째, 미국 내 여론도 참전을 원하지 않는다. AP통신이 시카고대학 여론연구센터와 공동 진행한 설문조사에서 72%가 미국의 참전을 반대하고 있다. 넷째, 우크라이나가 아직 북대서양조약기구NATO 회원국도 아닌 상태에서 미군의 희생을 감내하며 우크라이나를 보호할 의무가 없기 때문이다. 또한 미국 입장에서 우크라이나 사태로 세계 천연가스 공급 국가 1위인 러시아가 경제 제재로 인한 수출이 어려워지면, 자연스럽게 2위 국가인 미국에 경제적인 이익이 더욱 커질 수밖에 없다. 러시아산 에너지 제재가 미국의 인플레이션을 악화시키고 있다. 하지만 그 영향은 에너지 대국인 미국 입장에서 감내해 낼 수 있다고 보는 것이다. 결국 미국도 모든 행동의 출발은 철저히 국익에 기반하고 있다는 것을 우리는 인지해야 한다.

정치인은 표를 먹고 살고, 지지율이 생명이다. 결국 2022년 11월 미국 중간 선거 및 2024년 대선 전망에서 민주당이 불리한 상황으로 몰리고 있다. 세계 경찰국가인 미국도 결국 자국의 정치 상황을 고려할 수밖에 없고, 철저한 국익 중심에 기반한 외교와 경제 이익을 추구한다는 것을 알아야 한다. 미국도 미중 충돌이 향후 수십 년 동안 이어질 것으로 보고 미중 양국 어느 쪽이 국가 역량을 더 강하게 만드느냐에 따라 승부가 결정될 것으로 보고 있다.

바이든 행정부는 지금의 미중 신냉전을 매우 정확히 판단하고 있는 듯하다. 설리번 국가 안보보좌관이 언급한 것처럼 '민주주의를 강화하고 기술 경쟁력을 확보하고 일자리를 창출하는 등 국내적 기반을 튼튼히 해야 미국 중심의 패권을 지킬 수 있다.'는 생각이 확고하다. 설리번은 또한 "바이든 시대의 미중 전략 경쟁의 핵심 방향은 미중 간 전반적인 체제 경쟁으로 확대될 것"이라고 말했다.

일부 전문가들과 개발도상국인 제3세계 국가들은 '향후 펼쳐질 미중 신냉전에서 중국은 제조업 국가이고 미국은 서비스업 국가인 점을 감안한다면 경제의 확장성에서 중국이 훨씬 앞서 있다. 따라서 장기전으로 가게 되면 중국이 미국을 경제적으로 앞서게 될 것이다. 그러나 중국은 자원을 많이 소비하고 부채를 만든 경제 구조임을 감안해 미국이 중국의 금융 및 경제적 취약점을 파고들면 미국이 단기적으로 승산이 있다.'고 진단하고 있다.

내부 단결을 통한 미국과의 장기전

"그 어떤 외부 세력이 우리를 괴롭히거나 압박하며 노예화하는 것을 중국 인민은 절대로 용납할 수 없다.", "누군가 이런 망상을 하면 14

억 중국 인민들의 피와 살로 만든 강철의 만리장성 앞에서 머리가 깨져 피가 흐를 것이다. 中国人民绝不允许任何外来势力欺负, 压迫, 奴役我们, 谁妄想这样干, 必将在14亿多中国人民用血肉铸成的钢铁长城面前碰得头破血流!."

시진핑 주석이 2021년 7월 1일 중국공산당 창당 100주년 기념식 연설문에서 목청 높여 강조한 이야기다. 현장에 있던 중국인들의 열광하는 모습은 많은 것을 생각하게 한다.

여기서 외부 세력은 자명하다. 미국을 정조준하며 중화민족이 굴욕을 당하는 시대는 이제 끝났다고 대내외적으로 선언한 셈이다. 대국의 지도자가 언급할 표현인지 의심할 정도로 매우 강렬한 어구를 사용한 시 주석의 속내는 무엇일까? 우선 중국이 당면한 대내외 상황이 절대로 좋지 않다는 것을 반증한다. 외부 세력을 강조하면서 내부의 복잡한 불협화음을 제어하는 효과를 염두에 둔 것이다. 공산당이 두려운 것은 미국 등 외부 세력이 아니라 바로 14억 인민이기 때문이다. 그것이 중국의 가장 큰 단점일 수도 있다. 따라서 시 주석은 이슈를 가지고 이슈를 덮으려고 한 것이다. 지도자의 강렬한 어휘는 민중들로 하여금 더욱 열광하게 만드는 효과가 있다. 시 주석의 속내는 크게 내부 정치적인 요인과 경제적인 요인으로 나누어볼 수 있다.

첫째, 시 주석의 장기 집권을 더욱 공고히 하기 위한 선전 전환용이다. 3연임을 두고 일어나는 공산당 내부의 잡음을 없애고, 대중의 민심을 얻을 수 있는 지렛대가 될 수 있기 때문이다. 장기 집권은 일반적으로 반대 세력이 생겨나기 마련이다.

둘째, 공산당 창당 100주년은 전면적인 샤오캉小康(인민이 편안하고 풍족을 누리는 것) 사회 실현의 원년인데, 오히려 부의 양극화가 더욱 심해지고 있고 미중 충돌로 인해 경제 상황이 악화되면서 공산당의 리더십에 도전이 되고 있기 때문이다. 다시 말해 공산당의 당위성과 권위성에 위협을 주고 있다고 판단했던 것이다.

공동 부유를 외치는 시진핑

개혁 개방 40년간 중국은 초고속 성장으로 세계 2위의 경제 대국으로 거듭났다. 단순히 부자의 수만 보면 중국이 이미 미국을 추월하고 세계 1위를 차지했지만, 중국 전체의 불평등은 더욱 심각해졌다. 포브스가 발표한 2020년 세계 부자 순위를 보면 중국 부자는 10위권 내 1명밖에 없지만 10위권 밖으로는 중국과 홍콩 부자들이 압도적으로 많은 수를 차지하고 있다. 국제투자은행인 크레디트 스위스는 사회의 불평등 정도를 가늠하는 지니계수*에서 중국이 지난 2000년 0.599에서 2020년 0.704로 확대되면서 심각한 사회 불평등이 진행되고 있다고 발표했다. 시 주석은 양극화로 인해 사회적 불평등에 대한 불만의 목소리가 터져나오며 공산당의 존엄성에 위협이 되고 있다고 판단했다. 시 주석이 조급해질 수밖에 없었고, 그로 인해 탄생된 개념이 바로 '공동 부유론'이다.

공동 부유의 개념은 사실 시진핑 주석으로부터 나온 개념은 아니다. 공동 부유는 중국 정치·경제를 이해하는 데 매우 기본적이고 보

---

* 빈부 격차와 계층 간의 소득 불균형 정도를 나타내는 수치로, 1에 가까울수록 사회적 불평등이 심하다는 것을 의미한다.

편적인 표현으로 마오쩌둥에서 4세대 지도부 후진타오의 기본 사상을 관통하는 중국식 사회주의 핵심 용어다. 공동 부유 개념은 1953년 12월 농업 생산 합작사 발전 정책을 발표하면서 시작되었다. 능력에 상관없이 똑같이 대우한다는, 이른바 '한솥밥을 먹다吃大锅饭'로 표현되는 계획경제 개념이었다. 덩샤오핑은 "사회주의는 가난한 것이 아니다."라고 외치며 잘사는 지역에서 못사는 지역을 이끌어주어야 한다는 선부론을 주장했다. 중국의 본격적인 개혁 개방이 진행되었고 중국식 사회주의 시장경제의 출발인 셈이다. 덩샤오핑의 선부론도 공동 부유를 향한 단계로 그의 '두 개의 대국兩个大局' 사상에서 잘 나타난다. 첫 번째 대국은 동부 연안 지역의 대외 개방으로 먼저 발전해 낙후된 중서부 지역을 보살펴야 한다는 '선부론先富論' 단계다. 두 번째 대국은 중산층 사회인 샤오캉小康 시기에 도달하면 동부 지역은 중서부 지역의 발전을 적극적으로 도와서 함께 잘살아야 한다는 '공부론共富論' 단계를 의미한다. 3세대 장쩌민은 노동에 따른 분배를 강조함과 동시에 동부와 서부 간의 격차를 줄이기 위한 '서부 대개발' 전략을 제시했다. 4세대 후진타오 정부에서는 도농 간의 격차를 줄이기 위한 '3농(농촌·농업·농민) 정책'과 '사회주의 신新농촌 건설' 운동을 시작했다. 시진핑의 공동 부유에서 달라진 것은 결국 '3차 분배'라는 개념이다. 중국은 '3차 분배'라는 새로운 개념의 사회주의 시장경제 방향성을 제시했다.

1차 분배는 시장경제 논리에 따른 분배, 즉 노동에 따른 분배를 의미하고, 2차 분배는 정책에 따른 분배로 독점과 부정 경쟁 및 불법으로 얻은 수입의 재분배를 의미한다. 최근 중국 정부가 반독점 이슈로 빅테크 기업을 옥죄는 것은 바로 2차 분배에 따른 정책 노선이라고 볼 수 있다. 그렇다면 3차 분배는 무엇인가? 고수입자에 대한 자선 및 기부 사업을 통한 분배를 의미한다. 3차 분배는 성장과 분배의 관점에서 돈 있는 자본가의 자선과 기여를 통해 사회적 불평등을 해결하겠다는 것이다. 결국 시진핑의 공동 부유는 중국이 안고 있는 빈부 격차에 초점이 맞추어져 있는데, 이는 5억 명이 넘는 농민들과 중산층의 지지 기반을 더욱 확대하기 위한 목적인 것이다.

미국에 맞서는 중국의 패권 대장정

미중 충돌이 본격화되면서 중국 TV에서는 공산당 선전물과 과거 대장정의 스토리를 담은 드라마와 영화가 자주 방영되고 있다. 단순히 위대한 공산당 사상 선전을 넘어 미중 충돌이 단시일 내에 끝나는 것이 아니라 장기간 진행될 수 있고, 그에 따라 미리 마음의 준비를 하라는 메시지가 담겨 있다.

2019년 5월 시진핑 주석은 지금의 인민해방군의 전신인 홍군이 1930년대 '대장정'의 첫발을 내디뎠던 중 장시성 위두현에 있는 '대장정 출발 기념비'를 찾았다. 그의 모습은 CCTV를 통해 전국에 방영되었다. 시 주석은 "홍군이 대장정의 출발점에 섰던 당시를 기억한다. 지금 우리는 새로운 대장정을 시작하고 있다. 모든 것을 새롭게 해야 한다."라고 강조했다. 위두현까지 비행기로 날아가 기차를 타고, 다시 승용차로 이동하는 힘든 여정인데 왜 방문을 했고, 무엇을 전달하고자 한 것일까?

시 주석은 1934년 10월 마오쩌둥과 저우언라이 등 중국공산당 지도부와 홍군 주력부대가 강을 건넜던 첫 번째 포구를 공산당 핵심 측근들과 함께 돌았다. 당시 국민당군에 포위되어 절멸의 위기에 처했던 중국공산당 홍군은 이곳에서 강을 건넌 뒤 370일에 걸쳐 9,600㎞의 거리를 걸어 옌안으로 탈출했다. 그 과정에서 전략을 수립하고 민심을 얻어 대반전의 계기를 마련했다. 중국은 이제 미국에 맞서 패권의 대장정을 시작했다고 볼 수 있다. 그러나 서둘지 않고 과거의 대장정처럼 기회를 보고 기다리겠다는 것이다. 미국의 군사력이 여전히 압도적이고 동맹국인 영국, 캐나다, 한국, 일본 등 쟁쟁한 강대국의 존재가 중국에는 매우 큰 걸림돌이 될 수밖에 없다. 따라서 중국은 경제 성장률이 미국을 추월할 때까지 경제 규모를 더욱 확대하고 5G, AI 등 첨단 기술의 우위를 확보해나가려고 한다. 이와 동시에 국제기구에서의 영향력도 더욱 확대해나갈 것이다. 과거 미국이 막강한 경제력과 국제기구의 영향력을 바탕으로 패권국이 되었던 길을 그대로 가고 있는 것이다.

7

동맹 파워와 시장 파워 대결, 누가 이길까?

미국에 물건을 팔아 돈을 벌면서
미국이 싸울 때는 꽁무니를 빼는 게 무슨 친구냐?
자기들 필요할 때만 친구라는 동맹을 왜 우리가 지켜줘야 하느냐?

트럼프 전 대통령

미국 우선이 아니라 '동맹 우선'으로 중국에 대응해야 한다.

바이든 대통령

'미국이 돌아왔다America is back.' 바이든 행정부가 트럼프 전 대통령에 의해 파괴된 세계 안보 및 경제 질서를 회복하기 위해 내건 캐치프레이즈다. 세계무역기구WTO의 무용론을 시작으로 국제통화기금IMF, 유엔UN, 세계은행 등 국제기구의 위상이 옛날 같지 않은 것이 중국에는 기회이다. WTO의 역할과 기능이 상실되고, 유엔 안보리 제재도 매번 중국과 러시아에 막혀 그냥 탁상공론만 하는 것을 보면서 세계 각국은 국제기구의 위상과 합의 사항 이행력에 대한 의구심을 가지기 시작했다. 국제기구의 합의 사항을 위배하고 제재를 받더라도 이것을 지키려고 하는 국가들이 점차 줄어들고 있기 때문이다. 이른바 '국제기구 축소론', '국제기구 조정론' 등이 꾸준히 제기되고 있다.

동맹을 통한 중국 옥죄기

트럼프식 중국 견제는 약발이 안 먹힌다는 것을 경험한 바이든 대통령이 선택한 것은 결국 미국의 자산인 전통적 동맹을 통한 중국 옥죄기였다. 그러나 여기에는 단순히 중국 견제를 위한 목적뿐만 아니라 또 다른 세 가지 요인이 자리 잡고 있다.

첫째, 쇠퇴하고 있는 미국 주도의 국제 질서를 회복하고, 이라크 전쟁과 아프간 전쟁으로 드러난 미국의 군사적 한계점을 극복하기 위한 것이다. 둘째, 미국 혼자 중국을 상대하기에는 중국의 세력이 막강해졌다. 중국 경제는 이미 미국의 73%까지 따라왔고 군사, 기술력, 금융 등 여러 방면에서 중국의 굴기가 많이 진행되었다는 사실을 인정하는 것이다. 셋째, 자유주의와 민주주의, 인권 등 보편적 가치를 내걸고 향후 벌어질 미중 신냉전의 전쟁터에서 희생을 함께 나누어야 한다는 것이다.

바이든 대통령은 국제적 영향력을 확대하면서 급격히 신흥 강대국으로 성장한 중국을 견제하기 위해서는 결국 글로벌 동맹을 재건하고 이를 지렛대로 삼아 중국의 목을 조이는 방법을 선택했다. 우크라이나 사태로 미국과 유럽 주도의 러시아 제재가 유례없이 진행되고 있는 시점에서 인도가 적극적으로 참여하지 않고 있는 점과, 경제 제재와 달리 러시아 에너지 제재에 대해서는 국가마다 속내가 복잡한 실정이다.

결국 미국의 동맹이라는 일부 국가들을 제외하고는 대부분의 국가들은 민주와 인권, 안보 그리고 경제를 구분해서 자국을 위해 미국

■ 미국
■ 동맹국
■ 우호국
■ 비우호국
■ 적대국
▨ 확신 없음.
■ 이에 대해 묻지 않음.

출처 | 미국이 그들의 동맹, 친구, 적이라고 생각하는 나라들(유고브, 2017)

과 중국을 오가고 있는 것이다. 단순히 동맹 관계로 보면 당연히 미국과 중국의 차이는 확연히 드러난다.

미국은 한국을 포함해 영국, 캐나다, 호주, 뉴질랜드, 독일, 프랑스, 일본 등 아시아 태평양과 유럽 대서양에 걸쳐 있는 다양한 선진국들을 동맹국으로 두고 있다. 바이든 대통령이 "미국의 민주주의 동맹국들의 GDP를 합치면 세계 경제의 60%가 넘는다면서 트럼프의 '미국 우선America First'이 아니라 '동맹 우선Alliance First'으로 중국에 대응해야 한다."라고 강조한 것처럼 미국과 동맹 국가들이 힘을 합치면 매우 강력해지는 것도 사실이다. 한편으로 중국의 동맹 국가로 볼 수 있는 국가들은 일반적으로 러시아, 북한, 파키스탄, 라오스, 캄보디아, 이란, 터키, 벨라루스 등 러시아를 빼고는 경제적 파워가 크지 않다고 볼 수 있다. 따라서 객관적으로 보면 미국이 전통적인 동맹국들과 힘을 합치면 중국을 쉽게 견제할 수 있을 것처럼 보인다.

60+α와 130+α의 대결

실용주의 외교에서 그러한 객관적 수치로는 작동되지 않는 것이 일반적이다. 자국의 이익을 중심으로 하는 실용주의 외교는 상대 국가를 가능한 한 적으로 만들지 않고, 오히려 적도 내 편으로 만들어야 하는 것이기 때문이다. 공식적으로 미국의 동맹국이라고 부르는 나라는 대략 60여 개국 플러스알파 정도이고, 중국과 투자나 무역의 핵심 파트너인 나라가 대략 130여 개국 플러스알파 정도이다. 투자 및 경제 협력 등을 제외한 단순히 국가 간 무역 거래만 보면 2021년 기준 전 세계 국가 중 중국을 최대 무역 파트너로 하는 국가는 60여 개국 또는 지역이고, 중국을 2~3위 교역 파트너로 하는 국가가 120여 개국 또는 지역에 이른다. 중국과 동맹은 아니지만, 전략적 협력 파트너 국가로서 중국 경제와 연동되어 자국 경제가 돌아가는 상황에서 쉽게 중국을 등지고 미국 편에 서기는 쉽지 않은 일이다. 모든 것이 결국 경제와 돈의 힘이라는 국익이 자리 잡고 있기 때문이다.

2001년 WTO 가입 이후 중국은 지난 20년 동안 세계 최대의 경제 성장 기여자인 동시에 11년 연속 세계에서 두 번째 수입국으로서 세계 경제에 매우 깊숙이 파고든 결과다. 매년 11월 초 상하이에서 개최되는 국제수입박람회China International Import Expo도 중국이 수입을 확대해 글로벌 영향력을 확대하려는 목적이다. 상하이 국제수입박람회의 개최 목적은 크게 세 가지로 설명할 수 있다.

첫째, 일대일로 참여 국가의 수입 확대를 통한 영향력을 확대하기 위한 것이고 둘째, 당시 격화되는 미중 무역전쟁에 맞추어 미중 무역 불균형에 대한 트럼프 대통령의 압박을 회피하려는 의도이고 셋째, 제3국 혹은 개도국들에 대한 수입 확대를 통해 중국 경제의 영향력을 더욱 확대하고자 하는 의도라고 볼 수 있다.

상하이 국제수입박람회는 미중 무역전쟁이 본격화된 2018년 11월에 시작해 운영되고 있고, 중국을 주요 교역 상대국으로 하는 130여 개 국가에서 5,000개가 넘는 수출 기업들이 참석하는 국제적인 행사로 발돋움했다. 중국은 미중 신냉전을 선진국과 개도국 간의 진영으로 양분해 개도국 중심의 주변국들을 우군으로 만들려고 하고 있다. 예를 들어 중국·아프리카 협력 포럼FOCAC, 중국·아세안 포럼, 중국·라틴아메리카, 카리브 국가 공동체 포럼, 중국과 아랍 연맹AL, 중국과 중앙아시아 5개국 간의 경제 무역 협력 포럼 등 경제 성장과 자본력을 기반으로 동맹은 아니지만 다양한 국가들과의 협력과 교류를 통해 중국의 영향력을 키워왔다.

미국의 동맹이라고 하는 60+a도 사실 좀 더 들어가서 상황을 보아야 한다. 동맹도 등급이 나누어져 있다는 것이다. 우선 미국이 혈맹으로 인정하고 1등급 동맹국으로 보는 나라는 영국, 캐나다, 호주, 뉴질랜드로 '파이브 아이즈 동맹국The Five Eyes Alliance'이다. 이름을 통해 알 수 있듯이 '5개의 눈'이라는 뜻으로 과거 냉전 시대의 정보 협정이던 1946년에 체결된 영미 협정UK-USA Agreement에 기인한다. 이 동맹은 본래 구소련의 정보를 해독하고자 미국과 영국 사이에 맺어졌던 정보공유 협정으로 1948년 캐나다, 1956년 호주와 뉴질랜드가 가입하면서 지금의 모습으로 확대되었다. 파이브 아이즈는 공산권 국가의 통신과 인터넷을 감시하고 이렇게 얻은 정보는 참여 국가 간의 교류를 원칙으로 한다.

파이브 아이즈의 확대

파이브 아이즈의 감시 체계 중 가장 대표적인 것이 바로 '에셜론 Echelon'과 '프리즘Prism'이다. '에셜론'은 냉전 때는 주로 공산권 국가의 모든 통신을 감청하는 것이었지만 냉전 이후에는 전 세계의 모든 통신과 인터넷을 감시하는 체계가 되었다. 이러한 에셜론은 위성, 전파, 해저 케이블 등 대부분 감청이 가능한 것으로 알려져 있다. '프리즘'은 기존 에셜론의 단순한 감시를 넘어 구글, 애플, 마이크로소프트의 운영체계나 프로그램을 사용하는 모든 기기를 감시할 수 있는 체계다. 이처럼 파이브 아이즈 국가 사이에서 맺어진 정보공유 협정은 시간이 갈수록 더욱 강화되어 왔고 현재 온라인 활동 감시, 상호 간의 정보 및 인적 교류, 경제 지원, 군사 무기 판매 등 다양한 영역에 있어 협력을 확대해오고 있다. 그에 따라 기타 동맹국들보다 좀 더 다른 특혜를 주고 있다. 파이즈 아이즈는 쉽게 말해 '특 동맹국'인 셈이다. 따라서 미국은 파이브 아이즈와 동맹국, 우방국으로 구분하여 관리한다고 볼 수 있는데 동맹국도 현황에 따라 약간 차등이 있다는 것이다. 파이낸셜타임스는 미국의 도청 감청 대상 국가 및 감시 제외 국가에 대해 구분한 바 있다.

미국이 챙겨야 할 1순위 국가는 영국, 캐나다, 호주, 뉴질랜드 등 파이브 아이즈 국가들로 미국의 감시 대상이 아니다. 2순위는 정식

:: 미국의 도·감청 대상 국가 및 감시 제외 국가

구분	내용	국가
파이브 아이즈	미국과 정보 공유 협약을 체결한 국가, 미국의 감시 대상 아님.	영국, 캐나다, 호주, 뉴질랜드
최우선 감시국	정치, 경제, 군사 면에서 미국의 적국. 미국의 최우선 감시 대상임.	중국, 쿠바, 이란, 북한, 파키스탄, 러시아, 시리아
동맹국	미국과 다양한 협력 관계를 맺고 있는 나라. 현안에 따라 감시 대상임.	한국, 일본, 프랑스, 독일, 그리스, 이탈리아, 스페인
우방국	미국과 우호적 관계를 맺고 있으나 동맹국만큼 가깝지는 않음. 현안에 따라 주요 감시 대상임.	브라질, 칠레, 콜롬비아, 인도, 멕시코, 이스라엘

출처 | 파이낸셜타임스(FT)

적인 군사동맹을 체결한 한국, 일본, EU, 프랑스, 독일, 이탈리아, 스페인 등으로 미국과 다양한 협력 관계를 맺고 있는 국가로 현안에 따라 감시도 할 수 있다. 그다음 3순위가 우방국이라고 볼 수 있는 브라질, 멕시코, 칠레, 콜롬비아, 인도, 이스라엘 등 국가들로 미국과 우호적인 관계를 맺고 있으나 동맹국만큼 가깝지는 않으며 현안에 따라 주요 감시 대상이 될 수 있다. 파이낸셜타임스는 미국이 최우선 감시국으로 중국을 가장 첫 번째로 꼽았고 러시아, 북한, 쿠바, 이란, 파키스탄, 시리아 등이라고 보도했다. 이들 국가는 정치, 경제, 군사 등 측면에서 미국의 적국으로 분류하고 있다.

파이브 아이즈는 국가 간의 정보 협력 체계를 확대하는 것이 비용부담을 줄일 수 있고, 정보 협력에 도움이 된다는 기조 아래 나인 아이즈Nine Eyes(파이브 아이즈+덴마크, 프랑스, 네덜란드, 노르웨이)와 포틴 아이즈Fourteen Eyes(파이브 아이즈+독일, 벨기에, 이탈리아, 스웨덴, 스페인)로 지속적으로 확대시키고자 했다. 그리고 미중 충돌이 한창이던 2019년부터 중국과 북한 견제와 사이버 안보를 위해 기존의 파이브 아이즈 체계를 일본, 독일 및 프랑스를 포함시킨 에이트 아이즈Eight Eyes로 확대할 것이라는 보도도 나온 바 있다.

한국을 '나인 아이즈'에 가입시켜라!

권위주의 국가인 중국의 급격한 성장을 억제해야 하는 미국 입장에서는 한국의 존재감이 더욱 필요해진 상태다. 그래서 제기된 것이 바로 쿼드Quad 4자 협력체(미국, 일본, 인도, 호주로 구성된 비공식 안보 협의체)에 한국을 포함하는 것이다. 또한 파이브 아이즈Five Eyes에 한국, 일본, 독일, 인도를 포함시켜 '나인 아이즈Nine Eyes'로 확대하자는 논의도 지속적으로 제기되고 있는 상황이다.

2021년 9월 미국 하원 군사위원회는 기존의 파이브 아이즈에 한국, 일본, 인도, 독일을 포함하는 방안을 검토하라는 조항이 포함된 국방수권법안NDAA을 통과시켰다. 나인 아이즈 관련 세부 내용을 들여다보면, 기존의 파이브 아이즈 참여국뿐만 아니라 같은 생각을 가진 다른 민주주의 국가들의 신뢰 범위를 넓혀야 하고 그 대상 국가로 한국을 1순위로 뽑았다. 법안은 국가정보국DNI 국장이 한국, 일본, 인도, 독일 등 국가들을 정보 동맹에 포함시켰을 경우 장점과 단점 등에 대한 평가 보고서를 작성하도록 하고 있다. 한국의 나인 아이즈 가입은 쿼드 플러스와 결이 다른 것으로 결국 중국을 감시하고 적대시하겠다는 것을 의미한다. 한중 관계를 최악의 시나리오로 몰고 가는 결과를 초래하게 되는 것이다.

친중 세력을 확대하라

중국의 움직임도 빨라지고 있다. 그러나 문제는 점차 심화되고 있는 중국 견제 및 반중 정서 확대의 대외적인 국면을 어떻게 극복할 것이냐다. 중국공산당 내부는 미국 동맹국 중심의 중국 견제가 제3국으로 점차 확대되는 추세에 겉으로는 담대하게 대응하고 있지만 그 속내는 절대로 편하지 않을 것이다.

시 주석은 UN 가입 50주년과 창당 100주년을 기념하여 제3국 정상들과 축하 인사를 주고받으며 공산당 리더십의 성과와 일대일로 당위성을 강조했다. 중국은 이미 중앙아시아 및 아프리카 국가를 중심으로 50여 개국 정상들과의 소통을 강화해나가고 있다. 이러한 중국의 '내 편 만들기'는 국가를 넘어 중국 내 외국 유학생들까지 전방위적으로 확대되고 있는데, 시 주석은 베이징대학 외국 유학생들에게 중국의 과거와 현재, 미래를 알기 위해서는 공산당의 역사와 변화를 알아야 한다는 취지의 서한을 보내기도 했다. 중국은 이처럼 중국 친화적인 대내외 인사와 국가들을 중심으로 포괄적이고 다양한 형태의 접근을 시도하고 있는데, 장기 집권을 준비하는 시 주석에게는 반드시 풀어야 할 중요한 과제이기도 하다. 중국 내부에 확산될 수 있는 중국 견제 국면 및 고립에 대한 책임론 대두 가능성과 3단계 '따통大同(선진 복지국가 실현)'의 중국몽 실현이 흐지부지될 가능성을 배제할 수 없기 때문이다. 중국은 경제적 성장을 기반으로 일대일로 참여 국가들을 더욱 강하게 묶겠다는 속셈이다.

월가와 공산당 자본의 결탁

월가의 은행가와 펀드매니저는 무보수로 일하는
미등록 외국인 로비스트로,
이들의 임무는 미국 대통령을 압박해
중국과 모종의 합의를 이루어내는 것이다.
2019년 피터 나바로 백악관 무역정책국장

멍완저우 회장이 석방된 이유

2022년 4월 미중 충돌의 중심에 서 있는 화웨이 창업자의 딸이자
CFO Chief Finance Officer(최고재무책임자)인 멍완저우孟晩舟 부회장이 회장직
에 올랐다. 멍완저우는 미국이 이란 제재법 위반 혐의로 발부한 체포
영장에 따라 지난 2018년 12월 캐나다 밴쿠버국제공항에서 체포되
어 가택 연금 상태에서 2년 9개월 만인 2021년 9월에 석방되었다. 당
시 멍완저우 석방을 두고 미중 물밑 협상 등 여러 가지 비하인드 스
토리가 떠돌았다. 2021년 9월 바이든 대통령과 시진핑 주석의 통화
에서 시 주석은 멍완저우 화웨이 부회장의 문제를 거론했다고 백악

관 대변인이 공개적으로 언급한 바 있다.

미국과 중국, 캐나다의 내부 조율 끝에 멍완저우가 석방되었다고 알려져 있지만, 중재자 혹은 완충재 역할의 중심에는 월스트리트가 있는 것으로 전문가들은 보고 있다. 멍완저우가 석방되자마자 전 골드만삭스 CEO 출신인 존 손튼John Thornton(현 광산기업 배릭골드 이사회 의장)이 곧바로 중국으로 날아갔다. 그는 베이징에서 한정韓正 중국공산당 부총리를 비롯한 여러 지도부 인사를 만나 비즈니스 논의를 한 것으로 추정된다. 존 손튼 의장은 2021년 9월 멍완저우 회장이 석방되기 전에도 베이징을 방문해 왕치산 부주석, 류허 경제부총리, 양제츠 외교담당 정치국원 등과 회동했다고 홍콩 매체 사우스모닝포스트SCMP가 보도했다.

미국 기업인이 중국의 핵심 공산당 간부를 어떻게 만날 수 있었을까? 그것은 미국의 월가와 공산당 자본과의 끈끈한 결탁이 존재하기 때문이다. 중국이 경제 대국으로 발돋움할 수 있는 데 결정적인 역할을 한 중국의 WTO 가입 때도 월가가 나서 클린턴 행정부를 설득해서 가능했고, 2018년 미중 무역전쟁이 일어나고 트럼프 행정부와 중국 왕치산 부주석, 류허 부총리의 만남과 중재자 역할을 한 것도 바로 '월가'였다는 것이 공공연한 비밀로 알려져 있다. 중국공산당은 월가의 도움을 받아 미국 정계와의 네트워킹 구축을 하고, 월가는 공산당과의 결탁을 통해 중국 시장에서 더 많은 부를 축적하는 상호 상생의 협력 관계인 것이다. 그리고 또 하나 중요한 것은, 공산당 자본의 글로벌 유출 통로가 월가와의 관계 속에서 생성되기도 한다는 사실이다.

월가와 공산당 공생의 출발은?

월가와 공산당의 관계는 매우 오랜 시간 동안 깊고 두텁게 형성되어왔다. 1949년 신중국이 설립되기 전인 1945년 전부터 공산당과 미국의 접촉은 시작되었다. 1945년 12월 미국은 공산당에 특사를 파견해 상호 협력의 접점을 찾으려고 했다. 미국은 향후 마오쩌둥의 공산당과 협력 가능성을 타진하는 차원이었고, 중국은 미국의 자본과 기술을 통해 경제 성장을 이룰 수 있는 요인이 존재했기 때문이다. 그러나 1950년 한국전쟁으로 중공군이 참전함으로써 이념적 대립으로 소련과 중공, 북한을 적대 국가로 편성했다.

그러나 1969년 미국 닉슨 대통령은 긴장과 대결의 냉전 체제를 청산하자는 이른바 '닉슨 독트린'을 발표했다. 당시 미국은 베트남전쟁에 반대하는 시위가 연일 계속되었고 미국의 경제도 해외 군사비 지출 등으로 어려운 상태에 있었다. 닉슨 대통령으로서는 어쩔 수 없는 선택이었다. 미국은 하루빨리 베트남전쟁을 종결시키고 냉전 체제를 해소하고 싶었다. 중국은 우수리강을 사이에 두고 소련과 영토 분쟁을 하며 대립하고 있었고, 동반자였던 소련이 이제는 중국을 위협하는 나라로 바뀌면서 미국이라는 강대국과의 관계 개선을 통해 소련을 경계해야 하는 상황이었다. 결국 1972년 2월 26일 닉슨 대통령이 중국을 방문하면서 역사적인 전환의 계기를 마련하게 되었다. 바로 미중 양국의 20여 년 간 적대 관계를 청산하는 '상하이 공동성

명'*을 발표한 것이다. 이는 미중 경제 교류의 출발점이 되었고, 상호 이익이 추진될 수 있도록 상호 간 무역 및 경제 교류를 활성화하는 계기가 되었다. 수교도 되지 않은 상태에서 중국은 미국의 기술과 설비를 도입하고, 그러한 분위기 속에서 미국의 자본가들이 점차 형성되기 시작했다. 1978년 덩샤오핑의 개혁 개방 정책의 추진과 함께 미중 자본과 산업 협력도 본격화되어 1979년 1월 1일 미중 양국은 역사적인 수교를 하기에 이르렀다. 중국이 달러 패권 속으로 들어가면서 미중 사이 상호 경제 의존성과 산업의 동조화가 본격화하기 시작한 것이다.

월가와 공산당의 밀월 관계

1990년대에 들어오면서 덩샤오핑의 선부론과 남순강화**의 기치 아래 상하이를 중심으로 하는 연해 지역의 개방이 가속화되었고, 항상 그 중심에는 월가의 자본가들이 자리 잡고 있었다. 월가는 공산당과 미국 정계를 이어주는 핵심 연결 고리였기 때문이다. 인민대학 국제관계학원의 디동성 부원장은 2020년 11월 중국 내 포럼에서 "1990년대 미중 협력과 갈등에는 미국 권력 내부에 공산당에 우호적인 '라오

---

* '상하이 코뮈니케'라고 하며, 리처드 닉슨 미국 대통령과 저우언라이(주은래) 중국 국무원 총리가 1972년 2월 27일, 상하이에서 공동으로 서명한 외교문서다.
** 南巡讲话, 1992년 1월 말부터 2월 초까지 덩샤오핑이 천안문 사태 후 중국 지도부의 보수적 분위기를 타파하기 위해 상하이, 선전, 주하이 등 남방 경제 특구를 순시하면서 더욱더 개혁과 개방을 확대할 것을 주장한 담화이다.

평요老朋友(오래된 친구)'가 많아서 미중 관계는 갈등 국면이 있을 때마다 그들이 중간에서 가교 역할을 하며 문제를 풀어나갔다."라고 설명했다. 1993년 7월 은하호 사건*, 1999년 5월 대사관 폭파 사건**, 2001년 군용기 충돌 사건*** 등 미중 정치, 군사, 경제 등의 다양한 영역에서 충돌이 있을 때마다 라오펑요가 중재 역할을 했다는 것이다. 중국에서 오랜 친구라는 의미의 '라오펑요老朋友'는 1~2년 맺은 '꽌시关系(인맥)'에서는 사용하지 않는다. 오랜 시간과 상호 이익의 공유를 통해 구축된 관계망에서 쓸 수 있는 말이다. 다시 말해 월가의 자본가들과 공산당은 오랜 기간 서로 소통하고 소기의 목적을 달성하며 함께 성장해왔음을 의미하는 것이다.

디동성 부원장은 바이든 대통령도 이른바 친중파로 분류되는 '건제파建制派'로 바이든 대통령 아들의 사업도 공산당과 결탁되어 있다는 것을 간접적으로 암시하기도 했다. 그의 강의는 당연히 큰 파장을 불러왔다. 얼마 되지 않아 월스트리트저널은 '중국은 힘센 친구, 월가를 미국에 두고 있다.China Has One Powerful Friend Left in the U.S.: Wall Street'라는 제목의 관련 기사를 게재했다. 그도 그럴 것이 디동성 부원장은 일반적인 교수가 아니라 시진핑 국가주석 및 고위 공산당 간부의 정책 자문을 맡고 있고, 원장인 스인홍時殷弘 교수 역시 공산당의 공식 고문 역할을 하고 있다.

---

* 중국이 이란에 화학무기 원료를 수출했다는 첩보를 입수한 미국이 화물선을 강제로 세운 뒤 조사한 일을 말한다.
** 1999년 5월 세르비아 주재 중국 대사관 오폭 사건을 가리키는 것으로 추정된다.
*** 2001년 4월 남지나해 상공에서 미 해군 정찰기 EP-3와 중국 공군 J-8 전투기가 충돌해 중국 조종사가 사망한 사건을 말한다.

2018년 2월 백악관 초청으로 미국을 방문한 류허 부총리는 별도의 시간을 내어 워싱턴 옴니쇼럼호텔에서 데이비드 솔로몬 골드만삭스 회장, 제이미 다이먼 JP모건 회장, 래리 핑크 블랙록 회장 등 월가의 대표적인 인물들을 만났다. 이유는 간단하다. 항상 그랬듯이 공산당의 '라오펑요'인 월가의 자본들이 트럼프 대통령의 대중국 압박이 완화될 수 있도록 도와달라고 요청했다. 그 대가로 중국 사업의 기회를 더욱 확대해주겠다고 약속했을 가능성이 높다. 그러면 미국과의 협상이 좀 더 수월할 것으로 본 것이었다.

월가의 큰손, 골드만삭스를 잡아라!

2018년 3월 8일 트럼프 대통령은 중국에 대한 고율 관세 부과를 위한 행정명령에 서명했다. 그러나 중국에 대한 고율 관세가 부과되고 중국도 보복관세를 부과하는 무역전쟁이 발발하게 되면, 미국 경제에도 도움이 되지 않을 것이라며 행정명령에 반대 의견을 던진 사람이 있었다. 바로 핵심 참모였던 게리 콘Gary Cohn 백악관 국가경제위원장이었다. 전 골드만삭스 회장 출신인 그는 결국 반대했다는 이유로 백악관 국가경제위원장직을 내려놓았지만, 계속해서 월가 자본과 중국공산당과의 관계 속에서 중재자 역할을 하고 있다. 2019년 11월 블룸버그와 중국국제교류센터CCIEE가 공동 주최한 베이징 신 경제포럼New Economy에 빌 게이츠, 게리 콘 등 60여 개 국가의 정재계 인사들이 참석했다. 포럼에서 게리 콘은 미중 무역전쟁은 양국에 도움이 되

지 않고, 상품과 서비스를 서로 공유하고 함께 성장해야 한다고 주장
했다.

이처럼 미중 경제무역 관계에는 항상 월가의 자본이 있었고, 그
중심에는 공산당과 가장 밀접한 관계를 맺고 있는 세계적인 투자은
행 골드만삭스가 있었다. 골드만삭스는 역사적으로 백악관과 매우
밀접한 관계를 맺고 있었고, 그곳 출신 인사는 다양한 직위와 직책으
로 백악관에 등용되는 경우가 일반적이었다. 그만큼 골드만삭스는
미국 정가에서 정치 파워와 네트워킹으로 거미줄처럼 엮여 있다고
볼 수 있다. 중국이 골드만삭스와 밀접한 공생 관계를 유지하는 이유
도 바로 여기에 있는 것이다. 예를 들어 클린턴 행정부의 로버트 루
빈 재무부장관, 부시 행정부의 조슈아 볼튼 백악관 비서실장, 로버트
졸릭 국무부 부장관, 세계은행 총재 랜덜 포트 국무부장관 정책고문
이 있고, 조지 부시 2세 행정부의 헨리 폴슨 재무부장관 그리고 트럼
프 행정부의 스티브 므누신 재무부장관, 스티브 배넌 백악관 수석 전
략가, 게리 콘 국가경제위원회 위원장, 윌리엄 더들리 뉴욕 연방준비
은행 총재 등 매우 많은 골드만삭스 출신들이 미국 내 정치, 외교 및
경제 관련 주요 보직에 자리 잡고 있었다. 골드만삭스 출신들은 워싱
턴 커넥션을 형성하며 미국 정계에 막강한 영향력을 행사하고 그에
따라 엄청난 부를 누려왔다.

골드만삭스와 공산당의 공생 관계는 1996년으로 거슬러 올라간
다. 당시 중국 건설은행 행장이었던 왕치산과 골드만삭스의 미국 중
시 아시아 담당이었던 헨리 폴슨과의 만남에서 시작되었다. 중국
은 국영 대형 기업들의 미국 상장을 월가의 큰손인 골드만삭스에 맡

겨 국제 자본을 끌어들이기 위한 목적이 있었다. 그로부터 10년 후인 2006년 헨리 폴슨은 재무부장관으로 항저우를 방문해 당시 저장성 당서기였던 시진핑과 만나 더욱 친밀한 공생 관계를 구축했다. 34년 전 닉슨 대통령과 주은래 총리가 만났던 같은 장소인 항저우 국빈관에서 두 사람은 많은 교감을 하고, 이익 공유의 단단한 네트워크가 형성되었다. 그다음 해 1997년 2월 25일 헨리 폴슨 재무부장관은 중국에서 당시 주룽지 총리와의 만남을 가졌다. 그 결과 중국 국영기업 처음으로 차이나모바일이 1997년 뉴욕증시에 상장되고, 2000년은 차이나유니콤, 2002년에는 차이나텔레콤이 상장되었다. 비록 2020년 11월 트럼프 대통령이 중국군이 소유했거나 통제하는 중국기업에 투자하는 것을 금지하는 행정명령에 서명함으로써 차이나텔레콤, 차이나모바일, 차이나유니콤이 미국 내 주식거래 금지 및 퇴출되었지만, 당시 이들 기업의 미국 상장 뒤에는 골드만삭스가 있었다.

:: **중국 주식 상장에 따른 월가 은행들의 수수료**

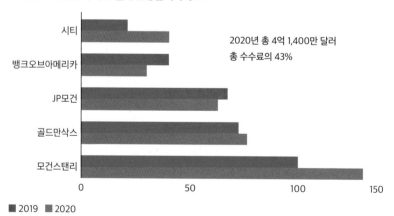

출처 | 파이낸셜타임스(2020. 8. 12.)

차이나모바일의 경우 42억 2,000만 달러를 공모함으로써 공산당은 엄청난 자본을 모을 수 있었고, 그를 도운 골드만삭스도 공모가의 많은 수수료를 챙겼다. 그밖에 2000년 4월, 뉴욕과 홍콩에 상장한 페트로 차이나(중국 석유 천연가스) 등 2021년 상반기 기준 미국 증시에 상장된 239개의 중국 기업들은 다양한 형태로 골드만삭스, 모건스탠리, JP모건, 뱅크오브아메리카, 시티은행 등의 월가 자본과 연결되어 있다고 볼 수 있다. 이렇게 구축된 월가와 공산당의 결탁은 2018년 미중 무역전쟁이 본격화되면서 더욱 공고히 되고 있다. 2019년부터 월가와 유럽계 금융기관들의 중국 진출이 본격화되면서 이들의 관계는 더욱 돈독한 관계로 발전하고 있다.

2019년 12월 유럽 최대 자산운용사인 프랑스 아문디^{Amundi}와 중국은행은 55%와 45% 지분 구조로 합작 인가를 받았고, 2020년 9월 외국계 자산운영사 최초로 과반 이상의 지분을 보유한 기업으로 정

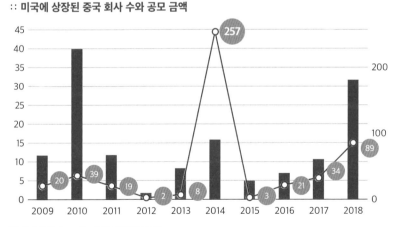

:: **미국에 상장된 중국 회사 수와 공모 금액**

■ 신규 상장 수 —○— 공모 금액(억 달러)

출처 | Statista Charts(2019. 5. 14.)

식 승인을 받게 되었다. 두 번째는 세계 최대 자산운용사인 블랙락이 2020년 8월 합작 기업 형태로 중국 자산운용 영업허가 가승인을 받게 되었다. 10억 위안의 등록 자본금으로 블랙락 50.1%, 중국건설은행 40%, 싱가포르 국부펀드 테마섹홀딩스 9.9%로 가장 많은 지분을 확보했다. 또한 2020년 8월에는 외국 기업 최초로 100% 외국 기업 소유인 뮤추얼펀드(공모펀드) 운용 기업으로 승인을 받게 되었다. 중국 내 주식보다 좀 더 안전한 펀드에 투자하려는 인식이 확산되자 중국 뮤추얼펀드 시장 규모도 약 3,400조 원 시장으로 커지고 있다. 그 이후에도 월가와 유럽계 외국자본들이 중국 금융시장 선점을 위해 지속적으로 허가 신청이 이어지고 있다. 2021년 2월 영국 슈로더

:: 글로벌 금융 자본의 중국 시장 진출

영역	주요 내용
2018	세계 최대 헤지펀드 브리지워터, 중국 사모펀드 운용사 자격 승인 2021년 11월 일주일 만에 약 1조 5,000억 원 규모의 자금 모집
2019. 12	아문디 다수 지분의 중국은행과 합작 자산운영사 가승인
2020. 08	블랙락, 외국 기업 최초로 100% 외국 기업 소유인 뮤추얼펀드(공모펀드) 운용 기업 가승인
2020. 09	아문디, 다수 지분의 중국은행과 합작 자산운영사 정식 승인
2021. 02	슈로더, 중국 뮤추얼펀드 사업 신청
2021. 03	JP모건, 초상은행 자산운용사 지분 10% 매입
2021. 04	BNP파리바, 중국 현지 증권회사 설립 신청
2021. 05	블랙록, 건설은행, 테마섹 홀딩스 자산운용사 설립 인가 DBS, 선전 농촌상업은행 지분 13% 매입 골드만삭스, 공상은행과 합작 자산운영사 설립 인가 모건스탠리, 화신증권과 합작 펀드사 지분 85% 인수

출처 | 아주경제(2021. 6. 3.)와 외신 내용 조합해 재정리

Schroders 자산운용사와 교통은행 합자회사가 중국 정부로부터 가승인을 받았다. 그리고 뉴버거버먼, 피델리티, 알리안츠, HSBC, 워버그 핀커스 등 글로벌 금융사들의 경우도 중국에서 합자 운영 중인 뮤추얼펀드 운용사를 독자 전환으로 가속화하고 있는 추세다. 기존의 조인트 벤처로 운영 중인 모건스탠리와 JP모건도 외국계 독자 뮤추얼펀드 운영사로 자격 전환을 준비 중이다.

이는 중국 자본시장 개방의 가속화와 그 궤를 같이한다. 월가를 통해 미국과의 관계 개선 및 지속적인 중재자 역할을 하는 대신 공산당이 그들에게 중국에서 돈을 벌 수 있게 해주는 선물의 성격도 있기 때문이다. 중국은 2020년부터 본격적으로 자본시장을 개방하고 있는 추세다. 2020년 1월에는 외국인 소유 선물 보험 기업 영업을 허용하고, 2020년 4월에는 외국인이 100% 소유한 자산운용사(공모 및 사모펀드) 설립이 가능해졌다. 또한 그해 12월에는 외국인 100% 소유의 증권사도 개방하여 외국계 투자은행의 중국 본토 내 주식 중개도 허용하도록 규제를 풀었다. 중국 자본시장 개방의 목적을 두고 시장에서의 반응은 다음과 같다.

첫째, 2020년 1월 미중 1단계 무역 협상에 근거하여 중국 금융시장 개방 조항의 약속을 지키기 위한 것이다. 둘째, 미중 충돌과 중국 경제 하방에 따른 글로벌 자금 유입을 통한 유동성 확보라고 이야기하고 있다. 하지만 감추어진 또 하나의 목적은 바로 월가의 자본과 공산당 간의 결탁을 통해 미중 신냉전 구도 속에서 또 하나의 아군을 만들고자 하는 중국 정부의 속내도 함께 내포되어 있다는 것이다.

2021년 11월 발표한 미중 경제안보검토위원회[USCC]의 연례 보고서 자료에 의하면 중국 증시와 채권 시장에 대한 미국의 투자는 2017년의 7,650억 달러에서 2020년 1조 2,000억 달러로 57.5% 급증했다. 결국 월가의 투자은행, 자산운용사, 뮤추얼펀드가 중국 금융시장 참여를 늘리며 공산당 자본과의 협력이 더욱 강화되는 것을 의미한다.

더 그레이트 월스리스트

영국 파이낸셜타임스가 2021년 5월 '월스트리트가 중국과 새로운 사랑에 빠졌다.'라는 제목의 기사를 내보내자 화제가 된 적이 있다. 미중 갈등이 더욱 첨예해지는 가운데 오히려 월가와 공산당 자본은 더욱 동조화된다는 것, 다시 말해 골드만삭스 및 블랙록 등 월가의 대표 금융 기관들과 공산당의 자본은 더욱 긴밀하게 결탁하고 상호 공생해나가고 있다는 것이다. 그들은 돈은 국적도 없고 자본주의에서는 대통령도 만들 수 있다는 것을 강하게 믿고 있다. 특히 중국의 금융시장 개방에 따라 더 그레이트 월스리스트는 월가 그들만의 리그로 재구성되고 있다. 더 그레이트 월스리스트는 만리장성The Great Wall과 미국 금융가Wall Street를 합성한 말로 영국 경제 주간지 이코노미스트가 급격히 성장하고 있는 중국 금융시장을 빗대어 만든 신조어다.

중국은행 자산운용(재테크) 시장 규모가 약 26조 위안(약 4,551조 원 규모)으로 신탁, 펀드 및 보험시장 규모보다 빠르게 성장하고 있기 때문이다. 중국 부유층과 중산층을 잡기 위한 뱅가드, 크레딧 스위스 등 월가 및 유럽 글로벌 금융사들의 중국 본토 공략을 가속화하며 공산당과의 관계망을 더욱 공고히 구축하고 있다. 세계 2위 자산운용사 뱅가드는 기존의 홍콩 대신 상하이로 아시아 본사를 이전했고, 크레딧 스위스는 글로벌 직원은 감축하는데 중국 시장 관련 직원은 늘리고 있는 추세다. 다시 말해 미국 주도의 세계 금융시장의 운영 프레임이 이제 중국으로 대체되고 있음을 의미하는 표현이다. '더 그레이트 월스트리트'는 월가의 투자자와 자본들이 공산당과의 결탁을 더욱 강화시키는 계기가 되고 있다. 막대한 중국 금융시장을 두고 월가의 자본들이 바쁘게 움직이고 있다. 공산당 눈치를 보며 그들만의 리그를 만들고 있다.

예를 들어 2021년 11월, JP모건 CEO인 다이먼은 보스턴대학 최고경영자 과정 토론에서 '중국공산당보다 JP모건이 오래갈 것'이라는 발언을 했고, 중국 외교부 대변인의 비판과 중국 내 여론이 좋지 않자 다시 사과 성명을 내는 등의 헤프닝도 일어났다. 또한 2022년 1월 세계 최대 헤지펀드 브리지워터 어소시에이츠Bridgewater Associates의 창업자이자 CEO인 레이 달리오가 UBS 그룹이 주최한 '위대한 중국 컨퍼런스'에서 중국의 공동 부유 정책에 찬사를 보냈고, 일본 니혼게이자이 신문과의 인터뷰에서 미국의 국력은 떨어지고 있고 중공의 주도권은 확대될 것이라고 주장했다. 월가와 공산당 자본은 쉽게 무너지지 않아 보인다. 그들만의 자본 카르텔을 통해 더욱 단단한 관계망을 만들어나갈 것이다.

가라앉지 않는
항공모함을 사수하라

중국이 대만을 무력화하기 위해
여러 가지 조치를 취할 것이지만 중국의 군사 능력으로 볼 때
향후 10년간 대만을 직접 침공할 수는 없을 것이다.
헨리 키신저 2021년 11월, CNN 인터뷰 중에서

우크라이나 사태에 따른 중국의 대만 침공설, 즉 제3차 위기설이 본격적으로 수면 위로 떠오르고 있다. 10년 전 미국 군사전문가인 빌 거츠Bill Gertz는 그의 저서에서 '중국 내부 자료에 의하면, 미국이 대만을 방어하기 위해 무력을 동원할 경우 중국은 미국 본토에 핵 공격 가능성도 검토하고 있다.'라고 주장한 바 있다. 이처럼 대만을 둘러싼 미중 신경전은 오랫동안 미국 안보의 한 축으로 자리 잡고 있었다.

대만 침공 네 가지 시나리오

대만 침공 시나리오는 최근 가장 뜨거운 이슈로 떠올랐다. 중국 내 분위기나 전문가의 전망, 언론 매체 등의 자료를 수집해보면 크게 네 가지 시나리오로 정리된다.

첫째, 시진핑 주석의 3연임이 확정되는 2022년 10~11월 20차 당대회 시기로 보는 시나리오다. 대만의 일간지 자유시보自由時報, CNEWS(프랑스 보수 언론) 등의 현지 매체는 러시아 인권 운동가 블라디미르 오세치킨Valdimir Osechkin 대표가 SNS에 러시아 정보기관 연방보안국FSB 기밀문서 내용을 인용하며, 중국이 20차 당대회 전에 대만 침공을 고려하고 있다고 쓴 내용을 기사화했다. 시 주석의 3연임에 맞추어 마지막 남은 대만을 수복함으로써 중화 대통일 업적을 과시하려고 했지만, 러시아의 우크라이나 침공으로 인해 계획에 차질이 생겼다는 논리다. 그가 언급한 기밀문서 진위 여부에 대해서는 논쟁이 뜨겁지만 결론적으로 러시아의 우크라이나 침공은 중국의 대만 침공설에 많은 변화를 가져온 것만은 분명해 보인다.

나는 중국이 러시아의 우크라이나 침공을 보면서 계획에 차질이 생겼고, 그로 인해 단기간 내 대만 무력 침입 가능성은 크지 않을 것으로 보고 있다. 그러나 중국은 이번 우크라이나 사태를 보며 향후 대만 침공에 더욱 확실한 자신감을 가지는 계기가 될 수도 있다. 미국이나 나토 모두 직접 군사 개입은 하지 않은 채 러시아에 대한 경제 제재만 진행하는 것을 보고 중국은 대만 침공 시나리오를 더욱 구체화할 가능성을 배제할 수는 없다.

둘째, 인민해방군 건군 100주년이 되는 2027년 침공 시나리오다. 이는 필립 데이비슨^{Philip Davison} 미국 인도·태평양 사령관이 2021년 3월 미 상원 군사위원회 청문회에서 언급하면서 더욱 주목을 받고 있다. 그는 "중공군이 규모와 능력 면에서 거대한 진전을 보이며 인도·태평양 지역에서 미국을 위협하고 있다."라고 분석했다. 그의 말에 설득력이 더해지는 것은 중국 내부 전문가 그룹에서도 무력 충돌 가능성을 매우 높게 판단하고 있다는 것이다.

2021년 5월 양안 관련 최고의 연구기관이라고 할 수 있는 중국 양안 아카데미의 보고서에서 중국 본토와 대만의 무력 충돌 위험지수[*]가 7.21로 지난 1차 대만해협 위기(1954년 9월 3일~20일)와 2차 대만해협 위기(1958년 8월 23~10월 5일) 당시 6.70보다 위험지수가 더 높다고 평가했다. 지난 1차 대만해협 위기는 대만령 진먼다오金門島 포격 사건으로 수십만 명이 사망했고, 2차 때는 포탄이 47만 발이나 발사된 대형 위기 상태로 당시 미국 지도부가 핵전쟁 카드 가능성도 제기한 것으로 알려진 바 있다. 비슷한 시기 영국 시사 주간지 이코노미스트도 여러 전문가들의 의견을 인용하며 '현재 세계에서 가장 위험한 지역이 대만'이라고 보도한 바 있다.

셋째, 중국이 미국 GDP를 추월해 세계 1위의 경제 대국과 1인당 GDP가 2만 불이 되는 시점으로 보고 있는 2030~2035년 시나리오다. 2035년은 중국군 현대화를 마무리하는 연도로 설정되어 있다. 시 주석은 중국 내 공식 연설에서도 대만과의 통일은 반드시 이루어져

---

[*] －10부터 10까지 범위

야 한다고 주장한 바 있다. 또한 '중국 제조 2025'에서 중국이 제시한 3단계 2035년은 독일과 일본을 제치고 제조 강국이 되는 해로, 중국의 대만 통일을 위한 첫 번째 시도가 이루어질 가능성이 높다고 보는 전문가들도 적지 않다.

넷째, 중장기적으로 중국군이 세계 일류 군대로 우뚝 서는 신중국 100주년이 되는 해로 상징적인 2049년 시나리오다. 중국이 이야기하는 진정한 G1이 되는 2049년 전에 대만을 통일해 완전한 대중화권Great China을 형성한다는 것이다. 홍콩 및 마카오의 일국양제(한 국가, 두 체제)가 끝나는 2047년과 2049년에 맞추어 마지막 남은 대만을 확실히 본토에 편입시켜 완성체를 만든다는 계획이다.

미중 신냉전의 '에이스 포커'

대만은 미중 양국에 있어 절대로 양보할 수 없는 '에이스 포커'이자 향후 글로벌 패권을 위한 매우 중요한 지렛대다. 무엇보다 대만은 인도·태평양 안보 전략의 요충지 역할을 한다. 미국 입장에서 대만은 중국을 국제적으로 흔들 수 있는 좋은 카드이자 군수 물품 수출을 통해 경제적 이익을 가져다주는 무역 파트너이기도 하다. 미국은 그동안 중국과의 관계 악화를 고려해 대만에 무기 판매를 제한했으나, 미중 마찰과 함께 트럼프 대통령 시절부터 본격적으로 대만에 무기를 수출해오고 있다.

2021년 6월, 17억 5,000만 달러(약 1조 9,200억 원) 규모의 F-16V 전

투기, M1 전차, RQ-9 무인기 등의 무기를 판매했고, 8월에는 7억 5,000만 달러(약 9,000억 원) 규모의 자주포 등 방어용 무기를 판매했다. 2022년 2월에는 1억 달러(약 1,200억 원)어치 무기 수출을 승인했다. 또한 대만의 요청에 따라 1억 달러 규모의 '패트리엇 미사일 방어 서비스' 판매를 승인, 이를 미국 의회에 통보했다. 대만은 미국산 무기를 구매하면서 세 가지 속내가 있다. 첫째, 중국을 간접적으로 견제하는 효과와 둘째, 미국을 대만 이슈의 당사자로 끌어들일 수 있는 효과 셋째, 미국으로부터 국제적인 지위를 보장받고자 하는 효과다.

중국 입장에서도 대만은 절대로 양보할 수 없는 레드라인이자 공산당의 지상 과제라고 볼 수 있다. 대만의 분리 독립 이슈는 공산당의 향후 방향성을 흔들 수 있는 핵심이다. 또한 가라앉지 않는 항공모함으로 중국이 태평양으로 나가기 위한 전략적 요충지이기 때문에 대만의 독립은 곧 전쟁을 의미한다. 2021년 11월 15일 진행된 미중 정상회담에서 대만 측의 태도에 따라 무력 통일에 나설 수 있다는 발언이 나오면서 긴장된 분위기가 지속되고 있다. 중국은 "만약 대만의 독립·분열 세력이 도발하고 레드라인을 돌파하면 중국은 부득불 엄중한 조치를 취할 것"이라는 단호한 입장이다. 미국도 대만으로 인한 중국과의 전쟁은 원하지 않는다. 2021년 7월 7일 백악관 국가 안보회의NSC 커트 캠벨Kurt Campbell 인도·태평양 차르는 "미국은 중국 견제를 위해서는 대만이 수많은 필수 요소 중 하나지만, 대만으로 인해 중국과의 직접적인 무력 충돌이 일어나길 원하지 않는다."라고 언급한 바 있다. 미국은 지금처럼 대만의 현상 유지가 국익에 도움이 된다고 생각하는 것이다.

러시아 제재를 둘러싼 미중 간 미묘한 신경전

우크라이나 사태를 보면서 결국 우크라이나의 존재는 없다는 것을 우리는 확인했다. 러시아, 미국, 중국 등 강대국 입장에서 전쟁이 전개되고 있다는 것이다. 러시아·우크라이나 전쟁을 보는 미중 양국의 속내는 어떨까?

중국이 러시아에 군사적 지원을 할 수 있다는 우려 가운데 2022년 3월 미중 양국 정상은 110분 동안 온라인 회의를 진행했다. 미국은 중국의 중재 역할, 즉 러시아를 절대로 도와서는 안 된다는 입장을 밝히면서, 만약 중국이 러시아를 지원할 경우 미국뿐만 아니라 전 세계 차원의 대응에 직면하게 될 것이고 그에 상응하는 대가를 치르게 될 것이라고 언급했다. 중국은 원칙적이고 중립적인 입장인 NCND^{neither confirm nor deny}(긍정도 부정도 아닌 입장)를 언급하며, 미국과 서방의 대러시아 제재는 물론 미국이 경고한 대중국 제재에 대해서도 반대한다는 입장을 보였다. 중국은 러시아의 우크라이나 침공 지지든 혹은 서방의 러시아 제재든 직접적인 참여를 하지 않겠다는 것이다. 미중 신냉전의 구도에서 세계 에너지 패권 국가이자 유엔 안보리 상임이사국인 러시아와의 관계도 그만큼 중요하기 때문이다. 확실히 러시아는 외교 안보와 경제적인 측면에서 중국의 중요한 우군임에 틀림없다. 외교 안보 측면으로는 미중 신냉전 국면에서 러시아가 필요하고, 경제적인 측면으로는 에너지 또는 반도체 공급망 관리에서 필요한 전략적 국가이기 때문이다. 중국의 대러시아 석유, 천연가스 수입 의존도 각각 15.5%, 8.3%로 중국과 러시아의 에너지 협력 강화는 향후 글로벌 에너지 패권 전쟁에 있어 매우 중요한 구도를 만들 수 있다. 반면에 중국이 무리하게 러시아를 지원했다가는 서방 제재를 불러와 경제난을 불러일으킬 가능성도 있기에 중국은 조심스럽게 러시아 사태를 관망하고 있는 것이다.

사실 두 나라의 속셈은 매우 복잡하다. 결론적으로 우크라이나 사태가 미중 양국에 있어 결코 나쁜 것만은 아니라는 것이다. 우선 미국 입장에서는 첫째, 미중 신냉전의 강대 강 대결에서 각자도생의 길을 걷고자 했던 유럽을 미국 편으로 유인하는 계기가 되었다. 경제적인 측면에서 EU는 중국과의 관계를 유지하면서 인권 등 보편적 가치를 추구하는 미국과의 관계도 유지해야 하는 입장이다.

그러나 우크라이나 사태를 통해 유럽은 중국을 다시 보는 계기가 되었다. 둘째, 천연가스LNG 2위 수출국인 미국의 입장에서는 1위 수출국인 러시아를 따돌릴 수 있는 기회이기도 하다. 러시아가 유럽을 포함하여 대부분의 천연가스 구매 계약에 루블화를 의무화하도록 하자 유럽은 즉각 반발하고 나섰고, 이와 동시에 미국과의 천연가스 계약은 더욱 확대되고 있다. EU는 2021년 미국으로부터 역대 최대 규모인 LNG 220억m³를 수입했지만, 우크라이나 사태 이후 미국의 천연가스를 더욱 많이 사들이고 있다. 미국은 EU에 최소 2030년까지 연 500억m³의 LNG를 공급한다는 목표로 자국의 에너지 패권을 더욱 확대할 수 있는 계기가 된 것이다. 유럽은 전체 가스의 약 35%를 러시아로부터 수입할 만큼 러시아 천연가스 의존도가 높다. 그런데 2021년 말부터 러시아와 서유럽을 잇는 '야말-유럽 가스관' 공급을 줄여오면서 유럽의 천연가스 가격이 올랐고, 에너지 위기에 직면해 있는 유럽은 당연히 미국 천연가스가 필요할 수밖에 없다. 길이 약 2,000km의 '야말-유럽 가스관'은 러시아에서 벨라루스, 폴란드를 거쳐 독일까지 이어지는 주요 가스 수송로다.

만약 우크라이나 사태가 장기화되고, 유럽과 러시아 간 파열음이 커져서 가스 공급 중단이 장기화되면 전기 수요가 높아지는 겨울에 전기료 부담이 급증하고 유럽 경제 전반에 인플레이션 압박이 가중 될 것이다. 여기에 미국이 군사 참전은 하지 않고 군사 지원만 하고 간접적인 경제 제재만을 진행하고 있는 것은 당연한 일이다. 그것이 국익에 도움이 되기 때문이다. 그래서 우크라이나 사태에 우크라이 나가 없다는 이야기가 나오는 것이다.

그렇다면 중국의 속셈은 어떨까? 첫째, 중국은 우크라이나 사태 를 보면 향후 대만 침공에 대한 새로운 시나리오를 쓸 수 있는 사전 학습을 한 셈이다. 중국은 러시아가 우크라이나 침공 시 속전속결로 끝날 경우와 장기전으로 진행될 경우를 모두 계산에 넣었다. 우선 속 전속결로 끝날 경우 중국 본토의 대만 침공 시기는 더 빨라질 것이 고, 만약 장기전으로 가면 미국을 중심으로 하는 서방 세계의 대러시 아 제재가 심해지고 반중 국가전선이 더욱 확대될 경우 득보다 실이 많을 거라는 계산이다. 중국 입장에서 미국의 경제 제재는 큰 문제가 되지 않는다. 지난 몇 년간 이미 미국의 경제 제재에 내성이 생겼고, 한번 해볼 만하다고 생각했을 것이다. 그러나 유럽 등 기타 서방 국 가들이 중국에 완전히 등을 돌리게 될 때는 중국의 내부적 모순과 정 쟁으로 인해 더 큰 어려움에 직면할 수 있기 때문이다.

둘째, 미국 주도의 반도체 공급망 구도에서 우크라이나 사태는 미국에 어려움을 가중시킬 기회로 보고 있다. 우크라이나는 반도체 생산에 필요한 네온, 크립톤, 아르곤, 제논 등 반도체 노광 공정과 식각공정에 사용되는 희소 가스 주요 공급 국가다. 특히 우크라이나의 네온 생산량은 전 세계 70%를 차지하고, 반도체 생산용 레이저 광원에 사용되는 크립톤 생산량은 러시아와 우크라이나의 두 나라 생산량이 전 세계 생산량의 약 80%를 차지한다. 네온의 경우 우크라이나가 전 세계 생산량의 70%를 차지하지만, 원료인 철강은 러시아에서 수입해서 생산한다. 따라서 네온은 러시아와 우크라이나 두 나라의 협업을 통해 생산되는 구조다. 또 하나는 중국, 러시아도 네온 생산량이 적지 않다는 것이다. 따라서 중국, 러시아, 우크라이나 세 나라의 네온 생산량을 합치면 전 세계 네온의 대부분을 생산한다고 해도 과언이 아니다.

우리나라의 경우를 살펴보면, 2020년 한국의 네온 수입 비중은 우크라이나 52.5%로 1위이고, 중국이 38.6%로 2위를 차지했다. 그러나 2021년에는 중국에서 수입되는 네온 비중이 66.6%로 우크라이나(23%)를 제치고 1위를 차지했다. 3위는 러시아(5.3%), 4위는 미국(5.1%)이다. 미국 입장에서는 우크라이나 사태가 가져올 위협 요소 중 하나인 셈이다. 또 다른 중요한 반도체 전략 물자는 팔라듐이다. 팔라듐은 전자기기와 센서, 메모리 반도체 제조에 필수적으로 사용되고 자동차용 촉매 변환기, 메모리 카드, 센서 등의 전자제품에도 사용되는 핵심 광물자원이다. 일반 아이폰의 경우 약 0.015g의 팔라듐이 사용된다. 팔라듐의 1위 생산 국가는 남아프리카공화국으로, 전 세계 40% 정도를 차지한다. 남아프리카공화국 등 아프리카 국가의 경우 중국의 영향권에 있는 지역이라고 볼 수 있어 결국 팔라듐의 세계 1, 2위 국가가 모두 친중 성향의 국가로 형성되는 셈이다.

대만은 제2의 우크라이나가 될까?

대만은 지정학적으로 매우 중요한 위치에 있어 미중 신냉전의 화약고가 될 수 있다. 우크라이나 사태 초기에 중국 관영매체는 "북극곰 힘내라.", "중국도 대만을 무력 통일해야 한다."라는 과격한 표현을 했다. 대만과 중국 대륙을 가르는 대만해협이 최근 들어 미중 양국의 군함과 전투기들로 인해 긴장감이 고조되고 있는 상황이다. 미중 양국 모두 '서로 보라는 식'의 무력 시위를 하루가 멀다 하고 진행하면서 상대를 자극하고 있다. 과연 대만은 제2의 우크라이나가 될 것인가? 대만은 중국의 핵심 이익이고 공산당의 최종 목표이기 때문에 어떠한 형태로든 통일을 시도할 가능성이 크다. 현재 중국 내부에서도 다양한 대만 통일 시나리오를 두고 고민할 것이다. 물론 대만 침공 4단계 시나리오처럼 무력으로 통일을 시도할 수 있겠지만 그럴 경우 여러 가지 변수가 존재한다. 무엇보다 중국이 대만 침공 시 미국의 참전으로 인해 미중 양국의 전면전으로 확산될 수도 있다. 물론 이 부분에 대해서도 상반된 두 가지 가능성이 존재한다.

첫째, 만약 중국이 대만을 침공할 시 지금은 도와줄 것처럼 이야기하고 있지만 결국 우크라이나와 같이 전쟁 참전이 아니라 군사 지원만 하고, 경제 제재로 중국을 압박하는 정도로 끝날 수 있다. 그럴

만한 이유는 따로 있다. 미소 냉전의 절정기였던 1979년 1월 1일, 미국은 소련을 견제하기 위해 대만과 단교하고 중국의 일국양제를 인정한다는 조건으로 중국과 정식으로 국교를 수립했다. 이와 동시에 1954년 미국과 대만이 맺은 상호방위조약도 당시 지미 카터 대통령에 의해 1979년 폐기되었으니 전쟁 시 참전의 명분과 근거가 없다는 것이다. 비록 미국 의회가 대만관계법을 제정했고, 또한 트럼프 행정부 시기인 2019년과 2020년에 대만동맹보호법과 대만보증법이 시행되었지만, 과거 맺었던 상호방위조약처럼 침략을 받을 경우 직접적인 군사 지원을 한다는 내용은 누락되었다. 이런 배경에서 무리하게 미국이 참전할 경우 이득보다 손실과 희생이 더 막대할 수 있다. 자칫 잘못해 전면전으로 확대되어 제3차 세계대전까지 갈 경우 미국의 피해가 너무 크기 때문이다.

둘째, 미국과 대만 간의 상호방위조약 체결이 없어 직접 참전의 명분이 없지만, 한편으로는 대만관계법을 활용해 의회의 건의와 동의를 얻어 참전하는 가능성이다. 미국의 대만 전쟁 참전은 중국을 억제하기 위한 가장 좋은 기회로 볼 수도 있다. 만약 인도·태평양의 전략적 요충지인 대만이 중국 본토에 넘어가게 되면 중국과의 신냉전에서 더욱 밀릴 수 있기 때문이다. 따라서 중국의 대만 침공을 빌미로 미국은 나토와 함께 전쟁에 참여해 중국의 세력 확장을 억제하는 기회가 될 수도 있다.

중국 입장에서는 두 가지 상반된 시나리오 모두 직간접적으로 영향을 받게 된다. 따라서 중국은 지금처럼 군비 확장과 무력시위를 통해 대만 내 긴장 국면을 조성해서 평화통일을 시도할 것이다. 만약 그럴 가능성이 낮다고 판단되면 중국은 최소한의 희생을 통한 대만의 무력통일 시기를 저울질할 가능성이 높다.

그런데 문제는 한국이다. 최악의 시나리오인 중국의 대만 침공이 현실화되고 미국이 참전할 경우 우리는 동맹국으로서 "노"라고 할 수 없는 구조적인 제약이 있다. 미국 본토에서 대만까지의 거리를 생각한다면 당연히 대만에서 가장 가까운 주한미군과 우리나라가 참전해야 하기 때문이다. 그럴 경우 북한이 중국을 도와 함께 참전하게 되고, 결국 다시 한반도에서 남북한 전쟁이 벌어질 수도 있는 위험천만한 상황이 벌어지게 된다. 대만을 두고 벌이는 미중 간 대립은 결코 남의 일이 아니다. 우리의 국가 위기 관리가 더욱 필요한 시점이다.

PART 4

국익의 길을
찾아서

THE FUTURE INSIGHT OF NATIONAL INTEREST

우리가 우리를
너무 모른다

전 세계에서 지정학적으로
가장 불리한 위치에 있는 나라가 폴란드와 한국이다.
강대국들에 포위되어 있는 두 나라가
역사적으로 지도에서 완전히 사라진 적이 있다는 건 놀랄 일이 아니다.

존 조셉 미어샤이머(John Joseph Mearsheimer) 시카고대학 교수,
2011년 11월 중앙일보 인터뷰 내용

세계적인 국제정치학자인 존 조셉 미어샤이머 교수의 말대로 우리나라는 지정학적으로 폴란드와 함께 전 세계에서 가장 불리한 위치에 놓여 있는 나라다. 2001년 출간된 그의 책 《강대국 국제정치의 비극》에서 그는 미국과 중국의 패권 경쟁이 피할 수 없는 현실이라고 주장하며 주목을 받았다.

2011년 11월 중앙일보와의 인터뷰에서 그는 "한국은 한 치의 실수도 용납되지 않는 지정학적 환경에 살고 있다. 그러므로 모든 국민이 영리하게 전략적으로 사고해야 한다. 이것은 생존과 직결된 문제다."라고 언급하며 향후 미중 갈등에 미리 대비해야 한다고 강조했다. 결국 그의 예언대로 우리는 미중 충돌에 그 어떤 나라보다 가장

어려움에 처해 있고, 미래 국운을 둘러싼 뜨거운 논쟁이 벌어지고 있는 상황이다.

과거의 한국이 아니다

분단국가인 한국은 한강의 기적이라는 경제적 성장을 기반으로 다양한 영역에서 세계의 중심 국가로 성장했다. IMF 자료에 의하면, GDP 총량*에서 한국은 세계 191개 국가 중 10위 국가(약 1조 8,000억 달러)로 8위 이탈리아(2조 1,000억 달러), 9위 캐나다(1조 8,800억 달러)를 바짝 뒤쫓고 있다. 인구는 세계 28위, 국토 면적은 세계 103위인 대한민국이 세계 10위의 경제 국가로 성장한 것이다. 특히 1인당 GDP 성장 속도는 매우 눈부시다. 한국은 1994년 1인당 GDP 10,428달러 대비 2021년 35,168달러로 237% 성장하며 미국(27,788달러 → 69,375달러, 149%)과 일본(38,928달러 → 40,704달러, 4.5%) 등 선진국 대비 빠른 성장률을 보이고 있다.

WTO 자료에 의하면, 2021년 세계 무역 순위에서 한국은 영국과 이탈리아를 제치고 세계 8위를 차지했다. 중국(1위), 미국(2위), 독일(3위), 네덜란드(4위), 일본(5위), 홍콩(6위), 프랑스(7위)에 이은 8위지만 홍콩은 중계무역 항구이고, 많은 물품이 홍콩을 거쳐 중국 본토로 들어가는 점을 감안한다면, 실제로 한국의 무역 순위는 세계 7위다. 만

---

* IMF는 지난 1년 동안의 최종 데이터와 올해 추정치를 4월과 10월에 연 2회 발표한다.

약 수출 규모만 본다면 한국은 세계 5위의 무역 강국이다.

한편, 미국 군사력 평가기관 글로벌 파이어파워GFP가 분석한 2021년 세계 군사력 순위*에 의하면 한국은 미국(1위), 러시아(2위), 중국(3위), 인도(4위), 일본(5위)에 이어 세계 6위를 차지하고 있다. 또한 스톡홀름 국제평화연구소SIPRI에서 발표한 국가별 국방 지출 통계에 따르면, 2020년 국방비 지출 세계 10위, 한국 방위사업청에 의하면 방산 수출 세계 9위 국가로 도약했다. 우리의 K9 자주포와 K10 탄약 운반장갑차, 항공기(T-50, FA-50), 함정(호위함, 잠수함), 지상 장비(자주포, 유도무기) 등 다양한 방산 물자를 세계에 수출하는 국가로 성장한 것이다. 세계 4대 회계법인이자 다국적 컨설팅 기업인 영국의 프라이스워터하우스쿠퍼스PwC는 위성체 관련 기술 경쟁력 및 누리호 발사 등을 고려하면 한국은 세계 4위의 항공 우주 생산 거점 국가라고 평가했다.

이러한 종합적 역량을 바탕으로 한국의 국력은 세계에서 어느 정도일까? 객관적으로 미국과 중국이 발표하는 순위를 참고하여 살펴보자. 미국 관련 지표를 보면 리더 역량, 경제적 영향, 수출, 군사력, 정치적 영향 등 종합적인 국력의 순위는 2021년 기준 전 세계 8위의 선진국이다. 미국 US 뉴스&월드리포트U.S. News & World Report**가 발표한 〈2021년 세계 국력 순위〉*** 보고서에 의하면 미국(1위), 중국(2위), 러시

---

* 군사력 순위는 재래식 전력, 군사 인력 및 장비 외에 전쟁 수행에 바탕이 되는 국가 재정, 지리적 요인 등 50개 이상의 요소로 군사력 지수를 바탕으로 순위를 매긴다.
** 미국 BAV 그룹과 펜실베니아대학 경영대학원(와튼스쿨)이 공동으로 미주, 아시아, 유럽, 중동·아프리카 등 주요 4개 대륙의 80개국, 2만여 명을 대상으로 실시한 설문조사 결과다.
*** 'Best Countries 2021 Global rankings, international news and data insights'

아(3위), 독일(4위), 영국(5위), 일본(6위), 프랑스(7위)에 이어 8위를 차지하고 있다. 종합 국력은 곧 강대국을 의미한다. 원문에서도 '세계에서 가장 강력한 국가The world's most powerful countries'로 표현하고 있다. 대한민국이 세계 8위의 강대국이라는 뜻이다. 그렇다면 중국이 보는 한국의 국력은 어느 정도 수준일까? 중국의 싱크탱크 기관인 중국사회과학원이 발간한 국제 정세 보고서 〈글로벌 정치와 안보 보고〉의 종합 국력 순위를 보면 2015~2021년까지 평균적으로 10~12위권에 포함되어 있다. 결론적으로 미국과 중국 양국 모두 한국의 국가 경쟁력을 매우 높게 보고 있다.

그런데 문제는 우리 스스로 우리나라를 강대국 대비 약소국으로 보는 경향이 있다. 한반도를 둘러싼 미국, 중국, 일본, 러시아 등 강대국들이 주변에 있다 보니 우리 스스로를 너무 작다고 느끼는 착시 현상에 빠지는 것이다. 나는 한국을 중견국이 아닌 중견 선진국으로 보고 있다. 중견국은 크게 두 가지 의미를 내포한다. 첫째, 국력 수준이 강대국과 약소국의 중간 정도에 있는 국가 둘째, 규범 및 가치, 자국의 이익을 근간으로 강대국 압력과 강요를 거부하며 글로벌 다자주의와 거버넌스를 통해 국제사회에 기여하는 국가를 의미한다. 윤석열 정부의 글로벌 중추 국가론과 맥을 같이 하는 개념이다.

지금의 한국은 이미 규범과 가치, 자국의 이익을 근간으로 충분히 목소리를 낼 수 있는 중견 선진국으로 성장했다.

문제는 정치와 국가 리더의 역량이다!

미국 US뉴스&월드리포트가 발표한 〈2021년 세계 국력 순위〉는 리더 역량, 경제·정치적 영향력, 외교정책, 군사력 등 다섯 가지 요소의 평균을 산정해 최종 순위가 정해진다. 한국이 세계 8위의 강대국이지만 그 내용을 보면 한 가지 문제점이 보인다. 2021년 세계 8위의 한국 성적표를 높은 점수 순위로 나열하면 △수출 호조 88.7점 △군사력 87.4점 △경제적 영향 63.7점 △국제 외교 61.1점 △리더 역량 36.1점 △정치적 영향 34.4점이다. 수출, 경제적 영향, 국제 외교 점수는 괜찮은 반면 리더 역량과 정치적 영향은 매우 낮은 점수를 받고 있다. 결국 외부 요인이 아니라 우리 내부 요인으로 인해 국가 경쟁력 순위 상승을 막고 있는 것이다. 미중 신냉전이 구체화되고 더욱 심화될수록 우리의 내부 역량 강화를 통해 외부의 리스크를 방어해 내야 한다.

우리 내부에서 일어나고 있는 이념적 대립과 충돌인 남남 갈등, 독자의 클릭 수를 올리기 위해 펼쳐지고 있는 언론의 미국을 중시하고 중국은 경시하는 '중미경중重美輕中' 현상, 여야의 정치적 대립 등 많은 내부의 약점들이 결국 우리 스스로를 옭아매고 있지는 않은지 뒤돌아보아야 한다. 국가 리더의 역할 또한 매우 중요한 사안이다. 한반도의 복잡하고 다양한 국면을 국가 리더인 대통령 혼자서는 다 할 수 없다. 그렇다면 좀 더 균형적인 시각과 국익의 관점에서 다양한 전문가들을 수용해야 하고, 그들의 목소리를 들어야 한다. 일부 전문가 집단과 역량의 목소리를 넘어 다양한 전문가들의 살아있는 정보와 의견을 듣고 소통하는 것이 중요하다. 흔히 "대통령 주변에 미국통은 많지만 중국통은 없다."라는 말을 많이 한다.

　미중 신냉전이 격화되고 있는 시점에서 우리는 미국의 시각으로 중국을 바라본다. 그래서는 정확한 한미 또는 한중 외교와 경제 협력이 될 리 만무하다. 국가 리더는 과거의 실수를 기반 삼아 미래를 예견하는 예지력과 통찰력이 필요하다. 작금의 불안정한 글로벌 정세와 북한이라는 변수가 앞을 가로막고 있는 대한민국은 더욱 그런 리더가 필요한 것이다. 중국의 사학자인 사마천은 중국의 지난 3000년 역사를 정리한 《사기》에서 '안위재출령安危在出令, 존망재소용存亡在所用'이라고 강조했다. "국가의 안정과 위기는 어떤 정책을 내느냐에 달려 있고, 존속과 멸망은 어떤 사람을 쓰느냐에 달려 있다."라는 의미다.

미중 패권의 전략적 균형자

한국은 우리가 생각하고 있는 그 이상으로 미국과 중국에 매우 중요한 역할을 하는 국가다. 미중 양국의 관점에서 한국은 세계 10위권의 강국인데, 우리 스스로 우리를 평가절하해서는 안 된다. 미국이 세계 국가들의 모임인 G7*에 우리를 초청한 것이 그냥 '한국이 좋아서', '한미 동맹 강화를 위해서'가 아니다. 그만큼 한국이라는 나라의 역량이

---

* 　미국, 영국, 프랑스, 독일, 이탈리아, 캐나다, 일본 등 선진 7개국의 모임

필요하고 그 정도의 역할을 할 수 있는 국가로 높게 보기 때문이다.

1905년에 일본은 한국의 외교권을 박탈하기 위해 강제로 을사늑약을 체결했다. 1907년에 고종은 네덜란드 헤이그에서 열리는 만국평화회의(100여 국가가 참여하는)에 이준, 이상설, 이위종 특사를 보냈다. 을사늑약의 부당함과 우리의 주권 회복을 열강들에 호소하기 위해서였다. 그러나 대한민국 사절단의 회의장 입장은 보기 좋게 거절당했다. 약소국이라고 무시당해 회의에 참석도 하지 못했던 우리는 114년이 흐른 2021년 역사상 처음으로 G7 국가정상회담에 초청되었다. 그리고 이제 한국은 종합 국력으로 충분히 주요 10개국^{G10}* 국가 체제로 편입될 수 있는 중견 강대국으로 성장했다는 것을 알아야 한다. 그러한 국력의 힘을 믿고 우리 외교와 경제 협력에 적극적으로 대응해나가야 한다.

미중 양국 모두 지정학·지경학적 측면에서 한국을 전략적 자산으로서 매우 중요한 국가로 보고 있다. 미국은 한미 동맹의 명분 아래 중국이 인도·태평양 지역 패권국으로 성장하는 것을 막기 위해 우리에게 적극적인 참여를 요구하고 있으며 중국 역시 그러한 미국의 전술을 알기에 지정학·지경학적으로 매우 중요한 한국과의 관계를 개선하려고 한다. 따라서 우리는 미중 양국 사이에서 명확한 우리의 입장에 근거한 지렛대를 만들어야 한다. 우리에게는 그 어느 국가도 함부로 할 수 없는 역량과 전략적 자산이 충분히 있다. 우리가 미중

---

* 경제협력개발기구(OECD) 내에 다른 선진국 모임으로 미국, 일본, 영국, 독일, 프랑스(G5)에 캐나다, 이탈리아(G7), 오스트리아, 네덜란드, 벨기에, 스위스 등 4개 국가가 포함되어 11개 국이지만 관습상 G10으로 불린다.

신냉전의 전략적 균형자로서의 역할을 어떤 원칙과 어떤 절차에 따라서 하느냐가 중요한 것이다.

첫째, 지정학Geopolitics적으로 한국의 전략적 자산은 무엇일까? 우리가 줄곧 주변 강대국에 둘러싸인 약소국의 약점으로만 생각했던 것이 미중 신냉전에 있어 중요한 전략적 자산이 될 수 있다. 한반도를 둘러싸고 미국, 중국, 러시아, 일본의 세계 군사 강국이 포진해 있고 대륙 강국인 중국과 러시아, 해양 국가인 미국과 일본이 한국을 두고 대치해 있는 상황이다. 지정학은 국제 정치와 글로벌 경제의 가장 중요한 연결고리다. 때문에 대륙 세력과 해양 세력의 갈등과 전쟁은 역사 속에서 수없이 반복되어왔다. 미중 신냉전의 지정학적 위치에서 가장 중요한 국가가 바로 한국이고, 이는 줄곧 우리에게 도전이나 리스크로만 작용해왔다.

그런데 만약 이를 잘 관리하고 운영한다면 우리에게 더 큰 기회가 될 수도 있다는 사고의 전환이 필요하다. 그 어떤 강국도 한국을 함부로 할 수 없는 이유이자 생존을 위한 자산이기도 하다. 북한과 중국, 러시아를 견제하기 위해서 한국이라는 전략적 요충지가 필요한 것처럼, 중국은 미국의 북진을 막기 위해 북한의 전략적 완충 지대buffer Zone를 넘어 한국까지 그 범위를 확대시키려고 한다. 분쟁 지역의 지리적 요인을 분석한 팀 마샬Tim Marshall은 그의 책《지리의 힘》에서 "한국은 지리적 특성 때문에 과거 중국과 일본 등 강대국들의 경유지가 되었다."라고 쓰고 있다. 단점을 강점으로 승화시킬 때 나오는 힘은 그 어떤 무기보다 강해질 수 있다는 사실을 우리는 자각해야 한다. 그러기 위해서는 국가 리더의 전략적 사고방식과 우리 내부의 갈등 요인을 최소화하는 지혜와 결단력이 필요하다.

둘째, 지경학Geo-economics적으로 한국의 전략적 자산은 무엇일까? 지경학은 쉽게 설명하면 결국 지리·경제학적인 관점이다. 따라서 지경학은 무역과 투자, 금융통화, 에너지 및 원자재 교역, 경제 제재, 해외 원조 등 다양한 지리적 장점인 경제 수단을 이용해 정치적 목표를 달성하는 것을 의미한다. 중국이 야심차게 진행하고 있는 일대일로나 미국 주도로 진행 중인 인도·태평양 경제프레임워크IPEF도 결국 지경학적 관점에서의 접근인 셈이다. 그러나 탈냉전과 미중 신냉전이 가속화되면서 지경학은 국제 정치의 중요한 도구로서 반도체, 배터리 등 글로벌 공급망 재편, 디지털 패권 등의 경제 안보적인 측면으로 확대되고 있다. 한국은 반도체 및 배터리 분야의 가장 중요한 지경학적 위치에 있다. 미국 주도의 반도체 공급망 구축을 위해서는 한국이라는 반도체 강국이 필요하고, 세계 디지털 패권을 잡기 위해 안간힘을 쓰는 중국 입장에서도 반도체는 한국이 필요하다. 반도체는 결국 우리에게 최종병기인 셈이다. 최종병기는 아무나 가질 수 있는 게 아니다.

— 2 —

"No"라고
말할 수 있는 한국

중국과의 대국 경쟁 목적은 실존적 위협의 패퇴나
완전한 승리가 아닌 관리된 경쟁에 있다.

케빈 러드(Kevin Rudd) 전 호주 총리

미국은 중국을 봉쇄할 수 없지만
유럽, 일본, 한국 등 동맹과 협력하면 중국이 부상하고 있는 환경을
조형화함으로써 중국의 선택지를 제약할 수 있다.

2021년 12월 '중국의 도전과 역사적 교훈' 기조 강연,
조셉 나이(Joseph S. Nye) 하버드대학 석좌교수

미중 신냉전이 심화될수록 우리는 운명적으로 중국과의 관계가 소원해질 개연성이 높다. 그것은 한미 동맹이라는 큰 울타리가 우리를 매우 강하게 감싸고 있기 때문이다. 그렇다면 미국은 한중 충돌이 발생할 때마다 당연히 한국을 적극적으로 도와서 대국으로서의 역할을 해야 하는 것이 이론적으로 맞다. 외교나 경제 모두 기회비용이라는 것이 있다. 한국이 중국을 버리고 미국을 선택함으로써 잃게 되는 손실을 미국이 보전해주어야 한다. 그래야 한국이 좀 더 적극적으로 미국 편에서 중국을 방어하고 견제할 수 있게 되겠지만 현실은 그렇지 않다.

예를 들어 2010년 3월 26일 서해 천안함 피격 사건이 있었다. 바

로 서해에서 한미 합동 해상 훈련이 진행될 예정이었으나 여러 차례 연기된 바 있다. 이유는 중국의 강력한 반대 때문이었다. 중국은 한미 합동 해상 훈련을 북한보다는 중국에 대한 위협으로 받아들이고 그에 상응하는 대응을 하겠다는 반응에 결국 미국이 중국의 의견을 받아들였다. 미국은 불필요하게 중국을 자극했다가는 국익에 손실을 입을 수 있다고 판단했던 것이다. 그러나 미국이 한국의 철저한 동맹이고 형제 국가라면 결코 있을 수 없는 일이다. 결국 모든 외교는 자국의 손실을 따져보고, 그에 따라 국익의 관점에서 결정하게 되는 것이다.

미국에도 "No"라고 말할 수 있어야 한다

2021년 9월 23일 미국 백악관 국가경제위원회 위원장과 상무부장관 주최로 온라인 반도체 공급망 대책회의를 개최했다. 4월 바이든 대통령이 반도체 CEO 서밋Sumit* 이후 세 번째 진행된 반도체 공급망 회의로 삼성전자, TSMC, 인텔, 마이크론 등 글로벌 반도체 기업과 GM, BMW, 포드 등 미국 자동차 기업들이 모두 참석했다. 그리고 하루가 지난 24일 미국 상무국 기술 평가국은 후속 조치로 국내외 반도체 제조사, 설계 업체와의 중간 혹은 최종 사용자 등 반도체 공급망 전반에 걸친 기업들을 대상으로 세부 설문조사를 한다고 밝혔다. 반도체

---

* 미국, 영국, 독일, 프랑스, 이탈리아, 일본, 캐나다 등 서방 7개 선진 공업국의 연례 경제 정상 회담.

제조 기업들은 매출 및 주문 현황, 공정 기술과 생산, 재고 현황, 고객 정보, 경영 정보 등 약 20여 개에 달하는 질문에 대한 답변서를 작성해서 45일 안에 미국에 제출하는 것이다. 강제 사항이 아니고 자발적인 답변이라고 주장하고 있지만, 완전히 협박 수준에 가까웠다.

지나 레이몬도Gina Raimondo 미국 상무장관은 "협조하지 않을 경우 정보 제공을 요구할 다른 수단도 있다. 거기까지 가지 않기를 바란다."라고 으름장을 놓았다. 여기서 '다른 수단'은 바로 국방물자생산법Defense Production Act 발동을 의미한다. 국방물자생산법은 미국이 특정 물품의 생산을 확대하고 관리할 수 있게 한 법률이다. 다시 말해 반도체에 대한 원자재 수급 및 가격 등을 통제할 권한을 가지게 되고, 이로 인해 미국 정부는 글로벌 반도체 기업에 공급 계약을 요구할 수 있으며, 반도체 생산에 대한 규제를 할 수 있다. 좀 더 구체적으로 미국이 어떤 내용을 원하는지 세부 내용을 살펴보면 황당하기 그지없다. 문제는 삼성전자, SK하이닉스 등 반도체 기업이 깊은 고민에 빠져 있는데 우리 정부는 어떻게 해야 할지 정확한 방향을 잡지 못하고 침묵만 지켰다는 점이다. 미국의 눈치도 보아야 하고, 불공정한 요구 사항을 받아들이기도 힘든 어정쩡한 태도를 보였다. 이것은 좌고우면할 이슈가 아니다. 바이든 행정부에 당당히 "No"라고 하며 우리 정부의 확고한 의견을 제시했어야 했다. 결국 우리 기업 스스로 핵심 내용을 빼고 미국 상무부에 전달했지만 아쉬움을 남긴다. "No"라고 해야 하는 이유는 크게 세 가지로 요약할 수 있다.

첫째, 한국 반도체 산업의 위기를 초래할 수 있다. 삼성전자 및 SK하이닉스 등 반도체 기업에 미국 정부가 요구한 세부사항을 살펴보자. 최근 3년간 매출액 및 출하 대비 주문 비율, 원재료와 장비 구매 변화, 주문량 많은 제품의 한 달 매출액, 중간재 및 완제품 재고 현황, 제품별 핵심 3대 고객 및 매출 정보, 반도체 공정 원자재, 제품 유형과 생산공정 리드타임(상품의 주문 일시와 인도 일시 사이에 경과된 시간), 향후 반도체 공장 증설 계획, 수요 초과 시 공급물량 할당 방법 등 매우 다양하고 구체적이다. 한마디로 미국이 우리 반도체 기업 내부 정보를 통째로 달라는 것과 같은 이야기다. 만약 이런 정보가 미국으로 흘러 들어가면 향후 경쟁사인 미국의 인텔, 마이크론, 애플 등에 넘어갈 수도 있다는 것이다. 물론 미국은 기업 비밀을 외부에 절대로 공개하지 않는다고 이야기하고 있지만, 치열한 미중 기술 패권 전쟁에서 상황이 어떻게 변화될지 아무도 장담할 수 없다. 무엇보다 미국의 무리한 요구는 중국에 대항해 글로벌 공급망 투명성을 제고한다는 대외적인 명분을 취하고 있지만, 결국 GM과 포드 등 미국 자동차 회사들의 차량용 반도체 부족 현상을 해결하기 위한 자구책이었고, 중국과의 중장기 기술 패권 전쟁에 대비하고자 하는 전략적 포석이었다.

과거 1980년대 도시바, 히타치 등 일본 반도체 업계가 미국 반도체 산업을 위협하자 미국은 슈퍼 301조를 동원해 D램 반도체 덤핑을 문제 삼아 일본 반도체 기업에 100% 보복관세를 부과했다. 일본 반도체 기업의 추락과 몰락은 미국과 결코 무관하지 않다고 볼 수 있다. 또한 삼성전자와 SK하이닉스의 원가 및 판매가, 재고, 반도체 생산량을 예측할 수 있는 반도체 수율(웨이퍼 한 장에 설계된 최대 IC 칩 수량 대비 생산된 정상 칩의 개수) 등 정보가 노출되면 당연히 반도체 가격에 영향을 미치게 되고, 결국 가격 협상 경쟁력이 떨어지면서 우리 기업 매출에 큰 타격을 받을 수밖에 없다. 나아가 핵심 고객 정보와 매출 비중 정보 공개는 계약 당사자와의 비밀 유지 계약서^{NDA} 위배로 국제소송에 휘말릴 수도 있었다.

둘째, 미국 자동차 산업 부흥과 자국으로의 공장 이전을 가속화시키기 위한 프레임에 한국 반도체 기업이 희생양이 될 수도 있다. 정보 요구 사항 중 향후 경영 계획 부분의 내용을 보면 반도체 공급망에 있는 글로벌 핵심 기업들을 미국으로 이전시키겠다는 의도였다. 결국 중국 추격을 따돌리며 미국이 반도체 패권주의를 하겠다는 것과 다름없다. 미 하원을 통해 이미 발효된 '반도체 생산촉진법^{CHIPS for America Act}' 법안은 향후 5년 동안 총 520억 달러의 재정을 투입하여 해외 반도체 기업을 유치하겠다는 것으로, 100억 달러의 연방 보조금과 최대 40%의 세액공제 등 각종 인센티브를 제공할 테니 미국에 반도체 공장을 지으라는 이야기다. 더 나아가 미국 상원의 '아메리칸 파운드리^{American Foundries Act}' 법안도 통과되었다. 반도체 파운드리 공장 건설에 연방 보조금을 150억 달러로 증액하고 미국 국방부와 국립과학재단 같은 정부기관에서 50억의 R&D 지원금을 추가로 줄 테니 미국에 공장을 지으라는 내용이다. 삼성전자의 170억 달러 규모의 첨단 파운드리 미국 공장 증설 및 SK하이닉스의 실리콘밸리 R&D 센터 건설 정도로는 만족하지 않겠다는 것이다.

셋째, 향후 중국도 미국과 똑같은 방식으로 우리 반도체, 디스플레이 등 기타 첨단 핵심 기업들을 압박할 가능성이 크다. 다행히 우리 기업들이 미국 상무부에 핵심 정보를 빼고 제출해서 모면할 수 있었지만, 만약 당시 울며 겨자 먹기 식으로 미국이 원하는 대로 정보를 제공했다면 결국 똑같은 방식으로 중국에도 무언의 압박과 요구를 받게 될 것이 뻔했다.

반도체 칩4 동맹의 함정

중국은 미국 정부의 요청에 한국이 어떻게 대응하는지 유심히 관찰하고 있었다. 그것을 잘 알고 있는 기업이 바로 글로벌 파운드리 1등 기업인 대만의 TSMC다. TSMC는 초기에 미국의 정보 공개 요청에 단호히 거절 의사를 밝혔다. 대만 국가발전협의회NDC 장관은 미국에 기업 관련 내부 정보를 제공하지 않을 것이라고 공개적으로 밝힌 바 있다. TSMC의 가장 큰 고객인 중국의 심기를 건드릴 필요가 없고, 향후 그로 인한 중국 정부의 압박을 사전에 차단하겠다는 속내였다.

당시 우리 정부는 경제부처와 국정원, 청와대 관계자들이 참석해 제1차 대외 경제 안보 전략회의를 개최했고, '미국의 국내 반도체 기업에 대한 내부 기밀정보 요구에 기업 자율성에 맡기되 기업에 부담이 가지 않도록 정부 지원과 함께 미국 정부와 협의하겠다.'라고 발표한 바 있다. 미국 눈치를 본 무책임한 표현이었다. 문제는 우리 기업이 자율적으로 해결할 수 있는 사안이 아니었다. 미국의 제조 장비와 소프트웨어가 없으면 우리 기업은 메모리 반도체를 생산할 수 없다고 해도 과언이 아니다. 반도체 장비의 약 40%, 소프트웨어의 약 50%를 미국 기업이 생산하기 때문이다. 그렇다고 내부 정보를 미국에 넘길 수도 없는 진퇴양난의 국면에 처한 기업에 '자율성'이란 말은 전혀 도움이 되지 않았다. 국내 일부 전문가들은 "어차피 미국에 줄 것이라면 가능한 적은 정보를 주고 기밀 보안 유지를 요청해야 한다."라고 말하지만 이것도 곰곰이 생각해보아야 한다. 왜 미국에 우리 기업의 내부 정보를 주어야 한다는 가정을 먼저 하고 있는 것일까? 2년 전 일본이 전략물자 수출법으로 우리를 압박했을 때 모두 큰일 날 것처럼 이야기했다. 하지만 우리는 잘 극복했고 자체적인 소부장(소재·부품·장비) 생태계를 만들어왔다. 물론 더욱 정밀함을 요구하는 반도체는 다를 수 있지만, 그렇다고 미국 반도체 장비와 소프트웨어를 대체할 방안이 없는 것도 아니다. 금도를 넘는 것은 아니라고 강력히 이야기해야 한다. 왜 미국의 요구라고 무조건 받아들여야 하는지를 곰곰이 생각해보아야 한다.

미중 반도체 패권 경쟁은 오랜 기간 지속될 수밖에 없다. 2022년 3월 미국은 중국을 견제하기 위해 한국, 일본, 대만에 '반도체 칩4Chip Four 동맹'을 제안했다. 반도체 칩4 동맹은 단순히 4개 국가의 반도체 공급망 구축 및 협력을 넘어서 안보와 국제정치 프레임에서의 가치 공유를 의미한다. 따라서 우리가 칩4 동맹에 들어가는 것은 그만큼 희생을 감내해야 한다는 것을 의미하고, 미국이 그 희생의 대가를 보전해주어야 한다는 것이다. 문제는 우리 수출의 40%(홍콩 포함)를 차지하는 중국 시장을 포기할 경우 미국이 그것을 보전해줄 수 있느냐다. 하지만 대답은 그렇지 않다. 우리가 칩4 동맹에 들어가는 것은 중국 현지 공장 추가 건설, 생산-테스팅-패키징-공정 장비-화합물 반도체 등 지난 오랜 시간 동안 최적화시켜 놓은 공급망을 모두 버려야 하는 것을 의미한다. 이는 대만도 같은 처지다. 향후 미국이 구상하는 칩4 동맹이 자칫 잘못될 경우, 중국이라는 세계에서 가장 큰 시장을 잃게 되고 과잉 공급 관련 비용 상승으로 인해 삼성전자, SK하이닉스뿐 아니라 반도체 중견기업들도 어려움에 직면하게 될 가능성이 크기 때문이다.

우리 정부의 확고하고 명확한 입장이 있어야 향후 다가올 중국으로부터의 압박에도 대응할 수 있다. 이 사안은 한미 동맹과 한중 전략적 파트너십 관계와는 전혀 다른 우리 국격과 자존심, 국익의 문제이기 때문이다.

확고한 우리 입장, 중국도 함부로 하지 못한다

중국도 마찬가지다. 중국 또한 미중 신냉전이 심화될수록 자국의 이익과 목표를 위해 언제든지 한국에 대해 협박과 위협을 가할 가능성이 높다. 이는 어쩌면 우리 스스로 만든 대중 외교의 함정에 빠져들고 있는 형국이다. 사드 사태를 겪으면서 우리 정부는 매우 소심하고 저자세의 대중 외교를 펼친 것에 대해서 이미 공감대를 형성하고 있다. 불필요하게 중국을 자극하지 않으려는 우리의 소극적인 모습이 중국에 한국은 다루기 쉽다는 착각을 더욱 불러일으킨 것이다.

나는 업무의 특성상 대한민국 주중국 대사관 혹은 영사관에 근무하고 계시는 우리 외교관분들을 종종 뵙곤 한다. 한번은 우리 중앙부처에서 파견되어 상하이 총영사관에서 근무하고 계시는 주재관을 뵙고 함께 식사를 한 적이 있다. 그들은 "상하이 정부 공무원이 잘 만나주려고 하지 않아요. 무슨 일을 함께하려고 해도 업무 진행이 안 돼요. 답답한 현실입니다."라고 말하며 어려움을 토로했다. 어쩌다 대한민국 중앙부처 국장이 상하이 지방 공무원조차 만나기 힘든 상황이 되었을까?

상하이는 중국 반도체 산업을 전략적으로 키우는 지역으로 우리의 도움이 매우 절실하다. 그런데 외교 현장에서는 이렇게 정반대의 상황이 벌어지고 있는 것이다. 아마도 중앙정부의 행동지침이 있어 보인다. 외교의 품격과 국격은 우리 스스로가 만들어야 한다. 내 친한 지인은 "한중 관계가 과거 진보정권 때보다 보수정권이었을 때 더 좋았다."라고 강변한 적이 있다. 지인의 말은 많은 의미를 내포하고 있다. 단순히 진보와 보수를 넘어 우리가 강력한 대중 외교의 원칙과 방향이 있을수록 중국이 함부로 하지 않는다는 것이다. 중국은 미국의 여러 동맹 국가들 중에서 한국이 미국과의 연결고리가 가장 약하다고 생각한다. 그래서 더욱 한국에 대해 무리하고 난해한 요구를 한다. 안 되면 안 된다고, 강력히 "No"라고 말할 수 있어야 중국이 그 선을 넘지 않는다.

2022년 5월 윤석열 대통령 취임식에 중국은 시진핑 주석의 최측근이라고 볼 수 있는 왕치산 부주석이 참석한 것도 그런 맥락이다. 일반적으로 외국 대통령 취임식에 주로 부총리급 인사를 축하 사절로 보냈는데, 강력한 한미 동맹을 외치는 윤석열 대통령 취임식에 왕 부주석을 보낸 의도는 미국과 더욱 가까워지고 있는 새 정부와의 관계 개선과 긴박해지고 있는 미중 관계 속에서 한국을 관리해야 한다는 속내다.

　이제 우리 스스로가 변해야 한다. 한한령(중국 내 한류 금지령)으로 막혀 있던 우리 드라마나 영화가 중국 OTT에서 방영되거나 그동안 허가받지 못하고 있던 상황에서 우리 온라인 게임이 중국 판호*를 받으면 거의 대부분 매체마다 '이제 한한령이 풀린다, 한한령 해제의 신호탄인가?', '한한령은 언제 풀릴까?' 등의 기사들이 쏟아진다. 온라인 게임판호(게임 서비스 허가)의 경우 중국은 게임 산업 규제 강화로 인해 판호 총량이 줄어드는 추세이긴 하지만, 그럼에도 불구하고 외자판호(해외 게임의 중국 내 서비스 허가권)의 경우 일본과 한국의 차별이 매우 심하게 나타나고 있다. 한국의 경우 2016년 7월 사드 배치 결정이 있기 전인 2016년 28개, 2017년 6개의 게임판호를 받았다. 사드 보복이 본격화된 2018년, 2019년은 하나도 받지 못했다. 그리고 2020년 12월 3년 9개월 만에 판호 1개를 발급받았고, 2021년에는 2개를 받았다. 일본은 과연 어떨까? 미중 신냉전 구도 속에 미국 편에 서 있는 일본은 2020년 96개, 2021년 74개 판호를 발급받았다. 분명한 차별이다. 그만큼 한중 정부 간 소통이 되지 않고 있다는 것이다. 중국이 한국 게임판호 중단 및 거부에 대해 '한한령이 아니다.'라고 하면 그 이유가 무엇인지 정확히 물어보아야 한다. 중국이 애써 외면하고 있는 '한한령'이라는 용어를 우리 스스로가 만들어 그 올가미에 우리를 자꾸 빠져들게 하는 것이다. 그런 우리를 보고 중국은 회심의 미소를

＊　중국의 게임 유통 서비스 허가권을 의미한다. 중국에서 온라인 게임을 서비스하기 위해서는 중국 국가신문출판광전총국이 게임 출판·운영 허가권 번호를 발급하는데 그것을 '판호'라고 한다. 중국 온라인 게임 기업에는 내자판호, 해외 게임 기업에는 외자판호가 발급된다.

지을 가능성이 크다. 이제 더 이상 한한령을 언급할 필요가 없다. 우리가 민감하게 반응할수록 중국은 더욱 그 약점을 파고들며 전랑외교戰狼外交(늑대처럼 공격적인 외교 스타일)를 펼칠 가능성이 크다.

━ 3 ━
용미用美와 용중用中의
마인드로 전환하자

한국이 미국에 가까워질수록 중국은 한국에 보복할 것이고
한국은 일정한 대가를 치러야 할 것이다.
2022년 1월 동아일보 신년 인터뷰, 존 미어샤이머 시카고대학 석좌교수

삼성전자가 바이든 행정부에 협력하지 않으면
한국이 미국의 전략적 파트너로서의 위상도 위협받을 수 있다.
2021년 5월 주한미국상공회의소, 이재용 부회장 사면 서신 내용

2021년 상반기 미국 여론조사기관 퓨리서치센터가 18개국 2만
2,410명을 대상으로 조사한 미중 호감도(인기도)에 대한 설문조사 내
용을 발표한 바 있다. 러시아, 싱가포르, 그리스를 제외한 대부분의
나라에서 미국에 대한 호감도가 중국보다 월등히 높았다. 퓨리서치
센터는 2002년부터 연례적으로 미중 호감도 조사를 실시하고 있으
며 초기 한국과 일본의 2개 국가에서 시작해 지금은 미국, 캐나다,
벨기에, 덴마크, 프랑스, 독일, 이탈리아, 네덜란드, 스페인, 스웨덴,
영국 등 18개국으로 점차 늘어나고 있다. 최근 몇 년간 조사 내용의
변화를 살펴보면 미국에 대한 호감도 상승에 따른 중국에 대한 비호
감도가 급격히 높아지고 있다. 그 이유는 2020년 코로나19 팬데믹과

:: **미중 호감도 설문조사(2021년 상반기)**

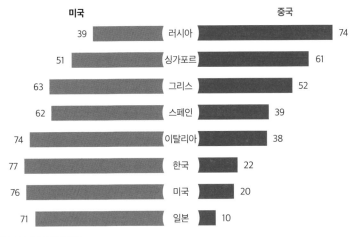

	미국		중국	
러시아	39		74	
싱가포르	51		61	
그리스	63		52	
스페인	62		39	
이탈리아	74		38	
한국	77		22	
미국	76		20	
일본	71		10	

출처 | 퓨리서치, 레바다 센터

중국의 권위주의, 국제 관계 악화 등으로 중국에 대한 국제사회의 부정적 인식이 확대되었기 때문이다. 또한 트럼프의 미국보다 바이든의 미국이 더 높은 인기를 얻고 있다. 예를 들어 2020년 10월(트럼프) 퓨리서치 조사에서 한국의 미국 호감도가 59%에서 2021년 상반기(바이든)에는 77%로 급상승했다. 이는 반대로 중국에 대한 반감이 더 확산되면서 자연스럽게 미국에 대한 호감도로 이전했다고 볼 수 있다.

2020년 10월 조사의 경우 13개 조사 국가 중 50% 이상 미국을 우호적으로 생각하는 나라는 유일하게 한국뿐이었고, 기타 국가의 미국 호감도는 평균 34% 정도에 불과했다.

한국이 미국을 제일 믿는다

설문조사 내용을 살펴보면 미국에 대한 호감도가 가장 높은 나라가 바로 한국이다. 한국(77%)은 미국 자국민(76%)보다 미국을 더 믿고 선호한다. 한편 미중 신냉전이 본격화되던 2020년 하반기에 실시한 '어느 나라가 세계 최고 경제 대국인가?'라는 내용의 설문조사를 보면 우리가 다른 국가 대비 미국에 대한 믿음이 얼마나 강한지를 잘 보여

:: 세계 최고 경제 대국 설문조사(2020년 하반기)

국가	중국	미국	일본	유럽
캐나다	47%	36%	5%	7%
미국	32%	52%	5%	6%
이탈리아	57%	32%	7%	4%
독일	55%	17%	5%	18%
벨기에	54%	32%	6%	7%
네덜란드	52%	29%	4%	13%
스페인	51%	35%	5%	7%
프랑스	48%	34%	8%	7%
스웨덴	47%	39%	4%	9%
영국	47%	37%	5%	8%
덴마크	42%	34%	6%	16%
평균	51%	34%	5%	8%
오스트레일리아	53%	34%	3%	5%
일본	31%	53%	6%	4%
한국	16%	77%	1%	4%
14개국 평균	48%	35%	6%	7%

출처 | 퓨리서치, 2020 세계 태도 조사(2020 Global Attitudes Survey)

준다.

미국이 세계 최고 경제 대국이라고 언급한 나라는 한국과 일본 두 나라밖에 없는데 한국(77%)이 일본(53%)보다 훨씬 높은 것으로 나타났다. 미국인들도 미국(32%)보다 중국(52%)이 경제 대국이라고 응답했고, 특히 도표에서 보다시피 이탈리아, 독일, 프랑스, 영국 등 유럽 대부분의 사람들은 중국이 미국보다 경제적으로 훨씬 강하다고 대답했다. 미국의 동맹국들 중에서 한국이 유난히 미국을 맹신하고 있는 것이다.

위 두 개의 설문조사 결과를 보면 유럽 대부분의 국가들이 미국과 중국을 보는 이중잣대의 현실이 확연히 드러나고 있다. 우리도 불균형적인 시각을 좀 더 균형적인 시각으로 교정해야 국익을 높일 수 있다. 어찌 보면 국내 정치권과 언론들이 미중 사이 불균형적인 시각을 인위적으로 조성하고 그것을 기반으로 국내 정치의 도구와 수단으로 활용하며 한국을 더욱 위태롭게 만들어가고 있는지도 모른다. 특히 일부 국내 매체와 여론의 편협적인 시각과 견해는 세계 일반적인 여론과의 괴리가 심한 상태다. 한미 동맹과 한중의 전략적 협력 관계는 구분해서 보아야 하고, 모든 선택과 기준은 국익의 관점에서 재설정해야만 우리나라가 더욱 부강해지고 성장할 수 있다.

미국 관점 한미 동맹 vs 한국 관점 한미 동맹

영국 런던에 본부를 둔 국제 여론조사기관 유고브YouGov는 매년 미국인들 대상으로 '미국의 동맹국 순위'와 '미국의 적국 순위'를 조사해서 발표한다. 물론 미국 일반인들을 대상으로 한 설문조사이니 국제 외교 및 정치적 관점에서 얼마나 의미가 있겠나 하고 무시할 수도 있겠지만 절대로 그렇지 않다. 미국 시민들의 여론은 결국 미국 상하원 의원 선출의 근간이 되고, 그러한 미국 내 여론을 바탕으로 미국 외교 관계의 순위가 결정될 수도 있기에 매우 의미 있는 통계라고 볼 수 있다.

유고브가 2017년에 진행한 '미국의 동맹과 적국Ally of U.S and Enemy of

:: **미국인이 생각하는 동맹 국가 순위**

국가	민주당 지지자	공화당 지지자	중도층
캐나다	2위	2위	1위
영국	1위	3위	3위
호주	4위	1위	2위
프랑스	3위	9위	5위
아일랜드	9위	6위	4위
이탈리아	5위	4위	9위
독일	8위	12위	7위
뉴질랜드	10위	8위	8위
스웨덴	6위	10위	12위
노르웨이	11위	13위	6위
스위스	7위	7위	18위
네덜란드	12위	14위	10위
덴마크	16위	11위	11위
핀란드	18위	16위	15위
스페인	14위	15위	20위

출처 | 유고브(2017)

the US 순위' 설문조사 내용을 살펴보면 미국의 동맹국으로 한국은 27 위를 차지하고 있고 1위는 캐나다, 2위 영국, 3위 호주 순이고, 이스라엘 16위, 일본은 21위를 차지하고 있다. 일본을 한국보다 더 중요한 동맹국으로 보고 있는 것이다. 이 순위는 2020년 조사에서도 비슷한 결과치를 보여준다. 동 설문은 미국 성인 7,150명을 대상으로 전세계 144개 국가를 표본으로 조사한 결과인데, 흥미로운 것은 민주당 지지자와 공화당 지지자, 중도층마다 국가별 지지도 순위가 약간씩 다르다는 것이다.

한편, 미국의 적국 국가 Top 7 순위를 보면, 2017년 결과와 2020년 결과 내용의 큰 변화가 생긴 것을 확인할 수 있다. 2017년은 1위 북한, 2위 이란, 3위 시리아, 4위 이라크, 5위 아프가니스탄, 6위 러시아, 7위 리비아 순이었다. 그런데 2020년 순위를 보면 1위 북한, 2위 이란, 3위 이라크, 4위 중국, 5위 러시아, 6위 시리아, 7위 아프가

:: **미국인이 생각하는 적국 순위**

2017년		2020년	
순위	국가	순위	국가
1	북한	1	북한
2	이란	2	이란
3	시리아	3	이라크
4	이라크	4	**중국**
5	아프카니스탄	5	러시아
6	러시아	6	시리아
7	리비아	7	아프카니스탄

출처 | 유고브(2017, 2020)

니스탄 순이다. 코로나19 확산과 미중 신냉전이 일어나기 전 2017년에는 순위권에 없던 중국이 2020년 4위로 올라온 것이다.

미국의 일반인들이 보는 한미 동맹은 27위인데, 그렇다면 한국인들이 보는 한미 동맹은 어떨까? 2021년 1월 서울대 아시아연구소가 20개 주요국에 대한 한국인의 신뢰도와 호감도를 보여주는 감정온도(0~100도) 표를 발표한 바 있다. 1위는 월등한 차이로 미국(65.9°C)이었고 2위 스웨덴(59.5°C), 3위 호주(59.2°C), 4위 독일(58.1°C) 순이었다. 한편 전국경제인연합회가 2021년 4월 한국인 1,000명을 대상으로 조사한 국가별 신뢰도와 호감도 순위를 보면 미국이 10점 만점에 7점, 일본 3.7점, 중국 3.2점으로 나타났다. 분단의 아픔을 겪은 우리에게는 미국의 군사 안보적 동맹이 매우 크게 자리 잡고 있고, 코로나 확산과 최근 중국의 권위주의, 미중 신냉전 확산 등이 더해지면서 우리 사회의 친미와 반중 감정의 여론이 주류로 형성되고 있다.

친미와 친중의 이분법적 프레임의 함정

일부 여론과 매체는 우리 정치를 좌파의 친중과 우파의 친미라는 이분법적 사고로 구분한다. 마치 좌파정권은 미국을 소홀히 하고 친공산주의 노선으로 중국과의 관계를 강화하고 우파정권은 중국을 소홀히 하고 자유시장 경제 체제의 미국과의 동맹 강화를 모토로 한다는 프레임으로 만들어놓았다. 친북은 친중 성향의 좌파 진보정권이고, 반공은 친미 성향의 우파 보수정권이라는 프레임이 오랜 시간 우리 사회를 두 동강이를 나누어 정치적인 의제로 자리 잡으며 국익의 발목을 잡고 있다. 그러나 실제 내용을 들여다보면 반드시 그렇지만은 않다.

2015년 9월 보수정권의 박근혜 대통령이 중국 전승절 기념식 때 천안문에 시진핑 주석과 함께 올랐을 때 한중 관계가 가장 좋았던 시기라고 평가했지만, 1년도 채 되지 않은 2016년 7월 사드 사태가 터지면서 한중 관계는 최악의 관계로 전락했다. 진보정권의 문재인 대통령 때는 친중 정권이라고 평가했지만, 실제로 친중 성향의 행보를 보인 것은 거의 없었다. 문제는 중국과의 긴밀한 소통이 부족하다 보니 그냥 어중간한 태도를 취한 것뿐이었다.

돌이켜보면 보수와 진보정권 모두 '안보는 미국, 경제는 중국'이라는 전제하에 미중 양국을 동시에 관리하기 위해 노력했다. 이러한 안미경중安美經中의 정책 방향은 '대북 안보'라는 핵심 요소로 남북 분단 이후 안보가 우리의 생명줄이라고 믿고 있기 때문이다. 한반도를 둘러싼 미국과 중국, 한국의 입장은 확연한 차이를 보일 수밖에 없다. 미국 입장에서는 미국의 국익을 위해서 지금의 대치된 남북한 적대 관계를 지속적으로 유지하며 한국을 전초기지로 활용하는 게 가장 좋을 수 있다. 혹은 만약의 경우 북한이 레짐 체인지regime change(정권 교체)가 되고 나아가 남북한이 통일된다면 중국과 러시아를 근접에 두고 봉쇄 관리할 수 있어 나쁘지도 않다고 생각할 수 있다. 그 때문에 미국 대통령이 누가 되더라도 한반도에 대한 정책 변화는 크게 차이 나지 않을 것이다.

반대로 중국은 미국이 북한까지 영향력을 미치는 것을 우려하기 때문에 당연히 북한이 지금처럼 존속하길 바란다. 점차 무력 확장을 강화하고 있는 북한과 이를 둘러싼 미중 신냉전의 복잡한 구도로 인해 우리 스스로 북한 문제를 해결하기는 버거운 것이 현실이다. 친미와 반중의 프레임을 제일 반기는 것은 바로 북한이다. 결국 미중 양국은 자국의 국익에 따라 한반도 문제를 관리하고 활용하려는 것이다. 미중 신냉전이 더욱 심화될수록 양국은 전략적인 관점에서 한반도 문제를 적극적으로 해결하기보다는 전략적 자산으로 활용하려는 데 그 목적이 있다고 볼 수 있다. 따라서 우리도 이제 친미와 친중의 이분법적 함정에서 벗어나 우리 국익의 관점에서 새롭게 접근하는 혜안이 필요하다. 언젠가 동료 학자들과 친미와 친중의 굴절된 우리 사회의 문제점을 지적하며 열띤 토론을 한 적이 있다. 나는 "우리 사회는 이제 친미와 친중의 프레임에서 벗어나 미국과 중국을 우리의 국익 관점에서 적극적으로 활용하는 용미用美와 용중用中의 지혜가 필요하다."라고 강변한 적이 있다.

미국과 중국 양국을 더 적극적으로 지렛대 삼아야 한다는 것이다. 일부 매체와 국내외 전문가들은 "미중 신냉전의 국면에서 한국은 미국의 중국 봉쇄와 억제에 적극적으로 참여해야 한다."라고 주장한다. 그러면서 "안보 국익과 경제 국익이 절대로 함께 갈 수 없는 구조이기에 어느 하나를 선택해야 한다."라는 식의 논조로 우리 사회를 더욱 어렵게 만들고 있다. 안보와 경제 국익은 세계 10위의 중견 선진국인 한국 입장에서 모두 중요한 것이다. 결론은 친미와 친중 모두 우리 국익에는 도움이 되지 않는다는 사실이다. 미중 양국이 우리를 보는 시각과 우리가 그들을 보는 시각에는 당연히 차이가 있을 수밖에 없다.

— 4 —

중국은 도대체 언제 망할까?

공산당 독재 체제는 시장 도입에 따라 중국은 10년 안에 무너질 것이다.
1998년 아서 월드런(Arthur Waldron) 펜실베이니아대학 교수

"중국은 수많은 난제를 해결할 수 없으며,
WTO 가입으로 인한 충격으로 5~10년 안에 붕괴할 것이다.
2011년 중국계 미국인 변호사 고든 창(Gordon Chang), 《중국의 몰락》

중국공산당 통치의 엔드게임(종반전)이 시작되었고,
중국 내부 스스로 붕괴할 것이다.
2015년 조지 워싱턴대학 데이비드 샴보(David Shambaugh) 교수

중국 위협론, 분열론 그리고 더 나아가 중국이 망할 거라는 '붕괴론'
에 대한 이야기도 어제오늘의 이야기가 아니다. 서방을 비롯한 한국,
일본 등 선진 국가들을 중심으로 시작된 중국 붕괴론은 이솝 우화의
양치기 소년처럼 매번 거짓말로 끝나고 있다. 중국 대세론과 함께 중
국의 붕괴론은 더욱 심화되고 있다. 이러한 중국을 보는 이분법적 시
각과 관점이 왜 일어나는 것일까?

제스퍼 베커Jasper Becker 《중국은 가짜다The Chinese, 2001》, 고든 G. 창
Gordon G. Chang 《중국의 몰락The Coming Collapse of China, 2001》, 기 소르망Guy
Sorman 《중국이라는 거짓말L'annee du Coq: Chinois et rebelles, 2006》, 데이빗 매
리어트David Marriott, 칼 라크루와Karl Lacroix 《왜 중국은 세계의 패권을

쥘 수 없는가?Fault lines on the face of China : 50 reasons why China may never be great, 2011》 등 미국과 유럽 등 서방의 저명한 학자들이 수없이 많은 중국 붕괴론 관련 서적을 출판했다. 그에 따라 국내에서도 중국 위협 및 붕괴론 관련 책들이 쏟아지고 있다. 혹자는 중국이 망한다는 내용의 책들이 시장에서 훨씬 잘 팔리고, 유튜브에서도 중국이 망한다고 하면 조회 수가 엄청나게 올라간다고 헛웃음을 짓는다. 중국 붕괴론 관련 도서들은 일반적으로 중국 경제 성장의 빛과 어둠을 조명하고, 공산당과 사회주의 이면의 문제점을 지적하면서 결국 머지않은 장래에 중국은 망한다는 것이다. 이미 인터넷상에서는 중국 분열 지도 및 붕괴 후를 그린 중국 지도들을 쉽게 찾아볼 수 있다.

중국 붕괴론의 출발과 배경

위협론과 분열론에 대한 논쟁의 출발점은 1989년 천안문(톈안먼) 사태라고 볼 수 있다. 천안문 민주화 시위에 대한 유혈 진압은 반중국 여론의 촉매제가 된 결정적인 사건이었다. 그리고 1991년 12월 소련 붕괴에 따른 주변 사회주의 국가의 붕괴 가능성이 대두되었고, 1997년 아시아 금융 위기와 2001년 WTO 가입에 따른 중국 경제 붕괴론, 2010년 미국발 금융 위기에 따른 중국 경제 위협론, 2018년 이후 격화된 미중 무역전쟁과 신냉전 구도 속에서 양국 간 군사 충돌 가능성 등 복잡다양하다. 그렇다면 중국 위협론 및 붕괴론이 지속적으로 대두되는 이유는 무엇일까?

첫째, 사회주의 체제와 공산당이 지배하는 중국이 지속적인 경제 성장과 발전을 할 수 있느냐에 대한 의문점에서 출발한다. 이것은 우리 역사 속에서 사회주의와 공산주의 국가는 항상 분리 해체되었다는 인식이 자리 잡고 있기 때문이다.

둘째, 심각한 3대 격차(동서, 도농, 빈부) 확대, 관료들의 부정부패, 소수민족 탄압 등 중국 내부의 구조적인 문제로 중국이 붕괴될 가능성이 높다고 보는 것이다.

셋째, 시진핑 1인 독재에 대한 붕괴성, 경직성 그리고 장기 집권을 두고 내부 권력 투쟁에 따른 레임 체인지가 일어날 가능성이 높다는 것이다.

넷째, 시진핑 주석의 중화민족의 부흥인 중국몽 등장과 중국의 국제적 영향력이 커지면서 동중국해, 남중국해 분쟁 등 주변국과의 마찰이 심해지고, 그에 따라 중국이 무너지길 바라는 글로벌 반중 정서인 차이나 포비아China Phobia(중국 공포증)가 심해지면서 생겨난 중국 붕괴론이다. 즉, 덩샤오핑의 도광양회를 버리고 시진핑의 적극적인 전랑외교를 본격화하자 미국을 중심으로 하는 서방 국가와 주변 국가들이 중국에 등을 돌리기 시작했다는 것이다. 이것은 단순히 중국식 전제주의와 권위주의의 대두가 시 주석이 도광양회를 버린 것으로 해석하기에는 무리가 따른다. 그 이유는 경제력을 기반으로 국제 무대에서 이미 커버릴 대로 커버린 중국을 서방 국가들이 전면적으로 견제하기 시작했다는 것이다. 중국 또한 2위의 경제 대국으로 부상하며 미국의 슈퍼 파워가 예전 같은 상황에서 '지금이 기회'라는 생각을 했고, 과거 도광양회의 소극적인 자세로 대응하면 안 된다는 것이 시 주석의 생각일 수도 있다.

중국 붕괴론 시나리오

중국 분열론 및 붕괴론의 출발은 중국 경제의 성장과 국제적인 영향력이 확대되던 2000년대부터 본격화되고 있다. 사회주의와 공산당은 못사는 국가이고, 자본주의와 민주주의 국가는 잘사는 국가라는 서방의 논리가 자리 잡고 있기 때문이다. 그러나 실상은 조금 다르다. 세계은행 자료에 의하면, 중국이 개혁 개방을 시작하던 1979년 미국의 GDP는 2조 6,273억 달러(약 3,000조 원)에서 2020년 20조, 9,300억 달러(약 2경 3,500조 원)로 약 8배 성장했지만, 중국은 1979년 1,783억 달러(약 200조 원)에서 2020년 14조 7,000억 달러(약 1경 6,500조 원)로 41년 동안 82.5배 증가했다. 2021년 기준으로 보면 거의 90배에 가깝다.

공산당 일당독재, 심각한 3대 격차(동서, 도농, 빈부) 확대, 관료들의 부정부패 등 자유 민주주의 국가에서 볼 때는 중국이 붕괴할 수밖에 없는 이유가 너무 많다. 1949년 신중국 설립 후 지난 70여 년 동안 중국은 경제적으로 비약적인 성장을 했다. 1978년 개혁 개방 이전에는 덩치만 크고 못사는 중국은 세계와 소통하지 않는 죽(竹)의 장막이라고 불렸고, 당연히 우리의 관심 대상이 아니었다. 그리고 1978년 덩샤오핑의 개혁 개방과 함께 세계의 공장으로 경제 성장이 진행되면서 드디어 세계의 관심을 받기 시작했다. 그렇다면 2000년 초반부터 지금까지 서방과 국내 여론이 말하는 중국 붕괴론의 시나리오를 살펴보자.

중국 붕괴론의 시나리오는 크게 대내적 요인과 대외적 요인으로 구분되는데, 핵심은 중국 내부의 모순과 공산당의 경직성으로 인해 스스로 자멸할 가능성이 대외적 요인보다 훨씬 크다는 것이다. 대내적 요인은 크게 세 가지 유형으로 나누어볼 수 있다.

첫째, 내부의 정치적 갈등 요인으로 인한 붕괴 시나리오로 정치적 민주화, 부정부패, 공산당 내부 갈등과 공산당 일당 독재의 경직성 등이 여기에 속한다. 급격한 경제 성장을 통해 중국인들의 정치적 민주화 요구가 더욱 거세게 일어날 것이다. 공산당 관료의 심각한 부정부패와 시진핑 주석의 장기 집권에 대한 불만이 증대되면서 상하이방, 공청단 등 다른 정치 세력과의 내부 갈등이 심화되어 정권 유지가 불확실해질 수 있다는 것이다. 또한 코로나19 방역을 위한 도시 봉쇄 및 내부 감시 등의 공산당 통치 거버넌스와 경직성에 대한 불만이 증가하면 이는 곧 민주화에 대한 요구로 표출되고, 그로 인해 공산당이 몰락한다는 시나리오다.

둘째, 내부의 사회적 갈등 요인으로 3대 격차, 소비 양극화, 인구 절벽 등의 요인으로 성장률 둔화와 그에 따른 실업률 증가로 인해 공산당이 무너질 수 있다는 시나리오다.

셋째, 경제적 취약성으로 중국의 WTO 가입, 국유 기업 부실채권, 부동산 버블, 그림자 금융 등의 고질적인 중국 내부의 경제적 문제점으로 실업률이 증가해 공산당이 무너진다는 시나리오다. 내부의 경제적 위기가 중국 사회의 안정을 위협함으로써 공산당에 대한 불만

:: 중국 붕괴 시나리오 흐름

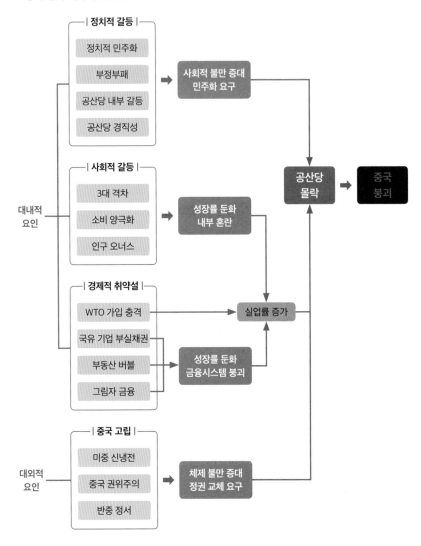

이 극에 달할 것이라는 전제 조건이다. 특히 2000년 대 초반에 나온 중국 붕괴론을 주장한 서적들에서는 2001년 중국의 WTO 가입으로 인해 외국 기업들의 중국 시장 진출이 가속화되고 그로 인해 중국 기업의 파산, 실업률 증가로 이어져 공산당에 대한 불만이 본격적으로 표출되면서 사회적 혼란이 일어날 것으로 내다보았다.

대외적 원인은 격화되는 미중 신냉전 국면, 중국식 권위주의와 전 세계적인 반중 정서로 인해 중국이 점차 고립되어가고 그로 인한 중국인들의 체제에 대한 불만이 증대함으로써 레임 체인지에 대한 욕구가 분출된다는 것이다. 중국 붕괴의 대내외적 요인 모두 틀린 말이 아니고, 실제로 그러한 움직임이 보이고 있는 것도 사실이다. 나 또한 중국의 문제는 대외 변수보다 대내 변수가 향후 더 크게 작용할 것으로 보고 있다. 결론적으로 중국이 내적 분열인 독립 변수와 대외적인 변수, 종속 변수를 어떻게 잘 관리하느냐에 달려 있다.

그렇다고 나는 중국이 결코 망할 것으로 보고 있지 않고, 중국이 과거 구소련처럼 분리될 것으로도 보지 않는다. 일부 사람들은 구소련이 사회주의 체제의 몰락과 함께 13개의 독립국가로 분리된 것처럼 중국이 그렇게 분리될 것으로 보는 사람도 적지 않다. 하지만 그것은 중국을 잘 모르고 하는 주장이다.

중국인이 보는 중국공산당의 미래

지난 20년간 지속되어 온 '중국 붕괴'라는 양치기 소년의 전철을 밟으면 안 된다. 중국 정부 또한 대외 변수보다 대내 변수가 가장 큰 리스크 요인임을 지난 5,000년의 중국 역사를 통해 누구보다 잘 알고 있다. 구소련의 붕괴는 중국인들에게 많은 고민과 숙제를 남겼다. 2021년 12월 중국 관영 영문지인 글로벌 타임스Global Times는 '소련 붕괴의 교훈'이라는 사설을 실었다. '중국은 30년 전의 소련 붕괴를 통해 중국 특유의 사회주의 시장 경제를 발전시키고 개선해나가는 데 많은 교훈을 주었다'는 내용이었다. 이에 대해 환구시보 후시진 편집장은 "소련 해체는 중국에 대한 백신"이라고 말했다.

그러나 중국의 미래는 그 누구도 알 수 없다. 소련 해체를 보고 중국을 판단해서도 안 되고, 중국이 우리와 다른 사회주의, 공산주의 국가라고 해서 평가절하해서도 안 된다. 14억의 거대한 중국을 이해하고 진실을 정확하게 보기란 결코 쉽지 않다. 너무나 다양하고 넓은 스펙트럼이 중국을 가리고 있기 때문이다. 중국이 내부정치와 사회 관계의 긴장 국면이 지속되면서 사회적 불만과 혼란이 나타나겠지

:: **중국 정부에 대한 중국인의 신뢰도**

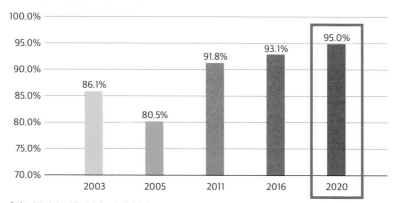

출처 | 미국 하버드대학 케네디 스쿨 애쉬센터

만, 나는 결코 중국이 망할 것이라고 생각하지 않는다.

미국 하버드대학 케네디 스쿨 애쉬센터Harvard Kennedy School's Ash Center가 지난 20년간 중국인을 대상으로 한 '중국인의 중국 정부에 대한 신뢰도' 조사 결과를 보면 간접적인 해답을 얻을 수 있다. 하버드대학 케네디 스쿨의 전문가 3~5명이 2003~2020년까지 중국에 대해 약 9회에 걸쳐 조사를 진행했고, 3만 명이 넘는 중국 도시와 농촌 주민들을 대상으로 하는 심층 인터뷰를 진행했다. 조사 결과를 보면 2003년 86.1%, 2005년 80.5%로 내려갔다가 2011년 91.8%, 2016년 93.1%에서 2020년에는 95%로 중국 정부에 대한 중국인의 만족도가 전반적으로 향상했다. 그중 동부 연해안 지역보다 중부 내륙 지역과 농촌 주민의 정부에 대한 만족도가 크게 향상되었다. 물론 이 조사가 14억 중국인을 대변하는 절대 수치는 아니지만, 중국 내부의 상황을 가늠할 수 있는 상대적 자료는 될 수 있다. 또한 하버드대학이 20여 년간 진행한 심층 인터뷰 조사 내용이 조작이라고 부정하기도 쉽지 않다. 역사적으로 중국 역대 왕조의 멸망은 결국 민심의 반란으로 일어났다. 세간에서 이야기하는 것처럼 중국 붕괴론을 단순히 외부의 눈으로 판단하기는 결코 쉽지 않다는 것이다.

중진국의 함정과 타키투스의 함정

문제는 시진핑 정권이 지속적인 경제 성장을 통해 인민과 약속한 전면적 샤오캉小康(모든 국민이 편안하고 풍족한 생활을 누리는 상태를 의미하는 말로 중국 정부의 장기적인 정책 목표다.) 사회를 실현해낼 수 있는지와 중진국의 함정에서 자유로울 수 있는지다. 중진국 함정은 개발도상국이 중진국 단계에서 성장 동력 부족으로 인해 선진국으로 발전하지 못하고 경제 성장이 둔화되거나 중진국에 머무는 현상을 의미한다. 브라질, 아르헨티나 등의 중남미 국가들이 과거 1960~1970년대 이후 전형적으로 중진국의 함정에 빠졌고, 이제는 저렴한 메이드 인 차이나로 성장한 중국이 경제 성장이 둔화되면서 중진국에 빠질 가능성이 높다고 전망한다. 2014년 11월 시진핑 주석은 "중국은 중진국 함정을 뛰어넘을 방법에 대해 논의하고 있다. 중진국 함정 극복의 주요 현안들이 앞으로 중국이 풀어나갈 숙제다."라고 말했다. 중국이 '메이드 인 차이나'에서 '이노베이티드 차이나(혁신 차이나)'로 경제 체질을 바꾼 중요한 계기로 2015년 중국이 '중국 제조 2025'를 발표한 이유이기도 하다. 일반적으로 중진국 함정을 극복하기 위해서는 경제 성장 방식의 혁신 여부와 우수한 혁신 인적 자원, 수출 구조 및 생산성이 뒷받침되어야 한다. 중국은 GDP 대비 R&D(연구 개발) 지출 비중이 높은 편이고, 또한 우수하고 창의적인 인적 자원은 혁신의 원동력으로 기타 국가 대비 매우 풍부한 편이다.

수출 구조와 경제 생산성 측면의 경우도 중국은 첨단산업과 지식 기반 산업으로 점차 확산되고 있다. 2015년 '중국 제조 2025'를 선두로 빠르게 산업의 고도화를 진행했고, 그 결과 2021년 디지털 경제 영역이 중국 GDP에서 차지하는 비중이 38%까지 올라온 것도 하나의 예라고 볼 수 있다. 그러나 문제는 기업의 성장과 달리 고용 문제와 급격한 인구 감소, 고령화로 인한 성장 동력이 저하될 가능성도 분명 존재한다. 만약 중국이 지속적인 산업 고도화 실패와 세계 경제의 기술 및 생산 변화를 따라가지 못하면 중진국의 함정에 빠질 가능성도 배제할 수 없다.

그러나 이미 중국은 4차 산업혁명 기술이라는 AI, 데이터, 5G 분야 등 특허 및 논문 인용 수 측면에서 지속적인 성장을 하고 있어 중진국의 함정에 빠질 가능성은 높지 않다. 그러나 3대 격차가 해소되지 못하고, 권위주의에 기반한 공산당의 경직성이 심화될 경우 중국 인민들의 신뢰를 잃게 될 수도 있다. 즉, 향후 '타키투스의 함정Takitus Trap'*에 빠질 가능성이 존재한다는 것이다. 만약 중국 정부가 신뢰를 잃게 되면 '콩으로 메주를 쑨다'고 해도 중국 인민들은 곧이곧대로 듣지 않을 것이다. 이 또한 시진핑 주석이 잘 알고 있기에 과거 반부패 운동과 사법개혁 등의 조치가 나온 것이다. 문제는 권력의 힘이 강해질수록 권력의 마법에서 벗어나기 쉽지 않다는 것이다. 14억 인민이 모두 잘살아야 한다는 '공동 부유'의 중장기 목표와, 서방 국가와 함께 공생하며 2049년 건국 100주년인 두 번째 100년의 목표가 실현될 수 있을지는 아직 예견하기 힘들다. 하지만 공산당이 공신력을 잃으면 다시 복구하기 어려운 타키투스의 함정을 중국도 경계할 것이다. 공자도 '군왕이 통치를 함에 있어서 군사, 식량, 신뢰의 세 가지 요소 중 신뢰가 가장 중요하다.'고 강조했다. 14억 인민의 신뢰를 얻지 못하면 결국 공산당 정권의 명분이 사라지기 때문이다.

최근 급증하고 있는 혐중 및 반중 정서는 중국을 객관적으로 이

---

* 고대 로마의 최고 지도자이자 집정관인 코넬리우스 타키투스가 "정부가 한 번 신뢰를 잃으면 국민의 마음을 얻지 못한다."고 말한 것에서 유래했다.

해하는 것을 어렵게 만들 수 있고, 그것은 어쩌면 중국이 바라는 것일 수도 있다. 덩치가 커진 만큼 성장이 점차 둔화되는 것을 '몰락'과 '쇠퇴'로 평가하는 오류를 범하면 안 된다. 좀 더 정교하게 그들을 관찰하고 연구해야 우리의 국익에 도움이 된다. 미국 또한 중국이 쉽게 망하지 않을 것으로 보고 있는데, 우리가 망할 것처럼 생각하고 행동하는 우를 범해서는 안 된다.

한중 관계 4.0시대를
대비하며

우리나라 최대 교역국이 중국이고,
한국은 중국의 3대 교역국으로 향후 한중 관계가 더욱 발전할 것으로 확신한다.
2022년 3월 11일, 싱하이밍(邢海明) 대사 접견 당시 윤석열 당선인

중한은 이사할 수 없는 영원한 이웃이자 떼어놓을 수 없는 파트너로
중국은 일관되게 중한 관계를 중시해왔다.
2022년 3월 25일, 윤석열 당선인과의 전화통화에서 시진핑 주석

혐중, 혐한 인식이 확산되면서 한중 관계가 더욱 수렁으로 빠져들고 있다. 게다가 미중 신냉전이 더욱 격화되면서 한국 내 중국 이미지는 한중 수교 30년 이래 최악의 상황으로 치닫고 있다. 윤석열 대통령은 당선인 시절 싱하이밍 주한대사의 접견 때 '한중 관계는 상호 중요한 교역 파트너로서 향후 한중 관계가 더욱 발전할 것'이라고 언급했다. 또한 시 주석은 당시 윤석열 대통령 당선인과의 전화통화에서 '중한 관계는 이사할 수 없는 영원한 이웃이자 파트너'라고 강조했다. 그러나 한중 관계는 지난 5,000년 역사 속에서 숱한 굴곡을 겪으며 함께 성장해왔지만 가까이 하기에는 너무 먼 당신으로 여전히 자리매김하고 있다.

구동존이 vs 구동화이 vs 취동화이 vs 화이부동

구동존이求同存異, 구동화이求同化異, 취동화이聚同化異, 화이부동和而不同 등의 사자성어는 정치, 외교, 경제, 사회, 문화 등 한중 관계가 좋지 않고 어려울 때마다 미래 비전을 이야기하며 자주 등장하는 표현들이다. 비슷한 의미와 뜻을 내포하고 있지만 약간의 차이점이 존재한다. 간단하게 하나씩 살펴보자.

첫째, 한중 관계의 미래 발전을 이야기할 때 공식적인 멘트로 가장 많이 등장한 표현은 바로 구동존이求同存異로 '한중 간의 공통점은 지속적으로 추구하고 차이점은 남겨두자'라는 뜻이다. 1955년 저우언라이周恩來 당시 중국 총리이자 외교부장이 아시아·아프리카 국제회의 연설 중 천명한 평화 공존 5원칙 중 하나로 처음 사용했고, 그 이후 중국과 체제가 다르거나 마찰 혹은 갈등이 있을 때마다 자주 사용된 표현이다.

둘째, 구동화이求同化異는 '공동의 이익을 추구하되 이견이 있는 부분까지 공감대를 확대하자.'라는 뜻이다. 2016년 9월 5일 중국에서 개최된 G20 정상회담 기간 중 진행된 한중 정상회담 때 사드 배치를 두고 시 주석이 '구동존이'를 말하자 박근혜 대통령이 '구동화이'로 화답했다. 그 이후 한중 관계를 설명할 때 자주 등장하는 표현이 되었다. 중국의 '구동존이'는 사드는 반대하지만 경제 등 다른 분야에서는 협력을 강화하자는 의미였고, 우리의 '구동화이'는 향후 사드 문제와 관련해 중국과 전략적으로 소통을 강화하겠다는 의미로 볼 수 있다. 구동화이는 우리가 한중 관계의 미래를 설명하며 만든 표현으로

2010년 12월 외교 안보 연구원 중국연구센터 출범식 때 당시 김성환 외교통상부 장관이 언급했고, 사드 사태 이후 박근혜 대통령이 언급하면서 자주 사용되기 시작했다.

셋째, 취동화이聚同化異는 '공통점은 지속적으로 취하고 차이점은 바꾸어나가자.'라는 뜻으로 우리가 이야기한 구동화이와 같은 맥락의 뜻이라고 볼 수 있다. 2009년 왕이 외교부장이 대만 판공실 주임 시절 양안 관계(대만과 중국의 관계)를 이야기하며 처음 등장한 표현이다. 그리고 2014년 7월 4일 시진핑 주석의 방한 당시 서울대학 강연에서 한중 관계의 미래 방향을 '취동화이'로 설명하며 국내에서도 많이 알려지게 되었다.

넷째, 화이부동和而不同은《논어》의 자로편*에 나오는 표현으로 '남과 사이좋게 지내되 바른 뜻은 꺾지 않는다.'라는 뜻이다. 우리 입장에서는 중국과 사이좋게 지내면서도 자기중심과 원칙을 잃으면 안 된다는 것을 의미한다. 따라서 어떻게 보면 '화이부동'은 '구동존이'와 그 뜻이 일맥상통한다. 양국 정부 고위급에서 자주 회자되며 사용된 네 가지 사자성어의 공통된 의미는 결국 한중 간의 차이와 다른 것을 상호 인정하고, 미래 지향적으로 발전시켜나가야 한다는 것이다.

---

* 《논어》 자로(子路)편의 '군자는 화이부동(和而不同)하고 소인은 동이불화(同而不和)한다.'

서로의 다름을 인정해야 해답이 보인다

1992년 한중 수교 이후 30여 년 동안 한중 관계는 협력과 모순, 갈등을 겪으며 발전해왔다. 사드, 동북공정, 문화공정과 같이 한중 간 모순과 갈등이 첨예하게 대립할 때는 의도적으로 협력을 강조한 채 양국의 깊은 반목의 골과 아픔을 애써 숨기려고 노력해온 측면이 강하다. 단골 메뉴처럼 한중 관계를 설명할 때에 자주 언급되는 네 가지 사자성어는 '서로 다름을 인정'하는 것과 '양국의 미래 지향적 관점에서 협력하자.'라는 두 가지 명제를 깔고 있다. 문제는 두 개의 다른 명제가 서로 충돌하다 보니 양국의 관계는 계속 그럴듯한 정치적 발언만 내세울 뿐 그다지 진전되지 못하고 있다는 것이다.

일단 먼저 서로 다름을 인정하고 미래 지향적 관점에서 협력하자는 명제인데, 한중 양국 간에는 앞의 전제 조건인 서로 다름을 인정하는 것부터 좁혀지지 않는 것이다. 한국의 일부 여론과 중국을 혐오하는 계층은 심지어 중국을《논어》의 자로편 '소인, 동이불화'에 비유하기도 한다. 동이불화는 '오직 이익만을 위해 남과 어울리기는 잘하지만 진정한 화합을 이루지 못한다.'는 뜻으로 한중 관계의 신뢰성이 매우 심각하게 무너지고 있다는 것이다. 한중 양국은 체제나 가치, 이념 등 태생적으로 서로 다르게 시작되었다.

우리의 관점과 시각으로 중국공산당을 바라보면 결코 한중 관계의 따뜻한 봄날은 찾아오지 않는다. 미중 충돌과 한중 양국의 역사, 문화, 가치의 충돌은 더욱 심화되어 추운 날씨와 함께 폭풍우와 비바람이 몰아치는 길고 힘든 동면의 시간을 보내야 할 수도 있다. 중국이라는 강대국을 옆에 두고 우리가 평생 살아가야 할 운명으로서 우리가 좀 더 현명하게 접근하는 것이 필요하다. 우리가 중국을 바꾸려고 생각하지 말고, 그들의 체제와 제도를 인정하면서 우리의 전략적 가치를 올리는 혜안이 필요하다. 내가 책에서 다룬 여러 영역과 미중 간 속내를 종합해보면 미국은 중국과 싸워서 이기려고 하는 생각을 이미 버렸다고 볼 수 있다. 단지 미국의 글로벌 패권을 유지하면서 미중 갈등이 더욱 악화되지 않기 위해 갈등 관리를 역설적으로 강력하게 대응하는 것뿐이다.

냉정하게 그것을 받아들여야 하고 그에 따른 우리의 국익을 챙겨야 한다. 만약 우리 스스로가 중국공산당이 망할 것처럼 인식하고 중국과의 관계를 지속적으로 악한 상황으로 끌고 간다면 결코 우리 국익에도 도움이 되지 않는다. 강력하고 명확한 우리의 원칙과 명분을 내걸고 미중 양국 모두 지렛대로 활용할 수 있는 대담함과 현명함이 필요하다.

새로운 한중 경제 관계 4.0시대

20·30, MZ세대들의 반중 정서가 극에 달하면서 혐중, 혐한의 골이 깊어지고 있는 안타까운 현실이다. 한중 수교 30주년 및 한중 문화교류의 뜻깊은 해가 무색할 정도로 양국 관계가 급속히 냉각되고 있다. 그 한편에 비켜 서 있는 우리 수출 기업들은 반중 정서가 한중 경제 이슈로 확산되지 않을까 노심초사하는 분위기다. 수출의 30% 이상

을 차지하는 중국(홍콩 포함)은 우리 경제에 있어 매우 중요한 시장이다. 흔히 이야기하는 수출 다변화가 말처럼 그렇게 하루아침에 되는 것이 아니기 때문이다.

중국은 지난 1978년 개혁 개방 이후 엄청난 경제 성장을 이루었다. 2021년 기준 미국 GDP의 73%를 넘어섰고, 세계 GDP에서 중국 비중은 18%, 세계 경제 기여도는 25% 이상이다. 경제적 관점에서 이러한 역동적인 중국 시장을 빼고 글로벌 경제를 논할 수 없을 정도로 성장했다. 그러므로 좀 더 냉정하게 한중 경제 관계를 살펴보아야 한다. 윤석열 정부가 당면하게 될 한중 관계는 단순히 양국 간의 이슈를 넘어 한반도 비핵화 이슈와도 연동되어 풀기 어려울 정도의 실타래가 될 수 있다. 이념적 관점에서 먹고사는 경제 사안을 희생하라고 강요할 수 없기 때문이다.

한중 관계의 지난 30년을 돌이켜보면 결국 경제라는 버팀목이 있어 지속적인 협력 관계를 유지할 수 있었다. 따라서 윤석열 대통령은 한중 관계의 가장 중요한 독립변수인 경제 관계를 어떻게 운영하고 리스크를 관리하느냐에 따라 전체적인 한중 관계를 설정해나갈 수 있다. 그런 측면에서 지난 30년의 한중 경제 관계를 회고해보면 1992년 수교 당시 수직적 관계가 중국 경제 발전과 기술 업그레이드로 인해 수평적 관계로 자리매김하며 새로운 4.0시대를 맞이하고 있다. 대내외 환경 변화와 교역 특징, 산업 협력 방향에 따라 한중 경제 관계는 지난 3.0시대를 거쳐 코로나가 발생한 2021년부터 새로운 4.0시대로 접어들었다. 한중 경제 관계 1.0시대(1992~2001)는 산업 간 분업 시대로 수교 이후 IMF를 겪으며 공산품 중심의 가공무역으로 인해 우리의 대중 수출이 확대된 시기다. 또한 우리 기업의 대중 투자가 본격화된 시점으로 한국에서 원자재를 중국에 수출하면 중국은 완제품을 만들어 미국과 EU에 파는 전형적인 수직형 밸류체인 구조였다. 중국 내수 시장보다 OEM, ODM 등 이른바 '삼래일보三來一補(원자재·샘플·부품 수입 후 가공+보상 무역)' 형태의 한중 간 가공무역 협력이 확대된 시기였다.

2.0시대(2002~2012년)는 산업 내 분업 시대로 2001년 12월 중국의 WTO 가입에 따른 관세 혜택으로 수출 확대 및 내수 시장 진출 형태의 대중 투자가 확대된 시기였다. 중국의 제조 역량이 확대되면서 지난 1.0시대 가공무역 형태에서 일반 무역으로 변화되기 시작했다. 2.0시대는 중국의 WTO 가입이라는 변곡점을 기준으로 유통, 게임 등 서비스 무역도 활발해지면서 한중 무역 불균형은 더욱 확대되며 양국 간 핵심 통상 이슈로 확산되기도 했다.

3.0시대(2013~2020년)는 품목 내 경쟁 및 분업의 시대로 5세대 시진핑 주석이 등장하면서 새로운 국면에 접어들기 시작했다. 3.0 시대는 한중 경제 관계의 경쟁과 분업 그리고 사드 사태로 점철된 이른바 '정치 경제적 질풍노도의 시기'였다. 2015년 중국 제조 2025 발표 이후 산업의 고도화가 빨라지면서 한중 산업간 경쟁이 본격화되며 산업간 기술 격차가 좁혀져 일부 전략 산업의 경우 한국을 추월하기 시작했다. 예를 들어 디스플레이 산업의 경우 2017년을 기점으로 세계시장 점유율에서 중국(34%)이 한국(29%)을 추월하기 시작했고, 2021년은 세계 시장 63%를 차지하면서 대중국 수출이 점차 하락하는 추세다. 반면 기존 한·EU FTA(11년), 한미 FTA(12년) 활용 목적과 한중

FTA 체결(15년)로 인해 중국의 대한국 투자도 점차 확대되어 한국의 2020년 외국인 직접 투자^{FDI} 순위 중 중국은 1992년 23위에서 4위로 급부상했다.

4.0시대(2021~미래)는 첨단산업의 경쟁적 협력 관계로 본격적인 한

:: 한중 관계 4.0시대 변화

구분		1.0시대 (1992~2001년)	2.0시대 (2002~2012년)	3.0시대 (2013~2020년)	4.0시대 (2021년~미래)
대내외 환경 변화		한중 수교(1992), IMF(1997년), 중국 고속 성장 등.	WTO 가입(2001), 금융 위기(2008), 중국 G2 진입(2010년), 한-EU FTA(2011년), 한미 FTA(2012년)	한중 FTA(2015년), 사드 배치(2016년), 미중 전략 경쟁 (2018년) 등.	미중 경제 안보전쟁 심화, 첨단산업 공급망 재배치, 코로나 확산, 한중 서투협정, RCEP 발효 등.
경제 관계		산업 간 분업	산업 내 분업	품목 내 경쟁 및 분 업	첨단산업의 경쟁적 협력 과제, 초격차 시대
교역 특징		무역 불균형, 공산품 가공무역 (삼래일보)	무역 불균형 확대, 상품+서비스 무역, 가공→일반무역	불균형 축소 서비스 및 일반 무역 확대	축소 및 추월 가능성? (10대 업종) 첨단산업 공급망 협력 가능성?
투 자	한 → 중	동부 연해 지역, 동북 3성 중심	광동성 위주의 남부 연해 지역과 중부 내 륙 지역	생산 거점 다양화	클러스터 중심의 대도시로 전환
	중 → 한	소규모 서비스 산업 위주	한미 및 한·EU FTA 활용 목적의 제조업 투자 확대	한중 FTA 활용 제조업+서비스업 투자 확대	• 첨단산업 지분 참여 • CVC(China Value Chain) 한국 참여
산업 특징		노동 집약형 제조	• IT, 전기전자, 철 강, 석유화학, 콘 텐츠 산업 • 노동+자본 집약 형 융합 산업	ICT, 자동차, 디스 플레이, 화장품 등 기술 집약형+ 내수 시장	AI, 빅데이터, 반도체, 2차전지 등 첨단산업 으로 이전
GVC		한→중→글로벌	• 한→중→글로벌 • 중국 내수 시장	• GVC 다변화 • 중국+동남아+ 한국→글로벌	• 최첨단산업: 디커 플링될 것인가? • 전통 산업: 공급망 협력

중 산업간 초격차 시대가 될 것이다. 반도체, 조선, 석유화학 등 8대 주력 산업을 제외한 모든 산업에서 미국, EU 등 제3국에서 제품 경쟁력과 가격 전가력Power of Price을 무기로 한 중국산 제품에 밀리기 시작하면서 한국의 대중국 무역 수지도 점차 하락하고 있어, 향후 무역 흑자 구조에서 무역적자로 바뀔 가능성도 배제할 수 없다. 무선통신 기기, 자동차 부품 등 기존의 주력 수출 품목 비중이 빠르게 축소되면서 한중 산업 구조가 8대 주력 산업과 기타 산업군과의 양극화가 매우 심하게 나타나고 있다. 중국이 한국의 교역 비중에 높은 비중을 차지하고 있지만, 그 안을 들여다보면 상황은 심각하다. 한중 교역 관계의 착시현상이 존재한다. 대표적인 반도체 산업을 예로 들어보자. 2010년 반도체의 대중 수출 비중은 15.1% 정도였지만 2020년 기준(홍콩 포함) 41%를 차지하고 있다. 또한 중국의 산업 경쟁력 부상으로 2011~2018년 사이 미국 시장에서 한중 간 경합도는 높아졌고, 미중 전략 경쟁이 본격화되던 2019년 이후는 아세안 시장에서의 한중 간 상품 경합도 및 무역특화지수TSI도 높게 나타나며 한중 간 경쟁 구조가 더욱 본격화되는 구조이다.

'No 차이나'가 아니라 'Know 차이나'

한중 수교 30주년이 지나가며 양국 관계는 미중 신냉전의 외생 변수 (시장 밖에서 영향력을 미치는 경제 변동의 요소)와 한중 관계 악화의 내생 변수로 인해 더욱 소용돌이칠 것이다. 먹고사는 문제를 가치와 이데로 올기 관점에서 접근하면 결국 기업과 국민만 힘들게 된다. 한국이 세계 경제 10위권의 글로벌 중견 강대국으로 성장할 수 있었던 여러 요인 중 중국이라는 세계 시장이 바로 우리 옆에 있었던 것도 부인할 수 없는 사실이다. 중국이라면 무조건 'No'가 아니라 'know 차이나'가 되어야 한다. 중국 정부는 한중 관계를 비유하며 종종 '내 속에 당신이 있고, 당신 속에 내가 있다'라는 뜻의 '아중유니, 니중유아我中有你, 你中有我'라는 표현을 자주 쓴다. 한중 관계가 곧 운명 공동체라는 뜻이다. 그러나 현실은 정반대. 서로가 서로에 대해 너무 모른다. 그리고 서로 알려고 하지도 않는다. 냉엄한 미중 신냉전의 현실 앞에서 결코 우리의 국익에 도움이 되지 못한다. 중국의 속내를 꿰뚫어보려면 중국을 이해하고 그들의 정책과 운영 메커니즘을 이해해야 한다. 2016년 사드 사태 이후 한중 정부 채널 간 소통 메커니즘이 작동하지 못하고 있다. 그로 인해 불필요한 오해와 편견이 난무하기 시작했고, 한중 관계는 더욱 악화되고 있는 형국이다.

새 정부에서는 한중 양국 정부 간 좀 더 긴밀한 소통 메커니즘을 구축해야 한다. 지난 요소수 사태와 2022년 베이징 올림픽 개막식 한복 논란 등 대부분은 중국과의 소통이 제대로 되지 않은 산출물이다. 한중 관계는 사고방식 및 관점의 차이가 크기 때문에 상호 소통의 부재가 가장 큰 문제점이 될 수 있다. 예를 하나 들어보자. 2022년 베이징 올림픽 개막식 행사 때 있었던 한복 논란이다. 중국 내 소수 민족인 조선족이 한복을 입고 등장하자 국내 여론이 요동치기 시작했고, 심판 편파 판정과 함께 맞물려 혐중 분위기는 더욱 고조되었다. 문제는 주무부처인 문화체육관광부 장관이 개막식 참관 후 "중국 정부는 조선족이 소수 민족 중 하나라고 말하지만 한중 관계에 오해의 소지가 생길 수 있다."라고 인터뷰한 내용이었다.

또한 그는 "중국이 개막식에 한복을 입고 나올 줄 알았고, 그래서 나도 한복을 준비했다."라고 언급했다. 이는 한중 정부 간에 제대로 소통이 되지 않고 있다는 것을 그대로 보여주는 것으로 '사후약방문死後藥方文'* 식 이야기다. 사전에 그런 오해가 생기지 않도록 중국 정부와 사전 조율을 왜 하지 못했는지 안타깝다. 개막식 때 한복이 등장할 줄 알았다면 사전에 중국 정부와의 긴밀한 소통을 통해서 불필요한 혐중, 혐한 정서를 만들지 않도록 조율했어야 했다. 한중 간 불소통의 문제는 국제 관계 및 외교를 넘어 이제 경제 통상 분야로도 확대되고 있다. 소통의 부재로 인해 일어나는 피해와 손실은 그대로 기업과 국민들이 감내해야 한다.

윤석열 정부는 좀 더 적극적으로 중국 정부와 소통을 강화해야 한다. 한중 간 소통을 강화하기 위한 첫 번째는 정부 조직 내 능통한 중국어 실력과 중국의 속내를 꿰뚫어볼 수 있는 전문성을 겸비한 다양한 전문가를 배치하고 전문조직을 만들어야 한다. 미국과 중국은 세계 양대 강국인데 정부에 영어 잘하는 사람만 있지, 중국어 잘하는 사람이 없는 것은 말이 안 된다. 미국적 관점에서 중국을 바라보는 우를 범해서는 안 된다. 중국과 중국 시장의 특수성과 구조를 이해하지 못하면 그 실효성이 매우 제한적일 수밖에 없다.

한중 관계를 단순히 경쟁적 측면에서 4.0시대로 바라보면 미래의

---

* '죽은 뒤에 약방문(藥方文)을 쓴다'는 뜻으로, 이미 때가 지난 후에 대책을 세우거나 후회해도 소용없다는 말이다.

관계는 더욱 위축될 수밖에 없다. 양국은 기술, 자본, 생산 등 각 생태계 공급망이 엮여 있는 관계로 미국 주도의 공급망 구축만 믿고 중국과의 밀접한 생태계를 무력화시킬 경우 결국 피해는 우리 산업계만 보게 될 것이다. 물리적 대결이 아닌, 화학적 융합 형태로 한중 간 기술, 자본, 생산의 개방형 혁신 시스템 구축은 우리 국익을 위해 매우 중요하다. 지난 한중 경제 관계 30주년의 경험과 변화를 직시해야 한다.

— 6 —
미중 공급망 전쟁의
나비효과?

미국의 선별적 다자주의에 반대하고,
그 어떤 나라의 참여도 배제하지 않는 포괄적 다자주의를 해야 한다.
2021년 1월 세계경제포럼(WEF), 시진핑 주석 인사말

미국의 공급망 복원력을 위해서는 미국 제조 역량 강화와 더불어
동맹국들과의 파트너십 형성이 필수다.
2021년 6월 국가경제위원회 위원장, 브라이언 디스

"교수님, 미국 중심의 공급망에 참여하지 않으면 분명 그에 따른 불
이익이 있을 거고, 그렇다고 세계에서 가장 큰 시장인 중국을 포기
할 수도 없는 상황입니다. 우리 기업들은 어떻게 해야 되나요?"

국내 반도체 관련 대기업에 근무하는 한 지인이 내게 물은 질문
이다. 첨예하게 대립하고 있는 미중 기술 패권 전쟁으로 힘들어하는
슬픈 우리 기업의 모습이다. 반도체, 희토류 등 전략물자를 넘어 점
차 그 영역이 확대되면서 우리 기업은 미국의 가치 규범과 중국 시장
의 실용주의 사이에서 선택의 기로에 서게 될 가능성이 더욱 커지고
있다. 장기간 지속될 미중 신냉전의 파도와 먹구름에 대비하지 않는

다면 향후 몰아칠 폭풍우로 인해 우리 경제와 기업들의 성장과 발전은 매우 제한적일 수밖에 없다.

미국발 공급망의 나비효과

2021년 2월 24일 바이든 대통령은 취임과 동시에 반도체와 희토류 같은 광물자원, 제약, 배터리 등의 4대 전략 산업과 방산, 공중보건, 교통망, 농업, 정보통신 기술, 에너지 등의 6대 산업기반 부분에 대해 글로벌 공급망 조사를 지시*했다. 조사 결과 제약 분야를 제외하고 반도체, 희토류, 배터리 등 모든 영역에서 중국이 핵심적인 역할을 하고 있었다. 그 이후 바이든 대통령의 4대 핵심 전략 물자에 대한 견제가 더욱 강화되기 시작했고, 향후 미국의 6대 산업 기반 또한 공급망 복원supply chain nesilience 차원의 자국 중심의 제조 역량 강화와 한국과 일본 등 동맹국과의 협력을 더욱 강화해나갈 것이다. 그 말은 결국 중국과의 공급망 협력을 차단하고 미국과의 공급망을 더욱 확대해야 한다는 것을 의미한다. 아직까지 본격화되지 않은 정보통신 기술과 에너지 분야에 있어 미국의 공급망 복원 작업이 본격화되면 우리 경제와 기업에 미칠 영향은 커질 수밖에 없다. 나아가 미국은 한국도 중국을 시장경제지위Market Economy Status 국가**로 인정하지 말라고

---

*   바이든 대통령 행정명령 14017호.
** 교역 상대국이 교역국의 시장경제가 자율성을 띤다고 인정할 때 부여하는 지위. 시장경제지위를 획득하지 못하면 반덤핑 제소를 당했을 때 불리하고 대외 신용도에도 좋지 않다. 특히 반덤핑 제소의 경우 상품 가격이 시장 메커니즘으로 결정되는 게 아니라 덤핑 여부와 반덤핑관세율을 제3국 가격 기준으로 정해야 하기 때문이다.

강요할 가능성도 배제할 수 없다.

미국, EU, 일본 등은 중국의 시장경제지위를 인정하지 않고 있지만* 한국은 중국과의 무역 규모와 흑자가 크다는 점을 고려해 2005년부터 중국에 시장경제지위를 부여해오고 있다. 정부와 산업계, 기업 모두 거대한 중국 시장을 선점하기 위한 전략적 선택이었다. 따라서 미국의 요구대로 중국에 시장경제지위를 부여하지 않을 경우 한중 간 경제 협력의 발전을 저해하는 족쇄로 작용할 수도 있고, 더 나아가 양국의 모든 경제 관계가 전면 중단될 최악의 경우도 있을 수 있다. 미국발 공급망의 나비효과는 반도체 등 일부 품목처럼 중국산 공급망을 차단함으로써 한국 제품이 대체재로서 수출 증대 효과가 있지만, 대부분의 전략 품목에서 우리는 공급자가 아니라 수요자라는 것을 알아야 한다.

미국 혁신경쟁법 중 하나인 '미국 미래보호법Securing America's Future Act'은 미국의 제조업 기반을 강화하고 미국 경제의 탈중국화를 추진하려는 법안으로 결국 '바이 아메리카Buy America' 정책을 확대하겠다는 것이다. 그에 따라 미중 양국의 공급망 전쟁은 반도체를 넘어 전방위적인 품목으로 확대될 것이고, 그렇게 되면 우리 교역의 30%(홍콩 포함)를 차지하고 있는 중국과 충돌될 수밖에 없다. 그리고 그 피해는 고스란히 우리 기업들에 돌아올 것이다.

---

* 미국과 중국의 입장이 충돌하고 있는 상황으로 중국은 2001년 12월 WTO 가입 때 '15년 후 비(非)시장경제국지위(Non Market Economy Status, 이하 비시장경제지위)에서 벗어나 자동으로 획득해야 한다'는 입장이고 미국과 EU, 일본은 '중국의 시장경제지위 부여에 반대 입장이다. WTO 가입 의정서 제15조에 15년 이후 중단된다고 규정되어 있을 뿐, 시장경제지위를 자동 취득한다는 명문 규정은 없다.'는 입장이다.

한미 기술 동맹 강화와 중국의 속내

바이든 대통령은 자국 산업에 막대한 투자를 진행함과 동시에 한국, 일본과의 기술 동맹을 통해 중국을 견제하려고 한다. 이미 2021년 4월 미일 정상회담*과 5월 한미 정상회담**을 통해 미국은 일본과 한국의 경제 협력 및 기술 동맹 수준에 이르는 공급망 복원을 위한 소기의 목적을 달성했다. 한미 정상회담은 외교, 안보, 백신, 경제 등 다양한 영역에서 양국 협력을 강화시키는 계기가 되었다. 한미 정상회담 공동선언문과 그 부속서 내용을 보면 미일 정상회담 내용과 그 궤를 같이한다. 전반적인 공동선언문의 프레임이 같다는 이야기다. 대만 이슈에 대한 한국과 일본의 조금 다른 입장을 제외하고는 큰 틀에서 경제 및 기술 협력에 대한 내용은 거의 비슷한 구조로 되어 있다. 당시 한미 정상회담 내용을 바라보는 중국의 시선은 정치 외교적인 이슈보다 향후 한미일 간 강화될 기술 동맹의 심각성에 초점이 맞추어져 있는 듯했다. 그렇다면 한미 간 경제 및 기술 동맹을 지켜보는 중국의 속내는 과연 무엇일까? 크게 두 가지로 요약될 수 있다.

첫째, 5G, 6G 기술과 반도체를 포함한 신흥 기술 영역에서의 한미일 기술 동맹에 대비하는 분위기다. 한미 및 미일 공동선언문에 공통으로 언급된 차세대 배터리, 수소에너지, AI, 5G, 6G 등 미래 핵심 기술 협력 확대에 중국은 주목하고 있다. 특히 개방형 무선접속망 Open Ran 표준 협력을 강화하기로 한 '이동통신 보안 및 공급 업체 다

---

* 2021년 4월 16일 미국의 바이든 대통령과 일본의 스가 요시히데 총리의 정상회담
** 2021년 5월 21일 문재인 전 대통령과 바이든 대통령의 대면 정상회담

양성' 이슈다. 중국을 직접 언급하지 않았지만, 핵심은 더욱 강력해지고 있는 중국의 5G와 6G 네트워크를 견제할 한미일의 디지털 네트워크 동맹을 의미한다. 개방형 무선 접속망은 네트워크 장비의 하드웨어 종속성을 탈피하여 소프트웨어 중심의 5G 이동통신 핵심 기술로, 미국이 화웨이, ZTE 등 중국의 5G 네트워크에 대응해 구축하고자 하는 기술 표준이다.

미국은 무선 접속 기지국 장비를 만드는 회사가 거의 없다고 볼 수 있다. 미국의 시스코, 구글, 애플은 소프트웨어, 퀄컴은 칩 회사이고 5G와 6G 기지국 장비 시장은 화웨이, 에릭슨, 노키아, 삼성, ZTE의 빅 5가 선점하고 있는 형국이다. 따라서 미국은 한국 및 일본과의 협력을 통해 소프트웨어 중심의 기지국 운영 체제, 기술의 표준 및 공급망을 새롭게 구축하고자 하는 것이다. 더욱 강화된 미국의 기술 견제에 대응해 중국도 발 빠르게 대응하고 있다. 2021년 5월 한미 정상회담이 끝난 일주일 만에 이른바 '중국 최고 과학기술자 3,000명 회의'를 진행했다. 중국 최고의 고위급 과학기술 행사로 기존의 행사와는 달리 엄중함과 무게감이 느껴졌다. 상황의 심각성을 알려주듯 정치국 상무위원 7명이 전원 참석했다.

시진핑 주석은 '미래 첨단 기술 주도권을 놓고 치열한 경쟁이 벌어지고 있는 상황에서 반도체, AI, 우주 기술 등의 첨단 기술 분야에 대한 중국의 자강과 자립의 중요성'을 역설했다. 또한 중국 정부, 이동통신사, 통신장비 기업 간 개방형 혁신 협력 시스템 구축도 빨라지는 분위기다. 둘째, 한국과의 기술 및 경제 협력을 더욱 강화하고자 할 것이다. 미중 간 벌어지고 있는 반도체 및 AI, 5G 기술 전쟁의 핵심에는 한국이라는 전략적 가치국이 존재하고 있다. 한미 정상회담은 한중 기술 및 경제 협력을 강화시키는 촉매제가 될 수도 있다. 또한 중국의 불공정 무역 관행에 반대하는 WTO 개혁에 대한 긴밀한 협력 부분도 중국으로서는 부담스러울 수밖에 없다. 따라서 중국은 한중 전략적 협력 관계를 더욱 부각시키며 미래 지향적 협력을 요구할 수밖에 없다.

그 첫 출발점은 시진핑 주석의 방한이었지만, 코로나19의 확산과 내부적 정치 요인으로 인해 무산되었다. 그리고 한국에 새로운 정부가 들어섰다. 윤석열 20대 대통령 취임식 날 시진핑 주석은 최고위급인 왕치산 국가 부주석을 취임 축하 사절단 대표로 파견했다. 그리고 축하 축전에서 시 주석은 한국과의 관계 발전을 위해 전략적 소통 강화, 실질적 협력 심화, 국민 우호 증진, 밀접한 다자 조율, 한반도 문제에 대한 협력을 강화해야 한다고 강조했다. 한미 관계의 밀착이 중국을 더욱 조급하게 만들고 있는 셈이다. 2022년 5월 바이든 대통령의 방한과 한미 정상회담은 반도체를 중심으로 하는 한미 기술 동맹을 더욱 공고히 하는 계기가 되었다. 우리는 미중 기술 동맹의 지렛대를 이용해 무엇을 중국으로부터 받을 것이고, 한미 기술 동맹 및 한중 기술 협력을 어떻게 조화롭게 구축해나갈지 고민해야 한다.

중국발 공급망의 나비효과

2021년 하반기 중국발 요소수 대란에 이어 중국이 고철 수입을 확대하면서 고철 가격이 급등하고 세계 시장이 술렁거렸다. 또한 우크라이나 사태, 코로나 확산과 미중 충돌이 심화됨에 따라 공급망 대란이 확대되면서 우리 경제에 적신호가 커지고 있다. 중국이 블랙홀처럼 물품을 빨아들이면서 가격이 급등하는, 이른바 '차이나플레이션Chinaflation'*도 나타나고 있다. 한국은 원부자재에서 최종 소비재까지 중국산 제품 의존도가 높기 때문에 차이나플레이션의 직접 영향권에 들어가 있다. 우리 정부는 미중 공급망 전쟁이 심화되자 2022년 2월 부랴부랴 글로벌 공급망 이슈 심층 분석 및 정부, 민간의 대응 전략을 수립하고 지원하는 '글로벌 공급망GVC 분석 센터'를 출범시켰다. 사실 중국발 요소수 대란은 사전에 우리가 대비할 수 있었던 사안이었다. 중국 정부가 2021년 10월 11일 이미 요소수 수출 규제 가능성을 시사했고, 15일에 요소수를 포함하여 29종의 각종 비료 수출 제한 규정을 발표했을 때 사전 대응을 하지 못한 측면도 있다. 그러나 10월 중순 수입 제한 조치 발표 후 우리 정부가 즉시 대응했다 하더라도 시간적으로 11월 초에 불어닥친 요소수 사태를 막기는 역부족이었다. 핵심은 2020년 12월 중국이 호주산 석탄 수입을 금지**하면서 중국의 전력난 이슈가 대두되었을 때 나비효과를 예상했어야 했다.

요소수는 석탄이나 천연가스에서 추출해 생산된다. 당시 중국 발전계획위원회는 10대 전력발전 기업들을 불러 모아 좌담회를 열고 내몽고 자치구 광산 채굴을 승인하는 등 발 빠르게 대응했다. 그러나 시 주석의 탄소 중립 이행을 위한 지방정부 에너지 감축 정책인 '에너지

---

* 중국(China)과 인플레이션(inflation)의 합성어로 '중국발 인플레이션'
** 2020년 4월 호주가 코로나19의 발원지와 확산 경로에 관해 국제적인 독립 조사가 필요하다고 주장하면서 중국과 호주와의 관계가 악화되기 시작했고, 미국과 함께 호주가 화웨이 제재 및 홍콩시위 탄압을 비난하자 호주산 석탄 수입을 금지하게 된다.

소비 이중통제能耗双控 정책'*이 본격화되고 지방의 노후 탄광도 폐쇄되면서 전력난 문제가 극심해졌다. 게다가 남부 지역 가뭄과 태풍의 영향으로 수력발전 가동과 동북부 지역에서도 바람이 불지 않아 풍력 발전 가동 문제가 더해지면서 친환경 에너지 자원이 제대로 작동되지 않은 것도 한몫했다. 따라서 2020년 12월 중국 전력난 이슈가 대두되었을 때 한국에 불어닥칠 나비효과를 예상했어야 했다. 우리의 대중국 통상정책 전문성과 시스템의 부재를 보여주는 한 단면인 것이다.

중국 지방정부는 탄소 중립 할당량을 맞추기 위해 철강 기업들에 기존의 철광석 대신 고철 사용 비중을 대폭 늘릴 것을 주문했다. 대기질 개선을 위해 탄소 배출이 많은 용광로 가동을 줄이고, 전기로 생산을 늘려야 하기 때문이다. 결국 중국 철강 기업 및 관련 수입 업체들이 갑자기 고철을 사들이기 시작하면서 고철 가격도 급등한 것이었다. 당연히 중국 정부의 고민도 깊어질 수밖에 없다. 탄소 중립 목표 달성이라는 미래 목표와 민생과 경제 안정이라는 현재의 다급함이 충돌하고 있기 때문이다. 중국 경제가 급성장하면서 에너지 소비량은 매년 약 3.8% 성장하는데, 생산량과 수입량은 제한적이다 보니 향후 전력난 이슈는 변수가 아닌 상수가 될 가능성이 크다. 중국의 석탄 매장량이 전 세계의 약 15%로 적지 않지만, 중국 내 석탄 소비량이 생산량보다 많기에 중국 전력난 이슈는 중국 정부의 주요 핵심 과제로 자리 잡았다. 따라서 중국 전력난에 따른 나비효과는 더욱 다양한 영역으로 확산될 가능성이 크다.

---

* 에너지 소비 강도 및 총량의 이중 통제 정책.

우리의 대응은?

중국발 인플레이션과 전력난에 따른 원자재 공급망 대란은 더욱 소용돌이칠 것이다. 따라서 우리 정부의 발 빠른 단기 대응과 중장기적인 해법을 찾는 노력이 필요하다. 매체나 일부 전문가들이 이구동성으로 이야기하는 수입 다변화는 단기적인 해법이고, 정부가 기업들에 자금을 지원하지 않는 한 그 효과는 크지 않다. 국내의 수입 기업들이 호주, 베트남 등의 국가로 수입 다변화를 할 줄 몰라서 그동안 하지 않았던 것이 아니다. 가격 경쟁력, 물류 비용 등 수입 경쟁력이 중국보다 떨어지기 때문이다. 기업이 공급사슬의 최적화를 통해 이윤을 창출하는 것은 당연한 일이다. 그렇다면 우리 정부는 어떻게 대응해야 할까? 크게 세 가지 대응 방법이 있을 수 있다.

첫째, 전기차, 수소차 등 친환경 차로 전환 속도를 높이고, 산업 전방위적으로 그린 뉴딜정책을 더욱 확대해나가야 한다. 둘째, 중국 의존도가 높은 품목별 생태계 구축 방안 및 기업 지원 시나리오를 좀 더 촘촘히 다시 짜야 한다. 요소수 대란의 경험을 바탕으로 위기를 기회로 만드는 지혜가 필요하다. 수입 비중이 80% 이상인 품목 수의 국가별 현황을 보면 중국이 1,850개, 미국이 503개, 일본이 438개로 총 3,941개에 이른다.* 중국뿐만 아니라 미국, 일본 등 전 품목별로 민관 합동 대책반을 신설해 체계적인 대응 시나리오를 작성해야 한다. 셋째, 역으로 중국이 한국에서 수입하는 품목 중 비중이 높은 품

---

* 한국무역협회 조사 보고서 내용

목을 살펴보고, 그에 따른 양국 간 구상무역* 타당성도 검토해보아야 한다. 한국은 중국의 1~2위 수입 대상국으로 2020년 기준 중국의 대한국 수입 금액이 1,735억 달러로 일본(1,767억 달러)에 이어 2위를 차지하고 있다. 이 중 대한국 의존도가 높은 품목을 세분화시켜 찾아내야 한다. 한국은 HS코드 10단위, 중국은 8단위를 사용한다. 따라서 우선 중국 8단위 코드 기준 수입 품목과 우리 10단위 수출 품목의 대조 작업을 통해 품목을 세분화시키고, 그다음 각 제품별 중국의 제3국 수입 비중을 세밀하게 조사해야 한다. 이러한 작업을 통해 중국의 대한국 의존도가 높은 품목을 추려내야 한다.

중국이 마그네슘, 산화텅스텐, 리튬 등 핵심 원자재의 전략물자를 무기화할 것에 대비한 방어책이 될 수 있고, 더 나아가 이를 활용한 한중 양국 간 변형된 구상무역 방안도 고민해볼 수 있기 때문이다. 한중 양국 간 교역과 공급망 구조를 하루아침에 바꾸기는 결코 쉽지 않다. 좀 더 구체적이고 현명하게 대처하는 지혜가 필요하다. 미중 신냉전에 따른 글로벌 공급망 재편으로 인해 다가올 나비효과를 사전에 대비해야 한다. 2021년 11월 정부는 200여 개 품목을 경제 안보 핵심 품목으로 지정해 집중 관리하는 조기경보 체계Early Warning System를 구축했다. 선정된 핵심 품목을 대상으로 비축 확대, 국내 생산기반 확충, 수입선 다변화 등 맞춤형 안정화 방안을 통해 집중적으로 관리한다는 계획이다.

무엇보다 중국, 미국, 일본 등 주요 수입 의존국을 중심으로 해

---

* 구상무역은 양국 간 협정을 통해 일정 기간 수출자에 대한 수입 대금이 전부 혹은 일부를 수입자가 제품으로 지급하는 거래 방식이다.

당 공관별로 모니터링을 전담하는 경제 안보 담당관을 선정해서 운영하는 것은 매우 의미 있는 정책이라고 볼 수 있다. 문제는 전문성이 필요한 경제 안보의 특성상 순환 보직 공무원들에게만 업무가 집중될 경우 공백이 생길 가능성이 커 보인다. 민간 전문연구기관과 조직, 전문가들을 더욱 확대해나가야 한다. 자그마한 나비의 날갯짓이 지구 반대편에서는 태풍을 일으킬 수도 있는 나비효과의 의미를 되새길 필요가 있다. 미중 공급망 전쟁이 가져올 변화가 매우 복합적이고 다층적으로 일어날 가능성이 크기 때문에 전략물자와 핵심 품목에 대한 전반적인 생태계를 이해해야 한다. 따라서 순환 보직 형태의 공무원들 역할과 전문가 그룹의 역할은 분명히 다를 수밖에 없다. 제한된 자원으로 대부분을 수입에 의존해야 하는 한국 경제의 특성을 감안해 체계적이고 중장기적인 안목에서 시스템을 구축해야 한다.

포스트 반도체를
찾아야 한다

포스트 무어의 법칙 시대에
전복적인 반도체 기술에 집중하라.
2021년 5월 '국가과학기술 혁신 영도소조 회의' 류허 부총리

한국 삼성이나 대만 TSMC 같은 외국 기업들도
미국 산업의 리더십을 위협하고 있다.
2022년 5월 6일 바이든 대통령 오하이오 해밀턴 철강공장 방문 연설

미중 기술 패권 전쟁에는 미래 첨단산업의 심장인 반도체가 핵심인데 반도체 메모리는 한국이 세계 최고다. 미국과 중국이 한국을 함부로 하지 못하는 이유이고, 한국을 자기편으로 간절하게 끌어들이고 싶은 목적 중 하나다. 그런데 문제는 우리의 최종병기인 반도체가 언제까지 지속될 것인가를 곰곰이 고민해보아야 한다. 글로벌 차량용 반도체 부족 사태는 미중 양국 모두 반도체의 중요성을 다시 한번 경험하게 해준 중요한 계기가 되었다. 미국은 중국 견제를 위한 반도체 생산 공급망 구축을 위해 한국 및 대만 기업들을 끌어들이고 있지만, 속내는 결국 자국 중심의 반도체 산업 부활을 꿈꾼다.

2022년 5월 6일 바이든 대통령은 미국의 대표적인 러스트 벨트*
지역 중 한 곳인 오하이오 해밀턴 지역 방문 연설에서 "미국이 30년
전에는 연구개발 분야에서 세계 1위였지만 현재는 9위로 떨어졌고,
중국은 세계 8위였는데 지금은 2위로 올라섰다."라고 말했다. 그러면
서 미국 반도체 제조업 파워 회복과 일자리 창출을 위해 인텔만 투자
하는 것이 아니라 삼성과 TSMC 같은 외국 기업들도 최첨단 반도체
를 미국에서 만들 준비가 되어 있으니, 반도체 등 핵심 산업 투자를
위한 의회의 초당적 혁신 법안 통과를 촉구했다. 이 말은 크게 두 가
지 의미를 내포하고 있다.

첫째, 추락한 반도체 산업의 부흥과 중국의 반도체 굴기를 견제
하기 위해서 삼성과 TSMC의 도움이 필요하다. 둘째, 한국과 대만을
뛰어넘어 미국이 다시 세계 반도체 산업의 주인이 되어야 한다는 것
이다.

중국, 제3세대 반도체를 잡아라!

미래의 첨단 기술 패권을 두고 바이든 대통령이 발 빠르게 움직이고
있는 것은 중국 기술 견제를 넘고 한국의 우수한 기술 역량도 뛰어넘
어 예전의 기술 강국으로 복귀하겠다는 것을 의미한다. 반도체는 우
리의 국익을 지탱하는 중요한 버팀목 중 하나다. 따라서 미중 양국과

---

* 미국 제조업의 호황을 구가했던 중심지였으나 제조업의 사양화 등으로 불황을 맞은 지역 중
한 곳이다.

반도체 기술의 초격차를 유지함과 동시에 포스트 반도체 산업 육성에도 서둘러야 한다. 미국의 전방위적인 반도체 산업 육성뿐만 아니라 반도체 산업에서 뒤처져 있는 중국의 움직임도 심상치 않기 때문이다. 중국은 이미 현재의 반도체 기술 굴기는 미국의 제재와 첨단공정의 기술 격차로 인해 단시일 내 추격은 어렵다고 자체적으로 판단하고 있다. 따라서 지속적인 추격과 함께 차세대 반도체 영역으로 한 단계 뛰어넘는 '개구리식 도약leap-frogging 전략'으로 전환해 주도권을 확보하겠다는 것이다. '개구리식 도약'은 중국의 전형적인 기술성장 방식으로 '기술적 건너뜀'을 의미한다.

현시점의 기술보다 차세대 핵심 기술로 한 단계 건너뛰는 전략으로, 예를 들어 중국은 VTR 시장 없이 바로 DVD 시장으로 뛰어넘었다. 중국이 차세대 핵심 기술로 선정해 기술적 건너뜀을 시도하고 있는 것은 바로 3세대 반도체 영역이다. 2021년 5월 개최된 국가 과학기술 혁신 영도소조 회의에서 시진핑 주석의 경제 책사로 불리는 류허 부총리는 "포스트 무어의 법칙Moore's Law* 시대에 전복적인 반도체 기술에 집중해야 한다."라고 강조했다. 무어의 법칙은 1960년 중반 이후 지금까지 반도체 산업을 지배해 온 무언의 규칙이었고, 반도체 제조 기업들은 집적회로의 공정 미세화를 공정 측면에서뿐만 아니라 소재 기술 분야에서도 혁신을 거듭해 웨이퍼 팹 장비를 확대하며 치열한 경쟁을 하고 있다. 여기서 류허 부총리가 말한 '포스트 무

---

* '무어의 법칙'은 인텔의 공동 설립자 고든 무어(Gordon Moore)가 1965년에 발표한 논문에서 비롯된 반도체 성능 향상의 법칙으로 반도체 집적회로의 성능이 24개월마다 2배로 증가한다는 것을 말한다.

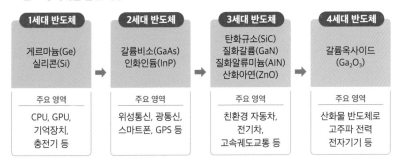

:: 반도체 세대별 발전 과정

1세대 반도체	2세대 반도체	3세대 반도체	4세대 반도체
게르마늄(Ge) 실리콘(Si)	갈륨비소(GaAs) 인화인듐(InP)	탄화규소(SiC) 질화갈륨(GaN) 질화알루미늄(AlN) 산화아연(ZnO)	갈륨옥사이드 (Ga_2O_3)
주요 영역	주요 영역	주요 영역	주요 영역
CPU, GPU, 기억장치, 충전기 등	위성통신, 광통신, 스마트폰, GPS 등	친환경 자동차, 전기차, 고속궤도교통 등	산화물 반도체로 고주파 전력 전자기기 등

출처 | 각종 자료를 참조해 저자 작성

어의 법칙'이라는 뜻은 결국 기존의 반도체 소재인 실리콘^{Si} 웨이퍼 기술을 한 단계 뛰어넘는 탄화규소^{SiC}, 질화갈륨^{GaZ} 등 화합물 반도체 소재로 만든 제3세대 반도체를 의미한다. 중국이 3세대 반도체를 내세운 이유는 명확하다. 미국 제재에 막힌 웨이퍼 기반의 반도체 기술에서 벗어나 바로 신소재의 3세대 반도체 산업으로 직진하고자 하는 것이다. 또한 반도체 수요는 성장하고 있으나, 아직 3세대 반도체 시장 내 주도적인 국가 및 기업들이 나타나지 않은 상황에서 중국이 한번 해볼 만하다는 자신감인 것이다. 블룸버그 통신은 '전 세계에 3세대 기술을 장악하고 있는 국가가 없다.'는 기사를 보도한 바 있다.

　PC, 노트북을 사용하던 1세대 반도체는 미국의 인텔이 주도했고, 저전력, 대량 생산, 미세공정이 중요한 스마트폰 시대인 2세대 반도체에서는 삼성이 반도체 시장을 주도했다. 그러나 전기차 등 모빌리티 시대인 3세대 반도체에서는 아직 대표적인 선두 국가 및 선두 기업이 없다는 것이다.

　전기차는 중국 생산량과 시장 규모 면에서 세계 1위 국가이니 자체적인 시장 규모를 바탕으로 3세대 반도체 기술을 선도해나가겠다는 것이다. 무엇보다 3세대 반도체는 탄화규소 및 질화갈륨의 특성상 고열과 고전압에 강하고 부품 경량화, 전력 효율성이라는 강점으로 미래 전기차뿐만 아니라 웨어러블, 사물인터넷IoT 등 5G 통신장비의 핵심 부품으로 인정받고 있다.

'전복적인 반도체 기술'이라는 표현에서 알 수 있듯이, 기존의 반도체 기술을 뒤집을 수 있는 혁신적인 기술로 보고 중국 정부가 집중하고 있는 것이다. 중국 정부의 3세대 반도체 산업 육성에 발맞추어 중국 기업들도 대규모 투자를 통해 시장 선점에 뛰어든 상태이다. 중국의 3세대 반도체 산업 육성은 지난 13차 5개년 규획(2016~2020년)에서 시작되었지만, 2018년 미중 무역전쟁과 중국 반도체 기업 제재가 본격화되면서 14차 5개년 규획(2021~2025년)부터 집중적으로 육성하고 있다. 2021년 3월 '14차 5개년 규획 및 2035년 비전 목표'를 보면 반도체 첨단 공정 추격과 함께 3세대 반도체를 집중적으로 개발한다는 내용이 포함되어 있다. 절대로 만만하게 볼 일이 아니다.

초격차 유지와 기술 인력 유출에 주의해야 한다

미국은 이러한 중국 반도체 굴기를 처음부터 견제하겠다는 심산이다. 미국은 자국 내 반도체 생산 확대를 위해 발의한 '반도체 제조 인센티브 법안CHIPS for America Act'뿐만 아니라 한국, 일본과의 반도체 동맹 강화를 통해 중국의 반도체 굴기를 철저하게 견제하겠다는 것이다. 과거 그 어떤 미국 대통령도 바이든 대통령만큼이나 한국 반도체 이야기를 많이 한 대통령은 없었다. 2022년 5월 바이든 대통령이 방한 첫 방문지로 삼성전자 평택공장을 선택한 것도 시사하는 바가 크다. 단순히 중국을 견제한다는 프레임으로 몰고 가지만 결국 미국은 반도체 제국의 부활을 꿈꾸고 있다.

미중 반도체 전쟁에서 우리의 국익을 높이기 위해서는 결국 미국도 따라올 수 없는 반도체 공정의 초격차를 지속적으로 유지해야 한다. 문재인 정부에서 시작된 K 반도체 전략을 윤석열 정부에서 좀 더 구체화시켜나가야 하고, 우리의 반도체 인력들이 미국이나 중국으로 빠져나가지 않도록 하는 인센티브 전략이 무엇보다 중요하다. 2022년 3월 미국 조지타운대학 유망 기술·안보 연구소CSET가 발간한 보고서를 보면 '향후 10년간 미국에서 팹(반도체 생산 공장) 일자리가 2만 7,000개 만들어지는데, 그중 약 3,500개는 외국 기술자가 채워야 하고 그 대안으로 한국이나 대만의 반도체 기술자들을 채용해야 한다.'고 설명하고 있다.

중국 반도체 산업협회CSIA가 2021년 11월 발간한 보고서를 보면, 중국이 2023년까지 반도체 전문가 20만 명 부족 사태에 직면할 것으로 전망하고 대만을 포함한 기타 외국 반도체 인력의 필요성을 강조하고 있다. 우리나라도 부족한 반도체 인력을 더 높은 임금과 복지 혜택으로 미국과 중국에 빼앗길 수도 있는 것이다. 그러므로 단순히 국내 반도체 학과 신설을 넘어 경력직의 반도체 기술 인력이 유출되지 않도록 법적 보완이 필요하다. 지금의 관련 규정으로는 제한한다고 해도 분명 한계가 있다.

포스트 반도체는 무엇일까?

반도체 공정의 기술 격차를 유지함과 동시에 새 정부는 포스트 반도체를 깊게 고민해야 한다. 우선 K 반도체의 초격차 유지를 위한 타임테이블을 냉정하고 정확하게 따져보아야 한다. 이를 바탕으로 반도체와 함께 우리 국익을 높이는 다른 대표적인 영역과 차세대 기술을 지속적으로 개발해야 한다. 나는 포스트 반도체에 관련하여 세 가지 의견을 제안하고자 한다.

첫째, 한국, 미국, 중국, 일본 기업을 중심으로 치열한 각축전이 벌어지고 있는 3세대 반도체에 대해 정부 차원의 적극적인 육성 전략이 필요하다. 예를 들어 탄화규소^{SiC} 반도체 웨이퍼 시장의 경우 한국의 SK실트론과 미국의 크리^{CREE}와 투식스$^{II-VI}$, 일본의 로옴^{Rohm} 등의 기업들이 앞서가고 있지만, 중국이 세계 전기차 시장의 커다란 축인 만큼 미국 기업들이 중국 전기차 관련 기업들과 다양한 형태로 협력이 진행 중이다. 그러므로 향후 중국의 약진이 더욱 빨라질 것으로 전망된다. 여러 가지로 상황이 녹록지 않다. 미국, 일본 등 과거 반도체 제국의 권토중래捲土重來*와 중국의 반도체 굴기가 점점 K 반도체를 추격해올 것이 분명하다. 한국식 개구리식 도약이 필요한 시점이다.

둘째, 국무총리 산하 미래 '블랙 테크$^{Black Tech}$위원회'를 신설해 포스트 반도체 시대에 대비해야 한다. 블랙 테크는 블랙 테크놀로

---

* 한 번 싸움에 패하였다가 다시 힘을 길러 쳐들어오는 일 또는 어떤 일에 실패한 뒤 다시 힘을 쌓아 그 일에 재차 착수하는 일을 비유하는 말이다.

지Black Technology*의 줄임말로 아직까지 널리 알려지지 않은 첨단 기술 혹은 개념 수준에 머물러 있는 첨단 기술이라는 뜻이다. 이제 막 시장을 형성하고 있거나 머지않은 시점에 막대한 시장이 만들어질 것으로 예상되는 기술을 일컫는 용어로 사용된다. 예를 들어 1970~1980년 때는 상상도 하지 못할 기술들이 일본의 만화 소설을 통해 로봇 보행병기나 ECS^{Electronic Conceal System}(전자전 시스템) 등이 나왔고 그런 상상은 결국 현실의 핵심 기술과 산업으로 성장했다. ECS는 적외선과 전파의 파장에서 탑재 기체를 숨기는, 일종의 스텔스 장비를 의미한다. 미래의 주도권은 결국 상상을 현실로 만드는 블랙 테크가 중요하다는 의미다. 우리는 창조와 혁신에 뛰어난 재능을 가진 민족이다. 이것을 정부가 나서서 판을 만들어주어야 한다. 국가 차원으로 미래 '블랙 테크 위원회'를 신설해 향후 5년에서 10년을 바라보는 체계적이고 미래 지향적인 투자를 통해 미중 신냉전의 포스트 반도체 시대에 대비해야 한다.

기술 경쟁력이 아닌 혁신 경쟁력으로

미중 미래 첨단 기술의 초격차 전쟁은 단순히 기술 경쟁력이 아닌 혁신 경쟁력으로 승부해야 우리가 이길 수 있다. 예를 하나 들어보자. 2001년 3월 서울 서대문구 홍제동 다세대 주택 화재 때 소방관 6명

---

*   일본의 가토 쇼우지(Gatou Shouji) 작가가 쓴 라이트노벨 《풀 메탈 패닉(Full Metal Panic!)》이라는 만화 소설에 처음 등장한 용어다.

이 사망했고, 2003년 2월 19일 대구 지하철 화재 참사 때 192명의 많은 시민이 사망하자, 정부는 2004년부터 인명 피해를 최소화하기 위한 소방형 재난 로봇 연구를 진행했다. 성공적으로 모든 연구를 완료했지만 아직도 화재 현장에 투입되지 못하고 있다. 지난 2021년 7월에 일어난 쿠팡 덕평 물류창고 화재 때도 소방관이 사망했고, 2022년 1월 평택 물류창고 화재 때도 3명의 소방관이 사망했는데 만약 이때 이미 연구가 끝난 소방형 로봇이 투입되었다면 안타까운 소방관의 희생은 없었을 것이다. 문제의 핵심은 시대의 변화에 따라서 규정과 제도를 바꾸어야 하고 규제도 풀어야 하는데, 아직까지 우리의 정책이 현장을 따라가지 못하고 있는 것이다.

로봇계의 노벨상이라는 '조셉 엥겔버거상' 2008년 수상자이자 전 국가 지능형 로봇 실무위원장인 광운대 김진오 명예교수는 2021년 9월 모 방송 뉴스 프로그램에 출연해 "지난 20년간 로봇 산업을 국가적 차원의 전략 산업으로 키워왔지만, 여전히 대한민국은 세계 최고의 로봇 규제 국가다."라는 말을 한 적이 있다. 매우 충격적이지 않을 수 없다. 새로운 로봇이 나오면 바로 현장에 적용할 수 있는 속도와 규제 혁신이 필요한데, 이해관계에 묶여 실현되지 못하고 있는 것이다.

2020년 '로봇 산업 선제적 규제 혁신 로드맵'도 발표했고, '2023년 글로벌 4대 로봇 강국'의 목표까지 제시한 우리나라가 세계에서 로봇 산업 규제가 가장 심한 나라라는 것은 정책과 현장이 따로 돌고 있다는 것을 의미한다. 기술 경쟁력도 중요하지만 그것보다 더 중요한 것은 빠른 적용을 위한 속도와 규제를 과감히 풀고 실행할 수 있는 혁신 경쟁력이 더 요구된다는 것을 알아야 한다.

셋째, 창조적인 K문화 콘텐츠 산업에 기반한 '서비스 빅뱅 코리아'로 연성 국력Soft power을 키워나가야 한다. 한 국가의 강한 국력은 군사력, 경제력, 과학 기술력 등의 경성 국력hard power과 국정 관리력, 변화 대처 능력, 사회 자본력, 문화력 등의 연성 국력이 더해져야 비로소 만들어지는 것이다. 우리가 중국을 대국이라고 하지, 강국이라고 부르지 않는 이유는 연성 국력이 아직 부족하기 때문이다. 상상력이 콘텐츠가 되고, 문화가 국력이 되는 창조 경제 시대에 한국은 중국과 일본을 제치고 이미 문화 콘텐츠 선진국으로 자리매김했다.

세상이 바뀌고 있다. 유튜브가 미디어 매체의 핵심으로 등장했고 그 중심에는 전 세계 MZ세대들이 있다. 유튜브와 MZ세대를 잇는 연결고리는 결국 문화 콘텐츠의 힘이다. 방탄소년단BTS과 오징어 게임 등 K팝과 K영화와 드라마가 가지는 힘은 그 자체만으로 끝나지 않고 주변으로의 확장성이 매우 크다. 특히 K콘텐츠는 서비스 빅뱅 코리아의 선진국으로 도약할 수 있는 반도체 다음의 최종병기가 될 수도 있다. 콘텐츠는 어느 국가나 한다고 해서 바로 모방할 수 있는 게 아니다. 마치 반도체 기술력이 하루아침에 따라올 수 없는 것과 같다. 문화 서비스 빅뱅 코리아의 연성 국력은 단순히 외국인의 국내 관광에 따른 서비스 시장 확대와 문화 상품의 수출 등 경제적, 물질적 효용뿐만 아니라 한국에 대한 호기심과 관심으로 이어져 국가 브랜드를 제고시키는 중추 역할을 하기도 한다. 오른쪽 손에는 반도체, 자동차, 디스플레이, 조선 등 하드웨어 국력과 왼쪽 손에는 K문화 콘텐츠의 소프트웨어 국력이 합쳐진다면 더욱 강력한 선진 중견국가로 성장할 수 있을 것이다.

우리의 전략적 가치를
높이는 법

한미 동맹은 동북아시아와
인도·태평양의 평화와 안보의 린치핀이다.
미일 동맹은 자유롭고 개방적인
인도·태평양의 평화와 번영의 코너스톤이다.
오바마 전 대통령, 바이든 대통령

베이징과 서울 관계를 워싱턴과
서울 관계의 부록으로 보아서는 안 된다.
_2022년 3월, 중국 관영 〈환구시보〉

2021년 2월 바이든 행정부가 들어서고 동맹국 정상 간 전화통화를 시작하면서 한미 동맹을 '린치핀linchpin', 미일 동맹을 '코너스톤cornerstone', 미국과 호주 동맹을 '앵커Anchor'에 비유하며 미국이 한국과 일본 등 동맹국 간의 미묘한 온도 차가 있다는 논쟁이 있었다. 물론 지금까지도 각각 서로 다른 해석을 하며 미묘한 신경전이 있는 것도 사실이다. 우선 린치핀, 코너스톤, 앵커가 사전적으로 어떤 의미가 있는지 간단히 살펴보자.

린치핀 vs 코너스톤 vs 앵커

린치핀은 자동차나 마차, 수레의 바퀴가 빠지지 않도록 축에 꽂는 핀으로 핵심이 되는 인물이나 사물을 가리킨다. 코너스톤은 건물 기둥을 떠받치는 주춧돌로 어떤 일의 초석이라는 뜻을 지닌다. 그리고 앵커는 명사로 '닻', '정신적 지주'를 의미한다. 따라서 미국과 호주 동맹은 파이브 아이즈 동맹에서 보다시피 한국과 일본보다 상위 단계의 동맹임을 짐작할 수 있다. 그러나 '린치핀'과 '코너스톤'은 약간 미묘한 차이가 존재하는 것은 사실이다. 두 표현 모두 미국에 핵심적인 동맹이고 전략적으로 중요하다는 기본적 의미는 비슷하다고 볼 수 있다. 한미 동맹의 '린치핀'과 미일 동맹의 '코너스톤'을 두고 국내에서는 크게 세 가지 각기 다른 해석을 한다.

첫째, 두 표현을 두고 단순히 한국과 일본의 동맹 우위를 따지기는 힘들다는 의견이다. 둘째, 린치핀이 코너스톤보다 한 단계 더 높은 관계라는 해석이다. 린치핀은 한 개밖에 없고 코너스톤은 주춧돌이 코너별로 네 개가 있으니, 그만큼 린치핀이 코너스톤보다 더 중요하다고 해석하는 견해다. 셋째, 코너스톤이 린치핀보다 한 단계 더 높은 관계라는 정반대 해석이다. 린치핀은 언제라도 바꾸어 끼울 수 있지만, 주춧돌인 코너스톤이 없으면 집이 무너진다는 견해다. 미국 백악관의 한미 동맹 린치핀 표현은 2010년 오바마 대통령 시절로 거슬러 올라간다.

2010년 캐나다 토론토에서 개최된 G20 정상회의에서 오바마 대통령이 처음으로 한미 동맹을 린치핀에 비유했고, 트럼프와 바이든 대통령까지 줄곧 린치핀은 한미 동맹을 비유할 때 사용하는 표현으로 자리 잡았다. 한편, 미일 동맹의 코너스톤은 오바마 대통령의 2012년 아베 신조 일본 총리의 재선 축하 메시지에 처음 등장했고 바이든 대통령까지 사용하는 표현이다. 어휘상 표현의 차이가 있지만 미국의 속내를 어느 정도 가늠할 수 있다는 것이다. 2019년 6월 미국 국방부가 발간한 〈인도 태평양 전략〉 보고서에서도 한미 동맹의 린치핀과 미일 동맹의 코너스톤은 변함없이 등장했다. 한편, 트럼프 대통령 시절 엑슨모빌의 전직 최고경영자CEO였던 렉스 틸러슨Rex Wayne Tillerson 당시 국무장관은 "일본을 미국의 가장 중요한 동맹, 한국은 중요한 파트너"라고 말해 미국이 한국보다 일본을 우선시한다는 객관적인 평가도 있었다. 기업인 출신이니 기존 정치인의 모호한 외교 표현과는 다른 직설적인 화법으로 실제 미국의 속내를 알 수 있다는 지적도 적지 않았다.

한미 동맹 vs 미일 동맹의 함정

그렇다면 실제 한미 동맹과 미일 동맹에는 어떠한 차이가 있는 것일까? 국내 정치적으로 그것을 재단하고 사용하는 것이 아니라, 좀 더 객관적인 팩트와 시각에서 미국이 한일 양국을 어떻게 바라보는지를 살펴보아야 한다. 그렇다면 먼저 한미 동맹의 근간인 한미상호방위조약Mutual Defense Treaty Between the United States and the Republic of Korea을 살펴볼 필요가 있다. 한미상호방위조약은 한국전쟁 이후 1953년 대한민국과 미국 간 가조인假調印을 했고, 1954년 11월 정식 발효된 군사동맹을 의미한다. 물론 한미 사이에는 경제, 기술 관련 수많은 협정이 존재 하지만, 한미 동맹의 근간은 결국 한미 상호방위조약이라고 볼 수 있 다. 한미 상호방위조약의 특징을 간단히 살펴보면 첫째, 상호 국가 안 보에 위협이 발생할 경우 서로 돕는다. 둘째, 동맹은 공통의 국가 이 익을 위해 상호 협조 관계를 조약으로 의무화한다. 상호방위조약임 을 감안한다면 만약 한국이 침략을 당했을 때 미국이 도와주는 것뿐 아니라 미국이 침략을 받았을 때 한국이 도와주는 것도 당연한 일이 다. 단지 협정문을 보면 '태평양 지역'으로 활동 범위가 한정되어 있 다. 예를 들어 만약 러시아의 우크라이나 침공 시 미국이 참전한다고 해도 우리는 자동 참전의 의무는 없다. 또한 미군이 한국에 주둔하는 반면, 한국군이 미국 영토에 배치될 권리와 의무의 근거는 조문에 명 시되어 있지 않아 상호방위조약이지만 객관적으로 보면 비대칭성이 존재하는 것도 사실이다. 이런 배경 때문에 트럼프 전 대통령은 미국 이 한국 영토를 지키기 위해 지원하고 있으니 그만큼 한국이 방위비 분담금을 더 많이 내야 한다고 열변했던 것이다. 따라서 미국 대통령 이 누가 되느냐에 따라 이와 비슷한 논쟁은 지속될 가능성이 있다.

그것보다 더 중요한 것은 우리가 잘못 알고 있는 한미 동맹과 미 일 동맹의 차이와 오해가 엄연히 존재한다는 사실이다. 만약 한국의 국가 안보에 위협이 발생할 경우 미국이 도와주는 조항에서 미국과 일본이 체결한 '미일안전보장조약'*과는 차이가 있다는 것이다. 한미

---

* 1951년 9월 8일에 체결한 미국과 일본의 동맹조약으로 일본이 국권을 회복한 1952년 4월 28일 부터 발효되었으나 이후 1960년 1월 19일 신(新) 조약이 체결되었고 6월 23일부터 발효되었다.

상호방위조약의 제3조* 또는 제5조**를 보면, 각국의 헌법적 절차에 따라 행동한다는 내용으로 규정되어 있다. 다시 말해 만약 한국에 안보상의 위협이나 전쟁이 발발해 미국 대통령이 한국은 중요한 전략적 동맹 국가이니 참전하려고 해도 미국 의회가 동의하지 않으면 참여할 수 없다는 이야기가 된다. 그러나 미일안전보장조약은 일본에 안보의 위협이 있을 경우 이러한 헌법적 절차 없이 자동적으로 개입할 수 있도록 규정하고 있다. 이는 나토동맹(북대서양조약기구) 회원국과 같은 개념이다. 따라서 객관적으로도 한미 동맹과 미일 동맹은 엄연한 차이가 있다는 것을 분명하게 직시해야 한다.

과거 닉슨 대통령 시절 미국 국무부의 '국익분류법'에 따르면, '일본은 반드시 지켜야 하는 사활적 동맹'으로 분류하고, 한국의 안전보장은 미국의 사활적 이해관계로 분류된 일본의 안전보장에 직결되므로 중요하다.'라고 나와 있다. 중국은 바로 이러한 측면에서 한미일 안보 동맹에 있어 한국을 연결고리가 가장 취약한 국가로 보는 것이다. 따라서 우리는 그러한 불합리한 연결고리를 과감히 끊는 노력이 필요하다.

---

* 제3조 각 당사국은 타 당사국의 행정 지배하에 있는 영토와 각 당사국이 타 당사국의 행정 지배하에 합법적으로 들어갔다고 인정하는 금후의 영토에 있어서 타 당사국에 대한 태평양 지역에 있어서의 무력 공격을 자국의 평화와 안전을 위태롭게 하는 것이라 인정하고 공통한 위험에 대처하기 위하여 각자의 헌법상의 수속에 따라 행동할 것을 선언한다.
** 제5조 본 조약은 대한민국과 미합중국에 의하여 각자의 헌법상의 수속에 따라 비준되어야 하며 그 비준서가 양국에 의하여 워싱턴에서 교환되었을 때 효력을 발생한다.

우리의 전략적 가치는 무엇일까?

미중 신냉전이 심화되면서 미국은 한미 동맹을 기반으로 한국에 대해 더 많은 공을 들이고 있다. 격화되는 미중 신냉전 시대에 한국의 역할이 일본보다 더 중요해지고 있다는 것을 미국이 인식하기 시작한 것이다. 그 이유는 첫째, 북한을 제외하고 중국과 가장 가까운 위치에 있는 나라가 바로 한국이라는 지정학적 가치가 크기 때문이다. 둘째, 미중 기술 패권이 향후 경제 안보의 핵심으로 등장한 관점에서 한국의 반도체와 배터리 기술, 산업적 역량이 일본보다 더 중요해졌기 때문이다. 따라서 미중 신냉전은 어떻게 보면 우리의 역량과 존재감을 키울 수 있는 최고의 시간이라는 사고의 전환도 필요하다. 역사적으로 보아도 미국이 한국에 대해 이렇게 공을 들이고 동맹을 강조하는 시기는 없었다는 것이다. 미중의 심화된 갈등은 결국 한국을 바라보는 가치가 달라지게 되고, 우리는 그러한 전략적 자산을 지렛대로 최적화시키는 지혜와 노력이 필요하다. 그만큼 미국도 중국을 견제해야 하는 측면에서 어쩔 수 없는 상황이 된 것이다. 그렇다면 어떻게 우리의 전략적 가치를 높일 수 있을까?

첫째, 한미일 외교 안보 협력 강화를 위한 한일 문제에 대한 미국의 강력한 중재자 역할을 요구해야 한다. 전략적 자주성을 강화하기 위해서는 듣는 외교가 아니라 말하는 외교 전략이 필요하다. 전략적 자주성과 균형점을 찾기 위해서는 우리 스스로가 강해져야 한다. 한미일의 강력한 외교 안보 동맹이 강화될수록 한중 관계도 더욱 균형점을 찾을 수 있다. 따라서 한미일 삼각관계에서 미국의 주도적인 역할을 요구해야 한다. 지난 일본의 화이트 리스트 배제 조치, 독도 등 영토 분쟁과 과거사 문제(위안부, 보상금) 등 첨예하게 갈등하고 대립하고 있는 문제는 자국민의 여론과 정서적인 측면에서 한일 양국 당사자로는 해결되기 어려운 구조다. 그렇다면 맏형격인 미국이 중재자역할을 해주어야 하는데 미국은 냉랭한 한일 관계에 끼어들고 싶어하지 않는다. 강 건너 불구경하듯 한국과 일본 모두 동맹국이니 둘이알아서 해결하라는 식이다. 민주와 가치를 추구하는 미국이 왜 참여하지 않는 것일까? 미국의 국익에 도움이 되지 않기 때문이다. 그렇다면 우리가 미국이 주도적으로 중재자 역할을 하도록 강력하게 요구할 필요가 있다. 잘못된 역사를 부정하고 왜곡하는 일본이 민주와 가치를 주장하는 것은 맞지 않으니, 일본이 주도적으로 잘못을 인정하도록 미국이 역할을 해야 한다. 미완성의 한미일 안보 협력이 완성되기 위해서는 반드시 거쳐야 하는 과정이고, 한미일 외교 안보 협력이 강해지면 중국에 대응할 수 있는 힘도 자연적으로 강해진다.

둘째, 미중 양국이 함부로 건들 수 없는 고슴도치 전략이 필요하다. 한국은 지정학·지경학적 관점에서 미중 양국이 함부로 할 수 없는 중요한 전략적 자산을 가지고 있다는 것을 명심해야 한다. 함부로 한국을 건들면 자기들만 손해라는 시그널을 정확히 전달하는 것이 중요하다. 미중 양국 사이에서 균형적인 입장을 고수하면서 명확한 원칙을 내세워야 한다는 것이다. 문재인 정부에서의 부분적인 전략적 모호성이 아니라, 전략적 명확성을 내세워 처음부터 잘못된 생각을 하지 못하도록 하는 것이 중요하다. 그런 측면에서 EU와 일본의 대중 접근 전략을 벤치마킹할 필요성이 있다. 일본은 보편적 가치에 근거해 중일 경제 협력은 돈독히 하면서, 외교 분야에서는 완전히 다른 목소리를 내고 있다. 2020년 12월 왕이 부장의 일본 방문 시 중일 경제 협력은 더욱 강화되었고, 센카쿠 열도 등 영유권 문제에 대해서는 여전히 불협화음의 목소리를 냈다. 2010년 센카쿠 영유권 분쟁 때 중국은 희토류 수출 중지, 일본 제품 불매운동 등 보복을 당한 경험이 있다. 일본은 항상 그렇게 명확한 입장표명을 해왔기 때문에 중국이 일본을 어떻게 하지 못하는 것이다.

셋째, 적을 만들지 않는 외교 안보의 유연성이 필요하다. 한미 동맹에 기반한 미국 주도의 협의체에 적극적으로 참여하되 중국을 적대시하지 않는 유연성이 필요하다. 또 미국이 주도하는 인도·태평양 경제프레임워크IPEF, 첨단 기술의 공급망 구축 등 경제 안보와 관련된 협의체에 적극적으로 참여해야 한다. 절대로 중국의 눈치를 볼 필요가 없는 사안이다. 하지만 '중국 제재 혹은 중국 견제'라는 명제가 씌워진 군사 및 안보적인 측면에서 참여는 유연성 있는 접근이 필요하다. 중국의 핵심 이익으로 분류되는 군사, 대만 독립, 영토 분쟁, 안보 이슈의 경우 심각한 후폭풍이 불어오는 것은 자명하다. 조지 부시 주니어 행정부 시절 국무부 부장관을 역임한 리처드 아미티지 Richard Armitage는 "한국이 반중 협의체인 쿼드에 가입하는 것은 어리석은 일로 쿼드는 문화나 정치 기구가 아니라 반중 안보협의체임이 분명한데, 한국 입장에서 보면 무리하게 가입할 이유가 없다."라고 충고한 바 있다. 만약 쿼드 플러스 가입을 한다면 좀 더 쿼드 내부의 기능과 역할에 따른 분절된 조직으로 참여할 수도 있다. 쿼드는 어떻게 보면 2004년 12월 쓰나미가 동남아를 덮치면서 이에 대한 인도적 지원을 하기 위한 미국, 일본, 인도, 호주의 4자 대화 협의체 성격이다. 지난 정상회의 결과 발표된 내용만 보면 반드시 안보만을 다룬다고 볼 수는 없다.

예를 들어 코로나19 백신, 기후 변화, 핵심 기술에 대한 영역이 있을 수 있다. 그렇다면 안보적 측면을 제외한 기타 분절된 영역에 맞추어 쿼드에 들어가는 것은 고려할 수 있다. 중국을 견제하는 성격이 아니기 때문이다. 그런데 쿼드가 쿼드 플러스로 확대되며 중국 견제를 위한 성격으로 전환될 경우는 매우 신중하게 고민해야 하고, 고민은 국익의 관점에서 출발해야 한다. 또한 보조적 역할로서 쿼드로 가입했을 경우라도 이도 저도 아닌 미중 사이에 끼인 샌드위치 신세가 될 수도 있다는 것을 윤석열 정부는 주의해야 할 것이다.

넷째, 우리 스스로 미중 양자택일의 프레임을 만들지 말아야 한다. 가장 대표적인 경우가 위에서 언급한 쿼드 플러스 참여 여부를 두고 우리 스스로가 갈라지고 있다는 것이다. 미국은 공식 혹은 비공식적으로 우리 정부에 요구한 적이 없는데 우리 매체가 그런 식으로 여론을 몰아가고 있고, 그것을 받아 유튜브 등 매체에서 미국이냐 중국이냐를 두고 논쟁을 벌이는 것이다. 미중 양국은 가만히 있는데 우리 스스로가 미중 양국의 양자택일 프레임으로 몰아가는 경우도 있다는 것이다. 미국 입장에서는 당연히 그런 한국 내 여론이 싫을 리

없는, 손 안 대고 코 푸는 격이다. 중국 입장에서는 미국 쪽으로 기우는 여론을 다시 잡기 위해 한국과의 경제 관계를 언급하며 간접적으로 한국을 협박하는 형국으로 가고 있는 것이다. 우리 내부적으로 양자택일 프레임이 강하게 표출될수록 미중 양국은 한국을 자기편으로 끌어들이기 위한 요구가 더 거세질 것이고, 그 틈새를 파고들려고 할 것이다. 우리가 조급해할 필요가 없다는 것이다.

국익의 길은
무엇인가?

국제정치는 사실상 국익의,
국익에 의한, 국익을 위한 정치다.
1948년 한스 모겐소(Hans Morgenthau)의 《국가 간의 정치》 중에서

한쪽을 선택한다는 것은
선택한 쪽에 더욱 의존하게 된다는 의미다.
이탈리아 국제문제연구소(IAI)

국가의 위기와 어려움이 있을 때마다 우리는 국익을 이야기한다. 그리고 이해 당사자와 집단에 따라 국익에 대한 해석과 접근 방법도 달라진다. 국익이란 무엇일까?

국어사전에서는 국익國益, national interest을 '국가의 안전과 발전을 위하여 국민이 전체적으로 추구해야 하는 이익'으로 규정하고 있다. 조금 포괄적인 국익의 개념일 수 있다. 좀 더 실용적인 관점에서 서방에서는 국익을 군사 안보, 경제적, 문화적으로 국가가 공동으로 추구해야 할 목표라고 규정하고 있다. 국익이라는 용어는 17세기 이후 근대 주권국가의 성립과 함께 생겨났지만 제1차와 제2차 세계대전을 겪으며 급변하는 치열한 국제 정치와 외교 현장에서 살아남기 위한

현실주의에 입각하며 자리 잡았다. 그러나 지구 역사상 모든 전쟁과 투쟁, 충돌은 국익이라는 관점에서 시작된 것이라고 볼 수 있다.

국익과 국익이 충돌할 때

각 국가마다 국익은 처한 상황과 국제 정세에 따라 다를 수 있지만, 핵심은 결국 국민이 건강하고 행복하게 살아가는 것을 지향한다. 국민이 없는 국가는 존재할 수 없기 때문이다. 미국의 국익은 이른바 사활적 이익vital interests으로 크게 자국 본토 수호, 경제 번영의 지속, 민주 가치의 확산, 세계 질서의 유지 네 가지로 규정한다. 한편, 중국의 국익은 그들이 말한 핵심 이익core interests인 국가 통일, 영토 안정, 국가발전 이익, 국가 안보의 네 가지로 정리될 수 있다. 미국의 사활적 이익인 국익과 중국의 핵심 이익인 국익이 충돌하며 전 세계를 점점 혼돈과 분열의 시대로 몰아가고 있는 상황이다. 그 중심에 우리의 국익이 훼손될 가능성이 높게 부각되고 있는 것은 미중 양국이 그만큼 우리에게 많은 영향력을 투사하고 있기 때문이다.

그렇다면 한국의 국익은 무엇일까? 우리의 특수성을 감안할 때 한국의 국익은 한반도의 평화 및 안보 유지, 경제 번영의 지속과 한반도 통일의 세 가지로 규정할 수 있다. 우리의 국익은 분단 이후 지금까지 모두 미중 양국의 힘과 영향력 투사 범위 안에서 요동치며 변화되어왔다. 비록 우리는 한강의 기적이라는 엄청난 경제 성장을 기반으로 글로벌 중견 강대국으로 성장했지만, 여전히 미중일 강대국 사이에 끼어 있는 어려움 속에 처해 있다.

2018년 이후 미중 충돌의 심화와 일본의 대한국 견제까지 더해지면서 우리 국익을 위한 정확한 방향과 해법을 찾지 못해 점차 자중지란의 혼란 속으로 빨려 들어가는 분위기다. 한국의 국익은 미국의 국익과 중국의 국익 충돌로 인해 점차 운신의 폭이 좁아지고 있는 상태인데, 우리 내부적으로 우리의 국익을 두고 서로 다른 국익 해법이 충돌하고 있는 국면이다. 정반대의 대각점에 서 있는 우리의 서로 다른 두 개의 국익 속에서 접점을 찾는 일은 결코 쉽지 않다. 최상의 솔로몬의 해법도 한국이 지금 처한 상황에서 찾기가 어렵다. 단지 최악의 시나리오를 피하고 최선의 국익을 찾는 시나리오를 찾는 것이 가장 현명하고, 우리의 역량을 지속적으로 키울 수 있는 해법인 것이다.

조지프 프랑켈Joseph Frankel은 1970년 출판한 《국익》에서 '국익은 결국 서로 다른 양극 사이의 이분법에 의하지 않고, 양극 간에 산재해 있는 문제점들을 어떤 경험적인 지표에 따라 측정함으로써 가장 최적의 국익을 찾아낼 수 있다.'라고 설명하고 있다. 국익을 측정하는 지표는 학자와 연구자마다 다를 수 있지만 좀 더 우리에게 맞는 국익의 선별 기준과 요구가 필요해 보인다. 미중 양국의 강대국 사이에서 '바람직한 국익'과 '가능한 국익'을 나누어 고민하고 선택해야 한다는 것이다. 국제 정세와 시대의 변화에 따라 동맹의 가치와 국익은 변화하기 마련이다. 과거 국제사회의 원조를 받던 한국과 지금의 세계 10위 중견 선진국으로서 한국의 위치는 엄연히 다르다. 바람직한 국익은 미국의 민주주의 가치에 기반하지만, 더욱 바람직한 국익은 미중 양국을 대상으로 하는 안보 외교와 경제 외교를 함께 구동시켜야 한다는 것이다.

한반도를 둘러싼 지정학적 가치와 반도체를 둘러싼 지경학적 중요성이 합쳐진 우리의 전략적 자산이 있는 한 절대로 미중 강대국 사이에서 외톨이가 되지 않는다는 확신과 자신감을 가져야 한다. 한국이 미국 주도의 인도·태평양 전략에 참여하지 않는다고 미국이 우리를 절대로 포기할 수 없고, 한국이 중국 편에 서지 않는다고 중국이 우리를 절대로 포기할 수 없는 논리다. 미중 양국이 한국을 서로 자기편에 두고 싶어 서로 잡으려고 해도 잡히지 않는 '미꾸라지 전략'이 필요한 것이다. 우리의 국익을 조지프 프랑켈의 말처럼 좀 더 세분화시켜 미중 신냉전 위기의 시대에 대응해야 한다. 즉, 단기적 국익과 장기적 국익, 직접적 국익과 간접적 국익, 구체적 국익과 추상적 국익, 측정 가능한 국익과 측정 불가능한 국익 등 크게 네 가지 측면에서 다양하고 구체적으로 우리의 국익을 따져보아야 한다. 이것은 단순히 안보는 미국, 경제는 중국이라는 '안미경중'의 사고방식과는 다르다.

최선의 국익 선택을 위한 다양한 선택의 기준을 펼쳐놓고 그 안을 들여다보면 우리가 어떤 선택을 해야 하는지가 명확해진다. 미국과 중국 각각의 강대국을 선택했을 경우 각기 다른 국익의 관점에서 우리 스스로가 질문을 던져보아야 한다. 미국을 선택했을 경우와 중국을 선택했을 경우에 다가올 우리의 국익과 그로 인해 감내해낼 손실을 구체화하기 위한 질문에 냉정하게 대답할 수 있느냐. 그 어느 것 하나 쉽지 않은 8가지 질문들이다. 결론은 그 어느 국가를 선정하

:: 국익의 관점에서 미중 선택을 위한 8가지 질문

국익의 관점	미국 선택	중국 선택
단기적 국익	미국이 무너진 한국 경제를 어느 정도 보상해줄 것인가?	미국이 한국을 대상으로 경제 및 기술제재를 할 것인가?
장기적 국익	중국의 부상이 지속될 경우 중국을 적으로 두고 살아갈 수 있는가?	미국이 한국과의 동맹을 파기할 것인가?
직접적 국익	한미 동맹이 미일 동맹처럼 더 굳건해질 수 있는가?	느슨한 한미 동맹의 결과로 인해 발생할 한반도의 불안정을 중국이 해소해줄 수 있는가?
간접적 국익	중국을 배제한 국제사회에서의 한국의 역할과 비중이 더 확대될 것인가?	부족한 중국의 글로벌 리더십을 대신해 초월적 외교를 우리가 할 수 있는가?
구체적 국익	중국의 정치적, 경제적 보복 및 제재를 우리가 감내해낼 수 있는가?	4차 산업혁명 등 미래 성장에 한중 협력이 더욱 강화될 수 있는가?
추상적 국익	미국이 중국만큼 우리에게 경제적 국익을 가져다줄 수 있는가?	느긋해진 미국, 일본과의 관계를 외교적으로 잘 풀어낼 수 있는가?
측정 가능한 국익	미국 주도의 공급망 참여를 통해 한국은 어느 정도의 국익 창출이 가능한가?	한국이 중국 경제에 동조되어 지속적으로 성장할 수 있는가?
측정 불가능한 국익	대만, 홍콩, 신장 위구르 자치구 등 민주와 인권의 한미 가치 동맹을 통해 닥칠 한반도의 긴장과 중국의 압박을 감내해낼 수 있는가?	중국이 한반도의 안정과 글로벌 공공재를 제공하는 국가로 성장할 것인가?

더라도 최선의 결과를 얻을 수 없고, 자칫 잘못하면 최악의 시나리오로 갈 수 있다는 것이다. 중요한 것은 미중 양국이 우리나라를 절대로 담보하지 않는다는 사실이다.

《손자병법》 '도천지장법'의 지혜가 필요하다

《손자병법》의 1장 시계 편에 보면 '병자, 국지대사, 사생지지, 존망지도, 불가불찰야兵者, 国之大事, 死生之地, 存亡之道, 不可不察也'라는 말이 나온다. 그 의미는 '전쟁은 나라의 중대한 일이다. 사람들의 생사와 나라의 존망이 달린 것이니 깊이 살피지 아니할 수 없다.'라는 뜻이다. 지금의 국면은 자국의 국익을 위해 전쟁을 불사하는 위기의 시대임에 틀림없다. 그리고 손자는 '나라의 존망을 위해 전쟁의 승부를 결정짓는 다섯 가지 핵심 요소의 정황을 잘 살펴보아야 된다.'라고 강조하고 있다.* '도천지장법道天地將法'**의 다섯 가지 핵심 요소를 잘 관리하고 살펴야 전쟁에서 승리할 수 있다는 것으로 지금 우리가 당면한 위

:: 국익의 관점에서 본 손자의 '도천지장법'

---

* 고경지이오사, 교지이계, 이색기정(故経之以五事, 校之以计, 而索其情)

** 일일도, 이일천, 삼일지, 사일장, 오일법(一曰道, 二曰天, 三曰地, 四曰将, 五曰法)

기의 시대에 최선의 국익을 찾을 수 있는 혜안이 될 수도 있다. 손자가 말한 다섯 가지 '도천지장법'은 올바른 정치, 기후와 기상, 지리적이점, 지도자의 능력, 제도와 질서 등을 의미한다.

미중 신냉전 위기의 시대에 우리 국익의 관점에서 '도천지장법'의 의미를 살펴보고 그 의미를 되새길 필요가 있다.

첫째, '도道'는 군주와 백성들의 뜻을 하나로 모아야 한다. 그러기위해서는 민심의 뜻을 잘 파악해야 하고 그러한 민심을 얻어 단결된힘으로 전쟁에서 이길 수 있다. 결국 대통령의 리더십을 의미한다. 윤석열 정부가 지향해야 할 '도'의 의미를 되새기고 '대내외적으로 갈라진 민심을 어떻게 하나로 모을 수 있는지'를 고민해야 한다. 미중신냉전을 두고 미국 선택론, 중국 선택론이 충돌하며 분열된 민심을국익의 관점에서 하나씩 살펴보아야 한다. 강대국 사이에서 '우리가생존하기 위해서는 스스로 포기하지 않고 자강의 길을 어떻게 모색할 것이냐'에 달려 있고, 그 몫은 어느 한 나라에 치우지지 않는 균형적 사고와 미래의 정세 변화를 예측할 수 있는 통찰력을 갖춘 국가리더의 역할인 것이다. 과거 역사 속에서 국력이 쇠약해져 강대국에편승해 살아왔던 국제정치학의 밴드왜건 효과*에도 위협이 있을 수있다는 것을 알아야 한다.

둘째, '천天'은 전쟁에 이기기 위해서는 추위와 더위, 사계절의 변

---

* 편승효과(Bandwagon Effect), 특정 강대국에 대한 쏠림 현상을 의미한다.

화로 천시^{天時}의 기상 조건 및 상황을 의미하는 것이다. 즉, 급변하는 국제 정세와 환경의 변화를 살펴야 한다는 것이다. 흔히 세계 국제 질서 구도를 미국과 중국, 유럽의 천하삼분지계^{天下三分之計}로 나누곤 한다. 미국 주도의 서방 선진국 진영과 중국 및 러시아 주도의 개도국 진영의 대립이 어느 한쪽의 승리로 끝나기가 쉽지 않고, 단기간이 아닌 중장기적으로 지속된다는 것을 알아야 한다. 미국도 미중 충돌은 단기간에 해결될 수 있는 문제가 아니라고 본다. 중국의 성장을 최대한 억제하는 데 그 목적이 있다는 것에 주목해야 한다. 또한 미국과 중국 사이에서 전략적 자주성strategic autonomy을 추구하고 있는 유럽의 움직임도 유심히 살펴보아야 한다. 미국 편에 서 있는 것처럼 보이지만 중국과의 경제협력을 더욱 강화하고 있는 일본의 경우도 마찬가지다.

셋째, '지^地'는 전쟁터의 멀고 가까움, 험준함과 평탄함, 넓음과 좁음, 살 곳과 죽을 곳 등 지형적 조건을 의미하는 말이다. 한반도는 역사 속에서 숱한 전쟁이 일어난 곳이다. 그만큼 전략적 가치가 있는 곳이라는 뜻이다. 과거 일본이 중국을 침략하기 위해서 한반도를 반드시 거쳐가야 했고, 지금의 미국 입장에서는 아시아·태평양 지역을 유지하기 위해서는 한국이라는 전략적인 위치가 중요할 수밖에 없다. 한반도의 지정학적 위치가 역사 속에서 전쟁의 중심에 서 있었지만, 지금은 전략적 자산으로서 미중 양국의 지렛대 역할을 할 수 있다는 사고의 전환이 필요하다. 미중 양국 모두 한국을 포기할 수 없다는 것을 지렛대로 삼아 주도적으로 대응해나가야 한다. 미중 양국의 눈치를 볼 필요 없이 미중 양국의 속내를 최대한 활용하는 밀당의 지혜가 필요하다.

넷째, '장將'은 지혜智, 믿음信, 어짊仁, 용기勇, 엄격함嚴의 5덕을 가리키는 것으로 훌륭한 장수가 있어야 전쟁에서 이길 수 있다는 것이다. 임금의 리더십과 예지력이 있다고 해도 결국 전쟁터에서 목숨 걸고 싸울 훌륭한 장수가 있어야 한다. 윤석열 정부가 분열된 민심의 마음을 한곳으로 모으기 위해서는 민심을 얻을 수 있는 정책 제안과 실행력을 겸비한 우수한 참모진이 있어야 한다. 지금까지 과거 보수나 진보정권 어느 정부 때도 정책의 방향은 미국 전문가들에 의해 구성되고 결정되어왔다. 중국이 과거의 중국이 아니듯 점차 강대해지고 권위주의로 변하고 있는 중국의 속내를 분석할 수 있고 현장에서 중국과 과감히 논쟁할 수 있는 중국 전문가를 균형적으로 등용시켜야 한다. 결국 지피지기知彼知己가 어려운 난국을 해결할 수 있는 해법인 것이다. 미국이 우리를 보는 속내와 중국이 우리를 보는 속내를 모두 함께 알아야 최선의 국익의 시나리오를 작성할 수 있기 때문이다.

다섯째, '법法'은 전쟁에 이기기 위해서 식량 보급물자 운용과 군대의 기강을 잡기 위한 엄격한 군법의 규율을 의미한다. 위기의 시대에 법과 규율은 끝이 보이지 않는 전쟁터에서 조직화된 힘이 있어야 승리할 수 있다는 것이다. 이는 미중 신냉전 시대에 맞는 제도와 시스템이 제대로 구축되어야 한다는 것을 의미한다. 과거의 글로벌 공급망이 파괴되고 미국과 중국 중심의 파편된 공급망 시대가 점차 현실화되고 있는 시점에서 이를 관리하고 대안을 찾을 수 있는 조직 시스템이 만들어져야 한다. 윤석열 정부에서 새롭게 경제 안보비서관 직책을 신설한 것은 매우 의미 있는 일로 평가된다. 또한 대통령 직속의 국가 사이버안보위원회와 능동적인 경제 안보 외교 추진을 위해 국무총리 직속 관련 부처와 전문가들로 구성한 신흥안보위원회도 급변하는 미중 신냉전의 위기 시대에 적절한 조직과 시스템이 구축된 것으로 생각된다.

그러나 보이지 않는 정부 부처 간 이기주의를 타파하는 노력이 필요해 보인다. 경제 안보가 윤석열 정부의 핵심 이슈로 대두되면서 대통령실을 중심으로 기획재정부, 외교부, 산업통상자원부 등 각각 경제 안보 관련 담당 부서가 신설되었다. 각 부처마다 현 정부 국가 핵심 이슈인 경제 안보 업무를 가져오기 위한 전형적인 부처 이기주의인 셈이다. 경제 안보를 책임질 일원화된 정부 시스템 구축이 필요하다. 분산되고 중복된 기능을 통합시켜 그 기능을 강화시켜나가는 것이 더욱 중요하다.

또한 미중 신냉전이 단순히 안보적인 측면이 아니라 기술, 통상, 국방, 금융 등 전방위적으로 확산되고 있다는 점을 감안하면 좀 더 세부적인 제도나 국가 시스템 정비가 필요하다. 특히 미국과 중국 등 현지 공관과의 긴밀한 네트워킹 구축을 통해 현장의 변화를 실시간 전달하고 소통할 수 있는 시스템이 정비되어야 한다. 나는 미중 신냉전 구도가 향후 최소 10년 아니, 30년은 지속될 것으로 보고 있다. 장기화되어가고 있는 미중 신냉전 속에 우리의 전략적 자율성을 어떻게 갖추고 대응하느냐가 우리의 국익을 지속적으로 증대시킬 수 있다는 것을 잊지 말아야 한다.

중국 속담에 '근수지어성, 근산식조음近水知魚性, 近山識鳥音'이라는 말이 있다. '물에 다가가야 물고기의 속성을 알 수 있고, 산에 다가가야 새 소리를 식별할 수 있다.'는 뜻이다. 결국 미중 양국과의 긴밀한 소통과 국익에 기반한 면밀한 연구와 분석 없이는 전략적 자율성을 찾을 수 없다.